《热奈特论文选》系译者根据法国巴黎瑟伊出版社 1979 年的《广义文本之导论》、1982 年的《隐迹稿本,二级文学》和 1991 年的《虚构与行文》翻译的,三部著作的法文名称及版权页标志如下:

Introduction à l'architexte
©Édition du Seuil,1979

Palimpsestes. La littérature au second degré
©Édition du Seuil,1982

Fiction et diction
©Édition du Seuil,1991

本书中文版由法国巴黎瑟伊出版社授予河南大学出版社独家出版发行。版权所有,不得复制。

热奈特论文选

（法）热拉尔·热奈特 著

批评译文选

史忠义 译

河南大学出版社
·开封·

著作权合同登记号:图字 16—2008—73 号

图书在版编目(CIP)数据

热奈特论文选/〔法〕热奈特著;批评译文选,史忠义译.—开封:河南大学出版社,2008.12

(新世纪经典译丛)

ISBN 978-7-81091-923-4

Ⅰ.热… Ⅱ.①热…②史… Ⅲ.叙述-文学理论-文集 Ⅳ.I044—53

中国版本图书馆 CIP 数据核字(2008)第 200080 号

© Éditions du Seuil, 1991 pour *Fiction et diction*
© Éditions du Seuil, 1979 pour *Introduction à l'architexte*
© Éditions du Seuil, 1982 pour *Palimpsestes. La littérature au second degré*

书　　　名	热奈特论文选,批评译文选
著作责任者	〔法〕热拉尔·热奈特　著　史忠义　译
责任编辑	张　珊　赵海霞
责任校对	赵海霞
封面设计	马　龙
出　　　版	河南大学出版社
	地址:河南省开封市明伦街 85 号　邮编:475001
	电话:0378-2825001(营销部)　网址:www.hupress.com
排　　　版	郑州市今日文教印制有限公司
印　　　刷	河南省瑞光印务股份有限公司
版　　　次	2009 年 2 月第 1 版　　印　次　2009 年 2 月第 1 次印刷
开　　　本	787mm×1092mm　1/16　　印　张　21.75
字　　　数	365 千字　　　　　　　　　定　价　38.00 元

未经许可,不得以任何方式复制或抄袭本书之部分或全部内容。

版权所有,侵权必究

(本书如有印装质量问题,请与河南大学出版社营销部联系调换)

《热奈特论文选》目录

译者序 …………………………………………… (1)
广义文本之导论(全译) …………………………… (3)
隐迹稿本(节译) …………………………………… (56)
虚构与行文(全译) ………………………………… (66)
    内容提要 …………………………………… (66)
    1. 虚构与行文 ………………………………… (68)
    2. 虚构作品的语言行为 ……………………… (86)
    3. 虚构叙事与纪实叙事 ……………………… (101)
    4. 风格与意指 ………………………………… (121)
热奈特著作年表 …………………………………… (158)

《批评译文选》目录

文本理论 …………………………………（法）罗兰·巴特（163）
莱奥·斯皮策与风格学解读 ……………（瑞士）斯塔罗宾斯基（176）
戏剧:文化碰撞与多元文化主义之症结 ……（法）伊·谢弗雷尔（202）
《结构语义学》中译本前言 ……（法）特里萨·基恩·格雷玛斯（213）

克洛德·列维-斯特劳斯:"益于思"的人类学
　　……………………………………（法）马塞尔·埃纳夫（216）
1963—2003:面对哲学的人类学家
　　——马塞尔·埃纳夫与克洛德·列维-斯特劳斯访谈录
　　……………………………………（法）马塞尔·埃纳夫（239）

对话与独白:巴赫金与雅各布森………（法）兹·托多罗夫（258）
人文主义的昨日与今天 …………………（法）兹·托多罗夫（270）
恶的记忆,善的向往………………………（法）兹·托多罗夫（279）

全球化的若干问题 …………………………（法）埃·吉·罗莫（289）
欧洲的多元文化主义现状与欧洲一体化式的多元文化主义
　　………………………………（法）里·卡斯多利亚诺（308）
确定的世界的时代结束了 …………………（法）阿·李比雄（322）

译者序

起初,百花文艺出版社拟为《广义文本之导论》(1979)这本篇幅虽短、但内容丰富翔实的小册子出一本中文版单行本,并附上与其内容有密切联系的《隐迹稿本》(1982)的一段节译。那时,我曾计划为单行本写一篇较长的译者序,梳理其中的主要观点并加以评论。毕竟一本6万字的单行本还是薄了一些,与国内当前图书市场的实际不相吻合。于是,我们决定把热奈特的另一部重要论著《虚构与行文》(1991)中的四篇论文一起收入,合起来出一本《热奈特论文集》。这样,单为《广义文本之导论》(全文)和《隐迹稿本》(节选)写序而不涉及《虚构与行文》一书,似有偏爱之嫌。其实,《虚构与行文》的四篇论文也很重要,有不少新内容、新视角、新观点。而如果写比较详细的序言试图涵盖本书的每篇论文,则颇费精力,难免漏掉许多重要内容,还势必把序言拖得过长。我遂放弃了写长篇译者序的念头。这样,也许更符合接受美学的主张,把充分调动自己的解读能力、一任想象力驰骋的机会留给每个读者。

在此,我谨勾勒一个粗线条,以期引起读者对本书所收论文的注意。

《广义文本之导论》首先揭示了一系列有悖历史主义的事实:长期以来,许多西方学者或评论家把自己"三分文学领域"的观点强加给柏拉图和亚里士多德,造成西方文学批评史上的一种假象;然后还历史以本来面目,扼要叙述了主要体裁的发展史和"三分法"的形成经过。热奈特对柏拉图和亚里士多德的学说既有肯定,也有批评,并提出了自己的文本论思想。

《隐迹稿本》阐发了热奈特与文本相关的若干主要概念。

《虚构与行文》以独特的视角、独特的方式,论述了备受人们关注的难题——文学性的标准问题。

《虚构作品的语言行为》堪称虚构作品的语用学分析之典范,提供了语用学的一个缩影。

《虚构叙事与纪实叙事》以比较和推论的方法,开辟了纪实叙述学的新天地,把叙述学推上一个新台阶。

《风格与意指》采用层层深入的方法,建构风格的定义,同时论述了风格在意义形成过程中的作用与实质。

这些论文都有相当的难度,但内容丰富、深刻,值得一读。最好的办法是读慢一些,多读几遍。

我无意以此为自己的译文掩饰。诚恳欢迎专家学者们和广大读者对拙译中的错误和不当之处给予批评指正,不胜感激之至。

译　者

1999 年 11 月于北京

广义文本之导论
（全译）

I

我们熟悉《艺术家的肖像》(*Portrait de l'artiste*)里的这段文字，那是斯特凡面对朋友林奇高谈"他的"三大基本美学形式的理论："抒情形式，艺术家直接展示自己的形象；史诗形式，艺术家通过自己与其他人的关系间接展示自己的形象；戏剧形式，艺术家通过与他人的关系直接展示自己的形象。"①这种三分法本身并非独特之举，乔伊斯(Joyce)对它毫不陌生，他在那段情节的第一稿中不无讽喻地补充说，斯特凡"天真无邪地以为发现了新大陆而兴高采烈"，其实"他的美学的基本内容来自谨严刻苦的圣托马斯(saint Thomas)"②。

我不知道是圣托马斯的确提出过这样的分类，还是乔伊斯假圣托马斯之名暗中兜售自己的观念，然而我发现，一段时间以来，有意把三分法归诸亚里士多德(Aristote)甚至柏拉图(Platon)的呼声此起彼伏。艾琳·贝伦斯(Irene Behrens)在关于体裁区分史的研究中，③曾举欧内斯特·博韦(Ernest Bovet)笔下的"亚里士多德区分了抒情、史诗和

---

① 《德达洛斯》(*Dedalus*,古希腊雅典的建筑学家和雕刻家。——译者注)，法译本，伽利玛出版社，1913，第213页。本译作中凡不作特殊说明的，均为原注。下同。

② 《英雄人物斯特凡》(*Stephen le héros*)，法译本，伽利玛出版社，1904，第76页。

③ 《诗的分类学说》(*Die Lebre von der Einteilung der Dichtkunst*)，哈雷，1940。

戏剧三大体裁之后……①"一语为例,当即对这种她断言已经广为流传的谬误给予驳斥。然而,我们将在下文中看到,她的澄清并未能阻止谬误的一再重复:原因之一,大概是因为错误或上溯的幻想已经深深地根植于我们的文学意识或潜意识。其实,尽管艾琳·贝伦斯批驳传统,她的澄清本身却未能摆脱依附传统的倾向,因为艾琳·贝伦斯确曾严肃地探讨亚里士多德不曾全面论述传统三分法的原因,并且找到了一种可能性:古希腊抒情诗与音乐的联系过于密切,因而未能进入诗学领域。然而,悲剧与音乐的联系同样密切,抒情诗未能在亚里士多德的《诗学》(la Poétique)里占有一席之地有着更根本的原因。这一原因一旦被发现,贝伦斯的问题就失去了任何存在的意义。

可是,事情绝没有那么简单:人们不愿轻易放弃把"现代"诗学之基本结构投入古典诗学的基石之作的尝试——这种现代诗学经常地、更多地属于浪漫主义的诗学观念;而尝试的理论后果是有害的,须知相对年轻的"三大基本体裁"理论如果窃取了遥远的血缘关系,不仅为自己贴上了古老的、永久的、显学的艳丽标签,而且篡改了亚里士多德以及亚氏之前的柏拉图完全为了其他目而建立起来的也许更合理的基本原则,使自己的三大体裁支柱受益。本文正试图解开数个世纪以来西方诗学核心的这种混淆、误会及不为人知的张冠李戴之结。

然而,我们首先还是列举最近发生的三四例谬误,并非出于以鞭挞若干智者为乐的学究气味,而是以此说明这种"望文生义"的风气传播甚广。奥斯汀·沃伦(Austin Warren)如是说:"我们的体裁理论的经典作家是亚里士多德和贺拉斯(Horace)。悲剧和史诗是两大最重要的典型体裁的思想应该归功于他们。然而,亚里士多德至少还发现了戏剧、史诗和抒情诗之间的更本质的区别……柏拉图和亚里士多德已经根据'摹仿方式'(或'再现方式')区分了三大基本体裁:抒情诗可谓诗人之再现;在史诗(或小说)里,诗人以自己的名义、以叙述者的身份谈天说地,但是他也调动人物以直接言语方式说话(混合叙事);而在戏剧里,诗人消失在角色分配的背后……亚里士多德的《诗学》把史诗、戏剧和抒情诗('歌唱诗,poésie'mélique)作为诗的基本变种……"②诺思罗

---

① 《抒情诗、史诗、戏剧》(Lyrisme, Epopée, Drame),巴黎,科兰出版社,1911,第12页。

② 见 R. 韦勒克(R. Wellek)和 A. 沃伦的《文学理论》(La Théorie littéraire,1948)的"文学体裁"一章,法译本,瑟伊出版社,第320、327页。

普·弗赖伊(Northrop Frye)更含糊或更慎重一些:"我们拥有戏剧、史诗和抒情作品三个区分体裁的词汇,它们是希腊作家遗留下来的。"① 菲力浦·勒热纳(Philippe Lejeune)则更审慎,或者更含糊其辞,他猜想这种理论的起点是"古代人关于史诗、戏剧和抒情的三分法"。② 然而,罗贝尔·斯科尔斯(Robert Scholes)却没有这份涵养,他明确指出,弗赖伊的体系"以接受亚里士多德关于抒情形式、史诗形式和戏剧形式的基本区分为起点"。③ 埃莱娜·西克苏(Hélène Cixous)比斯科尔斯更为逊色,她在评述德达洛斯的言论时,指出他的"相当传统的三分法源自亚里士多德的《诗学》(1447a,b,1456 至 1462,a 和 b)"。④ 至于兹维坦·托多罗夫(Tzvetan Todorov),他认为三分法滥觞于柏拉图,而定形于狄俄墨得斯(Diomède):"从柏拉图到埃弥尔·斯泰格尔(Emil Staiger),中经歌德(Goethe)和雅各布森(Jakobson),人们一直试图把三种类型看做基本的甚至是'天然的'文学形式……公元 4 世纪时,狄俄墨得斯系统总结了柏拉图的学说,提出下述定义:抒情作品=只有作者一人讲话的作品;戏剧作品=只有人物讲话的作品;史诗=作者和人物都有权利讲话的作品。"⑤1938 年,米哈伊尔·巴赫金没有如此具体谈及区分内容,但是断言体裁理论"至今并没有在亚里士多德的理论基础上增加任何实质性的新内容。他的诗学依然是体裁理论不变的基础,尽管有时这一基础深藏不露,以至于我们难识它的真面目"。⑥

显然,巴赫金没有觉察到《诗学》有关抒情体裁的巨大沉默,这种疏忽奇妙地显示了他对基础的忘却,而他却自以为在揭示基础。我们将看到,问题的根本在于现代诗学家们(前浪漫主义者、浪漫主义者和后浪漫主义者)那种追溯幻觉,盲目地把自己的贡献投放给亚里士多德或

---

① 《批评的解剖》(*Anatomie de la critique*),法译本,伽利玛出版社,1957,第 299 页。
② 《自传协约》(*Le Pacte autobiographique*),瑟伊出版社,1975,第 330 页。
③ 《文学中的结构主义》(*Structuralism in Literature*),耶鲁,1974,第 124 页。
④ 《詹姆斯·乔伊斯的流放生活》(*L'Exil de James Joyce*),格拉塞出版社,1968,第 707 页。
⑤ O. 杜克罗(O. Ducrot)和 T. 托多罗夫:《语言科学百科辞典》(*Dictionnaire encyclopédique des sciences du langage*),瑟伊出版社,1972,第 198 页。
⑥ 《小说美学与小说理论》(*Esthétique et Théorie du roman*),法译本,伽利玛出版社,1978(初版),第 445 页。

柏拉图,从而"掩盖"了他们的不同观点,掩盖了他们的现代性。

这种如今已经司空见惯的"谦让"做法并非完全是20世纪的发明。我们至少已经在18世纪巴脱神甫(abbé Batteux)的论著《美术的原则归一》(les Beaux—Arts réduits à un même principe)的附加章节里发现了同样的姿态。该章节的标题几乎出人意料:"愿这种理论符合亚里士多德的理论。"①这里指的是巴脱关于"摹仿美丽的大自然"应成为美术(包括诗在内)的唯一"原则"的一般理论。然而,该章节几乎全部用来说明亚里士多德是如何把诗艺区分为三种体裁的,或者说,巴脱借用贺拉斯的术语,区分为三种基本格调的。"这三种基本格调是酒神赞美歌或抒情诗格调、史诗或叙事诗格调和戏剧格调或悲剧和喜剧格调"。神甫自己还引用了《诗学》的一段文字,并赖以建立自己的观点,有必要重新审读这段引语。巴脱的译文如下:"由若干词汇组成的复合词更适合酒神赞美歌,非常用词适合于史诗,而戏剧则经常使用词汇的转义。"这段话出自第22节的结尾部分,讨论"词汇"问题——我们认为说讨论风格问题更妥贴一些。正如我们看到的那样,这里讨论的是体裁与风格手段的适应性关系——尽管当巴脱把英雄诗体翻译为"史诗"、把抑扬格(尤其是悲剧或喜剧对话中的三音节亚历山大诗体)译为"戏剧"时,很少把亚里士多德的术语引向上述方向。在此,亚里士多德似乎明显地把三种风格特征分配给三种体裁或形式:酒神赞美诗、史诗、戏剧对话。问题在于评价巴脱建立的酒神赞美诗与抒情诗的对等关系是否成立。如今,我们已经很难辨别酒神赞美诗的真面目,因为几乎没有任何诗作传世;人们一般把它描述为一种"赞美狄俄尼索斯的合唱歌"形式,乐于把它归入"抒情诗形式",②但是,还不曾像巴脱走得那样远,断言"没有任何形式更符合抒情诗的规范"。诸如品达洛斯(Pindare)和萨福(Sapho)的颂歌因此而行情见涨。然而关于这一形式,亚里士多德在《诗学》一书中,除了说它是悲剧的祖宗之一外,③未作任何其他描

---

① 该章节1764年收入《文学原则》(Principes de littérature)的第一卷《美术的原则归一》一书(初版发行于1746年);当时仅作为"韵文诗"("la poésie des vers")一章的结尾部分。结尾部分在巴脱死后的1824年的版本中独立成章,标题借自1764年增加部分的文章。

② J. 德·罗米利(J. De Romilly):《希腊悲剧》(La Tragédie grecque),法国大学出版社,1970,第12页。

③ 1449a。《诗学》1449行的a处(以下情况同此)。——译者注

述或评说。在《荷马问题》(les Problèmes homériques)一书中①,他解释说,酒神赞美歌最初是一种叙事形式,后来演变为"摹仿"形式,即戏剧形式。至于柏拉图,则视酒神赞美歌为十足的……纯粹的叙事诗形式。②

上述事实丝毫不能说明亚里士多德(或柏拉图)曾经把酒神赞美诗作为抒情诗的典型形式,恰恰相反。而这段文字是巴脱唯一可引用的、用以担保亚里士多德提出了著名的三分法的《诗学》文字。歪曲是显而易见的,而歪曲涉及之点亦颇具意义。为了更好地评价这一意义,有必要再次追根溯源,即回到由柏拉图提出亚里士多德挖掘的体裁体系。我之所以使用"体裁体系"的说法,无异于暂时向"圣经"妥协;我们将很快看到,这一术语是不准确的,问题完全是另外一回事。

II

在《理想国》的第三卷,柏拉图以两套论据论证了他的著名决定:把诗人驱逐出城邦。论据之一涉及作品的内容(逻各斯),作品内容应该(现实经常不是这样)具有基本的道德感染力量:诗人不应该表现缺点,尤其不应表现神和英雄人物的缺点,更不应该以表现美德受难或恶习获胜而鼓励缺点;论据之二涉及"形式"(lexis)③,亦即涉及表现方式。任何诗都是对过去、现在或将来之事件的叙述(diègèsis);广义的叙事可以有三种形式:或纯叙述形式(haplè diègèsis),或摹仿形式(dia

---

① XIX,918b—919。

② 《理想国》(La République),394c。"大约5世纪初,赞美狄俄尼索斯的抒情歌曲可以以诸神或与神交往的英雄人物为主题;据流传下来的品达洛斯的片断来看,酒神赞美诗犹如叙述英雄业绩的片断,没有对话形式,由唱诗班颂唱,以引述狄俄尼索斯为开端,有时也会赞美其他神。柏拉图指的应该是这种创作形式,而非4世纪因音乐方式的混杂和抒情独唱形式的引入而发生深刻变化的酒神赞美歌"(R. 杜蓬—罗克(R. Dupont—Roc):"摹仿与陈述"("Mimesis et énonciation"),见《诗歌写作与理论》(Ecriture et Théorie poétiques),师范大学出版社,1976)。参阅 A. W. 皮卡德—坎布里奇(A. W. Pickard—Cambridge):《酒神赞美诗、悲剧与喜剧》(Dithyramb, Tragedy and Comedy),牛津,1927。

③ 当然,logos 和 lexis 的对比价值并非与生俱来:离开语言环境,最忠实的译法应该是"言语"(discours)和"措辞"(diction)。柏拉图本人建立了两者之间的对立义以及 ha lekteon(应表达的内容)和 hôs lekteon(表达方式)之间的对立义。我们知道,后来,修辞学把 lexis 局限为"风格"的意思。

mimèséôs），亦即像舞台上那样，通过人物之间的对话，或"混合"形式，即叙述与对话相互交替，如荷马史诗那样。我不想重复柏拉图的论证细节，① 也不想谈及众所周知的摹仿形式和混合形式的贬值问题，这是诗人们猛烈抨击的代表性现象之一，另一受抨击的代表性现象是作品主题的沦丧。我谨提醒大家，柏拉图区分的三种表现方式，从以后的诗歌"体裁"角度来观照，其中纯摹仿形式相当于悲剧和喜剧，混合形式相当于史诗，"尤其"（*malista pou*）是纯叙述形式相当于酒神赞美诗（无其他昭示形式）。全部"体系"的实质莫过如此。显而易见，柏拉图当时仅仅考察了广义的"叙事"诗的形式——亚里士多德之后的传统更喜欢使用"摹仿"或"表现"两个术语，颠倒了它们之间的顺序——即叙述真实的或虚构的事件的诗。他断然把任何非表现类形式的诗排除在诗的范畴之外，尤其是我们称作的抒情诗，更把任何其他文学形式排除在外（包括可能出现的"表现类"散文形式，如我们今天的小说和现代戏剧形式）。这种排斥不仅是实践中的排斥，而且是原则上的排斥。因为，我再重复一次，这里，事件的表现即诗的定义本身：只有表现事件的诗才是诗。显然，柏拉图不会不知道抒情诗的存在，但是，他以严格的定义把抒情诗排除在外。这一限制很可能是专门设置的，因为它有利于放逐诗人（抒情诗人例外？）；但是经过亚里士多德之后，这条限制成为古典诗学的基本条款，影响长达数世纪。

　　《诗学》的第一页确实明确地把诗界定为以诗句形式（更具体地说，以节奏、语言和格律）出现的摹仿艺术，明确排除了散文体摹仿形式（索弗荣（Sophron）的滑稽剧、苏格拉底（Socrate）的对话体）和非摹仿类诗体——甚至没有提到非摹仿类散文，如雄辩术；《修辞学》则以雄辩术为内容。被选来说明非摹仿类诗体的是恩培多克勒（Empédocle）的作品以及广义上那些"借助格律手段等阐述（例如）一个医学或物理主题"的作品，换言之，即训教诗；针对并反对他所说的大众意见（"人们习惯于把他们称作诗人"），亚里士多德断然抛弃训教诗。在他看来，尽管恩培多克勒与荷马使用同一格律，"把恩培多克勒叫做自然学者比叫做诗人更合适"。至于我们心目中的抒情诗（如萨福或品达洛斯的诗），他既未在此提到，《诗学》的其他地方也未提起过：它们显然被摈弃于他心目中的诗的殿堂之外，与在柏拉图那里的命运相同。后边更具体的分类是

---

① 见拙作《语象卷二》（*Figures II*），第 50—56 页；《语象卷三》（*Figures III*），第 184—190 页。

在严格的表现类诗体的范畴内进行的。

具体分类的原则是把直接与表现行为相关的类型即摹仿对象(问题"什么")和摹仿方式(问题"如何")交错联系起来。摹仿对象——一种新的限制——仅包括人类的行为,或者更准确地说,指行动中的人;他们可以表现得高于(beltionas)我们,或者与我们相当(kathèmas),或者低于(kheironas)我们。我们即大多数人、一般人。① 其中第二种类型并未获得较多投资,于是内容标准浓缩为高级人物与低级人物的对立。而摹仿方式则分为叙述(即柏拉图提出的纯叙事,haplè diègèsis)和"表现行为中的人物"即把活生生的人物推上舞台两种,后者即柏拉图的摹仿,亦即舞台表现。这里,我们还注意到,至少作为分类原则,一种中间类型消失了,即柏拉图所谈论的混合类型。除了混合类型的消失,亚里士多德所谓的"摹仿方式"完全相当于柏拉图所说的 lexis(形式):我们还没有进入体裁体系;表达这一类型的最准确的术语大概当属哈代(Hardy)译文中所使用的 mode(方式)一词;这里还不是传统意义上所讲的"形式"(formes),如诗体形式或散文形式,或各种不同的诗体形式;而是"陈述形态"(situations d'énonciation)问题;借用柏拉图本人的术语来表达,在叙述方式中,诗人以自己的名义说话,戏剧方式中则是人物活动与讲话,或者更准确地讲,诗人化装成无数的人物。

在第一章里,亚里士多德原则上从三个方面区分摹仿艺术,即从摹仿对象和摹仿方式(这是该章讨论的两个问题)方面,但是也从摹仿的"支柱"方面(哈代译本;准确地讲,即以"什么样式"的问题,如"以动作"或"以话语"、"以希腊语"或"以法语"、"以散文"或"以诗"、"以六音步"或"以三音步"等样式或格式表达的问题)考察摹仿艺术;正是最后这个层面最接近我们传统中的"形式"(forme)概念。但是,《诗学》并没有真正关注形式问题,于是,类型体系几乎仅仅以对象和方式来决定它们的

---

① 上述术语的翻译和阐释显然要求对《诗学》的这一侧面的全面阐释。它们的常用义明显属于道德范畴,在本章中首次出现的语言环境也属于道德范畴,把性格区分为缺陷(kakia)和美德(arètè);后来的古典主义传统更倾向于社会学阐释,悲剧(和史诗)表现上层人物,喜剧表现一般人物;我们下面还将看到的亚里士多德关于悲剧英雄人物的理论确实很难与他的纯道德定义相吻合。"高于"及"低于"是一种谨慎的折衷,也许过分谨慎;但是人们对亚里士多德是否把俄狄浦斯或美狄亚划入高于一般人的高等英雄人物仍然举棋不定。至于哈代(Hardy)的翻译,总体上前后不和谐,译者尝试了两种译法,前后仅15行之隔(美文学出版社,第31页)。

含义。

于是，两种对象类型的两种方式类型构成了四种摹仿类型，古典传统的体裁即与这四种摹仿类型相对应。诗人可以叙述高级人物的行为或把它们搬上舞台，也可以叙述低级人物的行为或把低级人物的行为搬上舞台。① 高贵人物的剧情决定着悲剧，叙述高贵人物的行为即史诗；喜剧是低级人物的戏剧，而以低级人物为叙述对象的体裁很难界定，亚里士多德没有为其命名；他一会儿借用如今已经失传的赫革蒙（Hégémon）和尼科卡瑞斯（Nicocharès）的《滑稽史诗》（parôdiai）来说明，一会儿又以据说为荷马所作的《马尔吉忒斯》（Margitès）为例来阐释；亚里士多德明确表示，《马尔吉忒斯》之对于喜剧犹如《伊利亚特》（l'Iliade）和《奥德赛》（l'Odyssée）对于悲剧的地位。② 这个格子显然是指滑稽叙述，最初基本上是以滑稽史诗为其代表的，且不管亚里士多德如此说明的用意何在；兼具悲剧英雄和滑稽人物色彩的巴塔科米奥马什（Batrachomyomachie）大概能给我们一些或对或错的概念。这样，亚里士多德的体裁体系可以用下图来表示：

方式 对象	戏剧体	叙述体
高级人物	悲剧	史诗
低级人物	喜剧	滑稽史诗

---

① 显然，亚里士多德丝毫没有区分人物的身份高低（或道德水准）与行为水准的关系，大概以为身份高低与行为水准之间有着必然的联系，事实上他仅仅把人物看做行为的支撑物。高乃依似乎第一个打破了这种必然联系，他于1650年为《唐桑什·德·阿拉贡》（Don Sanche d'Aragon，高贵环境中的非悲剧行为）一剧创立了"英雄喜剧"的混合型子体裁（1671年发表的《普勒谢丽》（Pulchérie）和1672年发表的《底特和贝雷尼斯》（Tite et Bérénice）进一步发展了这一子体裁），并在《论剧诗》（Discours du poème dramatique，1660）一文中为上述分离正名，明确批评亚里士多德的理论："按照他的说法，剧诗是对行为的摹仿，而他在此（《诗学》开头）仅谈论人物的条件，没有说明应该摹仿什么样的行为。不管怎样，他的定义与时代的习俗相关，当时的喜剧人物全是地位非常平庸的人物；但是，这一定义对于我们的喜剧而言，并不完全正确；当国王们的行为没有高于喜剧时，他们也可以进入我们的喜剧。当戏剧舞台仅仅表现国王们的爱情故事，不管是他们的生命还是国家的安全，都没有受到任何威胁时，尽管人物的地位很显赫，我不相信剧情能够达到悲剧的高度。"（《选集》，马尔蒂—拉沃出版社，卷一，第23—24页）反向分化（平庸环境中的高贵行为）产生了18世纪的市民剧。

② 1447 a, 48 b, 49 a。

我们大家都知道,《诗学》随后对上述体裁分类采取了一系列致命的放弃和贬低态度:不再谈论有关低级人物的叙述体裁问题,也很少谈论喜剧;只有两种高雅体裁进行不平等的对话;《诗学》仅用了几页的篇幅建立上述分类体系,一旦该框架确立,至少是《诗学》其余部分,基本上可以概括为悲剧理论。这种结局本身与我们的话题无关。但是,我们至少可以得出下述观感,即悲剧的胜利并非因为言而未尽或论著的残缺,它源于作者明显的深思熟虑的价值取向:戏剧方式无疑优越于叙述方式(他对柏拉图立场的这种背离已经广为人知),亚里士多德谈论荷马时如是说,而荷马的功绩之一正在于他尽可能不以叙述者的身份出现,尽可能让人物说话而使作为史诗作者的他同时成为一个"摹仿者"(即剧作家)①——这一赞美足以说明,亚里士多德虽然取消了混合形式,然而,他对荷马叙事的混合特点并不比柏拉图更陌生,我将论述这一事实的后果;形式上格律变化、拥有唱段和戏景的优越性;智识上"阅读和表演明晰"的优越性;美学上紧凑和统一的优越性②,更令人惊奇的是,还有题材方面悲剧题材的优越性。

之所以更令人惊奇,是因为综前所述,最初那些篇幅原则上赋予两种体裁的对象不仅平等,而且同一,即表现高级英雄人物。1449 b 一节最后一次宣告了这种平等性:"就以格律文形式摹仿严肃的人物而言,史诗与悲剧'比肩而立'(èkoloutèsen)";随后申明它们的形式区别(史诗的单一格律与悲剧的变化格律)、方式区别和"幅度"区别(悲剧情节局限于著名的"太阳运行一周"的时间单位里);最后则悄悄改变了公开宣布的对象一致的原则:"至于成分,有的为二者所共有,有的则为悲剧所独具。所以,能辨别悲剧之优劣的人也能辨别史诗的优劣,因为悲剧

---

① 1460 a;在 1448 b 一节中,亚里士多德甚至把荷马的史诗称作"戏剧摹仿"(mimèseis dramatikas),并且在谈论《马尔吉忒斯》时使用了"从戏剧方面表现滑稽"(to géloion dramatopoièsas)的语言。但是,这些修饰语言的强烈语气并不影响他从总体上仍然保持上述作品的叙述体裁地位(mimeisthai apangellonta, 1448 a)。须知亚里士多德并没有把这些修饰语用于一般史诗,仅用于荷马一人(monos,见 1448 b 和 1460 a)。关于亚里士多德赞扬荷马的因素的更深刻的分析、围绕荷马摹仿类作品柏拉图与亚里士多德两人的定义之分歧的进一步分析,见 J. 拉洛(J. Lallot):"亚里士多德的'摹仿说'与荷马的典范作用",收入前引《诗歌写作与理论》一书。从我们这里的角度来看,混淆两人的分歧无伤大雅。

② 1462 a,b。

具备史诗所具有的全部成分,而史诗则不具备悲剧所具有的全部成分。"①作者的偏向显而易见,因为这段文字按照"难事都能做,易事不在话下"的原则,赋予悲剧诗人,至少是赋予悲剧的熟悉者,一种不言而喻的优越性。这种优越性的因素似乎还比较朦胧或抽象:断定悲剧包括史诗所不具备的某些"成分"(*mérè*),而不承认任何对应性。这意味着什么呢?

具体地说,在悲剧的六大"要素"(情节、性格、言语、思想、戏景和唱段)中,最后两个要素为悲剧所独具。然而,超越上述技术内容,所谓的并行不悖已经使人预感到,最初确定两个体裁之对象的共同定义已经不能完整地——我们至少可以这样说——确定悲剧的对象,几行之后的第二定义证实了我们的推测:"悲剧是对一个严肃、完整、有一定长度的行动的摹仿,它的媒介是经过'装饰'的语言,以不同的形式分别被用于该剧的不同部分,它的摹仿方式是借助人物的行动,而不是叙述,通过引发怜悯和恐惧使这些情感得到疏泄。"②该定义在若干世纪中一直具有权威性。

尽人皆知,该定义最后一条提出的悲剧的"净化"(*catharsis*)理论并不能跻身最清楚的理论行列,它的模糊不清导致了一波波可能有害无益的注释高潮。在我们看来,无论如何,重要性不在于两种悲剧情感产生的精神或道德效果,而在于这些情感在悲剧体裁定义中的地位,以及亚里士多德指出的产生这些情感的所有必要的特征,亦即符合上述定义的悲剧存在的必要特征:事件的惊人(*para tèn doxan*)和完美的(*thaumaston*)承接,例如偶然性似乎具有一定的"意图";情节的"曲折"或"突转",例如一个行为的结果与预期的相反;人物面目的"发现",其真实身份一直不为人知或精心掩盖起来;一个既非完全无辜又非完全有罪的英雄人物承受的苦难,他的苦难并非源自真正的罪行,而是因为某种致命的错误(*hamartia*);亲近者之间、最好是具有血缘联系而又不知底细的亲人之间的粗暴行为(最好是粗暴行为即将发生,最后一刹那

---

① ② 这两段译文借用商务印书馆1996年版《诗学》,陈中梅译注,第58—59、63页。——译者注

间因真相的发现而得以避免)……①所有这些标准,确定《俄迪浦斯王》(Oedipe roi)或《克瑞斯丰忒斯》(Cresphonte)为最完美的悲剧情节,确定欧里庇得斯(Euripide)为最富悲剧意识的卓越的十足的悲剧诗人(tragikotatos)②,构成了悲剧的新定义;作家们难以完全把握该定义,因此不能简单肯定它比第一个定义外延小而易于理解,它的某些不可调和的地方确实难以克服:例如,(按照拉辛(Racine)在《安德洛马克》(Andromaque)前言中的忠实解释)"既非全好又非全坏",但却注定要犯错误(按照我的理解,"远非十全十美的思想,一直忠实地丰富了《布里塔尼居斯》(Britannicus)的前言的思想,应该永远存在某种不够完美的东西"),或不够敏锐,或像俄迪浦斯等获得同样结果的人那样"具有超常洞察力"③——这是霍尔德林(Hölderlin)著名而又精湛的"多余的眼睛"的思想——以期避免命运之陷阱的悲剧英雄的思想,与最初确定的高贵人物高于一般人的地位很难吻合,除非取消任何道德或智识方面的优越性,如前所述,这与形容词 *beltiôn* 的常用义是矛盾的;又如,当亚里士多德要求情节在没有戏剧表演仅通过陈述事件即能产生恐惧和怜悯情感时④,此举似乎说明他已接受了悲剧主题可以与戏剧方式相分离,可以接受简单叙述方式而并不因此成为史诗主题的思想。

因此,悲剧性可能存在于悲剧之外,正如某些悲剧很可能缺乏悲剧性一样,或者至少比其他悲剧少一些悲剧色彩。罗博尔泰洛(Robortello)在其1548年的评论中曾经评价说,《诗学》提出的条件仅在《俄迪浦斯王》中得到了实现:他认为亚氏的某些条件并非悲剧之性质所必

---

① 第9至14章;诚然,稍后(1459 *b*),亚里士多德赋予史诗与悲剧相同的"部分"(成分),"唱段和戏景例外",包括"突转、发现和苦难的打击",稍微恢复了两种体裁之间的平衡。但是,悲剧的基本素材——恐惧和怜悯——仍然被排除于史诗之外。

② 1452 *a*,53 *a*,53 *b*,54 *a*。

③ 确实,因为他受到了过分明显的神示;其实拉伊俄斯(Laios)已经受到了神示。因此,无论如何,他具有过分的先见之明,也过分谨慎:这里,这一中心主题笼罩着浓厚的悲剧色彩,因为它与死亡联系在一起;在另外一些作品里(如《太太学堂》(*L'Ecole des femmes*)、《塞维勒的理发师》(*Le Barbier de Séville*)),该主题又具有喜剧色彩,因为它与一个老头的失望、与防不胜防甚至与有害的提防联系在一起;在悲剧环境中,这种提防具有宿命的或致命的色彩。

④ 1453 *b*。

须,仅仅是保证悲剧完美的条件①,由此解决了这一理论难题。这种诡谲的区分有可能使亚里士多德满意,因为它通过悲剧定义的几何变化而维持了悲剧观念的表面统一。其实,这里无疑有两种相互区别的现实,一种现实既体现在方式方面,也体现在题材方面,《诗学》开头几页对此作了界定,这一现实即高雅戏剧,或称严肃戏剧,与高雅叙事(史诗)和低俗戏剧或娱乐戏剧(喜剧)相对立。这种体裁现实既包括《波斯人》(les Perses),也包括《俄狄浦斯王》,通常被称作悲剧;亚里士多德显然不会反对这种称谓。另一种现实是纯粹题材方面之现实,与其说属于诗,毋宁说属于人类学;这一现实即悲剧性,亦即关于命运嘲弄、神灵粗暴的感情;《诗学》第六至十九章讨论的基本上是这种现实。两种现实互相交汇,其中两者相交的区域即严格意义(亚里士多德意义)上的悲剧,或完美悲剧,满足生产恐惧和怜悯情感,或者更准确地说,生产舞台上残酷命运导致的恐惧与怜悯兼而有之的特殊的混合情感的所有条件(<u>丝丝入扣、突转、发现</u>等)。

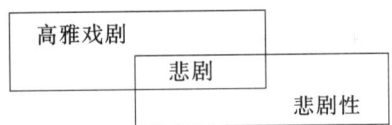

用体裁体系的语言来表示,悲剧是高雅戏剧题材方面的专向发展,正如滑稽剧是喜剧题材的一个领域,或侦破小说是小说题材发展的一个分支一样。狄德罗(Diderot)、莱辛(Lessing)或施莱格尔(Schlegel)之后,这种区分对所有人都是不言而喻的事,但是却由于"悲剧"一词广义和狭义上的模糊不清而被掩盖了若干世纪。显然,亚里士多德相继

---

① 高乃依在他的《论悲剧》(Discours de la tragédie,1660,版本同前引,第59页)一文中引用了这种区别,并把它用于亚里士多德的两个条件(第66页),即英雄人物的半无辜状态和对手们之间的血缘关系。"当我说这两种条件仅仅是为完美悲剧而设立的时候",他补充道,"我无意表示'没有上述条件的悲剧即不完美悲剧'的思想:这等于把它们捧上绝对必需的地位,等于否定我自己的观点。然而,我用'完美悲剧'一词表示最崇高、最感人的悲剧类型;那么,缺乏两个条件之一种或两者都缺的悲剧,除此缺陷之外,只要它们富有规律,仍然不失为它们的类型中的完美作品,即使它们的类型处于较低一个层次,无法达到其他作品的光彩和美的高度……"上述论述堪称巧妙辩解的典范,人们通过这样的辩解,暂时"顺应"("顺应"一词来自高乃依,第60页)某种正统观念;人们已经在实践中偏离这种观念,但尚未敢公开反对。

采用了两种含义,却未怎么关心它们之间的区别,也不曾料到他的疏忽在数个世纪之后所引起的理论混乱,若干陷于这种混乱的诗学家天真而又执著地把他为某体裁的一种类型所清理的规范用于整个该体裁并大肆宣扬。

Ⅲ

让我们回到最初的体系吧,这段关于悲剧的回顾表面上有点离题,似乎超出了体系的范围却并没有放弃体系。我们已经知道,它没有、而且从定义上讲也不可能赋予抒情诗以任何地位。然而,我们还看到,它忘记了或假装忘记了柏拉图关于以酒神赞美诗为代表的纯叙事方式与以史诗为代表的混合方式的区别。或者更准确地说,我最后一次提到这一点,亚里士多德完全承认并有意褒扬史诗方式的混合性质:在他那里消失的,是酒神赞美诗的地位,因此也是区分纯叙事与非纯叙事的必要性。从此,即使史诗的叙事比例很小或者理应很小,人们都把史诗归入叙事体裁:总之,只要有诗人的一句导语,哪怕其余部分全是对话形式,也无关紧要;正如25个世纪之后,只要没有这类导语,就可以构成全新的"内心独白"的小说"形式"一样,其实这一手法几乎与叙事同样古老。总而言之,对于柏拉图而言,史诗属于混合方式,而对于亚里士多德而言,史诗则属于叙述方式,尽管这种叙述本质上是混合叙事或不纯粹的叙事。这说明,纯粹标准已经失去了它的意义。

围绕这一点,在柏拉图和亚里士多德之间,无疑发生了什么事情,可是我们却无法评价,因为酒神赞美诗的失传是如此残酷。然而,岁月的摧残似乎并非唯一的责任者:在谈论这一体裁时,亚里士多德已经在谈论一个过时的体裁,他大概有理由轻视这一叙事体裁,不仅因为他倡导摹仿说,还因为这是一种纯叙事体裁。经验告诉我们,纯叙事(美国批评界称之曰"无表现式讲述")只是一种可能,几乎没有一部完整的作品可以这样做,更不必奢论一种体裁了:人们很难举出一篇没有对话的短篇小说,而没有对话的史诗或长篇小说简直不可思议。如果说酒神赞美诗是一种幻影体裁,那么纯叙事不啻为一种虚构的方式,至少是一种纯"理论"方式,亚里士多德放弃它还是一种经验主义的表现。

如果我们比较柏拉图和亚里士多德的方式体系,表中的一格在途中变为空格并因此而消失。柏拉图的三相表

| 叙述方式 | 混合方式 | 戏剧方式 |

被亚里士多德的双相模式所取代，

| | 叙述方式 | 戏剧方式 |

而这种变化过程，没有枪毙混合方式，而是并不存在的纯叙事方式消失了，混合方式则以唯一存在的叙述方式而确立。

敏锐的读者会说，这里有一个位置应该占领，其后果不难猜想，特别是当我们已经知道结局的时候。然而，我们还是别毁掉太多的阶段。

IV

若干世纪内①，浓缩为表现柏拉图和亚里士多德的诗学主导着体裁理论，并为体裁理论带来了许多不便和混淆。显然，亚历山大诗体的批评家们不会不了解抒情诗的概念，然而，他们没有把抒情诗与史诗和剧诗联为一组，只是从纯技术的角度界定抒情诗的定义（为竖琴填写的伴唱诗），并尽量限制它的范围：公元前二三世纪，阿里斯塔耳科斯（Aristarque）建立了一份 9 个抒情诗人的目录（其中包括阿尔凯奥斯（Alcée）、萨福、阿那克雷翁（Anacréon）和品达洛斯），这份名单长期保持着它的经典地位，但是却把诸如抑扬格（短长格）和对句格诗排除在

---

① 下文的大部分历史资料分别借自：E. 法拉尔（E. Faral）《中世纪的诗艺》（*Les Arts poétiques du moyen âge*），尚皮翁出版社，1924；艾·贝伦斯，见前引；奥·沃伦，见前引；M. H. 艾布拉姆斯（M. H. Abrame）《镜与灯》（*Mirror and Lamp*），牛津，1953；M. 富比尼（M. Fubini）：《文学体裁的起源及资料》（*Genesi e storia dei generi littrari*，1951），见《批评与诗》（*Critica e poesia*），巴里，1966；R. 韦勒克（R. Wellek）：《体裁理论，抒情诗及其体验》（*Genre Theory, the Lyric, and Erlebnis*，1967），见《鉴别》（*Discriminations*），耶鲁，1970；P. 施宗狄（P. Szondi）：《F. 施莱格尔的诗歌体裁理论》（*La théorie des genres poétiques chez F. Schlegel*，1968），见《德国理想主义的诗与诗学》（*Poésie et poétique de l'idéalisme allemand*），子夜出版社，1975；W. V. 卢特科夫斯基（W. V. Ruttkovski）：《论文学体裁》（*Die Literarischen Gattungen*），弗朗克出版社，伯尔尼，1968；C. 吉朗（C. Guillen）：《文学体系》（*Literature as System*，1970），见《文学体系》（*Literature as System*），普林斯顿，1971。

外。尽管贺拉斯本人身兼抒情诗人和讽刺诗人,就体裁方面的内容而言,他的《诗艺》仅仅是对荷马的颂扬和对剧诗规则的陈述。昆提利阿努斯(Quintilien)为未来的演说家所建议的希腊和拉丁读物名单里,除了历史、哲学和必修科目雄辩术以外,还包括了下述 7 种诗体:史诗(这里包括所有叙事诗、描述诗或训教诗,如黑西俄得(Hésiode)、忒俄克里托斯(Théocrite)和鲁克瑞提乌斯(Lucrèce)等人的诗)、悲剧、喜剧、对句格诗(卡利马考斯(Callimaque)、拉丁语对句格诗人)、抑扬格(阿耳基洛科斯(Archiloque)、贺拉斯)、讽刺诗(尤其是鲁西利乌斯(Lucilius)和贺拉斯)和抒情诗,抒情诗以品达洛斯、阿尔凯奥斯和贺拉斯为例;换言之,这里的抒情诗仅仅是非叙事以及非戏剧体裁之一种,它确实被局限为颂歌一种形式。

然而,昆提利阿努斯的名单显然不是一份"诗艺",因为它还包括散文体作品。后来,古代社会末期以及中世纪的系统化尝试,都竭力把抒情诗纳入柏拉图或亚里士多德的体系而又不修改他们的类型。例如,狄俄墨得斯(Diomède,4 世纪末)再次把柏拉图的三种方式命名为"体裁"(genera),而把我们称之为体裁的东西叫做"类型"(species),并不伦不类地分配到他的"体裁"中:只有人物说话的摹仿体裁(戏剧体裁)包括悲剧类型、喜剧类型和讽刺类型(这里的讽刺类型是指古希腊的四联剧中的讽刺剧;柏拉图和亚里士多德不曾提及四联剧);诗人唱独角戏的叙事体裁包括各种叙事类型本身以及格言诗(espèce sententieuse,箴言诗(gnomique)?)和训教诗;诗人与人物交相发言的通用体裁(即混合体裁)包括英雄诗(史诗)类型……和抒情诗类型(阿耳基洛科斯和贺拉斯)。普洛克劳斯①像亚里士多德那样,取消了混合类型,把抑扬格、对句格和歌(抒情诗)与史诗一起纳入叙事体裁。让·德·加尔朗德(Jean de Garlande,11 世纪末 12 世纪初)重又回到了狄俄墨得斯的体系。

16 世纪的诗学艺术一般拒绝任何体系,仅满足于把各种类型并列起来。如佩尔蒂埃·德·勒芒(Peletier du Mans,1555):短诗、十四行诗、颂歌、献诗、哀歌、讽喻诗、悲剧、喜剧、"英雄作品";或沃克兰·德·拉弗雷内(Vauquelin de La Fresnaye,1605):史诗、哀歌、十四行诗、抑扬格、歌谣、颂歌、喜剧、悲剧、讽喻诗、田园诗、牧歌;又如菲力浦·锡德尼(Philip Sidney,《诗的颂歌》(*An Apologie for Poetrie*),1580):英雄

---

① 普洛克劳斯(Proclus),5 世纪人,新柏拉图主义哲学家。——译者注

诗、抒情诗、悲剧、喜剧、讽喻诗、抑扬格、哀歌、牧歌等。我们知道，从维达(Vida)到拉宾(Rapin)等古典主义的大诗学家们基本上从事着对亚里士多德的评论工作，他们不知疲倦地争论悲剧和史诗的功绩，即使16世纪新出现的体裁如英雄传奇诗、田园小说、牧羊剧或悲喜剧等，都未能真正改变他们信奉的表格，而这些新体裁极容易归入叙事方式或戏剧方式。各种非表现类形式的、事实上的承认与恪守亚里士多德的正统观念在古典主义的经典文论中勉强得到了调和，调和的方式即区分"大体裁"与……其他体裁，布瓦洛(Boileau)的《诗艺》(l'Art poétique, 1674)的布局(虽说有些间接)就是很好的证明：歌 III 讨论悲剧、史诗和喜剧；歌 II 则像 16 世纪的前辈们那样，不加任何分类地把田园诗、哀歌、颂歌、十四行诗、短诗、回旋诗、情诗、叙事诗、讽喻诗、滑稽剧和歌谣等形式统统收入①。同年，拉宾的论述加剧了这种分化："一般而言，诗学可以分为史诗、悲剧和喜剧等三种完美诗类型，三种完美类型又可以浓缩为情节和叙述两种类型。亚里士多德谈到(?)的所有其他类型都可以归入上述两种类型：喜剧归入剧诗，讽喻诗归入喜剧，颂歌和田园诗归属英雄诗。因为十四行诗、情诗、短诗、回旋诗、叙事诗等，只不过是一些非完美诗的类型。②"总之，非表现类体裁只有两种选择，或者荣幸地附属于"大体裁"(讽喻诗属于喜剧并因此而属于剧诗；颂歌和田园诗属于史诗)，或者被抛入圈外的黑暗之中，更准确地说，被抛入"尚未完美"的模糊状态之中。大概没有什么比勒内·布雷(René Bray)的失望态度更精彩地描绘了这种分化的内涵：布雷曾经研究关于"大体裁"的古典理论，随后又试图收集有关牧歌、哀歌、颂歌、短诗和讽喻诗的资料；他突然停下来："还是停止收集如此贫乏的理论吧。理论家们对大体裁以外的所有其他形式是不屑一顾的。他们的目光仅

---

① 歌 I 和歌 IV 讨论超越体裁的共性问题。我们顺便说明，关于"古典理论"的某些误解，更不用说反义，产生于某些特定观念的成语化以及成语的普遍滥用；须知成语脱离原有语言环境后就失去了它的可靠性。例如，大家都知道"美的混乱是种艺术效果"这句十音步亚历山大体诗句，通常，诗人们很想为其补上既不可靠又含糊其辞的"经常"一词。原诗的开头是"在她那里"。她是谁？答案见歌 II，第 68—72 诗句。

② 《关于诗学的思考》(Réflexions sur la Poétique)，1674，第 2 部分，第 1 章。

仅停留在悲剧和英雄诗之上。①"

叙事和戏剧类大体裁的旁边,说下边更恰当一些,是一片由小形式构成的尘埃;它们的诗学地位的低下或缺失的部分原因,是它们的实际规模太小、目标狭窄,更多的是因为诗学对所有不"摹仿人之行为"的形式的长期排斥。颂歌、哀歌、十四行诗等不"摹仿"任何行为,原则上,它们只是像一段话语或请求一样,表达作者的某些真实的或虚构的思想或感情。因此,提高它们的诗学地位的方法只有两种可以考虑:其一,适当扩大"摹仿说"的"教义",保留这一教义,并尽量说明这些形式也是一种摹仿,以它们的方式摹仿;其二,彻底与经典教义决裂,并宣布非表现类形式具有同等的诗学尊严。用现在的眼光来看,上述两种姿态是互相对立的,肯定是水火不容。其实,它们相继出现于历史舞台,互相配合,几乎没有发生过什么冲突,第一种态度孕育并涵盖了第二种态度,正如有时改革是革命的"温床"一样。

V

把各种形式的非表现类诗集合于抒情诗的门下,从而构成第三股力量的思想,古典主义时代并非完全没有:只不过它是一种游离于边缘的异端思想。艾琳·贝伦斯揭示的第一次异端思想来自意大利人明屠尔诺(Minturno)。他以为,"诗分为三个部分,其中一部分叫做舞台诗,一部分叫做抒情诗,第三部分叫做史诗②"。塞万提斯(Cervantes)在《唐·吉诃德》(*Le Quichotte*)的第 47 章赋予本堂神甫四段内容,其中舞台诗又分为两部分:"(骗子流氓小说的)不连贯文字使作者能够相继以史诗作者、抒情作者、悲剧作者和喜剧作者的面目出现。"弥尔顿(Milton)以为在亚里士多德、贺拉斯和"意大利卡斯特尔维屈罗(Castelvetro)、塔索(Tasso)、马佐尼(Mazzoni)以及其他作家的评论中"发现了"真正的英雄诗、剧诗或抒情诗"的规律:据我所知,这是我们所说的随意分配思想的第一例。③ 德莱登(Dryden)区分剧体诗、史诗

---

① 《经典理论的构建》(*Formation de la doctrine classique*,1927),尼泽出版社,1966,第 354 页。

② 《论诗》(*De Poeta*),1559;他于 1563 年用意大利语写成的《诗的艺术》(*Arte poetica*)坚持了同样的分类原则。

③ 《论教育》(*Treatise of Education*),1644。

和抒情诗等三种"方式"(ways)。① 格拉维纳(Gravina)的《诗学原理》(Ragion poetica,1708)专用一章讨论史诗和剧体诗,另用一章讨论抒情诗。从古今之争的角度看,②乌达尔·德·拉莫特(Houdar de la Motte)是一位"现代作家",他曾经把三种类型并列起来,并自诩"英雄诗人、戏剧诗人和抒情诗人"③。还有,鲍姆加滕(Baumgarten,通译为鲍姆加登)在 1735 年的一篇文章里,就提到了"抒情诗、史诗、剧体诗以及它们的子体裁划分④",这篇文章是他的《美学》(Esthétique)一书的草图或先声。而我们的这份名单绝不敢自诩完整。

然而,上述建议中的任何一份都没有真正从理论上论证。朝着这一方向的最早尝试大概要算西班牙作家弗朗西斯科·卡斯卡勒斯(Francisco Cascales)在他的两部著作《诗学概论》(Tablas poeticas,1617)和《语史学图表》(Caetas philologicas)中的努力了。卡斯卡勒斯在谈到十四行诗时说,抒情诗的"内容"(fable)不是行为,如同英雄史诗和剧体诗那样,而是思想(concepto)。这里,他对正统理论的扭曲意味深长:fable 一词来自亚里士多德,pensée 一词也可以相当于亚氏的 dianoia 一词。但是,思想可以作为作品内容的意见是《诗学》里绝对没有的。《诗学》把 fable(muthos)明确界定为"情节的组合⑤",在情节的组合里,dianoia("人物论证某事或宣布决定的话语")仅涵盖人物的论证部分,因此亚里士多德把有关(fable)的研究纳入"修辞学的研究对象⑥"是合乎逻辑的。即使批评家们把它的定义扩大到诗人的思想,如诺思罗普·弗赖伊那样⑦,显然,所有这一切都不能构成亚里士多德心目中的故事内容。卡斯卡勒斯还赋予另一正统术语几乎没有半点正统含义的全新概念,即一首诗,如同一段言语或一封信札,可以以一种

---

① 《论剧体诗》(Essay of Dramatic Poetry)的前言,1668。
② 古今之争指 17 世纪末围绕古代作家与路易十四时代的作家的功绩的争论。——译者注
③ 《关于批评的思考》(Réflexions sur la critique),1716,第 166 页。
④ 《抒情诗、英雄诗、剧体诗及其子体裁划分》(Lyricum, epicum, dramaticum cum subdivis generibus)(《诗之有效规范的哲学思考》(Meditationes philosophicae de nonnullis ad poema pertinentibus),1735,第 106 页)。
⑤ 1450 a;见 1451 b:"用摹仿造就了诗人,而诗人的摹仿对象是行动的观点来衡量,与其说诗人应是格律文的制作者,倒不如说应是情节的编制者。"
⑥ 1456 a。
⑦ 《批评的解剖》,第 70—71 页。

思想或感情为主题,仅论述或表达这种思想和感情。这一见解如今已是司空见惯,在长达若干世纪的历史空间中,并非想都不敢想(任何诗学家都不能无视它所包含着大量著作这一现实),却几乎一再受到排斥,因为它与以"摹仿"为信条的诗学体系格格不入。

巴脱神甫的努力堪称古典诗学通过向自己从来不曾完全熟视无睹、却又未能接受的东西开放而"苟延残喘"的最后努力。他的方法正在于为上述不可为之事,即维持摹仿是诗和所有艺术的唯一原则的正统思想,而把这一原则扩大到抒情诗。这正是他的第 13 章"论抒情诗"的宗旨。巴脱首先承认,如果仅从表面上考察,"它(抒情诗)似乎不如其他类型那样服从主导一切的摹仿的普遍原则"。于是,人们不妨这样说,达维德(David)的圣诗、品达洛斯和贺拉斯的颂歌不过是"火、感情、陶醉……欢乐之歌、欣赏、发现……心灵的呐喊、完全由大自然赋予的冲动,其中没有任何艺术的痕迹"。总之,诗人借诗以表达自己的感情而不摹仿任何东西。"这样,有两种东西是真实的,其一,抒情诗是真正的诗;其二,这些诗里确实没有丝毫摹仿的特征"。其实,巴脱回答说,这种纯粹的表达,这类没有摹仿的真正的诗,只能存在于圣歌之中,是上帝口授了这些诗,而上帝"不需要摹仿,他创造一切"。相反,诗人是人不是神,他们"只能依仗自己的天赋,依仗艺术燃烧起来的想象力,依仗人为的激情。当他们高兴之时,不妨歌唱歌唱,但是一段或两段足矣。如果希冀获得更大的篇幅,就必须借助艺术为整个诗篇织上与前边相似的新情感。大自然点燃了激情之火;至少应该通过艺术哺育和保持这团火。预言诗人足以为例,他们歌唱未来,没有任何摹仿,对摹仿类诗人不会有任何伤害"。如上所述,诗人表达的感情至少有一部分是由艺术加工的虚假感情,而这部分感情带动一切,它说明"有可能"表达虚构感情,此外,戏剧实践或史诗实践一直证明了这一点:"只要情节在运转,诗就是史诗或剧诗;一旦情节停止下来,诗篇仅描绘灵魂的状态,描绘心灵的纯粹感情,自然就成了抒情诗;这时候,只要赋予它合适的形式,就可以付诸歌唱。波利耶克特(Polyeucte)、卡米耶(Camille)和希迈纳(Chimène)的独白是几首抒情诗;如果真是这样,为什么戏剧里的情感属于摹仿,而颂歌里的情感不是摹仿呢?为什么可以在舞台上摹仿感情,而不能在歌谣里摹仿感情呢?因此,不应该有任何例外。所有诗人的目标都是相同的,这就是摹仿自然,他们摹仿自然的方式也相同。"于是,抒情诗也成了摹仿,它摹仿情感。它"可以被视为一种特殊类型，而不伤害其他类型所遵从的原则。其实，没必要把它们分开：抒情诗自然地甚至必然地进入摹仿的范畴，只是特征与众不同，即特殊的摹仿对象。其他类型的诗的主要摹仿对象是行为；抒情诗则把自己全部献给了情感，情感是它的题材，是它的基本的对象"。

这样，抒情诗就被纳入了古典诗学。但是，读者可能已经有所察觉，抒情诗的融入建立在两个非常明显、涉及双方的扭曲的基础上，舍此则难以实现：一方面，必须心照不宣地从情感的虚构性表达的某种简单的可能性过渡到文学情感的基本的虚构性，把所有抒情诗导向悲剧独白的保险模式，为创作中的抒情诗人的心灵引入一面虚构类的情感屏幕，否则，摹仿的意图则难以贯彻；另一方面，正如卡斯卡勒斯所做的那样，必须从"行为摹仿"的正统术语过渡到一个更具广义的术语，即不加限定词的摹仿。巴脱本人的说法算是一个完美的注解："在英雄诗和剧体诗中，诗人摹仿行为和风尚；抒情诗则歌唱情感或被摹仿而来的激情①。"不对称是明显的，与不对称相联系的，是对亚里士多德的悄悄的背叛。从这个角度讲，附加一点信誓旦旦的保证（也是一种警惕性）是必要的，作者为此而专辟了新的一章："这一理论符合亚里士多德的理论。"

操作原则很简单，我们已经领教过了：从一份似是而非的风格发现中，得出诗分为酒神赞美诗、史诗和剧体诗三种类型的结论，把亚里士多德引到柏拉图的出发点，然后把酒神赞美诗解释为抒情体裁的一种类型，这样就可以把三分法归功于《诗学》，而柏拉图和亚里士多德从来不曾有过什么"三分法"的念头。然而，有必要立即补充说明的是，关于发明权的这种移花接木从方式方面看，并非没有论据：让我们回顾一下，关于纯叙事方式的最初定义规定，诗人是该方式的唯一的陈述主体，拥有言语的垄断权，绝不让任何人物开口。抒情诗里原则上也是这种情况，唯一的区别是抒情诗的言语本质上不属于叙述性质。如果忽略这一点，仅仅从陈述角度界定柏拉图的三种方式，我们可以得到这样三种类型：

诗人的独家陈述	交替陈述	人物的陈述

---

① "论抒情诗"的结尾部分。顺便说明，从卡斯卡勒斯的"思想"向巴脱的"情感"的过渡（古典派对此保持了沉默）显示了崇尚智识主义的巴洛克与崇尚情感主义的前浪漫主义的巨大差异。

其中第一种类型可以是纯叙事的,也可以是纯粹"抒发"型的,或两种功能不同程度的混淆。在纯叙事体裁缺失的情况下,前面已经作过论证,它便被全部用来迎接任何以诚恳或不诚恳地表达思想和抒发感情为主导的体裁:抒情诗的称谓以其权力和威力涵盖了这个反面的大杂烩空间(任何既非叙事又非戏剧的体裁)①。由此得到盼望已久的表格:

| 抒　情　诗 | 史　　诗 | 剧　体　诗 |

人们恰恰会反对这种"变通",关于抒情诗的陈述方式定义不可能应用于舞台上的斯坦斯·德·罗德里格(Stances de Rodrigue)式的所谓"抒情式"独白,巴脱十分重视这类独白,其原因我们在上文中已经考察过,因为陈述主体不是诗人。这里有必要说明一点,方式定义与巴脱无关,他丝毫不关心方式,也与他的浪漫主义继承者无关。这种(跨)历史性的妥协当时只能"匍匐在地",略微抬头,直至 20 世纪,当陈述形势由于众所周知的、更广泛的原因而回到前台时,才得以公开亮相。在此期间,"抒情式独白"的微妙情况屈居次要地位。当然,这一问题仍然完全存在,并最少说明方式类和归属类定义并非永远吻合:从方式上看,一直是罗德里格在说话,他或者歌唱自己的爱情,或者向唐·格尔玛斯(Don Gormas)发起挑战;从归属上看,此为"戏剧体",而彼为"抒情诗"(不管是否有格律或诗段的形式标志),区别再次(部分地)体现在题材方面:并非任何独白都是抒情诗(人们不会把《西拿》(Cinna)第五幕里奥古斯特的独白看做抒情诗,尽管它融入剧情的程度不如斯坦斯·德·罗德里格的独白那样高,两个独白都引导出决定),相反,一段有关爱情的对话("啊,神奇的爱情!/啊,满腔的痛苦……")却当仁不让。

Ⅵ

于是,通过巧妙的衍变、置换和潜意识的或不愿承认的狡辩艺术,

---

① 马里奥·富比尼(见前引书名)引用了布莱尔(Blair)的《修辞学和美文学教程》(*Leçons de rhétorique et des belles Lettres*,1783)一书的意大利改编本(由 P. 索阿夫(P. Soave)编撰,帕尔玛出版社,1835,第 211 页)中间一句富有揭示意义的话:"人们一致把诗分为三种体裁,即史诗、戏剧和抒情诗,并把所有不属于前两类的形式都理解为抒情诗。"如果没弄错的话,布莱尔原著的任何地方都找不到这种概括,他更接近古典主义的正统理论,把诗分为剧体诗、史诗、抒情诗、田园诗、训教诗、描述类诗……和希伯莱语诗。

新体系取代了旧体系；上述艺术虽不乏滥用之嫌，却平安无事地使新体系"符合"了古典诗论；这是一种典型的过渡艺术，或如其他地方所说的那样，一种典型的"修正"艺术，或"继承中的变化"艺术。随后的阶段标志着对古典主义正统诗学的真正的（似乎也是最终的）抛弃。在这一阶段里，我们从巴脱本人的德语翻译者约翰·阿道尔夫·施莱格尔(Johann Adolf Schlegel)反对巴脱的体系的论述中，发现了关于巴脱踪迹的证据①；巧妙的是，约翰·阿道尔夫·施莱格尔是浪漫主义两大理论家的生身父亲。下面是巴脱本人对施莱格尔之反对意见的概括和反驳："施莱格尔先生宣称摹仿原则不是诗的普遍原则……下面我们仅用寥寥数语来概括一下施莱格尔先生的思想逻辑。如果大自然无需被摹仿也可以直接成为诗的对象，那么，对大自然的摹仿就不是诗的唯一原则。须知大自然……因此……"稍远一点："施莱格尔先生无法理解为什么颂歌或抒情诗能够体现摹仿的普遍原则：这是他的反对意见的主要部分。他想肯定一点，即诗人无穷无尽地歌唱自己的真情实感，而非被摹仿而来的感情。这有可能，我在他所攻击的这一章里曾经表示了这种意见。我当时仅仅为了证明两件事：其一，人们可以像虚构行为一样虚构感情；作为大自然的组成部分，感情可以像其他东西一样被摹仿。我想施莱格尔先生会同意这一意见的。其二，抒情诗里表达的所有情感，包括虚构的或真实的，都应该服从诗学的摹仿原则，这即是说，它们应该具有艺术的真实性，应该经过选择和论证，应该成为本类情感中的最佳者，最后还应该用最优美、最有力量之诗的语言去表达。这正是摹仿原则的本意，是它的精神之所在。"

我们可以看出，本质上的决裂存在于平衡的细微转移：巴脱与施莱格尔表面上似乎都同意（这是必然的），并且都承认抒情诗所表达的感情可以是虚构的或真实的；对于巴脱而言，只要这种感情可以虚构，那么整个抒情诗体裁就等于服从了摹仿原则（顺便说明，因为在巴脱和整个古典主义传统看来，摹仿不是复制，而是虚构，摹仿即追求相似）；而在施莱格尔看来，恰恰相反，只要感情是真实的，那么整个抒情诗就逃脱了上述原则，后者立即就失去了"唯一原则"的地位。于是，整个诗学以及整个美学都将发生变化。

---

① 《美术的原则归一》(*Einschränkung der schönen Künste auf einen einzigen Grundsatz*),1751。巴脱的答复被收入 1764 年的再版版本中"论抒情诗"一章的注释中。

辉煌的三分法行将统治整个德国浪漫主义的文学理论——并且远远超过它——但是，并非没有承受某些新的阐释和内部调整。似乎首先点燃火焰的弗利德里希·施莱格尔(Friedrich Schlegel)保留或重新发现了柏拉图的分配法，但是赋予这一分配以新的意义：他大约于1797年写道(我马上谈论这一注释的具体内容)，抒情"形式"是主观的，戏剧是客观的，史诗兼容主观和客观。这些都是柏拉图区分方式时使用的语言(诗人的陈述、人物的陈述、诗人与人物交相陈述)，然而，形容词的选择显然从陈述形势这一原则上的纯技术层面转移到更多的心理层面或存在层面。另外，古代的分类不包括任何贯时规模：不管是对柏拉图还是对亚里士多德而言，任何方式都不曾表现出历史性的先于其他方式的权利或事实；这种分类本身也没有表现出更多的价值取向：任何方式原则上都不比其他方式更优越，而事实上，我们已经知道，柏拉图和亚里士多德关于同一体系的立场却截然相反。在施莱格尔那里，事情则发生了变化，首先，混合"形式"无论如何都要明显晚于其他两种形式："以大自然为内容的诗或者是主观的，或者是客观的，人类尚未达到像大自然那样的混合状态"；因此，不可能最初是综合状态①，而后从综合状态中逐渐分离出更简单或更纯洁的形式；相反，混合状态明显受到了褒扬，如下文："存在着史诗'形式'、抒情'形式'和戏剧'形式'，它们与古代同名的诗歌体裁的精神无关，一种确定的和永久的差别区分着它们——史诗明显具有'形式'上的优越性。它兼容主观和客观。抒情'形式'仅仅是主观的，而戏剧'形式'又仅仅是客观的②。"1800年的另一注释肯定了上述观点："史诗＝主—客观相容，戏剧＝客

---

① 例如：如布莱尔的观点那样(见前引，法文译本，1845，卷二，第110页)；布莱尔以为，"艺术的幼年时期，诗的不同体裁混杂在一起，如果诗人心血来潮或者激情奔放，各种体裁就可能混杂在同一作品里。仅仅随着社会的发展和科学的进步，它们才逐渐以更加稳定的形式出现，人们才赋予它们以名称，我们今天仍然沿用着这些称谓"(这种看法并不影响他立即提出了相反的意见，即"最早的作品大概是颂歌和赞歌(的抒情)形式")。我们知道歌德曾经把叙事诗看做体裁的胚胎，即后来所有体裁形式的原始魔方；在他看来，即使"在古老的希腊悲剧里，我们仍然可以看到三种体裁共处一堂的现象，仅仅经过一段时间之后，它们才逐渐分离"(《西东合集》(*West-östlicher Diwan*)的注释，见本书后边第 IX 节的注释)。

② 《弗·施莱格尔的批评版本》(*Kritische F. S. Ausgabe*)，E. 贝勒(E. Behler)编，帕德博恩—慕尼黑—维也纳，1958，片断322；日期据 R. 韦勒克(R. Wellek)。

观性，抒情诗＝主观性①。"然而，施莱格尔似乎对这种分配有点举棋不定，因为1799年的第三个注释则把混合状态归于戏剧："史诗＝客观诗，抒情诗＝主观诗，戏剧＝客观—主观诗②。"据彼特·施宗狄所说，犹豫的原因是因为施莱格尔这次仅考察了一个有限的贯时段落，即以雅典悲剧为最高点的希腊诗的发展段落，而另两个注释考察的历史范围更广阔，即以（浪漫主义）小说这类"史诗"为最高成就的整个西方诗的发展演变情况③。

在施莱格尔那里，后一方面似乎是占主导地位的，我们对此并不感到意外。然而，霍尔德林大约在同一时期的断片中谈及体裁问题时并不同意上述意见④，他说："抒情诗表面上很理想，其意义却很天真，是单一情感连续喷发的隐喻形象。史诗表面上很天真，其意义却高扬着英雄之气，是雄心壮志的隐喻形象。悲剧诗表面上有一股英烈之气，从意义上看，是很理想的。它是智识直觉的隐喻形象。"⑤这里所采取的似乎仍然是递增顺序，倾向于剧诗（"悲剧诗"）；但是，霍尔德林的背景情况说明他无疑更倾向于抒情诗，自1790年起，他曾以品达洛斯的颂歌为例，明确认定抒情诗展示英雄豪气和悲剧激情之结合⑥；而洪堡时期的另一断片反对任何等级的排列，甚至反对任何诞生顺序的提法，认为三种体裁之间是一种环环相扣的或螺旋型的竞相超越的关系，构成一条永无终点的链条："悲剧诗人从研究抒情诗人的过程中获益，抒情诗人从研究英雄诗人的过程中获益，而英雄诗人则从研究悲剧诗人的过程中获益。因为悲剧寓英雄史诗之所至，抒情诗寓悲剧之所至，英雄

---

①② 《1797—1801年的文学笔记》(*Literary Notebooks 1797—1801*)，H. 艾克纳(H. Eichner)版，多伦多—伦敦，1957，n° 2065、1750。

③ P. 施宗狄，见前引，第131—133页。施莱格尔至少还曾根据混杂结构（我们在其他作家那里也曾发现这种结构）的情况，把三分法引入小说体裁内部，区分"小说中的抒情体裁、史诗体裁和戏剧体裁"（《文学笔记》，n° 1063，转引自施宗狄，第261页)，但是我们不敢肯定能为这一范畴增加一份新的贯时概况图；在这一点上，施莱格尔催生了后来谢林(Schelling)的意见（见后边内容），谢林的意见所被经典理论所采纳。

④ 霍尔德林1798年9月至1800年6月旅居洪堡期间。

⑤ 《全集》(*Sämtliche Werke*)，贝斯纳尔(Beissner)编，斯图加特，1943，IV，266，转引自施宗狄的著作，第248页。

⑥ 《全集》，IV，202；施宗狄，第269页。

史诗寓抒情诗之所至。"①

事实上,施莱格尔和霍尔德林的继承者一致认为,戏剧是混合形式,或者说是综合形式——"综合"一词开始具有权威性——因此,必然高于其他两者。从奥古斯特·威廉·施莱格尔(August Wilhelm Schlegel)开始,他大约于1801年在一个注释里写道:"柏拉图的体裁划分无效。这种划分未反映任何真正的诗学原则。英雄史诗、抒情诗、剧体诗:论题、反论、综合。不太紧凑、强烈的独特性、和谐的整体……史诗反映了人的精神上的纯客观性。抒情诗反映了纯粹的主观性。剧体诗则是两者的交汇。"②"辩证"脉络现在算是确立了,突出了戏剧的地位——并且通过意外的途径,附带地抬高了亚里士多德之学说的价值;承继顺序在弗利德里希·施莱格尔那里还处于部分不清楚的状态,现在变得一目了然了:英雄史诗——抒情诗——戏剧。但是,谢林将调整前两者的顺序:艺术始于抒情式的主观性,然后上升到英雄史诗的客观性,并最终达到戏剧体的综合或"同一"境界③。黑格尔又回到了奥古斯特·威廉的图解模式:首先是史诗,史诗是"某民族之天真意识"的最初表现,然后,"在它的对立方面","当个性之我离开民族的实体",抒情诗便应运而生了,最后是剧体诗,剧体诗"综合上述两者之所长,构成一个新的整体,其中不但包括客观事件的展示,而且同时使我们得以亲临

---

① 《全集》,IV,273;施宗狄,第266页。

② 《批评文集与书信》(*Kritische Schriften und Briefe*),E. 洛奈(E. Lohner)编辑,斯图加特,1963,II,第305—306页(关于他对柏拉图的体裁划分的抱怨,我们显然想知道更多的情况)。诺瓦利斯(Novalis)也经常接受这种布局,明显地从综合角度来解释剧体诗:片断186:史诗、抒情诗、剧体诗=雕刻、音乐、诗(这已经是黑格尔(Hegel)之《美学》(*Esthétique*)的核心内容);片断204=冷静的、激励人的、完美的混合;片断277=身体、灵魂、精神;片断261呈同样的顺序;唯独片断148呈现(谢林式的,其次是雨果式的,最后成为经典式的)抒情诗——史诗——剧体诗顺序(《全集》(*Oeuvres complètes*),A. 盖尔纳(A. Guerne)译,伽利玛出版社,1975,卷二,第3部分)。

③ 《艺术的哲学》(*Philosophie de l'art*),1802—1805,于作者辞世后的1859年发表。于是:"抒情诗=有限中的无限之形成=个性。史诗=在无限之中展示有限=普遍性。戏剧=普遍性与个性的综合。"(译文引自菲力浦·拉古-拉巴尔特(Philippe Lacoue—Labarthe)和让-吕克·南希(Jean—Luc Nancy)所著《文学的绝对,德国浪漫主义的文学理论》(*L'Absolu littéraire, théorie de la littérature du romantisme allemand*),瑟伊出版社,1978,第405页)

其境般地感觉个人内心世界的喷涌①"。

最终还是谢林提出的承继顺序在19世纪和20世纪占据了上风:对于跳出诗的樊篱、自由翱翔于广阔的人类学之历史空间的雨果(Hugo)而言,抒情诗是原始时期的表达方式,"那时人类从刚刚诞生的世界中苏醒";(包括希腊悲剧在内的)史诗是古代的表达方式,那时,"一切都已固定成型";而戏剧则是以基督教以及灵魂与身体分离为特征的现代社会的产物②。对于前边已经提到的乔伊斯而言,"抒情诗形式是激动时刻的最简单的语言外衣,是一种节奏的呐喊,犹如从前激励人们搬动船桨或滚石上坡等的号子一样……当艺术家停留于自身或停留在某一英雄事件的核心时,最简单的史诗形式从抒情文学中脱颖而出……当从前围绕人物飘忽或旋转的生命活力充盈着每个人物、其力量之强劲使男男女女从中接受到一种独特的、不可触犯的美学生命时,我们方才达到戏剧形式。艺术家的个性首先表现为一种呐喊、一种节奏、一种印象,然后表现为一个飘忽不定的和肤浅的故事,最终得以升华,失去了个人的存在,或者可以说,达到了非个性化的程度……艺术家作为创作之神,停留在自己的作品之内、之后、之外、之上,看不见,摸不着,悠悠于存在之外,一副漠然置之的神态,正在悠闲地剔指甲③"。我们顺便观察到,这里的承继图失去了任何"辩证"色彩:从抒情呐喊到戏剧的神圣的非个性化历程之间,只有朝着客观化的、直线型的单一方向的渐进程序,没有留下任何"从支持到反对的颠覆过程"的痕迹。同一直线也出现在斯泰格尔(Staiger)的论著中,对于斯氏而言,从抒情诗的"激情"(*Ergriffenheit*)到史诗的"全景"(*Überschau*)再到戏剧的"紧张场面"(*Spannung*),标志着某种持续不断的客观化程序,或者"主

---

① 《美学》,VIII(《诗歌》卷),法文译本,奥比埃出版社,第129页;参阅同卷第151页和第VI卷第27—28页、第40页。浪漫主义的三分法主导着黑格尔的"诗学"的整个表面框架,但是不主导它的真正的内容;其内容浓缩为若干特定体裁的现象学,如荷马史诗、小说、颂歌、浪漫曲、希腊悲剧、古代喜剧、现代悲剧;作者借用某些作品或作家如《伊利亚特》、《威廉·迈斯特》(*Wilhelm Meister*)、品达洛斯、歌德、安提戈涅(Antigone)、阿里斯托芬(Aristophane)、莎士比亚(Shakespeare)等作为上述体裁的典范。

② 《克伦威尔序》(*Préface de Cromwell*),1827。

③ 《德达洛斯》,第213—214页。

体"与"客体"逐渐分离的程序①。

嘲笑这些千变万化的分类并不难,却有点徒劳无益;诚然,颇具诱惑力的三分法的图解不断变化以求得继续生存②,它是一种能够接纳任何意义的形式,任凭理论家们的偶然推测(没有任何人准确地知道历史上某种体裁先于其他体裁而存在,如果这一问题可以提出的话)和随意掉换三者之间内容的做法:设想抒情方式是最"主观"的方式,那么,没有什么大的意外,就应该把"客观性"分配给其他两种方式之一,并必然把中性强加给剩下的第三种方式;既然难以确立任何真实性,那么上述选择仍然是根据隐性的——或明显的——直线型"发展"或辩证"发展"的总的价值取向来决定的。体裁理论的发展史上充满了这类确定或歪曲通常呈多元并存的文学场之现实的诱人图解,凡是它们建构起某种人为的虚假对称并辅之以众多虚假窗口之时,即宣称发现了某种必然的"体系"。

这些勉强得来的轮廓体系并非总是毫无用处,恰恰相反:如同所有临时分类一样,只要得到人们的认可,便经常拥有无可辩驳的阐释功能。虚假的窗口这时竟会为真正的光明开启,并揭示出一个不为人知的术语的重要性;空格或精心配置的空格很久以后可能为自己觅得合法的占有者:当亚里士多德观察到高雅叙事、高雅戏剧和低俗戏剧的存在时,出于对空白的恐慌和对平衡的嗜好,从中推断出低俗叙事的存在,并暂时把它与滑稽史诗联系起来,他并没有料到该空格会留给后来的现实主义小说。当"令人恐怖的对称"的另一大师弗赖伊发现三种"虚构"类型的存在时,这三种类型分别是内倾型个性的虚构方式(传奇小说)、外向型个性的虚构方式(现实主义小说)和智识型的内倾型个性的虚构方式(自传),从中推论出一种智识型的外向型个性的虚构方式,他称之曰《解剖》,把幻想类寓意类叙事作者的某些剩余汇聚其中,并以此作为它们的旗帜,这些作者包括鲁基亚诺斯(Lucien)、瓦罗(Varron)、佩特罗尼乌斯(Pétrone)、阿普列尤斯(Apulée)、拉伯雷(Rabelais)、伯顿(Burton)、斯威夫特(Swift)和斯特恩(Sterne);我们大概可

---

① E.斯泰格尔:《诗学的基本概念》(*Grundbegriffe der Poetik*),苏黎世,1946。

② 关于三分法的诱惑力,参阅前引 C.吉朗的著作。

以批评这种程序,却无法批评结果带来的益处①。当罗贝尔·斯科尔斯(Robert Scholes)调整弗赖伊的五种"方式"(神话、抒情曲、高雅摹仿、低俗摹仿、讽喻)理论以期稍事排列它们之间的顺序时,提出了一个令人惊讶的属于虚构的子体裁及其必然的演变过程的图表②;我们大概很难完全相信它,然而更难的莫过于相信它不会给人以任何启发。臃肿的、然而永不磨灭的三分法也是如此,我们在此仅列举它的若干成就。最奇怪的成就之一,大概要数把体裁三分法与另一古老的三分法即时间机制的三部曲(过去、现在、未来)相匹配的种种尝试。这类尝试很多,我仅从奥古斯汀·沃伦和勒内·韦勒克所列举的众多例子中选用十余例③。为了更加综合地阅读上述尝试,我以两个表格的形式来表示这种衔接,每个表突出一个侧面。第一份表显示每个作家赋予每种体裁的时间机制:

体裁 作者	抒情诗	英雄史诗	剧体诗
亨博尔特		过去	现在
谢林	现在	过去	
让·保尔	现在	过去	将来
黑格尔	现在	过去	
达拉斯	将来	过去	现在
维斯谢尔	现在	过去	将来
厄斯金娜	现在	将来	过去
雅各布森	现在	过去	
斯泰格尔	过去	现在	将来

---

① 《批评的解剖》,卷四(体裁理论),法文译本,第368—382页。
② 见前引著作,第129—138页;法文译文,见《诗学》(*Poétique*)杂志,第32期,第507—513页。
③ 著作及文章见前引。参考书目包括:亨博尔特(Humboldt):《关于歌德的'赫尔曼与多箩西娅'》(*Über Goethes Hermann und Dorothea*),1799;谢林:《艺术的哲学》,1802—1805;让·保尔(Jean Paul):《美学启蒙》(*Vorschule der Ästhetik*),1813;黑格尔:《美学》(VIII,第288页),约写于1820年;E. S. 达拉斯(*E. S. Dallas*):《诗学》(*Poetics*),1852;F. T. 维斯谢尔(F. T. Vischer):《美学》(*Ästhetik*),第5卷,1857;J. 厄斯金娜(J. Erskine):《诗的类型》(*The Kinds of Poetry*),1920;R. 雅各布森:《关于帕斯捷尔纳克的散文的几点见解》(*Remarques sur la prose de Pasternak*),1935;E. 斯泰格尔:《诗学的基本概念》,1946。

第二份表仅仅是第一份表的另一种表现形式,显示支持某体裁与某时间机制相衔接的作家姓名及数量:

时间 体裁	过去	现在	将来
抒情诗	斯泰格尔	谢林 让·保尔 黑格尔 维斯谢尔 厄斯金娜 雅各布森	达拉斯
史诗	亨博尔特 谢林 让·保尔 黑格尔 达拉斯 维斯谢尔 雅各布森	斯泰格尔	厄斯金娜
剧体诗	厄斯金娜	亨博尔特 达拉斯	让·保尔 维斯谢尔 斯泰格尔

如同对于著名的"元音色彩"(couleur des voyelles)问题一样,如果仅仅发现作家们相继把各种时态赋予三个体裁中的每一体裁,其中肯定有点缺斤短两①。其实,两种主导意见明显占了上风,即史诗与过去时态的可靠的亲缘关系以及抒情诗与现在时的亲缘关系;从"形式"(表演)上看,戏剧显然属于现在时,而其表现内容(传统上)属于过去,因此很难与某一确定的时态相匹配。聪明的办法大概是仅仅指出它是一种混合型或综合型形式,仅此而已。不幸的是还存在着第三种时态以及把这种时态分配给某种体裁的不可抗拒的诱惑,于是出现了多少带有

---

① 我们发现某些清单有缺项现象,从体系的诱惑角度来看,这种现象无疑更值得称赞。亨博尔特提出一种更广泛的、总体上与抒情诗相对立的类型,他谓之曰"造型诗"(plastique),在造型诗的内部,亨博尔特更具体地把(过去时态的)史诗与(现在时态的)悲剧相对立;如果他以自己的名义得出抒情诗=将来时态或似是而非地补充了黑格尔和雅各布森的分配空白,那么他的做法将有失谨慎。

诡辩色彩的把戏剧等同于将来时态的意见以及其他两三种别出心裁的、精心策划的意见。射手不可能发发皆中①，如果要找出上述偶发性尝试的缺陷，恰恰相反，我以为它存在于简单排列留给我们的不完善感，例如乔勒斯的九种《简单形式》留给我们的不完善感那样——当然，这既非唯一的缺陷，也非唯一的功绩。为什么是九种简单形式呢？多有意思②！与九位女神相对应吗？因为三三得九吗？还是因为他忘了一种？等等。我们很难相信乔勒斯不多不少刚好发现了九种形式，并且对论证这一数字的美差或者说举手之劳不屑一顾！真正的经验主义总是以其不恰当的结论令人不快。

Ⅶ

截至现在所列举的从巴脱到斯泰格尔的所有理论，构成了同样数量的包含型的和等级化的体系，如同亚里士多德的体系一样。我们的意思是说，各种不同的诗歌体裁被毫无保留地分配成三种基本类型，成为它们的子体裁：史诗名义下包括英雄史诗、小说、短篇小说等；戏剧名义下包括悲剧、喜剧、市民剧等；抒情诗名义下包括颂歌、赞歌、短诗等。然而，这种分类还是很基础的分类，因为三大类型中每一类型的内部，各种不同的体裁仍然处于混乱状态，或至少按照与主导三分法的原则性质不同的另一原则来组织——这与亚里士多德的做法再次类似——例如英雄史诗/情感小说或"散文体"小说，长篇小说/短篇小说，高雅悲剧/通俗喜剧等等。我们有时觉得，有必要按照同一原则排列，直至每种类型的内部建立新的更紧凑的分类学。

最常见的方法即简单地把三分法引入三种类型的每一种中。于是哈特曼(Hartman)建议把抒情诗区分为纯抒情诗、史诗式抒情和戏剧式抒情；把戏剧区分为纯戏剧、抒情式戏剧和史诗式戏剧；把史诗区分

---

① 另一种对等方法，是把体裁与语法人称联系起来；这一方法的提出者至少包括达拉斯和雅各布森，他们一致同意把单数第一人称与抒情诗、单数第三人称与史诗联系起来（尽管他们在时态问题上有分歧）。达拉斯还补充了下述意见，即戏剧＝单数第二人称，他的意见很合乎逻辑。这种分配方式颇具诱惑力；那么复数人称该作何处理呢？

② 有关对乔勒斯(Jolles)的名单的矫正练习，见《简单形式》(*Formes simples*)的法译本的"译者说明"，瑟伊出版社，1972，第8—9页，以及托多罗夫的《辞典》第201页。

为纯史诗、抒情式史诗和戏剧式史诗①——这样确定的九种类型中的每一种，显然都是根据一个主导特征和一个辅助特征来界定的，否则，相反的一组类型（如抒情式史诗和史诗式抒情）就会合二为一，那么体系就压缩为三种纯粹类型和三种混合类型共六种类型。阿尔贝·盖拉尔（Albert Guérard）应用了这一原则，并举一例或若干例子来说明每种类型②：歌德的《卖油郎的夜歌》（*Wanderers Nachtlieder*）代表纯抒情诗；罗伯特·布朗宁（Robert Browning）代表戏剧式抒情诗；（德国式的）叙事诗展示史诗式抒情诗；荷马是纯史诗的代表；《仙后》（*The Faerie Queene*）说明抒情式史诗；《地狱》（l'*Enfer*）或《巴黎圣母院》（*Notre-Dame de Paris*）代表戏剧式史诗；莫里哀（Molière）是纯戏剧的代表作家；《仲夏夜之梦》（le *Songe d'une nuit d'été*）颇能体现抒情式戏剧；而埃斯库罗斯（Eschyle）的作品或《金头》（*Tête d'or*）最能说明史诗式戏剧③。

然而，三分法的上述镶嵌并不像"纹络结构"（套式结构）④那样，完全重复基本分类，它们无意识地反映了纯粹类型之间的中间状态，总体上构成一个三角形或圆形。体裁构成某种持续不断的环形光谱的思想来自歌德："人们可以组合（抒情诗、史诗、戏剧）这三种材料，使诗的体裁无休无止地变化；因此，很难找到并肩排列它们或前后排列它们的顺序。不过，人们还是可以把三个主要材料面对面地排列在一个圆形空间里，并找出每种材料单独占主导地位的典范作品而万事大吉。然后，

---

① 《美的哲学：美学大纲》（*Philosophie des Schönen, Grundriss der Ästhetik*），1924，第235—259页；参阅前引鲁特科夫斯基的著作，第37—38页。

② 《世界文学前言》（*Preface to World Literature*），纽约，1940，第2章，标题是"文学体裁理论"；参阅前引鲁特科夫斯基的著作，第38页。

③ 我们从W.凯泽（W. Kayser）编写的教程《语言的艺术作品》（*Das Sprachliche Kunstwerk*，伯尔尼，1948）也可以发现关于同一原则的论述，只是系统性略差一些。书中提到三种"基本态度"（Grundhaltungen）又可以区分为纯抒情诗、史诗式抒情诗等等，或根据陈述方式或"展示"方式（*äussere Darbietungsform*，针对抒情诗），或根据人类学方面的内容（针对史诗和戏剧）。在这部著作里，我们不仅发现三分之中有三分的分类原则，以及该原则的暧昧性（有时强调方式，有时又突出题材）。

④ "纹络结构"（套式结构）一词借自纹路学，纪德建议用该词表示画中有画、戏中有戏、小说中有小说等结构和创作原则。套式结构一般是对主体或对情节的微缩式的忠实重复。重复可能导致某些变化，谓之曰"非完美吻合"。文学史上的套式结构有多种形式。——译者注

把这种或那种倾向的作品集中在一起,直至三种材料全部汇聚一起,圆形空间得以重新完美地封闭起来。"① 20 世纪德国的美学家朱利叶斯·彼得森(Julius Petersen)接过了歌德的思想②,他的体裁体系建立在一组似乎性质相同的定义的基础上:史诗是对行为(Handlung)的单一叙述(Bericht);戏剧是以对话形式表现(Darstellung)行为;抒情诗则是对情境(Zustand)的单一表现。这些关系首先形成一个三角形,每种基本体裁拥有自己的特征,占据其中一个角,每条边表现相邻两种体裁类型的共同特征;例如抒情诗与戏剧的共同特征是表现,即或者由诗人自己、或者由人物直接表达思想或感情;抒情诗与史诗的共同特征是独白形式;而史诗与戏剧的共同特征即拥有情节。如下图:

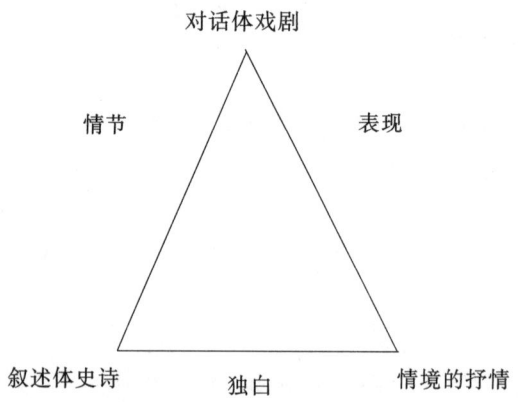

上图表现出一种令人不安的不对称现象(这一现象早已存在于歌德的论述之中,我们今天仍然能够找到它的影子),这种不对称现象如下:史诗与戏剧的特征是从形式上去考察的(叙述、对话),与此相反,抒情诗却是从题材特征方面去界定的,它是唯一不以行为为对象而以情境为对象的体裁;由于这一原因,戏剧与史诗的共同特征是题材特征(行为),而抒情诗则与其两邻分享两种形式上的特征(独白与表现)。然而,这个跛脚的三角形只不过是一个更复杂的体系之起点,后者一方

---

① 《西东合集》的注释,1819,利希滕伯格(Lichtenberger)翻译,奥比埃—蒙田出版社,第 378 页。参阅本书后边第 IX 节的相关内容。

② "诗歌体裁的理论",见《A. 索尔的纪念文集》(Festschrift A. Sauer),斯图加特,1925,第 72—116 页;《诗歌科学》(Die Wissenschaft von der Dichtung)吸收并完善了上述体系及图示,柏林,1939,厄斯特·班德出版社,第 119—126 页;参阅福比尼前引著作,第 261—269 页。

面试图在每个边上指出若干混合体裁或中间体裁如抒情戏剧、田园诗或对话体小说等的位置,另一方面反映自原始时期"诗的萌芽"(Ur-Dichtung,这一术语也是从歌德那里继承来的)状态直到最完美的"智慧形式"文学形式的演变情况。因此,受歌德的启发,三角形变成了车轮,"诗的萌芽"占据了车轮的中心位置,三大基本体裁犹如车轮的三大辐条,中间形式占据辐条之间的三块区域,它们又被分割为同心的冠状段,总之,从中心到周边的过渡展示了形式的演变过程:

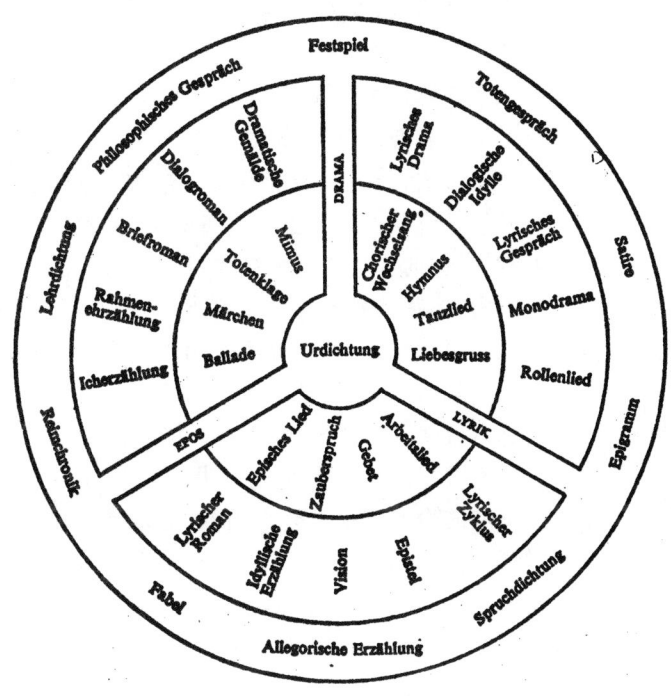

我保留了图上彼得森使用的德文体裁名称,这些名称通常没有举例说明,因此,要找出对应的法文参考名称并不容易。把 Ur-Dichtung 译出来我们会后悔的。其他术语,自史诗起,我们试着把第一圈译为:叙事诗、童话、丧歌、哑剧、歌谣、合唱、赞歌、伴舞歌、情诗、劳动号子、祈祷文、咒语、英雄歌谣;把第二圈译为:第一人称叙事、插入叙事、书信体小说、对话体小说、戏剧画、抒情戏剧、对话体牧歌、抒情对话、独幕剧

（例如卢梭的《皮格马利翁》(*Pygmalion*)①）；"*Rollenlied*"是指假古人之口或假神话人物之口的抒情诗（如贝朗瑞(Béranger)的《玛丽·斯图尔特的告别仪式》(*Les Adieux de Marie Stuart*)或歌德的《普罗米修斯的颂歌》(*Ode de Prométhée*)）；抒情组诗（歌德的《罗马哀歌》(*Elégies romaines*)）、书简诗、幻想曲（《神曲》(*Divine Comédie*)）、田园叙事诗、抒情小说（《少年维特之烦恼》(*Werther*)的第一部分，彼得森认为第二部分属于第一人称叙事）；把最后一圈译为：诗体编年史、训教诗、哲学对话、会演、死者的对话、讽喻诗、短诗、箴言诗、寓意故事、寓言等。

  我们可以看出，自中间算起的第一圈所列举的体裁原则上更具有自发性和民众性，接近于乔勒斯的"简单形式"，彼得森对此作了明确的说明；第二圈是一些经典形式；最后一圈又回到"应用"形式，诗的言语服务于道德信息、哲学信息或其他信息。而在每圈里，体裁的排列显然是根据它们与三大基本类型的亲缘关系。彼得森似乎对自己的图表比较满意，断言它可以作为"体裁体系各个方向的指南针"；福比尼则持保留态度，他更喜欢把这一建构比作"利古里亚人用来装饰房子放在玻璃罩内的软木帆船②"，其精巧令人叹为观止，却不知道有什么实际用途。真正的指南针或假帆船，彼得森的体裁玫瑰也许并非那么珍贵，也不是那么一无是处。此外，不管作者如何宣称，这一图表根本没有涵盖全部现存的体裁：图表所采取的表现体系没有为颂歌、史诗或悲剧等最经典的"纯"体裁留下任何确定的位置；而它的定义准则又基本上属于形式方面，不允许进行任何题材方面的区别，如悲剧与喜剧之间或传奇（英雄小说或情感小说）与小说（现实主义的风情小说）之间的题材对立。也许它需要另一支圆规，甚至需要第三个层面，即使那样，也很难确定各个体裁之间的关系，与诺思罗普·弗赖伊的"体系"所包含的那些不同的、并非普遍兼容的竞争表格们一样困难。这里，启发的力量再次远远超过了解释能力或简单的描述能力。我们可以（或只能）幻想这一切……这大概就是玻璃罩内之帆船——有时也包括古老的指南针——的作用。

---

  ① 希腊神话中的塞浦路斯国王，善雕刻，热恋自己所雕的少女像。爱神阿佛洛狄忒见他感情真挚，就给雕像以生命，使俩人结为夫妇。——译者注
  ② 利古里亚是意大利西北部的地区名称。——译者注

然而，我们在离开珍稀柜台之前，不能不看一眼最后一个体系，这一体系出自纯粹的"历史观"，建立在浪漫主义的三分法的基础之上，这就是欧内斯特·博韦所创立的体系。博韦如今已是一个被人遗忘的人物，但是我们前边已经看到，他没有躲过艾琳·贝伦斯的目光。博韦的著作发表于1911年，书名准确地叫做《抒情诗、史诗、戏剧：用一般演变规律解释文学演变规律》(Lyrisme, épopée, drame: une loi de l'évolution littéraire expliquée par l'évolution générale)。博韦从《克伦威尔序》谈起：在这篇序言里，雨果本人暗示说，抒情诗－史诗－剧体诗的承继规律可以应用于每个民族文学发展的每一阶段，再次像"纹络结构"那样，于是《圣经》由起源－国王－愚者三部分构成；希腊诗由俄耳斐乌斯－荷马－埃斯库罗斯三个阶段构成；马莱尔伯－夏普兰－高乃依代表法国古典主义诞生的三个阶段。对于博韦而言，雨果和德国浪漫主义者也持同样观点，三"大体裁"不仅是简单的形式标志（彼得森将是最浓厚的形式主义者），而且是"认识生活和世界的三种基本方式"，与个体生长发育和系统生长发育的三个阶段相对应，因此在整体的任何层面发挥作用。作者以法国文学为例①，把法国文学切割成三个大的时代，每个时代又分割为三个阶段："三"的顽固念头可谓登峰造极。但是，博韦不想把发展演变原则用于大的时代，只想用于时代下面的阶段，第一次违背了他的体系。第一个时代是封建的和天主教的时代（从人类起源到1520年前后），它的第一个阶段基本上属于抒情诗的阶段，从起源到12世纪初：这种抒情诗显然是口头的和民间的，所有痕迹几乎都已消失殆尽；随后的第二阶段基本上是史诗的阶段，从1100年到1328年左右：武功歌、骑士小说；抒情诗逐渐衰退，戏剧尚处于胚胎状态；戏剧之花盛开于第三阶段（1328－1520），以神秘剧和《帕特兰》(Pathelin)式的笑剧为主，而史诗退化为散文，抒情诗退化为大型修辞学著作，作为例外的维庸(Villon)，其实也肯定了发展规律。第二个大的时代是从1520年到大革命，这是专制王权的时代：其中的抒情诗时期起于1520年止于1610年，拉伯雷、七星诗社、若代尔(Jodelle)和蒙克雷斯蒂安(Montchrestien)的实质上的抒情悲剧是这个时期的代表；龙沙和杜·巴尔塔斯(Du Bartas)的史诗作品或夭折或失败，而多比涅(d'Aubigné)的史诗是抒情的；1610－1715年是这个时代的史诗阶段，并非以官方

---

① 意大利因为当时未能实现民族统一，文学发展处于夭折状态，被作者引为反面的典型。作者只字未提其他民族文学的情况。

史诗(夏普兰)而得名,当时的官方史诗毫无价值,而因小说得史诗之实,小说在整个这个阶段占主导地位,高乃依等人的小说很著名;拉辛(Racine)的天赋不在小说方面,他的情况例外,另外,这个时期,他的作品不受欢迎;莫里哀开创了戏剧的繁荣时期,1715—1789 年的第三阶段以戏剧为特征,出现了《杜卡雷》(*Turcaret*)、《费加罗》(*Figaro*)、《拉莫的侄儿》(*le Neveu de Rameau*)等名剧。卢梭开创了下一阶段,即1789 年至今的第三个大时代的抒情诗时期,这一时期浪漫主义的抒情诗占统治地位,直至 1840 年;斯丹达尔(Stendhal)宣告了史诗时期的开始,史诗时期始于 1840 年终于 1885 年,以现实主义和自然主义小说为主导,诗(巴那斯派)失去了喷薄而出的抒情趣味;这个时期的小仲马(Dumas fils)和亨利·贝克(Henry Becque)已经在酝酿和准备第三阶段的戏剧的空前繁荣,第三阶段自 1885 年开始,以都德(Daudet)的戏剧,自然也以拉夫当(Lavedan)、伯恩斯坦(Bernstein)和其他舞台巨人的作品为永久标志;抒情诗却陷入了象征主义颓废派的阴影之中,马拉美(Mallarmé)即是代表①。

Ⅷ

浪漫主义用体裁体系重新阐释方式体系的做法无权成为、事实上也并非这一漫长历史的尾声。例如凯特·汉伯格(Käte Hamburgue),从某种意义上说,为不可为之为,把主观性与客观性这一组相对立的概念分配到三大体裁中去,几年前最终决定把三大体裁浓缩为两个,其一是抒情体裁(包括原"抒情体裁",加上个人表达的其他形式,如自传,甚至包括"第一人称叙事"的小说),其特点为"第一人称直接承担"的陈述方式;其二为虚构体裁(综合原来的史诗体裁和戏剧体裁,加上某些叙

---

① 欧内斯特·博韦当时在苏黎世大学任教,他把这部著作献给他的老师亨利·莫尔福(Henri Morf)和约瑟夫·贝迪埃(Joseph Bédier)。他自称在反实证主义方面与伯格森(Bergson)、沃斯勒(Vossler)和克罗齐(Croce,尽管在体裁概念的可靠性方面存在分歧)在精神上是完全一致的。他否认读过黑格尔的一行文字;我们不妨设想一下,他就更没有理由去读谢林的著作了;如此,这幅漫画可能掩盖他的楷模。(补充说明)

事诗形式),不留下陈述者的痕迹是这一体裁的特征①。我们可以看出,《诗学》严格排斥的体裁,如今占据了"场"的一半位置,真是一种巧妙的报复:诚然,这个场已经不是原来的诗之"场",而是整个文学之场,包括散文体在内。然而,我们今天所谓的诗到底指的什么?——有必要再次说明,"今天"是指自浪漫主义以来。我想,今天我们赋予诗的最通常的含义,亦即前浪漫主义者心目中的抒情诗。华兹华斯(Wordsworth)赋予整个诗的定义酷似巴脱的译者赋予抒情诗的定义;华兹华斯的公式完全相信情感的自然流泻②,似乎有点损害抒情诗的名声;斯图尔特·米尔(Stuart Mill)的定义似乎不会产生这样的影响,他以为抒情诗"是比任何其他诗都更优秀、更独特的诗",把与诗背道而驰的所有叙事、描写及说教排除在外,并且顺便宣布,任何史诗,"史诗的篇幅越长……越不可能每个地方都是诗"。爱伦·坡(Edgar Allan Poe)接受并同意这一意见,断言"长诗是不存在的"。我们知道,波德莱尔(Baudelaire)在有关爱伦·坡的简介中③,大大发挥了这一思想,其明显的结果,是对史诗或训教诗的鞭挞。这一思想后来又进入我们的象征主义流派和"现代派"的理论经典,他们打出"纯诗"的旗帜,这一口号如今有点令人羞愧,然而却依然具有活力。只要体裁的区分不曾消失,包括诗与散文的区别不曾消失,我们关于诗的隐隐约约的观念就必然与旧的抒情诗的概念相混淆(这一观点有可能受到批评或者难以接受,

---

① 《论文学之逻辑》(*Die Logik Dichtung*),斯图加特,1957。亨利·博内(Henri Bonnet)提出的两分法有异曲同工之实:"有两种体裁,而且只有两种体裁,因为所有真实可以从两个角度考察,或从主观角度考察,或从客观角度考察……这两种体裁的确立符合事物的本质。我们分别赋予它们以'诗'和'小说'两个名称"(《小说与诗,体裁美学论》*Roman et Poésie, Essai sur l'esthétique des genres*),尼泽出版社,1951,第139—140页)。在吉尔贝·杜朗(Gilbert Durand)看来,建立在昼与夜两种幻想"体制"基础之上的两大基本体裁是史诗和抒情或神秘体裁,传奇只是其中的一个"阶段",这一阶段标志着从第一体裁向第二体裁的过渡(《"巴尔马修道院"的神秘氛围》*Le Décor mythique de la Chartreuse de Parme*),科尔蒂出版社,1961)。

② "诗是强烈感情的自然流泻"(《抒情歌谣集》*Lyrical Ballads*)的序言,1800)。

③ 斯图尔特·米尔:《什么是诗?》(*What is Poetry?*)和《诗的两种类型》(*The Two Kinds of Poetry*),1833;爱伦·坡:《诗的原则》(*The Poetic Principle*),遗稿于1850年出版;波德莱尔:《爱伦·坡简要》(*Notices sur Edgar Poe*),1856年和1857年。

因为诗的古老内涵阻碍人们去做这样的联系;可是我以为,当代写诗的实践,甚至包括读诗的实践,明显建立了二者之间的联系)。换言之,自从一个世纪多以来,我们认为"更优秀更独特的诗"……恰恰是亚里士多德的《诗学》所排斥的诗的类型①。

如此彻底的"颠覆"也许并非真正解放的标志。

IX

我在前边试图展示批评家们如何自己首先产生了关于"文学体裁"分类的某些思想,然后又如何把这些思想强加在柏拉图和亚里士多德的头上,而柏拉图和亚里士多德的全部"无意识的诗学"对此是断然拒绝的。为了更好地贴近历史真实,大概有必要作如下说明,即"谦让"活动经历了两个不同的历史阶段,为着两个截然不同的目的:古典主义末期,它的出现既出于强烈的尊敬之情,也出于需要得到正统思想保护的现实;而20世纪的同类活动则可以更多地从上溯型幻想(理论经典如此完美,以至于人们很难想象它们并非一直存在)以及方式阐释兴趣的合法恢复——即通过陈述情境来解释体裁现象的兴趣的恢复(例如弗赖伊的著作很明显地表现了这一倾向)——方面来解释;两个阶段之间的浪漫主义和后浪漫主义很少开动脑筋去把柏拉图和亚里士多德与这一切混在一起。然而,上述各种立场的大混淆的现状——例如,声称同时来自亚里士多德、巴脱、施莱格尔(或歌德,我们下文里将看到)、雅各布森、本弗尼斯特(Benveniste)以及英美分析哲学的做法——加剧了上述错误归属或——用理论术语来界定这一做法本身——混淆方式和体裁所带来的理论上的负面影响。

我们上面已经看过,在柏拉图那里,基本分类的形态很明确,旗帜鲜明地以文本的陈述方式为准则;亚里士多德也坚持这一原则。如果真正意义上的体裁受到考察的话(柏拉图很少考察体裁,亚里士多德稍多一点),作者根据它们属于这种或那种陈述态度,而把它们分配到陈述方式中去:酒神赞美歌属于纯叙事,史诗属于混合叙述,悲剧和喜剧属于舞台摹仿。然而,这种包含关系并不影响体裁标准与方式标准的

---

① 参阅让·科恩(Jean Cohen)刚刚出版的《上古语言》(*Le Haut Langage*)一书,弗拉马里翁出版社,1979。

属性，它们的性质完全不同，身份彻底相异：每种体裁的定义基本上是从内容的独特化方面去界定的，而它所从属的方式的定义对此不作任何规定。相反，浪漫主义和后浪漫主义的分类不再把抒情诗、史诗和戏剧作为简单的陈述方式，而作为真正的体裁来考察，体裁的定义不可避免地包含了题材成分，尽管题材成分还很模糊。题材内容在黑格尔等人那里已经很明显；在黑格尔看来，存在着一个史诗世界，由某种类型的社会凝聚和人际关系所决定，一种抒情内容（"个性主体"）和一种"由冲突和碰撞构成"的戏剧氛围；对雨果而言，例如真正的戏剧与基督教的信息（灵魂与身体相分离）不可分割；我们在维埃多尔（Viëtor）的论述中也看到了题材内容的地位，维埃多尔以为三大体裁表达三种"基本态度"①：抒情诗表达感情，史诗表达认识，戏剧表达意愿和行为。这一思想无疑复活了霍尔德林在 18 世纪末期的分配尝试，但是掉换了史诗与戏剧的内容。

如果说作者并非有意但却清楚无误地借用歌德的一篇文章说明一种形态到另一形态的过渡②；歌德的这篇文章我们已经从侧面碰到过好几次，现在有必要专门看看这篇文章了。在上述文章中，"诗的类型"（*Dichtarten*）指小说、讽喻或叙事抒情诗等各种具体体裁；歌德把诗的"三种真正的自然形式"（*drei echte Naturformen*）与上述简单类型相对立；三种自然形式是：史诗，其定义为纯叙事（*klar erzählende*）、激情

---

① "论文学体裁的历史"（Die Geschichte literarischer Gattungen, 1931），法文译文见《诗学》，32，第 490—506 页。我们前边看到，凯泽使用了同一术语（*Grundhaltung*），而博韦也有同样的观念，他曾谈到"认识生活和世界的三种基本方式"。

② 指歌德 1819 年在《西东合集》里两个相互关联的注释（"诗的类型"与"诗的自然形式"）。诗的"类型"清单有意按字母顺序排列，包括：寓意、抒情诗、大合唱、戏剧、牧歌、短诗、书简诗、史诗、叙事诗（*Erzählung*）、寓言、以英雄人物名义写的诗体书信、田园诗、训教诗、颂歌、滑稽摹仿、小说、浪漫曲、讽喻等。《西东合集》双语版中利希滕伯格对"*klar erzählende*"和"*persönlich handelnde*"的翻译更谨慎或者说更模糊（前者为"明确叙述"，后者为"个人直接行动"），没有给出德文注释的原文，见奥比埃版，第 377—378 页；但是，我觉得，同一注释中的两个说明肯定了方式阐释，说明一如下："法国悲剧中的展开部分是史诗型的，中间部分则是戏剧型的"；另一说明严格坚持了亚里士多德的标准："荷马史诗（*Heldengedicht*）是纯粹的史诗：吟游者永远处于前台，担负起叙述事件的职能；如果没有预先赋予某人说话的权利，谁也无法让他开口"；在上述两个说明中，"史诗"一词显然意味着"叙事"。

飞扬的抒情诗（*enthusiastisch aufgeregte*）和作为生动表演（*persönlich handelnde*）的戏剧。他补充说，"诗的这三种方式（*Dichtweisen*）可以一起行动，也可以分头行动"。"*Dichtarten*"与"*Dichtweisen*"的对立准确地涵盖了体裁与方式的区别；单纯从方式上界定史诗和戏剧的做法更证实了上述对立。相反，抒情诗的定义更多地属于题材方面，那么它与"*Dichtweisen*"一词名实不符，因此，抒情诗的定义更多地把我们带向概念不甚准确的"自然形式"（*Naturform*）一词；后者可以涵盖各种解释，大概正是因为这一原因，评论家们最普遍地采用了"自然形式"这一术语。

然而，全部问题恰恰在于弄清"自然形式"这一术语是否还能堂而皇之地用于已经被体裁语言重新界定过的抒情/史诗/戏剧的三分法呢？严格地说，人们可以把陈述方式叫做"自然形式"，至少当我们谈论"自然语言"的时候：把任何文学意图暂且放置一边，语言的使用者必须不断地、甚至或者说主要是潜意识地作出言语优先或故事优先（用本弗尼斯特意）、忠实引用或采用间接表达方式等措辞态度的选择。体裁与方式的区别正在于此：体裁是真正意义上的文学类型①，而方式则是属于语言学的类型，或者更准确地说，属于如今叫做语用学范畴的类型。从这个意义上说，在下述范围内，即面对美学形式的精心设计和自由性，语言及其使用表现出某种自然属性时，"自然形式"一词具有相对的意义。可是，浪漫主义的三分法以及后来的派生形式已经无法立足于这块土地：它们所谓的抒情诗、史诗和戏剧与"体裁"的关系，已经不是先于并超然于任何文学定义的陈述方式与体裁的关系，更多地宛若几种"广义体裁"（超级体裁）。之所以说"广义"，皆因为它们之中的每一种都俨然俯视并包含一定数量的经验体裁，不管它们的幅员如何，生命力是否强大，重新破土而出的毅力是否顽强，后者显然都代表一定的文化和历史事实；然而它们还是"体裁"，我们前边已经看到，因为它们的定义标准永远包含超越单纯形式描述或语言学描述的某种题材因素。这种双重身份并非广义体裁所独有，一种简单"体裁"，如小说或喜剧，也可以区分为更具体、更准确的"类型"——如骑士小说、骗子无赖小

---

① 更准确一些，似乎应该写成："体裁是真正意义上的美学类型"；诚如我们大家都知道的那样，体裁问题是所有艺术门类的共性问题；因此，这里的"真正的文学类型"意味着：文学的美学层面所特有，而美学层面为文学与其他艺术门类所共有，与文学的语言层面相对立，而语言层面为文学与其他言语类型所共有。

说;性格喜剧、闹剧、滑稽剧等——而不必预先确定任何数量限制:例如,我们大家都知道,侦破小说这种小说类型本身又可以区分为若干不同的变种(如破案型、刺激型、西姆农(Simenon)式"写实型"等),只要稍加用心,就可以不断演绎出新的类型机制和个性机制,任何人无法规定类型膨胀的限度;我猜想,间谍小说对于18世纪的诗学家而言,完全是始料不及的;而未来的许多侦破小说类型,我们今天是无法预测的。总而言之,任何体裁都可以包含若干体裁;在这方面,浪漫主义三分法的广义体裁本质上无任何优越性可言。我们最多可以把它们视为当时应用分类中的最后也是最广泛的机制。然而凯特·汉伯格的例子说明,一种新的缩合不能立即排除(相反,考虑与汉伯格的方式截然不同的一种融合,即把抒情诗与英雄史诗融为一体,留下戏剧作为唯一严格的"客观的"陈述形式的做法,绝无半点不合情理之处);而W. V. 鲁特科弗斯基的例子①则说明人们完全可以、且同样有理有节地提出另一最高机制,例如训导诗。依此类推,文学分类与其他分类一样,没有任何机制本质上更"顺理成章"或者更"理想",除非脱离文学准则本身,而古人正以他们的方式机制含蓄地离开了文学准则。没有哪个体裁层面比其他层面更具"理论性",或者更易通过"演绎"方式而达到:所有类型、所有子体裁、体裁或超级体裁都是经验中的类型,通过对历史事实的观察而确立,最多亦不过是在历史事实的基础上通过推论而诞生,即在永远属于归纳和分析的第一运动的基础上再加上一个演绎运动,正如我们在亚里士多德和弗赖伊的(明显的或潜在的)图表上看到的那样,空格的存在(喜剧性叙事、智识型—外倾型)有助于揭示一种隐藏很深、难以发现的体裁("滑稽叙事"、"剖析体裁")。自歌德以来批评家们

---

① 引自《西东合集》,第6章:"结论:一种修正后的体裁诗学。"

如此经常地置于与短小形式和中等体裁相对立的所谓理想的大"类型"①，只不过是更大一些并较少专业化的类别而已，其文化延伸因此而有幸更广泛一些，然其原则并无更多或更少反历史的色彩："英雄诗类型"并不比它所包括的"小说"和"史诗"等体裁更理想或更自然，除非我们把它定义为所有叙事体裁的总和。这样，我们一下子又回到了方式的区分：因为叙事与戏剧对话一样，标志着一种基本的陈述态度，而浪漫主义意义上的英雄史诗和戏剧，当然也包括抒情诗，都不能概括为陈述态度。

在申述这些经常被埋没的、显而易见的事实和道理时，我绝对无意否认文学体裁的任何"自然的"和"跨历史的"基础，相反，我认为某种生存态度的存在，某种"人类学结构"（杜朗）、某种"精神状况"（乔勒斯）、某种"想象模式"（莫隆（Mauron））的存在，或者用较为流行的语言表示，某种真正史诗般的、抒情般的、戏剧般的——然而也包括某种悲剧般的、喜剧般的、哀歌般的，或荒诞的、传奇的等"情感"的存在，是另一不争的事实（比较笼统），它们的本质、起源、持久性以及与历史的关系

---

① "大类型"（拉梅尔（Lämmert）、托多罗夫的《辞典》中用语）是众多说法之一，其他词组的术语如：类型/体裁（沃伦）、方式/体裁（斯科尔斯）、理论体裁/历史体裁（托多罗夫在《荒诞文学引论》（*Introduction à la littérature fantastique*）中用语，瑟伊出版社，1970）、基本态度/体裁（维埃多尔）、基本体裁或基本类型/体裁（彼得森）；或者还可包括略有区别的下述说法：简单形式/现在形式（乔勒斯）。托多罗夫现在的立场与我在此所捍卫的立场很接近："过去，批评家们得以区别诗的'自然'形式（如抒情诗、英雄史诗和戏剧）与它的规范形式，后者如十四行诗、叙事诗或颂歌等。有必要看一看这种做法在多大程度上有意义。或者肯定抒情诗、英雄史诗等属于普遍类型，亦即言语的类型。或者说，当我们使用这些术语时心里想着某些历史现象，例如史诗便是荷马的《伊利亚特》所代表的模式。从这个意义上说，它们确确实实就是体裁；然而，从言语层面来看，它们与另一体裁如十四行诗本质上并无区别——后者亦受题材和表达等方面的约束。"《体裁的起源》（*L'origine des genres*，1976），见《言语的类型》（*Les Genres du discours*），瑟伊出版社，1978，第50页）。

（作为众多问题的一部分）有待于研究①，因为作为体裁观念，传统三分法中的三大类型并不拥有某种特殊的等级地位：例如，只有当我们把英雄诗看做方式（＝叙事方式）时，它才总览史诗、小说、短篇小说、童话等形式；如果我们把它看做体裁（＝史诗体裁），并像黑格尔那样，赋予它特定的题材内容时，那么，它就不再包括传奇或荒诞等体裁，而是与它们处于同一地位；戏剧与悲剧、喜剧等形式、抒情诗与哀歌、讽喻诗等体裁的关系相同②。我仅反对某种最终的体裁机制是唯一的体裁机制的思想，反对用脱离历史性的语言去界定它：不管我们站在多么高度概括的角度，体裁问题把众多因素中的自发问题和文化问题错综复杂地混淆在一起。它们之间的比例和关系类型无疑千变万化，这是又一显而易见的真理，然而没有任何机制是完全自发的，或完全产生于精神，同样，没有任何机制完全由历史决定。

  批评家们有时建议（如拉梅尔在他的《叙事的结构形式》(*Bauformen des Erzählens*)一书中那样)赋予理想"类型"一种更具经验意义的完全相对的定义：这里指的仅仅是那些最稳定的体裁形式。这类程度的差异——例如喜剧与滑稽剧之间、一般小说与哥特语小说之间的差异——是无可争议的，当然，最大程度的历史延伸与观念上的最大扩展有着一定程度的联系。但是，玩弄时限论据时要慎重：古典形式（史诗、悲剧）的"长寿"并非跨历史性的可靠标志，因为这里要考虑古典传统的保守性，它可以让"干尸"形式依然直立数个世纪。面对这类虚假的持久现象，后古典形式（或邻近古典主义的形式）却备受历史磨

---

① 阅读吉·杜朗的《神秘氛围》和夏·莫隆的《喜剧体裁的精神批评》（*La Psychocritique du genre comique*）等著作时，自然会提出（我没说会解决）跨时空的原型与历史性题材的关系问题。杜朗的上述著作是对似乎是由阿里奥斯托（l'Arioste）开创的某种传奇性的人类学分析；而莫隆的著作则对与梅南德罗斯（Ménandre）以及新喜剧同时诞生的一种体裁进行了精神分析批评——阿里斯托芬以及旧喜剧不属于同一"想象模式"。

② 在这种情况下，术语反映并加剧了理论的混乱：针对（特殊体裁意义上的）"正剧"和"史诗"，我们只能对以法语中有气无力的"抒情诗"；"英雄诗"一词并非方式意义上真正的惯用语，没有人抱怨这种混乱：让这种德意志特有的表达方式广为流传绝无半点好处；至于"戏剧"一词，它确实然而却很不幸地包含了两个概念，即体裁概念（＝正剧所特有）和方式概念（＝舞台所特有）；以至于我们无法从方式层面安排它，与"叙事"（唯一的单义词汇）一词构成对应词组；因此"戏剧"一词的概念是暧昧的，而第三个术语则完全消失了。

损之苦,较少由于自身的原因,更多地承受着另一种历史节奏之故。另一更有意义的标准似乎应该是潜入(不同文化的)能力和(不依赖某种传统、某种复兴运动或某种"寻根"方式的)自发的再生能力:这样,我们也许可以反其道而行之,对17世纪经过精心策划的古典史诗的复兴不屑一顾,而把早期的武功歌看做英雄史诗的明显的自发复苏。然而,面对这类主题,我们很快发现自身的不足,不仅是我们的历史知识之不足,更重要、更根本的是我们的理论源泉之不足:例如,武功歌在多大程度上、以何种方式、从何种意义上属于英雄史诗体裁? 或者还有:完全跳出荷马史诗的传统范式之外,如何界定英雄史诗呢①?

　　一种错误的分配最初很可能表现为历史上一次虽不能说毫无意义但却无足轻重的简单失误,然而,我们现在却可以清楚地看出它的理论弊病,这就是:它把纯叙事/混合叙事/戏剧摹仿等三种方式的天然性合法化("通过语言表现行为的方式有三种,而且只能有三种,等等"),并且把它投放到抒情诗/史诗/戏剧等三大体裁或三个广义体裁之中:"诗的基本态度有三种,而且只能有三种,等等。"分配偷偷地(和下意识地)在方式定义和体裁定义的两个图表之间玩弄游戏②,把本来不是而且也不可能达到那种境界的广义体裁构建为理想类型或自然类型:**任何**

---

　　① 参阅 D. 普瓦里庸(D. Poirion)的文章"武功歌或史诗? 关于一种体裁定义的若干见解"(Chanson de geste ou épopée? Remarques sur la définition d'un genre),收入《语言学和文学论文选》(*Travaux de linguistique et de littérature*),斯特拉斯堡,1972。

　　② 据我所知,唯一或几乎唯一坚持区分方式和体裁的现代诗学家是诺·弗赖伊(以他独特的方式)。但是他却把人们通常称作体裁的东西(神话、浪漫曲、摹仿、讽喻)命名为"方式"(用英语),而把我想称之为方式的东西(戏剧、口头叙事或史诗、书面叙事或虚构、自愉歌或抒情诗等)叫做"体裁"。在他的论著中,唯有上述区分明显参照了亚里士多德和柏拉图的学说,并以"表现形式"即与读者或观众交流的形式作为准则(见法译本,第 299—305 页,尤其是第 300 页)。C. 吉朗则区分为三个类型(见前引著作,第 386—388 页):真正意义上的体裁、格律形式和"表现方式,如叙述和戏剧"("表现方式"的提法借鉴了弗赖伊的学说,并幸运地更换了术语)。但是,他不无道理地补充说,与弗赖伊相反,他不相信"这些方式足以构成任何体裁分类的基本原则,而具体体裁只是这些方式的表现形式或典范"。

广义体裁都不可能既完全摆脱历史性而又同时保持体裁定义①。方式是一回事,如叙事;体裁是另一回事,如小说;体裁与方式的关系是错综复杂的,大概正如亚里士多德暗示的那样,不是简单的包含关系。体裁可以跨越若干方式(叙事形式的俄迪浦斯依然是悲剧),或者像作品跨越不同体裁那样,或者取其他形式;然而,我们很清楚,一部小说不仅是叙事,因而它不是某种从头到尾的完全的叙事类型,甚至也不是一种不完整的叙事类型。在这一领域,我们仅知道这一点,而这似乎还多了一些。诗学是一门既十分古老而又非常年轻的"科学":它的那点微不足道的"知识",也许有时候忘掉它更有好处。从某种意义上说,这就是我想表达的全部内容,同样,这点内容肯定已经太多了。

X

除了若干修改和补充外,上述内容是我在1977年11月《诗学》杂志上发表的一篇论文的文字,发表时的题目是《体裁、"类型"、方式》(Genres, "types", modes)。正如菲力浦·勒热纳立即指出的那样,文章的结论显然不很严谨,或意在其引申意义:如果需要(然而需要吗?)准确表达的话,那么诗学不是要"忘掉"它过去(或现在)的错误,而理应更好地认识它们,以避免重蹈覆辙。如果说把"三大基本体裁"的理论归功于柏拉图和亚里士多德是历史性的错误,导致并加剧了理论上的混乱,我显然以为应该摆脱这一错误,同时作为教训,牢记这一(太)意味深长的失误。

此外,论文的含糊其辞的结论蹩脚地似乎无意识地掩盖了一种理论上的尴尬,我现在通过下述细节重谈这一问题。我说:"体裁与方式

---

① 带黑体字的内容大概是我与菲力浦·勒热纳(Ph. Lejeune)关于"类型"(type)概念的批评(见《自传协约》(Le Pacte autobiographique),第 326—334 页)的唯一分歧。我同意勒热纳的意见,认为类型是体裁的"理想化结果"(une projection idéalisée),我更愿使用"天然化结果"(naturalisée)一词。但是,一如托多罗夫,我以为存在着文学表达的先验形式(des formes a priori)。然而,这些先验形式,我仅从方式之中发现它们,方式是先于文学的语言表达类型。更不必说所投入的内容本身也大大地超越于文学之外,并具有跨越历史的特点。我使用了副词"大大地",而没用"完全"一词:我毫无保留地接受勒热纳的这一意见,即自传与所有体裁一样,是一种历史现象;但是我坚持认为,它所投入的内容并不完全是历史现象,而"布尔乔亚意识"并不能解释其中的一切。

的关系大概不是——如亚里士多德暗示的那样——简单的包含关系等。"我觉察到,"如亚里士多德暗示的那样"一句是模棱两可的:亚里士多德暗示它是简单的包含关系还是不是这种关系呢?当时我似乎觉得亚里士多德说它是简单的包含关系,但是我大概不敢肯定,于是采用了慎重的"暗示"一词和暧昧结构。那么,事情的真相到底如何呢?或者说,我今天如何看待这一问题呢?

与大部分后来的诗学家、古典诗学家或现代诗学家的情况完全相反,在亚里士多德那里,体裁类型与我以他之名义称作"方式"类型(总而言之,《诗学》里没有出现"体裁"一词)之间的关系,不是"简单的包含"关系,或者更准确地说,不是"简单的"包含关系。包含关系既存在又不存在,或者更准确地说,(至少)存在着双向包含关系,即相互交汇关系。本书第Ⅱ章表一是根据《诗学》的文字建构的,正如该表明确展示的那样——这一点我也是事后才发现的——体裁类型(例如悲剧)同时包含在方式类型(戏剧)和对象类型(高雅对象)之中,它从另一角度、却是同一程度上属于对象类型。亚里士多德的体系与浪漫主义和现代诗学家的理论体系的结构差别在于后者一般归结于一种单一方向的等级化的模式(作品包含于类别、类别包含于体裁、体裁包含于"类型"之中),而亚里士多德的体系虽然还很简单,却是暗格式的,潜在着(至少)两个条目内容的对查表,表中的每个体裁(至少)同时属于方式类型和题材类型:例如,(这个意义上的)悲剧可以同时界定为某种主题高雅、表演于舞台之上的作品和表演于舞台之上的某种作品,其主题是高雅的;史诗可以同时界定为被叙述的英雄行为和英雄行为的叙事诗等等。方式类型与题材类型之间没有任何依存关系,方式既不包含也不要求一定的主题,主题既不包含也不要求一定的方式;那么,图表的空间表达形式可以颠倒过来,把表达对象放在横坐标,而把方式放进竖坐标,应该是自然而然的事;方式与题材互相交汇、共同包含并决定体裁。

今天,在我看来,如果把各种因素都考虑在内,并且考虑到如果需要(需要吗?)建立某种非表现类体裁之体系的话——尽管这一体系受到排斥,如今尚无法得到论证——亚里士多德的体系(我们再次回到古代)之结构要比他之后的大部分体系高明(即明显更有效),它们的包含型和等级型分类法从根本上损害了亚里士多德的体系。总之,这种分类每次都使游戏卡壳,并把游戏引入绝境。

我从克劳斯·亨普菲尔(Klaus Hempfer)的近作《体裁理论》

(Gattungstheorie)①中发现了一个新的例证,该书自称对现存的主要理论做一次综合整理。在"系统化术语"(terminologie systématique)这一既谦虚又雄心勃勃的标题下,亨普菲尔提出一套隐晦的等级体系,那些包含型等级从最大到最小表达一系列"写作方式"(Schreibweisen),这些方式建立在陈述情境(即我们所说的"方式",如叙事/戏剧)的基础上;"类型"(Typen)则指方式的专门化,如叙事方式之内,有"第一人称"叙事(同源叙事)与"任意类"叙事(多源叙事)的区别;"体裁"(Gattungen)是历史上形成的具体形式(如小说、短篇小说、史诗等);而"子体裁"(Untergattungen)是体裁内更狭窄的专门化形式,如小说体裁下的骗子无赖小说。

这种体系乍看上去很诱人(对于那些易于被这类东西所诱惑的人而言),首先因为它把方式类型置于金字塔的顶端。在我看来,方式类型是最不容否定的普遍类型,因为它建立在跨越历史、跨越语言的语用情境的基础上。其次还因为它的"类型"一级赋予一个世纪以来叙事形式研究所分离出的子方式专门化一级以合法权利。如果说叙事方式是跨体裁的合法类型,那么显然,体裁的整体理论应该包括叙述学的次方式专门类型;同样,这一道理无疑也适用于戏剧方式那些显而易见的专门类型。同样,人们无法否认下述事实(我早已承认过),即如小说这样的体裁类型可以再区分为规模较小的、更易理解的如骗子无赖小说、情感小说、侦破小说等。换言之,方式类型和体裁类型不可避免地、为着不同的理由,呼唤着再分类,显然,没有任何理由禁止把再分类后的结果称作"类型"和"子体裁"(虽然从透明程度以及语用实践中可能出现重叠现象的角度看,我并不建议使用"类型"一词:"子方式"(sous-mode)的提法既更清楚,又更"系统化",在这种情况下,亦即相互对称的意思)。

但是,它的弱点何在,我们也看得很清楚,那就是当它把体裁包含在"类型"之中,从而组成一种包含型结构的时候。因为,如果说叙事方式以某种方式包含了诸如小说这一体裁,然而,要把小说再区分成叙事方式的某种独特的专门化形式,却是绝对不可能的。如果我们把叙事方式区分为同源叙事和多源叙事,很显然,小说体裁不可能整体进入这两种类型的任何一种,因为客观上存在着"第一人称"小说和"第三人

---

① 慕尼黑,W.芬克出版社,1973,第26—27页。

称"小说①。总之,如果说"类型"是子方式,体裁却不是子类型,等级包含型的链条至此中断。

然而,这种"系统化的术语"在另一点上也有难以解决的困难,直到现在我一直避免提及:"写作方式"(*Schreibweisen*)的最高等级也不像我暗示的那么纯洁(纯粹的方式类型),因为它还包括除叙事方式和戏剧方式以外的其他"抵制历史磨损的常数";亨普菲尔真正列举的常数只有一个,即"讽喻"方式,然而,它的出现已经足以打破整个系列的平衡;"讽喻"方式的决定因素显然属于题材范畴,比之于方式范围,更接近亚里士多德提出的对象范畴。

我有必要立即作出具体说明,这一批评仅针对所谓的"写作方式"系列分类中的不和谐现象,在这种分类中,作者确实准备不分隶属范畴地把所有"常数"一股脑儿装上船。正如我曾经指出的那样,我确实承认,不仅陈述方式方面,而且若干大的题材类型方面如英雄题材、情感题材、喜剧题材等,存在着或至少相对存在着"抵制历史的"或者跨越历史的"常数",对题材"常数"的偶然统计也许只会以弗赖伊所说的"方式"形式,或其他形式,使亚里士多德提出的简单的"对象"对立——即高级对象、同级对象和下级对象之间的对立——变得形式多样且区别有致,而不必因此而损害以方式类型和题材类型相交汇为基础的体裁表格的原则,只不过两方面的数量都将高出亚里士多德的估计:题材方面显而易见——我想再次提醒大家,《诗学》的大部分内容是对悲剧主题的特殊描写,在悲剧定义之外,它暗示较少具有"明显悲剧"色彩的其他严肃戏剧形式的存在;至少表现在方式方面,因为应当赋予直接表达的非摹仿类方式(既非叙事方式,也非戏剧方式)以应有的地位②,大概还因为应该把方式区分为亨普菲尔所承认的更加多姿多彩的子方式:有多种"类型"的叙事,多种"类型"的戏剧表现等等。

因此,我们可以考虑一种比亚里士多德的表格复杂得多的新型的亚氏式表格,其中的 n 类题材类型被 p 类方式和子方式类型所切割,

---

① 顺便指出,这些"形式方面的"、亦即(子)方式方面的专门化通常不拥有诸如上边已经提到的骗子无赖小说、情感小说等子体裁或子类型的地位。真正的(子)体裁类型似乎永远与题材的专门化相联系。这方面当然要进行更细致深刻的研究。

② 把一种非摹仿类方式引入种种表现类方式轴线总是一件困难或令人感到力不从心的事。我在前边大体上勾画了这种尴尬处境的历史,这里差一点又开辟新的一章。除非非摹仿类方式能够以零度状态进入体系?

共同决定一个庞大的现存体裁和可能存在的体裁的数量（等于 np，不多不少）。然而，本质上没有什么要求我们一定要把上述参数清单限制在"二"的范围上，即维持两个项目内容的表格原则：当菲尔丁（Fielding）按照依然很强烈的亚里士多德的精神，把《约瑟夫·安德鲁斯》（此前还有《汤姆·琼斯》和其他几部作品）界定为一部"散文体喜剧式史诗"时，即使我们可以不太费力地把"喜剧式史诗"一词纳入亚里士多德的第四个格子，"散文体"的专门化方向不可避免地引入了第三条参数轴线，后者超越了表格范式，并使该范式失去效力，因为散文体与诗体的对立并非叙事方式所特有（正如同源故事与异源故事的对立一样），也存在于戏剧方式之中：至少自莫里哀起，即存在着散文体喜剧；至少自斯居代里（Scudéry）的《阿克西亚纳》（l'Axiane）起，即存在着散文体悲剧。因此，需要有三维体积来表达体裁体系，其中第三维，我重申一遍，亚里士多德曾以"以什么形式？"的问题喻示过，"以什么形式？"决定摹仿的形式手段的选择（以何种语言、以何种诗体等）。我倾向于这样考虑：也许恰巧由于人类精神的疲弱，体裁体系能够想到的主要参数限于题材、方式和形式这三类"常数"，而某种半透明的、比彼得森的蔷薇花饰大概稍难操作一些、并且稍嫌逊色的立体，至少能够在一定时间内，使我们产生面对了、并且反映了体裁现实的幻觉。但是，我对此没有足够的信心；我曾经长期摆弄那些机敏的前辈学者们的各种各样的图形和投影，有时甚至心情沮丧，但最终还是走进了这个危险的游戏。因此，眼下我们只需假定：一定数量的、相对稳定的并且跨越历史的（即明显慢于"文学史"和"通史"一般情况下所熟悉的变化节奏）题材常量、方式常量和形式常量在某种程度上，描绘着包括文学场之演变在内的风景，并在很大程度上，决定着某种类似体裁潜在可能性之区域的东西，文学场的演变从中作出自己的选择——当然有时不无意外、重复、变化无常、突变等现象或难以预料的创造之举。

我很清楚，这种历史观有可能像结构主义噩梦的一幅坏漫画，恰恰把阻挠浓缩历史于这类图表——即累积型和不可逆转型图表——的因素廉价化。例如，单就"体裁记忆"（《被解放的耶路撒冷》从《埃涅阿斯纪》中获得记忆，后者又从《奥德赛》中获得记忆，《奥德赛》则从《伊利亚特》中获得记忆）一事而言，它不仅激励摹仿，即激励保守主义，还激励差别——显然，作家不可能重复自己的摹仿对象——因此，激励最低限度的演变。然而另一方面，我坚持认为，完全彻底的相对主义无异于帆式潜艇，历史主义反而扼杀历史，因此关于变化的研究要求考察并重视常量。显然,历史进程不是由组合图表决定的,但是大部分历史遵循后者设置的信标:布尔乔亚社会之前,不可能有市民戏剧的诞生;然而,我们前面已经看到,市民剧足可以界定为英雄喜剧的对立面。我还注意到,菲力浦·勒热纳把自传看做一个相对较新的体裁,他大概是对的,他用来定义自传体裁的语言中没有任何历史决定方面的内容("一个人叙述自己经历的散文体追忆性叙事文,重点在于叙述个人的生活,尤其是个性史"):也许只有现代社会才有自传,但是它的定义综合了题材方面(一个真实的个性的成长史)、方式方面(同源追忆性叙事)和形式方面(散文体)的特征,是典型的亚里士多德式的和严格意义上的超时空式的定义①。

XI

——无论如何,有人会对我说,这种粗暴的联系本身也是上溯型的,如果说勒热纳可以使人联想到亚里士多德,那么亚里士多德并未预言勒热纳的诞生,他从未界定过自传体裁。

——我同意您的说法,然而我们上文已经考察过,他先于菲尔丁数个世纪,不知不觉地把索莱尔(Sorel)至乔伊斯的现代小说界定为"低级叙事"(除了散文体这个细节),自那以后,还有更好的定义吗?

——总之,诗学领域的演变非常缓慢。也许放弃如此得不偿失(用其经济方面的意义)的举措更好一些,让文学史家们从经验方面把体裁或子体裁作为社会历史机制去研究,如罗马哀歌、武功歌、骗子无赖小说、伤感喜剧等,反正经验类研究是他们的本分。

——这将是一次相当不错的失败,似乎是一件令人皆大欢喜的事,而且所引文章并非都会是第一手资料。但是,如果没有预先对某种机制作出界定,我怀疑史学家们能够轻而易举地写出某机制的非常中肯的历史;例如,骗子无赖小说里有小说,假设"骗子无赖"现象是某时代特定的社会现象而文学无需对此承担任何责任(这一估计有点粗糙)

---

① 当然,一旦承认17世纪之前演变概念和个性概念是不可想象的,那么就自然引入了历史性观念;但是,这一假设与真正的定义无直接关系——说实话,我不敢肯定选择自传即选择了最困难的典型;我们可能更难设想亚里士多德会如何界定西部小说、空间歌剧甚至骑士小说,塞万提斯曾经指出过界定骑士小说的困难。某些题材的专门化不可避免地带有它们的"出发点"的痕迹。

时,那么,这一种类只能通过相近的体裁来界定,而体裁本身又是通过其他因素来界定的,我们又回到了诗学的核心:究竟什么是小说呢?

——徒劳无益的问题。重要的是"这部"小说;请别忘记指示代词等于免除了定义。我们只需关注现存作品,亦即具体作品,对具体作品进行批评,批评完全可以避免共性问题。

——它很难避免,因为批评不自觉地在不知道具体内容的情况下运用了共性问题,甚至在它宣称要避免共性问题的时候:您刚才讲"这部小说"。

——我们还是说"这部文本"吧,一劳永逸。

——我不敢肯定您从更换名词中获得了什么。最好的情况是,您从诗学领域掉进了现象学领域:什么是一部文本呢?

——我并不怎么关心它的定义:不管它是何物,我都能够潜身其中,游刃有余地评论它。

——那么,您潜身于一种体裁。

——什么体裁?

——文本评论,当然,也可以说得更具体一些,叫做"不考虑体裁问题的文本评论",这是一个子体裁。坦率地讲,我对您的高见感兴趣。

——您的高见同样使我感兴趣。我想知道为什么您那么热衷于"走出去":通过体裁走出文本,通过方式走出体裁,又通过什么走出方式呢……

——通过文本,并借此更弦易辙,或者从二级意义上说,走出出口。然而,眼下文本的超验性(这一点),确实使我感兴趣,即所有使文本与其他文本发生明显或潜在关系的因素。我把它称作"跨文本性",并把严格意义上的"文本间性"(自朱丽雅·克里斯特瓦(Julia Kristeva)以来的"经典"意义)包括在内,这里的"文本间性"是指一文本在另一文本中的忠实(不同程度的忠实、全部或部分忠实)存在:引语是这类功能的最明显的例证,引语以引号的形式公然引用另一文本,即表示另一文本的存在,又保持了一定的距离;这类功能当然还有其他许多形式。我还以"元文本性"的名义(这个术语是成立的,参照了语言/元语言的对应范式),把联结评论文章与其所评论的文本的跨越关系包含在跨文本性之中:数个世纪以来,所有的文学批评家都不知不觉地生产着元文本。

——从明天起,他们就都知道了:这是一次震撼人心的发现和不可估量的进步。我以他们的名义感谢您。

——没有什么,前边概念的自然发展而已。您知道我多么希望以低廉的费用为人们带来好处。还是让我说完吧:我还把其他类型的关系包含在跨文本性之中——我想主要是摹仿和改造关系,其中仿作和滑稽摹仿就可以给人以某种理念,或者两种差异很大却经常混淆在一起或者未能准确区别的理念——由于没有更好的术语,我把它们叫做"副文本性"(然而在我看来,副文本性也是地道的跨文本性),如果有一天,机遇使上帝同意的话,我们也许有机会对副文本性考察一番。最后(除非有所疏漏),我还把联结每个文本与该文本脱颖而出的各种言语类型的包含关系包括在跨文本性之中。这里走上舞台的有各种体裁以及前文已经考察过的它们的各种决定因素,包括题材、方式、形式及其他(?)方面的决定因素。我们把它们顺理成章地叫做"广义文本"和"广义文本性",或者简单称作"广义文本结构"……

——您的所谓"简单"却有点累赘。关于"文本"一词的玩笑足以构成一种体裁了,我觉得它已经疲惫不堪了。

——我同意您的意见。因此我宁愿这是最后一个术语。

——我更喜欢……

——我也一样,可是,您说怎么办呢,人的本性难移,经过深思熟虑之后,我还是什么也不能许诺。因此,我们还是把文本与它的广义文本的关系叫做"广义文本性"吧①。不管克罗齐等人如何高谈文学体裁和其他体裁观点的无效,上述超验性是普遍存在的;只要申明下述事实,就可以摆脱克罗齐等人的反对意见。自《伊利亚特》以来,许多作品自觉服从体裁观点,而其他一些作品,如《神曲》,起初则有意摆脱体裁的束缚,仅这两组作品的对立,就足以勾画出一套体裁体系——我们甚至可以说得更简单一些,体裁的混合或无视体裁的存在本身已经是诸多体裁之一种了——这种勾画虽然很粗糙,然而,任何人都无法摆脱它,任何人也无法对它表示满意:正如伸进链条的手指一样。

——我就让您把手指伸进链条吧。

——您错了:那是我的链条,您的手指。重复一遍,广义文本无处不在,存在于文本之上、之下、周围,文本只有从这里或那里把自己的经纬与广义文本的网络联结在一起,才能编织它。人们所谓的体裁理论或体裁学(樊蒂根,Van Tieghem)、方式理论(我建议称作方式学,叙事

---

① 玛丽-阿娜·考斯(Mary-Ann Caws)在《诗的过渡》(*Le passage du poème*,CAIEF,1978年5月)一文中把名词"architexture"和形容词"architextuel"完全用于另一用途,不详。

理论或叙述学是方式学的一部分)、辞格理论——不,这与修辞学无关,或言语理论等,从很高很高的高处俯瞰这一切;从前,我很喜欢 figuratique 一词;您觉得 figurologie 一词怎么样①?

——……

——我不勉强您了——风格理论或超验风格学……

——为什么加上"超验"呢?

——为了雅观,还为了与斯皮策(Spitzer)的风格批评相对立,他的批评经常是文本内在的风格批评;形式理论或形态学(如今有点过时,但是事情可能发生变化;形态学包括格律学等内容,马扎莱哈(Mazaleyrat)建议把格律学理解为诗的形式的一般研究)、题材理论或题材学(如此称谓的批评只能应用于具体作品)等,所有这些学科……

——我不太喜欢这个概念。

——我们在这一点上是一致的。但是,一门"学科"(让我们给它加上表示保留意见的引号吧)不是、或至少不应该是一种制度,而仅仅是一种工具、一种过渡性手段,其末期时很快被摧毁,它的末期很可能已经是另一种手段了(另一种"学科"),后者也将……依此类推:整体在前进。我们已经耗尽了若干学科的生命,我就不必给您——宣读涉及它们的讣告了。

——一种服务换得另一种服务;您的话还没说完。

——我打算不说了,因为没有什么能够逃过您的眼睛。所有这些"学科",还有有待创立并且避免不了灭亡命运的其他若干"学科"等——所有这一切,构成并不断革新诗学;我们可以断然肯定,诗学的研究对象不是文本,而是广义文本——有助于挖掘广义文本的超验性,除此别无良策。或者谦虚一点说,有助于漫游于广义文本的超验性之中。或者更谦虚一点说,有助于漂游其上,漂游于文本背后的某个地方。

——您现在的谦虚可真有点冒险精神:乘坐一艘注定要粉碎(或被改造)的"学科"之船漂游于超验性之上……诗学家先生,我看您的旅途不妙啊!

——我亲爱的弗雷德里克,我说我要起航了吗?

---

① 热奈特试图用 figuratique 或 figurologie 两词表达"修辞形象学"(语象学)或"辞格学"的意思,以示与传统的修辞学的区别。——译者注

隐迹稿本

（节译）

I

本书的研究对象即我当时在其他地方苦于找不到更好的术语而称作"副文本性"(paratextualité)的东西①。之后，我找到了更好或更坏的说法：我们一起来评判吧。于是我把"副文本性"一词用来表达其他内容。对这个不够慎重的计划的全部有必要重新考察一番。

让我们重新审视吧。我当时曾经说过这类话，即诗学的对象不是具体文本（具体文本更多是批评的对象），而是广义文本，如果愿意的话，可说成文本的广义文本性(architextualité, 正如有人所说的那样，这与"文学的文学性"差不多一样），亦即每个具体文本所隶属的全部一般类型或超验类型——如言语类型、陈述方式、文学体裁等②。今天，我宁愿说得更广泛一些，即诗学的对象是跨文本性(transtextualité)，或文本的超验性，我曾经粗略地把它定义为"所有使一文本与其他文本产生明显或潜在关系的因素"。跨文本性超越并包含广义文本性以及

---

① 见《广义文本之导论》，瑟伊出版社，1979，第 87 页。凡不作特别说明的，均为原注。下同。

② 我后来发现，"广义文本"一词最先由路易·马兰(Louis Marin)提出（《关于寓言文本的理论》，见《福音书的叙事》(le Récit évangélique)，宗教科学文库，1974……），用以表示"任何可能之言语的原始文本。该文本的起源和诞生环境"。总之，与我即将称作"蓝本"的概念更接近一些。到了文学共和国的检查官决定一套和谐的术语的时候了。

其他若干跨文本的关系类型,我们本书所关注的,将是其中的一种关系类型;然而,也许只是为了划定范畴并设置标记,我有必要首先建立一份(新的)清单,该清单很可能既非完善的,也非最终形式。"研究"的不便之处在于,由于探索的关系,有时发现了人们并未寻求的东西。

今天(1981年10月13日),我觉得似乎可以发现五种类型的跨文本关系,我将按照抽象程度、蕴涵程度以及概括程度大体上递增的顺序一一列举如下。第一种是几年前朱丽雅·克里斯特瓦以"文本间性"(intertextualité)名义所挖掘的类型①,显然,"文本间性"的命名为我们提供了术语群的契机。至于我呢,我大概要赋予该术语一个狭隘的定义,即两个或若干个文本之间的互现关系,从本相上最经常地表现为一文本在另一文本中的实际出现。其最明显并且最忠实的表现形式,即传统的"引语"实践(带引号,注明或不注明具体出处)②;另一种不太明显、不太经典的形式(例如洛特雷阿蒙(Lautréamont)的剽窃形式),即秘而不宣的借鉴,但还算忠实;第三种形式即寓意形式(allusion),明显程度和忠实程度都更次之,寓意陈述形式的全部智慧在于发现自身与另一文本的关系,自身的这种或那种变化必然影射到另一文本,否则便无法理解:例如,当德·洛吉夫人与瓦蒂尔玩弄成语的言外之意时,曾对他说:"这种(酒)一文不值,另拿一种来穿肠过肚吧",其中的动词"穿透"(percer,用作"建议"(proposer)义)一词,只有当我们知道瓦蒂尔是酒商的儿子时,才有意义,也才易于理解。布瓦洛(Boileau)写给路易十四(Louis XIV)的诗句则更具学院色彩:

> 我已万事俱备,只等着为你叙述,
> 宛若看见顽石蜂拥而至聆听我妙语成章,③

如果不知道俄耳甫斯和安菲翁斯的传奇故事的人,蜂拥而至和聚精会神的顽石大概有点荒诞不经。几年来,文本间性的这种潜在状态(有时

---

① 见《符义解析探索集》(*Sèméiôtikè*),瑟伊出版社,1969。
② 关于引语实践的历史,参阅安托万·孔帕尼翁(A. Compagnon)的开创性研究《第二手资料》(*La Seconde Main*),瑟伊出版社,1979。
③ 我的第一例引自杜马尔塞(Dumarsais)的论著《比喻》(*Tropes*)的"暗喻"(allusion)词条,第二例引自丰塔尼埃(Fontanier)的《言语的修辞》(*Figures du Discours*)一书。

甚至完全是假设的)成了迈克尔·利法泰尔(Michael Riffaterre)优先关注的研究领域,他赋予文本间性的定义原则上比我这里赋予的定义要广泛得多,似乎延伸并涵盖了我所命名的"跨文本性":"文本间性",例如他曾这样写道,"是读者所发现的一部作品与其前或其后的其他作品的关系",直至把文本间性与文学性本身相等同(正如我把跨文本性与文学性相等同一样),他说:"文本间性是……文学阅读的特有机制。确实,只有它才能生产成义过程,而文学文本和非文学文本所共有的直线型阅读方式,只能生产意思本身。"①然而,原则上的展延伴随着事实上的限制,因为利法泰尔所研究的关系几乎都是句子、片断或简短的诗文范围内的语义——风格方面的微观结构。在利法泰尔看来,文本间性的"痕迹"(一如暗喻一样)更多地处于点状的瞬间语象(细节)之中,而非作品的整体结构;我这里即将研究的却正是整体结构这种中肯的关系场。H. 布卢姆(H. Bloom)关于影响机制的研究虽然主导思想不同②,却是以同类干扰为对象的,这些干扰更多属于文本间的相互影响,而非仅仅是承文本中的表现。

第二种类型由一部文学作品所构成的整体中正文与只能称作它的"副文本"③部分所维持的关系组成,这种关系一般来说不很清晰,距离更远一些,副文本如标题、副标题、互联型标题;前言、跋、告读者、前边的话等;插图;请予刊登类插页、磁带、护封以及其他许多附属标志,包括作者亲笔留下的还是他人留下的标志,它们为文本提供了一种(变化的)氛围,有时甚至提供了一种官方或半官方的评论,最单纯的、对外围知识最不感兴趣的读者难以像他想象的或宣称的那样总是轻而易举地占有上述材料。这里,我不想开始这一关系场的研究或使它失去新鲜感,也许留待以后吧,我们将有很多机会碰到这一主题④,它大概是作品实用方面,即作品影响读者方面的优越区域之一——尤其是,自从菲

---

① 《文本间文本的痕迹》,《思想》(*la Pensée*)杂志,1980年10月;《文本间的词义配合》,《诗学》杂志40号,1979年11月。参阅《文本的生产》(*la Production du texte*),瑟伊出版社,1979和《诗的符号学》(*Sémiotique de la poésie*),瑟伊出版社,1982。

② 《影响的焦虑》,牛津大学出版社,1973及以后。

③ 应该向暧昧方面、甚至虚假方面理解,如形容词"附加税的"(parafiscal)或"次军事的"(paramilitaire)中的前缀意义那样。

④ 热奈特1987年发表的《边缘》(*Seuils*,瑟伊出版社,1987,"诗学"丛书;又可直接译为《副文本》)一书即以"副文本性"为研究对象。——译者注

力浦·勒热纳关于自传的研究以来，人们乐于称作体裁协约的区域①。我仅举乔伊斯的《尤利西斯》为例（并预先涉及未来一个章节的内容）。我们知道，当这部小说以小册子形式试销时，每个章节的标题都注明与《奥德赛》的一个典故的关系，如"赛壬"、"瑙西卡"、"珀涅罗珀"等②。后来当《尤利西斯》结集出版时，乔伊斯取掉了尽管具有"关键"意义的小标题。小标题虽然取掉了，然而批评家们却没有忘记它们，它们是否属于《尤利西斯》的文本的构成部分呢？我曾把这一难题献给封闭派的支持者们，这类问题即属于典型的副文本问题。在这方面，草稿、各种梗概和提纲等"前文本"形式，也可以发挥副文本的功能：吕西安与夏斯特莱夫人的最后重逢并没有出现在《吕西安·娄凡》（Lucien Leuwen）的正式文本里；只有被斯丹达尔放弃的一份结局提纲成为这一情节的见证，剧情发展也留下了这种可能性；在人物历史和个性的鉴赏中，我们应该把这一情节考虑在内吗？（更彻底地说，如果没有任何遗言或遗物可以说明如果作者还在世时他会发表或如何发表某文本时，我们应该阅读该文本吗？）有时一部作品还可能成为另一部作品的副文本：当《疯狂的幸福》（le Bonheur fou, 1957）的读者从最后一页看到昂热洛回到波利娜身边的举动充满着矛盾和妥协时，他是否应该忆起《一个人物的死亡》（Mort d'un personnage, 1949）一书呢？那里有他们的子孙们，子孙们的出现无异于预先已经取消了那种举棋不定的委婉场面。我们由此可以看出，副文本性尤其是种种没有答案的问题的矿井。

---

① 显然，该术语对读者的作用非常乐观，读者不必签署任何协约，只需接受或放弃。然而，体裁标志或其他却对作者具有很大的约束力，作者比人们想象的更经常地遵从体裁标志，否则就可能受到冷遇的惩罚，我们将会遇到若干见证。

② 赛壬，荷马典故。赛壬为海妖，美貌善歌，航海者闻其歌声必受诱惑而触礁身亡。奥德修斯遵循喀耳刻的劝告，事先将船员耳朵用蜡封死，同时命人将自己捆在桅杆上不得动弹，因而船过赛壬岸边时奥氏虽受其音乐诱惑却不能左右船舶行程。

瑙西卡，荷马典故。奥德修斯独自驾木筏离开卡吕普索后，筏被风浪击散，奥漂至一岛，遇岛上公主瑙西卡与侍女来河口洗衣嬉戏，被带回宫中，瑙父招待奥并遣人驾船护送奥返回伊萨卡。

珀涅罗珀，荷马典故。珀为奥德修斯之妻，在奥十年无音信的情况下坚持等候，虽无力将求婚者逐出，却能用计尽量拖延。奥化装进宫后珀未即认出，入睡醒来方知逼婚者均已被杀，但仍怀疑来者是否真为奥德修斯，经考验证实后欢庆团圆。——译者注我把文本超验性的第三种类型①称作"元文本性"(métatextualité),人们常把元文本性叫做"评论"关系,联结一部文本与它所谈论的另一部文本,而不一定引用该文(借助该文),最大程度时甚至不必提及该文的名称:黑格尔在《精神的现象学》(la Phénoménologie de l'esprit)一书里即如此,暗示性地默不作声地影射了《拉摩的侄儿》。这是一种地地道道的批评关系。自然,人们曾经深入研究过某些批评类元文本(元—元文本),并且把批评史作为体裁来研究;然而,我不敢肯定人们是否以应有的关注考察过元文本式关系的现象本身和地位。这种可能性总有一天会到来②。

最抽象和最暗含的第五种类型(我知道跳了一个类型)即前边已经界定过的"广义文本性"。这里指的是一种纯粹秘而不宣的关系,最多由副文本提示一下(正式提示,如《诗集》、《评论集》、《玫瑰小说》等书名中,或次正式提示,让"小说"、"叙事"、"诗"等字眼与书名一起出现在封面上),是纯粹的类属关系。当它秘而不宣时,有可能出于拒绝强调明显关系的原因,或恰恰相反,意在避免任何从属关系。无论何种情况,文本本身都不会了解并宣称自己的体裁本质:小说不会明显地自称小说,诗也不会自称为诗。也许更少出现诗体自称为诗体、散文自称为散文、叙事自称为叙事的事等等(因为体裁只是广义文本的一个方面)。严格地说,决定文本的体裁性质不是文本自身的事,而是读者、批评家和大众的事,他们完全可以拒绝副文本所申明的体裁情况:例如,人们常说高乃依的某部"悲剧"不是真正的悲剧,或《玫瑰小说》(le Roman de la Rose)不是小说。但是,这种关系的暗含性质和争论(例如:《神曲》到底属于什么体裁呢?)或历史变迁(史诗类叙事长诗如今已不被视为"诗",诗的概念逐渐缩小,最终等同于抒情诗)事实,丝毫不能减少它的重要性:我们知道,对体裁的领会,在很大程度上,引导并决定着读者的"期望区"并因而引导和决定着作品的接受。

我毫不犹豫地推迟谈论跨文本性的第四种类型,因为只有它才是

---

① 我也许应该说明,跨文本性只是诸多超验性的一种;至少,它与联结文本与文本外现实的另一种超验性不同,后者暂时还未引起我的直接关注,然而我知道它是存在的:我总会走出自己的图书室(我没有图书室)。至于"超验性"一词,有人因此而指责我归依神秘主义,它在这里的含义纯粹出于技术上的考虑,我想,超验性是内在性的反义词。

② 我以为 M. 夏尔(M. Charles)的《批评式解读》一文即是一个开端,文载《诗学》杂志第 34 期,1978 年 4 月。

本书直接论述的对象。从现在起，我把它重新命名为"承文本性"（hypertextualité），以此表示任何联结文本 B（我称之为承文本，hypertexte）与先前的另一文本 A（我当然把它称作蓝本（hypotexte）了①）的非评论性攀附关系，前者是在后者的基础上嫁接而成。既然人们是从"嫁接"这个隐喻角度和否定性限定角度去看待它的，那么该定义完全是临时性的。为了从另一角度看待"承文本性"，我们可以采用"二级文本"的一般概念（我放弃为如此过渡性的用途而挖空心思地寻求一个能够同时表达"承"和"元"的前缀）或"先前已经存在的另一文本的派生文本"概念。这种派生情况可以是描述或智识范畴的，如一段元文本（例如亚里士多德的《诗学》的某一页）"谈论"另一文本（《俄迪浦斯王》）。也可以是另一种情况，即 B 绝不谈论 A，但是没有 A，B 不可能呈现现在的生存模样，它诞生于一种活动过程的结尾，我把这种活动过程暂时称作"改造"，因此，B 或多或少明显地呼唤着 A 文本，而不必谈论它或引用它。《埃涅阿斯纪》和《尤利西斯》大概是同一蓝本《奥德赛》的两个无疑程度不同、书名各异的承文本了（众多承文本中的两部）。我们通过上述例子可以看出，承文本比元文本更属于"真正的文学作品"，理由很简单（还有其他理由），因为承文本一般派生于一部虚构作品（叙事或戏剧），因此仍然是虚构作品，在大家眼里，它也以此身份自然掉入文学场的范畴。然而，这种限定因素不是它的决定因素，我们大概可以找出若干例外来。

我选择上述两部作品，还由于另一更加决定性的原因：如果说《埃涅阿斯纪》和《尤利西斯》的共同点是从《奥德赛》里派生的方式与《诗学》某页从《俄迪浦斯王》中派生的方式不同，后者是一种评论式派生方式，而前者则采用了改造行为，那么两部作品之间的区别则在于不属于同一类型的改造。从《奥德赛》到《尤利西斯》的改造可以（非常简略地）

---

① 迈克·巴尔（Mieke Bal）曾在《插入叙事注》（《今日诗学》（*Poetics Today*），1981 年冬）使用这一术语，当然赋予它完全不同的意义，大约相当于我从前所说的"元故事叙事"（二级叙事）的意义。显然，术语学方面绝无相互配套的痕迹。有人因此而得出结论："您只需按照大家的习惯说话。"坏主意：从上述角度讲，这个主意更坏，因为习惯中充满非常熟悉、貌似透明而实质错误的词汇，人们经常在整卷整卷的理论大作中和研讨会上使用这类词汇，甚至丝毫不思考自己谈论的实质内容。我们将很快碰到一个典型例子，那就是"滑稽摹仿"概念上的鹦鹉学舌现象。技术"行话"至少有以下优点，即一般而言，"行话"的每个使用者知道他赋予每个词的意义并对此作以说明。

描述为一种"简单"改造或"直接"改造，即把《奥德赛》的情节搬到 20 世纪的都柏林。从《奥德赛》到《埃涅阿斯纪》的改造则更复杂、更间接，尽管表面上似乎更接近一些（历史空间中也更接近），因为维吉尔（Virgile）不是把《奥德赛》的情节从俄古吉亚搬到卡尔塔基，或从伊萨卡搬到拉丁姆，他完全叙述了另一个故事（埃涅阿斯而非尤利西斯的历险记），但是借鉴了前者，以便创作一部与荷马在《奥德赛》（事实上也在《伊利亚特》之中）中所确立的类型①（体裁类型，即同时体现在形式和题材方面）相同的作品，或者借用几个世纪以来人们准确概括的那样，即摹仿了荷马。摹仿本身大概也是一种改造，但手法更为复杂，因为——我们这里还只能说得很粗略——它要求首先从《奥德赛》（有时还可能有若干其他作品）这一具体性能中提炼出并预先构成体裁能力（我们称作史诗体裁吧）的范式，该范式有可能产生不计其数的摹仿类性能。这一范式构成蓝本和承文本之间一个不可缺少的阶段和媒介，简单改造或直接改造中是不存在的。改造一部文本，可以走简易和机械的道路（最便捷的方法莫过于从中抽出一部分，这是一种缩编形式）；然而摹仿一部文本，则必须至少掌握其中的一部分内容，例如掌握作者选择摹仿的某种性格；维吉尔自然把荷马作品中与希腊语言不可分割的部分排除在他的摹仿行为之外。

有人可能恰好反驳我说，第二个例子并不比第一个例子更复杂，乔伊斯和维吉尔仅仅为了适应他们各自作品的需要，没有从《奥德赛》里吸取相同的个性特征：乔伊斯吸取了情节模式和人物之间的关系，用完全不同的风格加以处理，维吉尔则吸取了某种风格，用于另一情节。或者更直率地说，乔伊斯以不同于荷马的方式叙述尤利西斯的故事，维吉尔以荷马的方式叙述埃涅阿斯的故事：相对应的和相反的改造。模式的对立（以其他方式表达同一内容/以同一方式表达其他内容）在上述情况中并没有错（尽管它过于忽视了尤利西斯与埃涅阿斯在情节上的部分类似），我们在其他许多情况下还会发现这种对立的有效性。但是，我们将看到，它不具有普遍的中肯性，尤其是它掩盖了上述两种活动类型的复杂性的差异。

---

① 当然，《尤利西斯》和《埃涅阿斯纪》绝非简化为《奥德赛》的简单改造或间接改造（我将有机会重谈这一问题）。但是，这种特性是唯一引起我们在此关注的特性。

为了更好地显示这种差异,奇怪的是,我应该借用一些更简单的例子。例如下述成语这种最小的文学文本(或副文学文本):"时间是真正的主人。"改造这个成语,我只要任意修改其中的一个成分即可;如果取消一个字母,写成"Le temps est un gran maître",我可能纯粹从形式上把正确文本改造成"不正确的"文本(少了一个拼写字母);如果我换掉一个字母,像巴尔扎克(Balzac)借米斯蒂格里斯之口那样①,写成"Le temps est un grand maigre",这里,字母的更换等于换了一个词,并且引起了意义的变化("时间是个干瘪的瘦高个儿"),依此类推。摹仿它是完全另外一回事;摹仿首先意味着我从这一句中取某种富有特征的方式(成语方式),如简练、断然肯定和隐喻性等,以提高表达的速度;其次意味着我以这种方式(这种风格)表达另一种常见的或不常见的意见,例如办任何事情都需要时间,由此产生了这一新成语②:"巴黎不是一天建成的。"("冰冻三尺,非一日之寒")第二种活动比第一种更复杂、更间接在什么地方,但愿这里可以看得更清楚一些。这只是我的一种愿望,因为我暂时无法更深入地分析这些活动过程,只能等待必要的时间和地点。

II

　　因此,我把任何通过简单改造(今后简称"改造")或间接改造(今后称作"摹仿")而从先前某部文本中诞生的派生文本叫做承文本。在开始研究承文本之前,两点说明或注意事项似乎是必不可少的。

　　首先,不要把跨文本性的五种类型看做封闭的、相互之间没有交流或切割的等级。相反,它们之间存在着众多的、有时甚至是决定性的关系。例如,历史上,体裁的广义文本性几乎总是通过摹仿渠道(维吉尔摹仿荷马,《古斯曼·德·阿尔法拉切》(Guzman)③摹仿《小癞子》(Lazarillo))即通过承文本性渠道而形成;一部作品的广义文本属性

---

①　《生活的一个开端》(Un début dans la vie),七星文库版,卷一,第 771 页。
②　但愿我不用那么劳神而又滑稽地编造:故事引自巴尔扎克的同一文本,后边还将引用。
③　西班牙作家阿莱曼(1547—1614)的成名作,共两卷,分别于 1599 年和 1604 年发表。这部流浪汉小说,以现实主义的笔法,叙述古斯曼的坎坷一生,并穿插了许多独立的故事,无情地暴露了那些生活在社会最底层的人们的悲惨处境。——译者注

经常通过副文本标志的渠道来宣示；这些标志本身又是元文本的片断（"这本书是小说"），而由序言或其他构成的副文本包含许多其他评论形式；承文本也经常具有评论价值：一如《乔装的维吉尔》(le Virgile travesti)那样的乔装即以自己的方式对《埃涅阿斯纪》予以"批评"，普鲁斯特(Proust)则提出（并同意）仿制品是"情节上的批评"；批评式的元文本的构思依赖批评家，但是，如果没有通常数量不菲的文本间引语部分作为支撑将难以付诸实践；承文本避免引用过多，却绝非完全不要引语，哪怕是通过文本的暗喻形式（斯卡隆(Scarron)有时提到维吉尔）或副文本形式（如书名《尤利西斯》）；尤其需要指出的是，承文本性作为一种作品类型，本身即是一种体裁性的广义文本，或者更准确地说，一种"跨体裁"的广义文本；我的意思是说，一种文本类型可以完整地包含某些经典的体裁（尽管有时是小体裁），如仿作、滑稽摹仿、乔装等，并跨越其他体裁——也许所有其他体裁：某些史诗如《埃涅阿斯纪》、某些小说如《尤利西斯》、某些悲剧或喜剧如《费德尔》(Phèdre)或《安菲特里翁》(Amphitryon)、某些抒情诗如《熟睡的布兹》(Booz endormi)等，同时属于它们的公认的正式体裁类型和承文本的鲜为人知的体裁类型；与所有的体裁类型一样，承文本性也最经常地使用具有合同作用的副文本标志公布自己的属性：《乔装的维吉尔》即是一份滑稽乔装的公开合同，《尤利西斯》则是一份潜在的暗示类合同，至少应引起读者关注该小说与《奥德赛》之关系的可能性，等等。

自从我把承文本性作为文本的一种类型来描写时，一种反驳意见可能已经出现在读者的头脑之中，那么第二点说明就是回答这种反驳的。一般来说，如果我们不把跨文本性看做一种文本类型（这一意见没有意义，没有任何文本不具有跨文本性），而是看做文本性的一种面貌，大概更有理由看做文学性的一种面貌，这一点利法泰尔说得很对，那么我们就不应该把它的各种组成部分（如文本间性、副文本性等）看做文本类型，而应该看做文本性的若干面貌。

我正是这样理解的，但不排除另一点。跨文本性的各种形式既是文本性的种种面貌，又强烈地反映为程度不同的文本类型：任何文本都可能被引用而成为引语，但是引语是一种确定的、显然对其每种性能都具有超验性的文学实践，这种实践有它自己的一般特征；任何陈述文中都可能投入副文本功能，但是，前言（我想说"书名"也一样）是一种体裁；批评（元文本）显然也是一种体裁；大概只有广义文本不是一种类型，容我冒昧，因为它是（文学的）类型性本身，只是某些文本比其他文本的广义文本性更深刻(更中肯)一些,正如我有机会在其他地方曾经说过的那样,关于作品更具广义文本性或较少广义文本性(更易分类还是较难分类)的简单区分已经构成广义文本分类的一种雏形。

那么承文本性呢?显然,承文本性也是文学性的一种普遍形态(程度不同):没有任何文学作品不唤起其他作品的影子,只是阅读的深度不同唤起的程度亦不同罢了;从这个意义上说,所有作品都具有承文本性。但是,正如奥韦尔(Orwell)的等量物一样,某些作品的承文本性比其他作品更多一些(或更明显一些、更集中一些、更外露一些):例如,《乔装的维吉尔》就比卢梭的《忏悔录》(les *Confessions*)更多一些。一部作品的承文本性如果少一些或隐晦一些,那么它的分析依赖读者的构成判断,甚至阐释决断就更多一些:我能够认定卢梭的《忏悔录》是圣·奥古斯汀(saint Augustin)的《忏悔录》的翻版,认定他们的书名是内容的合同型标志——得出这个结论之后,细节论证的材料源源不断,这是一个简单的批评的敏感性问题。我还能够捕捉任何一部作品与另外一部先前的或以后的作品的部分呼应,不管这种呼应的是具体的还是潜在的。这种态度的后果,很可能把全部世界文学都归入承文本性的范围之内,这样反倒使承文本性的研究难于掌握;特别是,这种研究过于相信读者或广义读者的阐释能力,赋予他们一种在我看来无法忍受的作用。长期以来一直与文本阐释结合进行,这对我极有好处,我坚持绝不夜以继日地一头钻进承文本性的专门研究。我更多地从社会角度、从公开的合同角度考察文本与其读者的关系,似乎这种关系属于有意识的、有组织的应用实践。因此,除了例外,我将在此触及承文本性的最光明的一面,即从蓝本到承文本的派生过程既厚重(全部文本 B 完全来自文本 A)又明显,或多或少地公开宣告过。我甚至曾经考虑把调查范围限制在正规的承文本体裁(当然没有这样一个专用术语)内,如滑稽摹仿、乔装、仿作等。后来出现的一些理由阻止我这样做,或者更准确地说,使我坚信上述限制范围的做法是不现实的。显然应该走得更远一些,从这些明显的实践门类开始,向愈来愈不正规的体裁深入,即使我们所接受的教育少之又少,无法准确表示这些实践活动,而不得不创造出一些术语来。把所有瞬间的和/或随意的承文本性(我以为后者更属于文本间性)放置一旁,大约用拉福格(Laforgue)的话说,这等于已经为我们做了相当的工作。

虚构与行文

（全译）

内容提要

后边的四篇论文题目各异，却以文学性的体制、标准和方式为研究宗旨。自罗曼·雅各布森始，文学性被定义为文学的美学形态；毋庸赘言，文学性自然还包括其他许多方面。因此，本书意在具体说明，在何种条件下，一部书面文本或口头文本可以被视为"文学作品"，或者更广泛一些，被视为以美学功能为宗旨的（表达对象）客体———一种体裁，作品构成该体裁的特殊类型，虚构的故意性（或被认为如此）是该类型的主要界定特征之一。

差不多与外延的这种差异相对应，存在着文学性的两种体制的对立：一种是构成式体制，一套复杂的动机、体裁规约和各种形式的文化传统是构成式体制的有力保证；另一种是条件式体制，依赖于主观的、可以随时撤销的美学鉴赏。

理论性很强（且经常未被发现）的体制类型与另一更具直观性的经验标准类型相汇合；从某种意义上说，后者与前者相垂直，文学性的诊断建立在经验标准的基础上（即使是事后才建立）。这种标准可以是题材方面的（thématique），即与文本的内容相关（它谈论什么？），也可以是形式方面的，或者更广泛一些，即泛话语方面的（rhématique）①，与文本本身的特征以及文本所代表的言语类型相关。

上述两种类型的交叉决定了文学性的方式表格。然而，这些方式并非呈平均式的和对称的分布。自亚里士多德以来最常提到的、最正统的题材标准即虚构性，始终活跃于构成式体制内：一部虚构作品（书面的或口头的）几乎总被作为文学作品来接受，不依赖任何价值判断，也许是因为它所设置的阅读态度（著名的"自觉中止怀疑"的态度）即康德（Kant）所说的"超脱"于现实世界之上的美学态度。泛话语标准则可以通过行文情况决定文学性的两种方式。一种（诗）属于构成式体制：不管怎样界定诗的形式，诗始终是文学作品，因为作为诗的标志的（变化多端的）形式特征，毫不逊色地属于美学范畴。另一行文方式（非虚构性散文）只能有条件地被视为文学方式，亦即根据作者的个人态度，如斯丹达尔面对民法法典之风格时的态度。

这是这本小册子的总体构思以及第一章所论述的内容。随后两章更具体地论述了虚构作品的言语。其中第二章试图沿着约翰·塞尔（John Searle）开创的道路，界定叙事性虚构作品的陈述文作为语言行为的地位。这些陈述文建立了它们力求描述的世界，在塞尔看来，它们是一些"虚假的"论断语式，这就是说，它们以种种肯定语气之说法的形式出现，却没有履行这些说法之有效性的实用条件。在我看来，这一定义是无可指责的，但是不够全面：如果说虚构作品之陈述文的论断语式是不真实的，那么就应该具体说明它们属于何种类型的语言行为。

第三章从一个历史见证开始：叙述学几乎专注于虚构作品的叙事形式，似乎这些观察可以自动应用于或照搬到诸如史学、自传、通讯或个人日记等非虚构类叙事体裁之中。我没有对此进行客观的经验调查，尽管这种调查是很必要的，在此仅尝试以更加推论式的、更加纲要性的方式，指出叙事文的虚构特征或"记实"特征可能对其时态变化、观察距离和视点之选择，或叙述"声音"之选择，还有——也许这是最中肯

---

① 大约自20世纪70年代初起，法国批评家在使用下述几个概念时有一定的区别，一方面反映了言语与话语的分离，另一方面又反映了一种泛话语概念，后者表示与题材或论题的对立，与国内批评界使用的话语概念更接近一些。这几个概念如下：言语（discours），一般与书面语言相联系，表示一定的内容和形式体系；话语（parole），一般与口语相联系，或突出一部文本的陈述者的语言个性；话语或泛话语（propos ou rhème），包括上述言语和话语，与题材相对立（thématique≠rhématique），表示文本本身的（形式）特征和言语类型。——译者注

的特征——叙述者和作者两个言语机制在叙事文中的关系,产生的可预见的结果。

最后一篇论文回到行文领域,从其最具条件性的一面,即从风格角度考察行文情况。语言学家们留下的定义("风格即语言的表达功能")本身呼唤符号学方面的阐释,否则即有偏爱"风格事实"之情感色彩很浓的观念之嫌。令人怀疑的"表达"(expression)概念引导我们走上一条漫长而又曲折的追求道路,从巴伊(Bally)到弗雷吉(Frege,"意义(意思)"和"外延"概念),从弗雷吉到萨特(Sartre,"意义(意思)"和"意味"(意指)),又从萨特到纳尔逊·古德曼(Nelson Goodman),都曾孜孜不倦地探索——古德曼对"外延"和"典型化"概念的区别,提供了更清楚、更广泛、更坚实的分析语言与风格之间的关系,亦即言语的语义功能与其"可感知性"一面的关系的手段。

下述两种显然属于异质的方式,却把目光聚合在同一功能上,人们可以对此感到莫测高深或疑虑重重,这两种方式,一种是故事的虚构特征,另一种是除了所叙内容之外文本自身供人感知并鉴赏其品质的方式。我怀疑它们的共同点在于青睐言语透明度之混乱:一方面(虚构方面),因为文本的对象已经或多或少明显设定是不存在的;另一方面(行文方面),天平很容易倒向言语,对象被认定不如言语本身的内在特征重要。

现在,不管其形成的方式和原因,这种相对的浑浊性在哪些具体方面构成一种真正的美学特征,显然,这一问题要求进行更加广泛的调查,超出了诗学的无疑过分狭窄的范畴①。

1. 虚构与行文

如果不像现在这样害怕出丑,我本可以给这篇论文冠以一个曾经产生过重大影响的标题:"什么是文学?"——我们知道,以此为题的著名文本并没有真正回答这个问题,总而言之,这种态度倒很明智:愚蠢

---

① 第二章曾以《叙事性虚构作品的语用地位》为题,分别发表于1989年4月的《诗学》杂志第78期(法文稿)和1990年春季的《风格》(*Style*)杂志第24期一卷(英文稿)。
第三章的英文稿以《虚构叙事与记实叙事》为题发表在《今日诗学》杂志上。
我谨感谢上述杂志的热情支持。

的问题没有答案;因此,真正的睿智大概应该是不提出这样的愚蠢问题。文学大概同时为多种物质,它们之间(例如)由某种被维特根斯坦(Wittgenstein)称作"家庭相似性"的更松散型的"纽带"联系在一起,因此很难把它们看做一个整体,或者按照类似于物理学所熟悉的不确定关系,无法做整体考察。那么,我谨限于这些形态之一种,在这种情况下,当然是我认为最重要的一种,即美学方面。确实,人们几乎一致认为,尽管有人经常忘记一致点,文学是一种艺术;另一种显而易见的观点同样普及,即这种艺术的特殊材料是"语言",当然包括各种语言(因为马拉美曾经谨慎地宣布,有"多种"语言)。

  作为起点,我所采纳的最常见的公式是:文学是语言的艺术。一部作品,唯独或基本上因为它使用了语言媒介,才有可能成为文学作品。但是,这种必要的条件显然还不够:在人类可以用作艺术目的的所有材料中,语言大概属于最不特殊、最非专门用于这一目的的材料,因此,它的使用最不足以说明使用它的活动为艺术活动。我们不敢完全肯定,声音的使用或颜色的使用足以界定音乐或绘画,但是却可以肯定,词汇和语句的使用不足以界定文学,更不足以把文学界定为艺术。这种特殊的否定是由先哲黑格尔提出来的,他把文学——真切地说,甚至也把诗——看做一种构成尚不明朗且不稳定的实践活动,"其中的艺术开始分解,接近向表现宗教和科学思想、向散文转化的过渡点①"——我采用了意译的方法并且扩大了转化的范围:向着日常语言的散文转化,不仅指宗教和科学语言,还包括实用和应用语言。显然正是考虑到语言从四面八方超越自己的审美投资这一特征,罗曼·雅各布森才不把文学这一天然现象或经验现象作为诗学的对象,而把文学性确定为诗学的对象,他赋予文学性的定义是"变言语信息为艺术作品的特性②"。

  我们还是按照约定俗成的惯例,权且接受文学性是文学实践的审美形态这一定义,在方法的选择上,接受把诗学限制为该层面之研究的做法,而把文学实践的其他层面——如心理学层面或意识层面——是否真正或有权摆脱该学科的束缚这一问题搁置一旁。不过,我依然重申,对于雅各布森而言,诗学的对象问题("变言语信息为艺术作品的特性")同时涉及两个"特殊的差异",即"区别语言艺术与其他艺术"的差

---

  ① 《美学》(*Esthétique*)、《诗》(*La Poésie*)的引言部分。
  ② 《普通语言学论文集》(*Essais de linguistique générale*),巴黎,子夜出版社,1963,第 210 页。

异和区别语言艺术与"其他各种表达实践"的差异①。我再次把"这些差异"的第一种搁置一旁,它涉及艾蒂安·苏里奥(Etienne Souriau)所谓的"比较美学",或者更具体地说,涉及各种不同艺术的比较本体论。引起我们在此关注的差异其实已经引起过自亚里士多德以来的大部分诗学家的关注,那便是"变言语信息为艺术作品",并非区别语言艺术与其他艺术作品,而是区别语言艺术与"其他类型的表达实践或语言实践"的差异。

我们首先排除出现在天真意识中的第一种答案,我还应说明,据我所知,该答案从来不曾被诗学所接受,即文学作为艺术的特殊性犹如书面语言相对于口头语言的特殊性一样,因为按照词源的解释,文学与语言的书写状态相关。书面语言的不计其数的非艺术用途的存在及反面,即数量上毫不逊色的艺术性能在初级口语或中级口语体制中的临时性或非临时性存在,足以使这种答案破灭,其天真在于它忘记了语言作为体系以及任何表达性陈述文作为信息的一个基本特征,即语言的理想性,语言的理想性使它能够主要传达其不同物质方面的特征,如声音方面、字符方面或其他方面。我说"主要",因为这种传达丝毫不能阻止语言在边缘地带玩弄上述资源的某些成分,此外,一种笔触到另一笔触的过渡不可能完全抹去这些痕迹。因此,我们不乏依赖目光和默读而鉴赏一首诗的音响的机会,正像一位训练有素的音乐家能够仅仅通过研究乐谱而鉴赏一曲交响乐的音响效果一样。一如绘画对于达·芬奇(Léonard de Vinci)一样,然而更多地还是因为自己产品的理想性,文学是精神上的发现(cosa mentale)。

因此,我们可以从这种扩大的形式或者说反对任何随意限制的保护形式重新审视雅各布森的问题:"是什么东西把一部口头文本或书面文本变成一部艺术作品呢?"关于这一问题,雅各布森的答案众所周知——稍后一些我还要回到这个问题——但是,既然这只是众多可能答案甚至现存答案之一种,我想先就问题本身多说几句。我觉得,这一问题可以有两种相当不同的理解方式。

第一种方式从某种意义上说视某些文本的文学性已经获得、确定并且可以普遍感觉到,而对它的客观理由、潜在理由或文本本身所固有

---

① 《普通语言学论文集》(*Essais de linguistique générale*),巴黎,子夜出版社,1963,第 210 页。

的、任何情况下都始终陪伴文本的理由提出问题。那么，雅各布森的问题可以解读如下："哪些文本是作品？"我把暗中支持这种阐释的理论称作文学性的构成式理论或本质型理论。

另一种阐释大约这样理解问题："在什么条件下，或在什么环境下，一部文本不必进行内部改造而变成一部作品？"或者提出相反的问题（我将在后边谈到这种相互性的方式）："在什么条件下，或在什么环境下，一部文本不经内部改造而停止文学作品的品位呢？"我把支持第二种阐释的理论称之为文学性的条件式理论。我们还可以通过运用纳尔逊·古德曼的著名公式进一步阐明这一理论①：用"什么时候有艺术？"代替"什么是艺术？"的问题，亦即用"什么时候有文学？"代替"什么是文学？"的问题。因为我们接受雅各布森的意见，同意关于文学性的理论即是一种诗学的说法——不过这次赋予诗学一词的意义不是"学科"的弱义或中性意义，而是"学说"或至少是"假说"的强烈的积极意义——我把第一种版本称作本质论诗学，而把第二种版本称作条件论诗学。我还要补充一点，即第一种版本具有封闭式诗学的特征，第二种版本具有开放式诗学的特征。

第一种类型是指"经典"诗学，"经典"的含义非常广泛，远远超过正统的古典主义。它的原则是，某些文本本质上、实质上永远属于文学文本，其他则不是文学文本。但是，我强调一点，即我所描写的上述态度只不过对问题的一种阐释作出了界定，或者说得更准确一些，界定了提出问题的一种方式。因此，根据它回答自己的问题的方式，即根据它所建议的用以区分文学文本与非文学文本的标准，换言之，根据构成型文学性之标准的选择，这种态度本身有可能产生若干变化（即接受若干变种）。显性诗学或隐性诗学的历史显示，诗学可能有两种标准，我把其中之一概括地称作题材标准，另一种称作形式标准。我从现在起就补充说明，尽管我这里的话不属于史学语言，本质论诗学的历史可以描述为从题材标准过渡到形式标准的长期的艰苦努力，或至少努力赋予后者以地位，使其与前者即题材标准并肩而立。

题材版本的本质论诗学的最严谨的范例显然即亚里士多德的学

---

① 《什么时候才有艺术？》见 D. 洛里（D. Lories）：《分析哲学与美学》（*Philosophie analytique et Esthétique*），巴黎，梅里迪昂－克兰克西埃科出版社，1988。

说,人人皆知,经过多次整理,亚里士多德的诗学统治西方的文学意识长达20多个世纪。我并非第一个看到下述事实①,某些方面的历史发展似乎说明亚里士多德当时从自身考虑已经发现了很久以后黑格尔所描述的那种困难,即文学实践缺乏独特性,并决定最彻底地解决这一困难,或至少避免这类困难。他的办法包括两个词,其中一个只不过是另一个的注释而已:诗与摹仿。

  诗。我想提醒大家,"诗"这个词在希腊语中并不仅仅表示诗,而表示更加广泛的"创作",《诗学》一书的书名本身表示这部论著的对象是语言可能成为创作手段的方式,亦即生产文学作品的方式。一切似乎说明,亚里士多德建立了语言的两种功能的分工:它的一般功能即说(*légein*)以便提供信息、提出问题、说服、命令、许诺等的功能和它的艺术功能,即生产作品的功能(*poiein*)。第一种功能属于修辞学——如今人们更喜欢说属于语用学,第二种功能隶属诗学。然而,平常作为交际和行为之工具的语言是如何成为创作之工具的呢?亚里士多德的答案非常明确:语言只有成为摹仿的载体,即成为表现的工具,或者更准确地说,成为模拟幻想之行动和事件的载体,才能成为创作的工具;语言只有服务于创造故事,或至少传达已创造的故事,才能成为创作的工具。当语言服务于虚构时即具有创作能力,我亦并非第一个建议把"摹仿"翻译为"虚构"的人②。对于亚里士多德而言,诗人的创造力并非表现于表达形式层面,而体现在虚构层面,即创作并安排故事的能力。他说:"与其说诗人应是格律文的制作者,倒不如说应是情节的编制者,因为摹仿造就了诗人,而诗人的摹仿对象是行动。"③换言之,成就诗人的,不是行文,而是虚构。这种断然的立场取向成为解释驱逐任何非虚构类诗如抒情诗、讽喻诗、训教诗或其他于诗学领域之外的原因,或解释后者在诗学领域缺席的原因:亚里士多德说,恩培多克勒不是诗人,他是一个自然主义者;即使希罗多德(Hérodote)用格律文写作,这丝毫不能改变他的史学家身份,丝毫也不能因此而赋予他以诗人的桂冠。相反,我们大概可以由此得出结论:如果散文体的虚构实践当时存在的话,亚里士多德原则上可能不会拒绝把它纳入《诗学》范畴。这正是20个世纪之后于埃(Huet)所建议的内容:"遵循亚里士多德的这一准则,即诗人之所以为诗人,更多地因为他所创造的虚构故事,而非他所写作

---

  ①② 见后边凯特·汉伯格的意见。
  ③ 《诗学》(*Poetics*),1451 *b*。

的诗句,我们可以把小说的制作者安排到诗人的行列里①"——人人皆知菲尔丁利用这一授权造福于他称之为"散文体喜剧类史诗"。这一说明当然也适用于散文体戏剧,对于虚构文类之诗学而言,它不会构成更大的困难。

我不想更多地描述这种诗学体系,仅重申②,与作为创作的诗具有共同外延的虚构场,可以划分为叙事和戏剧两种表现方式,它的表现对象的身份也有两个等级:高雅对象和低俗对象——由此产生了四个大的体裁,它们是悲剧(戏剧方式中的高雅对象)、史诗(高雅对象及叙事方式)、喜剧(低俗对象、戏剧方式)和滑稽摹仿(低俗对象、叙事方式),而现代小说则非常自然地取代了滑稽摹仿的地位。这里使我们感兴趣的不是体裁体系,而是主导体裁体系的文学性标准,我们可以用这样的语言来表达这一标准,把黑格尔的问题与亚里士多德的答案结合在一起:使诗避免溶解于日常语言之中而成为艺术作品的最可靠的方法,莫过于叙事性虚构或戏剧性虚构。当今新亚里士多德派诗学的最卓越的代表人物凯特·汉伯格正是这样写的:

> 只要人们能够满意地看到那些"开山鼻祖"的思想被现实所证实(即使机械地把它们作为起点很难产生丰硕的成果),我们则可以视下述现象为令人满意的结果,为实践的肯定:恰好在亚里士多德设置摹仿艺术与哀歌艺术之界限、区分作品与话语的地方,黑格尔的话则完全有效。黑格尔的话没有或还没有在整个文学领域(即德语所说的 *Dichtung* 领域)产生效力,在那里,它属于作品,属于摹仿。在这种情况下,横亘在虚构类叙事与任何叙实文即陈述体系之间的不可逾越的界限,阻止文学进入"科学思想的散文"之中,换言之,恰恰阻止文学进入陈述体系。这里有一个"制作"的问题,取其形式化、生产和再生产之意:这里是作者或摹仿者的工地,他们把语言作为材料和工具,正如画家对待颜料、雕刻家对待石材的态度一样。③

---

① 《论小说的起源》(*De l'origine des romans*),1670,第5页。
② 见《广义文本之导论》,巴黎,瑟伊出版社,1979(及本书内的中文译本。——译者注)。
③ 《文学体裁的逻辑》(*Logique des genres littéraires*,1957),巴黎,瑟伊出版社,1986,第207—208页。

显然正是这一论点(如果说不是它的种种看法)明显或不明显地、有意或无意地,把坚信虚构即文学,或者更准确地讲,坚信叙事性虚构即文学,而今天的小说可谓其卓越代表的所有诗学家、批评家或普通读者吸引到它的周围。这样,虚构论诗学在公众舆论中显示出它的巨大优势,这里的公众可能是受教育程度最低的公众。

我不敢肯定公众的这种青睐源自它的理论功绩,而我们在此仅重视理论功绩。这种功绩与某种意义上不可动摇的立场之坚定性相关,或者如凯特·汉伯格所喻示的那样,与可靠、封闭的界限的坚实性相关:不管是以诗句或散文形式、叙事或戏剧方式出现,虚构典型而又明显的特征,在于向公众提供非功利性的乐趣,自康德以来,我们对此认识的更加清楚,即非功利性乐趣包含着审美标志。进入虚构领域,等于走出语言的日常的功能场,后者以关心主导交际规则和言语伦理学的真实和诚信为特点。如同弗雷吉以来的许多哲学家一再重复的那样,虚构文本既不真实也非虚妄(而仅如亚里士多德所言,虚构文本是一种"可能"),或者既真实又虚妄:虚构文本超越或低于真实与虚妄问题,虚构文本联结它与其接受者的互无责任的奇怪合同是著名的美学无功利性的完整标志。如果存在着使语言可靠无误地成为艺术作品的唯一手段,该手段大概就是虚构。

不可动摇性之优点的背面,显然就是立场的令人难以忍受的狭隘性;或者可以说,所付出的代价,我在上文谈及亚里士多德时曾经提到,即排斥大量文本甚至体裁,它们的艺术特征虽不如虚构文本那样自然得到保证,其明显性却并不逊色。尽管古典诗学总体上忠实于虚构论的原则,仍然未能无限期地抵制住上述明显性的压力,至少涉及诗的非虚构性体裁时是这样,这些体裁巧妙地统一在"抒情诗"这一广义体裁术语的名下。这里,我不想进入这段历史的细节,我在其他地方曾从其他角度叙述过这段历史,该段历史自意大利和西班牙的文艺复兴时期起,转化为把诗之领域分割为三大"类型"的历史:其中之二为虚构型类型,即叙事或史诗类型和戏剧类型,再加上一个非虚构型类型,即抒情诗。抒情诗的这种归并有时通过纯实践的、有点偷偷摸摸的方式,即加入不计其数的"诗艺"之中,它们提出许多略作修补的体裁清单,既包括虚构型体裁,也包括非虚构型体裁(然而作者正是在这种不和谐之中谨慎而巧妙地变换概念);有时则公开引经据典,力求用亚里士多德的大旗保护与他毫无关系的商品,例如,把抒情奉为三大基本的陈述方式之一(即诗人以自己的名义滔滔不绝而从不给人物任何说话机会的方式),而在亚里士多德眼里,其实柏拉图已经这样主张,即只有摹仿类表现方式,亦即只有虚构方式,别无其他方式。又如巴脱神甫的鲜明例子,他是严格意义上的古典诗学的最后一位大诗学家,他甚至不惜大量借助诡辩,坚持抒情诗也是古老意义上的摹仿,因为它可以表达"虚构的"感情,因此,抒情诗亦是虚构类体裁。巴脱本人的德文翻译者约翰·阿道尔夫·施莱格尔在一个脚注中批驳这种带有一定欺骗性质的归并,指出抒情诗人所表达之感情——正如亚里士多德所喻示的那样——有可能不是虚构的感情之日,虚构对于文学之垄断结束了,当然,除非再回到排斥抒情诗的时代;但是,要想回到过去,已经为时太晚①。

以史诗-戏剧-抒情诗三足鼎立的无穷变化为特征的新体系意味着抛弃虚构的一统天下而支持一定程度上公开宣称的双雄垄断局面,在新体系中,文学性从此与两大类型相联系,一方面是虚构(戏剧和叙事),另一方面是抒情诗,人们心目中的诗愈来愈经常地专指后者。

(我们曾经考察过),尽管双分法问题的最初性质具有浓厚的亚里士多德学说的特征,但是这种双分法的最严谨、最独特的版本大概当属前边已经引用过的凯特·汉伯格的《文学体裁的逻辑》一书,在文学领域内,它仅承认两大基础"体裁",即虚构或摹仿体裁和抒情体裁,两者分别以其不同的方式与语言的日常体制决裂,而语言的日常体制存在于汉伯格所谓的"关于真实的陈述文"之中,这些陈述是由真实的、确定的"最初之我"所完成的有关现实的千真万确的语言行为。在虚构体裁中,我们与关于真实的陈述无关,而与虚构的言辞相关,发出这些话语的真正的"最初之我",既非作者,也非叙述者,而是虚构出来的人物,他们的视点和时空位置主导着叙事文的全部陈述行为,直至它的语句的语法细节,戏剧文本则更是这样。在抒情诗中,我们的确直接面对记述真实的陈述文,即直面真实的语言行为,但是它们的来源并不确定,因为就其本质而言,"抒情之我"既不可能准确无误地等于诗人本人,也不可能等于另一确定的主体。一部文学文本的被推定的陈述者永远不可能是一个真实的人,他或者是一位虚构人物(在虚构体裁中),或者是某个不确定的"我"(在抒情诗中)——这等于在某种程度上构成了虚构性

---

① 关于这一争论,见《广义文本之导论》,第41—42页。

的一种委婉形式①：我们离巴脱融抒情诗于虚构之中的战略大概也只有几步之遥了。

然而，正如我们顺便观察到的那样，这种双分法（及其他方法）并没有把虚构标准的、基本的题材特征（表现想象出来的事件）与诗学标准的相对应的"形式"特征对立起来：一如古典主义和浪漫主义的三分法的支持者一样，凯特·汉伯格更多的是从陈述行为的态度方面而非语言之状态方面去界定抒情体裁的。我刚才宣称的作为亚里士多德传统之题材标准的对称面而存在的真正的形式标准，我们将在另一传统中碰到它。该传统可上溯到德国浪漫主义，自马拉美起直到俄罗斯形式主义止，尤其突出与散文体语言或日常语言相区别的"诗之语言"的思想，诗之语言的形式特征表面上与使用格律诗句相联系，然而更深层却与改变语言的用途相联系——语言不再被作为透明的交际工具，而被视为敏感的、独立的、不可置换的材料，某种神秘的、形式上的"炼丹术"，把"若干字词熔炼为一个完整的、陌生的新词，并像咒语一样念念有词"，"补偿语言之缺陷"，进行"音与义的不可分割的组合"。我刚刚把马拉美与瓦莱里（Valéry）的公式的某些残片缝合在一个句子里，在这一点上，他们确实很相似。但是，我们似乎应该把诗之语言理论的最生动的形象归之于后者，尽管这一形象借自远祖马莱伯（Malherbe）：诗之于散文或日常语言，犹如舞蹈之于步行，即所使用的资源相同，但是"完全采用了另外的协调和刺激手段"，组成另一"（从此）具有自身目的的行为体系"。借助这一体系，与日常信息背道而驰，日常信息的功能是在理解后和结果中消失，诗之文本只在自身中消失：它的意义不取消、不会使人忘记它的形式，意义与形式是不可分割的，因为任何忘却（形式）根源的（语言）行为不可能从中获得任何有价值的信息。诗是不可毁灭的，因为不可取代，"诗不因为曾经存在过而死亡；诗之诞生就是为了从它的灰烬中获得再生，永远能够成为它刚才的样子。诗之再生是由于它具有在自己的形式中被再生产的特征：它刺激我们复原它"②。

这一传统的理论归宿，显然就是雅各布森提出的"诗学功能"概念，他赋予"诗学功能"的定义是：突出文本表达形式之功能——这样就把

---

① 参阅让-玛丽·谢弗（Jean-Marie Schaeffer）：《虚构、假装与叙述》，载《批评》（*Critique*）杂志 1987 年 6 月。

② 瓦莱里：《文集》（*Oeuvres*），巴黎，七星文库版，卷一，第 1324、1331 页。

形式变得更醒目,从某种意义上说,变成不及物的独立体。自1919年起,雅各布森即这样写道:在诗中,"为日常语言和情感语言所共有的交际功能,被压缩到最低限度①",让位于一种从此只能称作美学功能的功能,由于这一功能,信息凝固于艺术作品具有自给自足性质的存在之中。对于我们作为起点所选择的问题"是什么东西使某些文本成为艺术作品的?",雅各布森的答案虽然与马拉美和瓦莱里的答案言辞不同,但非常明确,即诗学功能。这一新标准的最紧凑的格式也出自1919年的同篇文章,在这方面,雅各布森此后只是在不断地说明和论证他的观点:"诗即处于审美功能中的语言。"如果我们忆及古典传统中某种同样专横和独断的公式如"语言的美学功能即虚构"时,就能衡量它们之间的距离并理解兹维坦·托多罗夫的话,托多罗夫几年前曾经这样写道:诗学(我想指出,这里是指本质论诗学)拥有两个关于文学性的相互竞争的定义:其一为虚构,其二为诗②。

两种定义中的每一种,都可以自诩合理地回答了黑格尔关于如何保证文学艺术之独特性的担忧。反之,很显然,两种定义中的任何一种都不能合理地自夸可以涵盖该领域的全部。我不想重复巴脱试图建立虚构论诗学对抒情类体裁之支配权而提出的论据的似是而非的特征,而想申明,"诗意派诗学"从来不曾认真尝试兼并虚构领域,它最多只是装出忽视或无视这种文学形式,而把它推入没有形式约束的低俗散文的无个性、无定形的状态之中(请看,瓦莱里是怎样谈论小说的),如同当年亚里士多德把所有非虚构类诗推入某种训导言语的混沌状态之中一样。最聪明的办法似乎是暂时承认每个方阵都有各自的道理,分别赋予它们一块文学地盘:赋予题材定义以散文体的虚构王国,赋予形式定义以强烈意义上的诗的王国——显然,双方共同适用于广阔的中间王国,即包括史诗、古典悲剧和喜剧、浪漫主义的正剧或《乔斯林》(*Jocelyn*)式或《叶甫盖尼·奥涅金》(*Eugène Oniéguine*)式的诗体小说在内的诗体虚构领域。我们顺便指出,亚里士多德的全部领域进入了共管范畴,然而《伊利亚特》之用诗体写成并非我的错误。

此外,最严重的问题不在于这种双雄竞争的局面,双重属性也许还

---

① 《俄罗斯的新诗》,见《诗学问题》(*Questions de poétique*),巴黎,瑟伊出版社,1973,第15页。

② 《"文学"的概念》,见《言语的体裁》(*Les Genres du discours*),巴黎,瑟伊出版社,1978。

会受到欢迎：正如双重预防总比单一预防好一样，一部文本通过虚构内容和诗之形式同时满足文学性的两种标准也许并非坏事。最严重的问题是，我们的两种本质论诗学即使联合在一起，虽然很有力量，但仍然无法覆盖全部文学场，因为我暂时称作散文体非虚构类文学的巨大领域躲过了它们的双重约束机制，这一领域包括史学、演说、政论、自传等，它们强烈的独特性阻止它们加入任何体裁而又不损害具体文本。为什么我在上文里说本质论诗学是封闭性的诗学，现在人们也许可以看得更清楚一些：在它们看来，先天性带有虚构性和/或诗性体裁印记或广义体裁印记的文本才属于文学文本。由此，它们无法接受那些与这张经典清单无缘，却可以根据环境之变化以及——恕我冒昧——某些热情和压力条件而进出文学场的文本。显然这里有必要借助另一诗学，我谓之曰条件论诗学。

与本质论诗学相反，这种诗学很少拥有理论文本或指导类文本，原因很简单，它的本能色彩和随笔色彩远比理论色彩浓厚，依赖兴趣的评判，大家都知道，凭兴趣评判时，任何文学性的标准都是主观的、不曾经过深思熟虑的。它的原则大约如下："我视任何引起我之审美满足的文本为文学文本。"正如康德指出的那样，它与普遍性的唯一关系属于欲念或要求范畴：凡是我认为美的东西，我希望大家都持这种判断，如果别人不这样认为，我则很难理解。然而，两个世纪以来，由于我们朝着文化相对主义迈出了很大的步伐（有人对此感到惋惜），于是普遍性的要求愈来愈多地被搁置到"古典"人文主义的衣帽间去，让位于更具个人中心主义色彩的洒脱不羁的判断："我颁定文学作品，我的话足以作出这类决定，或者更严格一些，我和我的朋友们，我和我之选择的'现代性'足矣。"为了说明这种公开宣称的主观主义，我请读者参阅诸如罗兰·巴特（Roland Barthes）的《文本的乐趣》（*le Plaisir du texte*）一书，然而，这种诗学显然不自觉地激励着我们的大量的文学态度。这种新"圣经"坚持精英主义，大概隶属于比虚构论的支持者阶层更狭窄、更卓越的文化阶层，虚构论的支持者阶层则认为虚构是文学性的、自然的和合适的标准。但是，精英者阶层有可能与虚构论的支持者阶层共处，即使是在不和谐中共处，至少以描述让位于评论的形式共处，在这类审美判断中，文学性的诊断犹如一种质量标签；正如虚构论标准的支持者拒绝把这种标准授予站台小说（roman de quai de gare），评论它写得"太坏"，无法"成为文学作品"一样——总之，这等于视虚构性为文学性的一个必要条件，但是仅有这个条件还不足。我的信念恰恰相反，我将再回到这一点来。

就其基本内容而言，我觉得条件论诗学如果不是原则上、那么至少事实上源自对瓦莱里－雅各布森标准的主观阐释，并把这种阐释扩大到散文领域：谁关心文本的形式远胜于它的内容，谁欣赏例如文本的编排而拒绝或忽视它的意义，那么，该文本就是一部文学文本（不再局限于诗的范畴）。我还应该说明，把不及物性标准扩大到散文体的举措以前曾被马拉美所接受，马拉美以诗超越他所谓的"正规诗句"而无处不在的名义接受了上述标准："只要有节奏存在，诗即普遍存在于语言之中……凡是关注风格的时候，就会注意格律。"①"风格"一词，不管是否努力追求风格，对于我们而言，显然是任何文本之诗学能力或文学能力的钥匙，是"诗学功能"相对于格律形式的经典范围而具有超验性的钥匙，此外，格律形式之经典范围如今已经消失或转移。

假如一部文本的原始功能或原始的主导功能是训导或争辩等，与审美功能无关，那么这里的根本问题是文本超越原始功能的能力，或者借助个人或集体审美情趣把美学品质推向前台而湮没原始功能的能力问题。这样，史学的一页或回忆录的一页就可能超越其科学价值或资料价值；一封信札或一场报告也可能获得其原来目的之外和实践机会之外的欣赏者；一个谚语、一个格言或警句有可能打动或吸引丝毫不承认它们的真理价值的读者群。此外，正是一个谚语，而且还是意大利谚语，为我们提供了表达这类态度的公式：*Se non è vero, è bene trovato*；可以意译为："我不同意，但是信息传达得很好。"该谚语试图建立美学态度与理论上或实践上赞同之间的不可调和的关系，从某种意义上说，前者的解放得益于后者的衰弱或消失，似乎精神不可能同时既坚信自己的意见又完全被吸引。然而，大概应该抵制这种诱惑：迈克尔·杜福海纳（Mikel Dufrenne）说得好："一座教堂可以很漂亮，而无需改变它的用途。"②即使这样，我们依然看到，在过去的几个世纪里，条件论文学性的领域不断扩大，皆由于一种似乎很稳定的或者日渐增长的美学热的回归势头，遥相呼应，从时间老人那里为艺术赢得了一大块地盘，

---

① 《全集》（*Oeuvres complètes*），巴黎，伽利玛出版社，七星文库版，第867页。
② 《美学与哲学》（*Esthétique et Philosophie*），巴黎，克兰克西耶克出版社，1980，第29页。

而削弱了真实或功利的空间。因此,一部文本进入文学场远比走出文学场容易得多。

然而,如果说条件论诗学的定义赋予它以审美判断的名义反映各种条件论文学性的能力,那么,不管条件论的支持者自发地所持的意见,这种能力不可能扩大到各种构成型文学性的范畴。一部史诗、悲剧、十四行诗或小说之所以属于文学作品,不是因为别人的美学评价,即使美学评价是一项普遍存在的实践活动,而是由于自身的本质特征,如虚构性或诗的形式。《布里塔尼居斯》(*Britannicus*)是一部文学作品,并非因为我喜欢它,甚至并非因为大家都喜欢它(对此我持怀疑态度),而是因为它是一部戏剧作品,同一道理也适用于《106号奏鸣曲》(*l'Opus 106*)或《代尔夫特风貌》(*la Vue de Delft*),它们之所以是音乐作品或绘画作品,并非因为这首奏鸣曲或这幅画卷吸引了百万、千万或一亿爱好者,而是因为它们是奏鸣曲或画卷的缘故。最坏的画卷、最坏的奏鸣曲、最蹩脚的十四行诗仍然是绘画、音乐或诗,很简单,因为它们(除此之外)不可能是其他任何东西。人们有时把某种体裁称作"死体裁"——我们权且武断地以史诗或十四行诗为例吧——其实只不过是因为这种体裁永久或暂时变为贫瘠的不毛之地,它过去的作品依然保留着它们的文学性标签,不管这种标签是学院式的,还是乡土式的:即使到了无一人写作十四行诗、无一人问津十四行诗之日,十四行诗是一种文学体裁,一首或好或坏的十四行诗属于文学作品,仍然是不争的事实。虚构作品或诗作的构成型文学性,如同大部分其他艺术门类的构成型"艺术性"一样,从某种意义上说,在人类文化历史的范围内,不受评价的时效约束,不依赖后者。对于它们而言,条件论诗学的评价和态度或者是不中肯的,因为即使肯定时的评价和态度也是很肤浅的("这部悲剧是文学作品,因为我喜欢它"),或者是无效的,这里指的是否定意见及态度("这部悲剧不是文学作品,因为我不喜欢它")。因此,条件论诗学的任何可能出现的自以为占有全部文学场的态度,都是完全无根据的,是对自己权利的超越和滥用。反之,我们已经看过,只有它才能反映条件论文学性,反映既不属于虚构内容也不属于诗之形式的文学性。其结果必然是:我们不能以条件论诗学代替各种本质论诗学,只能赋予它应有的地位,把它与本质论诗学排列起来,每种诗学仅发挥自己的正统作用,即发挥自己的有效作用。自亚里士多德以来的所有诗学的错误,大概就是每种诗学都试图以"完全意义上的文学",甚至"名副其实"的文学代替其准则所适用的、该诗学为此而诞生的文学艺术之一部。从严格意义上的普遍性的意图而言，上述诗学中的任何一种都是不称职的，但是它们在各自的范围内是有效的，并且无论如何保持着曾经阐明和确立文学性众多标准之一的功绩。文学性是一个多元现象，也要求一种能够涵盖语言摆脱并超越其实用功能并进而生产可能被作为审美对象而接受和评价之文本的各个方面的多元理论。

从这种必然性中产生某种分离，我以下述方式概括地表达这一分离现象。人类之语言经历过文学性的两种体制，一种是构成型，另一种是条件型。按照传统的类型考察，构成型主导文学实践的虚构（叙事和戏剧）和诗两大类型或共同体，不损害两者以诗体虚构形式出现的可能的串通。据我所知，我们的任何语言都不拥有一个恰当的、积极意义上的（即过分靠左边的"非虚构"概念之外）词来表示这种第三类型，而术语的缺失将不断地困扰我们，我建议把它命名为"行文"类型，这样至少提供了对称的乐趣，如果这是一种乐趣的话。以客体的想象特征为主要特征的作品属于虚构文学，以形式特征为主而不妨害混杂与混合的作品属于行文文学；但是，我觉得有必要保留本质层面的区别以及纯粹状态的理论可能；例如一个打动您的故事，而无需考虑它的表现形式（我们知道，对于亚里士多德和当今的某些门徒而言，这个故事就是俄迪浦斯的故事）；又如相对应的一面，一种形式超越任何可感觉到的意义而吸引着您，在瓦莱里看来，许多优美的诗句"打动我们的心扉却未告诉我们什么内容"或者"告知我们它们无任何事情通告我们"①，这些诗句即属这类情况。

人们肯定发现我在上边的论述中顺便把诗归入我的新类型即行文类型，于是行文类型不再是第三种类型，而成了第二种类型。那是因为，其实马拉美早就知道这一点，诗只不过是行文文学的一种具有特殊标志和规范的形式——因此，其传统状态（我将回到这个问题）属于真正的构成型形式——于是，存在着构成型文学性之行文和条件型文学性之行文，而虚构则永远属于构成型文学②。我把这种不对称的形势用图表示如下：

---

① 《美学与哲学》，第 1333 页。
② 包括口头虚构作品。虽然凯特·汉伯格为使电影与叙事类虚构作品相接近而提出的理由绝非无稽之谈，虚构的其他形式（如雕塑、电影及其他）属于其他艺术门类。

体　制＼标　准	构成型	条件型
题材标准	虚构	
泛话语标准	行　　　文 诗　　　散文	

　　这份有意不平衡的图表需要作出若干说明。第一个说明是术语范畴的：我未打招呼，即用形容词"泛话语"代替了大家都熟悉（或以为熟悉）的"形式"一词，"泛话语"一词需要加以解释。正如我在其他地方已经解释的那样①，我很自由地从语言学里借用了"话语"（rhème）一词，以期与言语的"题材"（主题，thème）相对立，表示言语自身的观照（《散文小诗》（*Petits poèmes en prose*）这一书名即属于泛话语类型，因为它没有像《巴黎的忧郁》（*Le Spleen de Paris*）那样强调诗集的内容，而从某种意义上突出诗集本身：并非诗集之所言，而是诗集是何种性质的诗集）。由于在最后一章将陈述得更为清楚的种种原因，我觉得，不管行文采用何种体制，其定义可确定如下：不同于文本内容而又与内容不可分割的文本之存在，用古德曼的话说（我们还将考察这些话语），同其外延功能相对立的文本的典型化能力。在我的理解中，"泛话语"概念比"形式"概念更广泛，因为"形式"（一个元音清楚与否，一句话或长或短，一首诗呈十行或呈十四行）只是文本本质的一个方面，或者说是文本本质的一个成分。"nuit"一词可以外延黑夜（若干之一）并作为或可以作为其表意手段的所有形式性能的典型，大约即物质和感觉性能的典型，但是也还包括若干其他性能——例如，"la nuit"一词是阴性，而性别不属于形式性能，因为"la nuit"的同音异义词"nuit"是动词"nuire"的变位形式，无阴阳性之分，因而也就没有性方面的内涵了。一个词、一句话、一部文本的典型化能力超越了它的纯形式性能。如果说行文即上述能力表现并作用于读者的方式，那么它的文学性标准用形容词"泛话语的"表示显然要比用"形式的"一词表示更正确、更全面；如果说这又是一次形式上的考虑，我对形式考虑中的对称优点看得很淡。

　　第二点说明涉及行文之文学性的两种体制的分配，它们之间没有任何严格的界限。一个世纪以来，散文与诗的区别确实愈来愈明显地

---

　　① 《副文本》（*Seuils*）一书，巴黎，瑟伊出版社，1987，第75页。

依赖格律标准之外的其他标准,这些标准不像格律标准那么不容置疑,且源自多种渠道,或多或少地重合在一起(如优先题材、"意象"之含量、书写符号的分布①),以"散文诗"、"诗体散文"或其他名义,为中间形式留下了空间,它们使得散文与诗的对立不再那么泾渭分明,而具有由渐进到两极的分布特征。

第三点说明肯定虚构作品(包括口头虚构作品)就其构成而言永远是文学作品,并不意味着一部虚构文本的构成永远具有虚构性。同样,一句话,您可能不理解,或厌恶、或无动于衷于它的意义,但是它的形式可能吸引您;另外,您可能对别人认为真实的一个故事持怀疑态度,但是它可能从某种虚构角度吸引您:这里存在着某种条件型的虚构性,即一些人视为真实的故事,而在另一些人眼里则纯属虚构。人们通常称作"神话"的情况大概如此:明显处于虚构之不确定的和变化的界限上的叙事类型②。但是,这一点不应激励我们把"神话"一词填到空格里去,因为空格不是为有条件的虚构型文本准备的,而是为条件型文学虚构作品准备的——在我看来,这一概念包含着足够的矛盾。把一部宗教叙事文作为神话来接受,差不多同时就把它视为一部文学文本,西方文化引用希腊"神话"的例子已经充分证明了这一点③。于是空格依然空着,除非作出这样的妥协:一部条件型虚构文本因此并从这个意义上说,即是一部条件型文学文本。

第四点说明提出一个问题。即使虚构和行文这两种文学性方式的标准不同(前者为题材标准,后者为泛话语标准),它们难道没有任何共同之处吗?换言之,两种方式在决定文学性的判断时属于原则上完全相反的异质方式吗?如果是,那么文学性的概念本身也极有可能是异质的,并且涵盖绝对不能互相转化的两种美学功能。然而,我不认为事情是这样的。我觉得共同点似乎应该是形式主义诗学家所认为的诗之

---

① 参阅 C. L. 史蒂文森(C. L. Stevenson):《什么是诗?》,1957,见《诗学》(Poétique)杂志,83,1990 年 9 月。

② 参阅 P. 韦纳(P. Veyne):《希腊人相信他们的神话吗?》(Les Grecs ont-ils cru à leurs mythes?),巴黎,瑟伊出版社,1983 和 T. 帕韦尔(T. Pavel):《虚构世界》(Univers de la fiction,1986),巴黎,瑟伊出版社,1988。

③ 这一条件是足够的,但是显然不是必需的:人们可以认为一部宗教叙事文既是真实的,又是文学的——当然这时的文学性丝毫不依赖虚构性。人们大概还可以超越这些过于简单的类型,既把它作为神话,又当做真实而对待,参阅诺思罗普·弗赖伊和《圣经》。

言语特有（有时也提到风格效应）的不及物性特征；之所以不及物，那是因为诗之言语的意义不可能脱离它的表达形式，不可能用其他言辞来表达，并由此注定永无休止地"在其形式内获得再生产"①。

　　虚构文本也是不及物的，其不及物的方式与形式的不可更改特征无关，而是因为它的对象的虚构特征，后者决定了一种奇特的虚假参照功能或无外延对象的外延功能。语言行为理论把这一功能描述为"虚假论断"（assertions feintes），叙述学则描述为作者（真正的陈述者）与叙述者（虚假的陈述者）的分离②，还有其他人也纷纷加入描述者的行列，如凯特·汉伯格则描述为人物的虚构的原初之我代替了作者的原初之我；纳尔逊·古德曼用逻辑语言③，把这一功能的特征概括为由"单子论"形容语或"单一地盘"之形容语所构成的功能④：关于皮克韦克的描述仅仅是皮克韦克的纯粹描述，不可分割，不涉及描述之外的任何内容⑤。如果说《拿破仑》（Napoléon）涉及人类的一个具体成员，那么《福尔摩斯》（Sherlock Holmes）或《吉尔贝特·斯旺》（Gilberte Swann）则不表示文本以外的任何人；这种指示仅围绕自身运转，绝不跳出自己的范围。虚构文本绝不引导到文本外的任何真实，它（经常借鉴现实）向真实的每次借鉴（如"福尔摩斯住在贝克大街221号B"，"吉尔贝特·斯旺有一双黑眼睛"等），都转化为虚构成分，一如《战争与和平》（Guerre et Paix）中的拿破仑或《包法利夫人》（Madame Bovary）中的鲁昂。因此，文本的不及物性有自己的方式，并非因其陈述句不可触犯（当虚构与行文混淆在一起时，这种情况有可能发生），而是它所涉

---

　　①　这些（礼仪般的）公式似乎更具有隐喻性的意义而非严格意义。尤其因为它们是从心理效应方面描写相关现象的。如果要用更严谨的符号学语言来界定该现象，似乎应该借鉴古德曼的典型化概念，我在最后一章谈论风格时即是这样做的。当一部文本的典型化性能超越它的外延功能时，这部文本即具有泛话语方面的"不及物性"。

　　②　我将在后边两章再谈论这两种描述情况，它们在一定程度上可以互换。

　　③　《艺术语言》（Langage de l'art, 1968），巴黎，雅克琳·尚蓬出版社，1990，第1—4章，"虚构"。

　　④　"单子论"为德国哲学家莱布尼茨的用语。——译者注

　　⑤　这一点显然适用于狄更斯（Dickens）对皮克韦克的描述，作者描述是假，"构成"人物是真。后来由评论家或插图画家完成的描述（或描绘），作为狄更斯之描述的阐释和发挥，是及物的和可验证的。关于现代哲学围绕这些问题的大量争论，见帕韦尔论著的第1章，"虚构的实质"以及帕韦尔引用的文本。

及的人与物除自身之外不存在，把我们带入无限循环运动。在两种情况下，这种不及物性通过题材之虚空性或泛话语之封闭性，变文本为独立的客体，变文本与读者的关系为审美关系，在审美过程中，意义与形式是不可分割的。

第五点说明反驳一种观点。任何东西都不能预先保证条件型文学性——即使我们把虚构从中排除——必然属于泛话语标准。一部非虚构性散文文本完全可以引起读者的审美反映，引起读者反映的不是形式，而是文本的内容：例如，一位历史学家或传记作家叙述的一次行动或一件真实的事件（随便举两个例子，如米什莱（Michelet）笔下之朗巴尔公主的苦恼或《忏悔录》中的樱桃情节，当然，如果我们把俄迪浦斯的故事看做一个真实的故事，该故事无疑很吸引读者），可以像现实中的任何事件一样，被作为审美对象而受到欣赏，独立于叙述它的方式。然而，除了审美对象不等于作品以外（我还会回到这一问题），我觉得，在这类情况中，如果事情的真实性确已建立并明确宣布——即使这种真实性只是一种幻想——可能发生的审美判断不以文本为对象，而以文本之外或被认为与文本无关的事件为对象，那么，说得天真一点，事件的美学功绩与作者无关，正如模特之美不依赖画家的天才一样。这种分析显然意味着故事与叙事、真实性与虚构性之分离的可能性，可是这种分离是纯理论上的：任何叙事文都会把"情节设计"引入自己的故事，"情节设计"本身就包含着虚构和/或行文。我正要表达这样的观点：一个事件的美学价值，超出任何叙述或戏剧表演，不属于任何文本；而一篇叙事文的美学价值永远来自虚构、行文或（最常见的情况）两者之间的某种合作，其中的整体作用以及角色的分配很难测定。

第六点亦即最后一点说明更重要，涉及条件型文学性的概念本身及与我们最初提出的问题的关系，这一问题是从雅各布森（或黑格尔）那里继承来的："是什么东西变一部文本为文学作品？"我们知道，雅各布森的答案是诗学功能；他的诗学功能如果不是由单纯的格律形式所决定，至少也是由明显服从于著名的"对等原则"（principe d'équivalence）的形式特征所决定的；虚构论的答案同样明确和不容置疑，需要再次说明一下，这两种答案毫无保留地分割了构成型文学性的领域。读者可以毫不犹豫地把满足上述两种标准之一（或同时满足两种标准）的文本视为文学作品，即以审美动机为特征的产品：它们不仅属于美学类型，而且更密切地属于艺术类型。但是，条件型文学性之文本不可能自然而然地属于后一种类型，因为它们的有动机的美学特征没有得到保证：米什莱或戴莫斯泰纳（Démosthène）的一页文字与另一位史学家或同等级的演说家的一页文字仅仅有着美学"质量"的区别（基本上属于风格方面的区别），而后者又取决于读者的自由评判，没有任何东西能够肯定该质量为作者所追求，甚至不能肯定作者是否发现了这种质量。对于某些读者而言，它的审美对象性质毋庸置疑，但是"艺术作品"的含义还意味着审美动机，因此，这一术语并非恰如其分地适用它，而是从广义角度以及某种隐喻角度泛指而已①，如同我们说一件铁砧或其他原始功能并非美学功能的"赝品"是一件"真正的艺术品"一样。因此，条件型文学性不能贴切地回答雅各布森的问题，因为它们不能决定作品的动机，只能决定审美对象。然而，也许从某种意义上说，雅各布森的问题提得不好。从某种意义上说呢？从下述意义上说，即一部文本的动机特征（严格意义上的艺术特征）不如它的美学特征那么重要。

这一问题与一场古老的对立相关，对立的一方——如黑格尔——支持构成型美学观（构成型艺术观），对于他们而言，任何并非出自精神之动机并由精神生产的东西都不具备美②，以康德为代表的对立的另一方则认为，最好的美学客体是自然物质或类似自然物质之物质，因为艺术可能掩盖艺术。这里当然不是讨论这一问题的场合，要想卓有成效地讨论美学与艺术的关系，文学领域毕竟有点过于狭窄了。我们仅从中得出下述结论，即雅各布森（我重申一遍，雅氏试图确定诗学的对象）的问题如果能够扩大如下，将大有好处："是什么东西使一部文本成为审美客体？""是艺术作品"可能是这一问题的众多答案之一。

2. 虚构作品的语言行为

我这里所谓的"虚构行为"是指把虚构叙事的陈述句视作语言行为（speech acts）。因此，我要回到虚构叙事的非措辞形态（statut illocutoire, 即某些译者所说的"以言行事行为"或"语言行为"的形态）问题，我觉得

---

① 上文中使用过的"成为（或不再是）一部艺术作品"的说法也应该从这种广义去理解。严格地说，一部文本只能成为或不再是一个审美对象。
② 例如，门罗·比尔兹利（Monroe Beardsley）就曾这样写道："由于它们的特定功能，艺术作品的审美价值的源泉特别丰富，并且在更高层次上获得这些价值。"（《美学》（Aesthetics），1958，第二版，印第安纳波利斯，哈克特出版社，1981，第20页。）

约翰·塞尔在一篇从多方面看来皆具有关键作用的文章里过快地否定了这一问题①。我具体说明"虚构叙事",而没有用笼统的"虚构"一词,更没有用空泛的"文学"一词。"文学与语言行为"问题在前塞尔时代曾经作过探讨,是以前塞尔精神马马虎虎探讨的,虚构与文学的关系处于模糊状态或未加说明,似乎前者与后者显然有着共同的外延,以至于人们从未搞清作为界定对象的语言行为是因为它的虚构性抑或它的文学性而被选中。塞尔显然更聪明,他把这种关系描述为交汇关系(并非所有文学作品都是虚构的,并非所有的虚构都是文学②),我把它暂时搁置一旁,探讨文学虚构时,不提出下述问题:对文学虚构的语用描写是否应该扩大到全部文学的更广泛的领域。我也把戏剧虚构搁置一旁,因为从与我们相关的角度看问题,戏剧的表现方式似乎完全属于另一范畴。为了尽快确定戏剧虚构的地位(远离我们的问题),我仅提醒一点,在亚里士多德所主张、法国古典戏剧堪为楷模的纯戏剧状态里,戏剧几乎完全是由虚构人物所操持(即分配给人物)的言语所构成,这些言语的虚构性在一定程度上是由真实的或想象的舞台表演的环境所决定的,在如此构成的氛围中,言语的语用形态属于任何人与人之间日常交换话语的那种形态:或断言("噢,王子,我备受煎熬,我热恋着忒修斯……"),或许诺("您会得到的,我的女儿……"),或命令("出去!"),或提问("谁告诉你这件事的?")等等,与真实生活中同类条件下的同类动机和结果极为相似,唯一的区别是,除了20世纪曾经火爆一时的奇怪的有意而为的转喻手法(métalepse,巴罗克时代也曾使用转喻法,如

---

① 《虚构言语的逻辑地位》(1975),见《意义与表达》(Sens et Expression),巴黎,子夜出版社,1982。

② 《虚构言语的逻辑地位》(1975),见《意义与表达》(Sens et Expression),巴黎,子夜出版社,1982,第101—103页。第二层意义有两个价值不等的论据。第102页:"大部分连环画和滑稽故事堪称虚构的范例,却不是文学"——连环画至少部分属于非文学虚构的典范,因为无话语交流,如同无声电影或某些造型作品一样(至于滑稽故事,我更乐意把它看做文学体裁之一种);第103页:"福尔摩斯的故事显然属于虚构作品,然而这里有一个判断问题,判断把它们视为英国文学的组成部分是否合适"——这里,作者以价值判断的偶然性考虑排除问题,我以为这种价值判断是靠不住的。纳尔逊·古德曼大约说过类似的话:如果我们把坏的艺术作品从艺术领域中排除出去,那么艺术领域很可能所剩无几,因为大部分作品是坏作品(不,在我看来,科南·多伊尔(Conan Doyle)的作品不是坏作品),但是,这丝毫不能阻止它们成为艺术作品。

戏中之戏），其特殊效果当另行研究，所有这一切都发生在一个虚构世界里，与观众生活的真实世界完全隔绝。至于舞台说明，这是戏剧文本中直接由作者承担的鲜有的几个部分，其比例从古典戏剧的零到贝克特（Beckett）的无休无止①，塞尔把它们看做纯"指示"式的非措辞形态（"关于剧本的演出说明"）。演员和导演肯定是这样看待演出说明的，然而，一般读者不一定采取同样态度（观众则只能看到排演结果），一般读者完全可以把演出说明看做情节（在虚构氛围内）发展的描述。类似"埃尔纳尼脱下外套，把它扔在国王肩上"的演出说明，既可以描述人物的行为，也可以规定演员的戏剧动作。因此，这里作者的意图介于描述和规定或指示之间，很难确定，要看他是更多地面对读者（缪塞（Musset））或更多地面对剧团（布莱希特（Brecht））而定。

　　顺便说明，戏剧虚构中"对话"之形态，也是叙事虚构中"对话"场景的形态，至少自柏拉图起，我们便知道，叙事虚构几乎永远采用"混合"方式，即混杂着或者说充斥着戏剧性（凯特·汉伯格使用了"飘荡着"一词）。一部小说人物间的对话显然是在该小说的虚构世界里发生的严肃的语言行为：沃特兰对拉斯蒂尼雅克的许诺不牵连巴尔扎克，但是，如果我是该许诺的陈述者，它将会像牵扯我那样严肃地让沃特兰负起责任。除了背景的虚构性之外，戏剧虚构或叙事虚构的人物的语言行为是货真价实的行为，完全具有话语的措辞特征，具有它们的非措辞"点"和力量，具有它们追求或未追求的可能发生的超措辞效果②。只有背景的构成型语言行为，即叙述言语本身，亦即作者的言语，才构成

---

　　① 当然，这种情况在《没有对话的场次》（les Actes sans paroles）达到了高峰，该剧本全部由演出指示构成。

　　② 牛津大学哲学家奥斯汀在确立他的话语行为分类时提出，在陈述任何一句话时，我们同时完成了三项行为，这三项行为分别是：措辞行为，人们在说话时区别和组合声音、提及和联结词汇所代表的概念的行为；非措辞行为，语句的陈述本身即构成某种行为，并在一定程度上改变了对话双方的关系，例如，说"我许诺……"时同时完成了许诺行为，说"这是……吗？"时即完成了提问行为；超措辞行为，语句的陈述服务于另外的更深远的目的，如向某人提问的目的，是替他解围、使他难堪，或表示赞同他的意见等等。这几种概念在热奈特的论文中用得很多。——译者注

问题,如有可能的话,其形态有待确定①。

通过上述寥寥数语,我刚刚暗中假设新的范围限定已经进行,当然最好在这里明确一下:在所谓"个人②"或"第一人称"叙事类型中(用更具叙述学色彩的术语,则称:同源故事叙述者),叙事文的陈述者本人又是故事中的人物(这是"第一人称"这一说法的唯一的可靠意义),因而也是虚构的。因此,他作为叙述者的语言行为与他的故事中的人物的语言行为以及他个人作为故事人物的语言行为,在虚构范围内,具有同样的严肃性:《追忆逝水年华》的叙述者"马塞尔"面对潜在读者时,与小说人物马塞尔面对盖尔芒特公爵夫人时,具有同样的严肃性③。如果说某人的"严肃性"——即非措辞性介入——有问题,那不是叙述者马塞尔,而是作家普鲁斯特。然而,我说"有问题"时使用了条件式,因为事实上这里(在《追忆》的文本中)没有马塞尔·普鲁斯特的任何语言行为,他从来不曾发言,而如柏拉图所说,一直"假装"马塞尔或其他人——不管小说内容与作家的生平关系如何,也不管作者的"个人生活与其意见"的关系如何。因此,从我们感兴趣的角度出发,我们有同样多的理由把第一人称的虚构的叙事言语与虚构人物的言语搁置一旁,原因不必详述。

于是,只剩下描述非个人叙事或"第三人称"叙事的语用形态了,叙述学出于多种原因,又把第三人称叙事称作异源故事叙事(即叙述者不是人物之一)——还要具备故事外叙事即一级叙事的条件,亦即叙事文的叙述者——作者本人,不像《一千零一夜》的叙述者那样,来自一个故

---

① 叙事虚构的某些陈述句,尤其是人们通常称作"自由间接引语"的陈述句,其形态不确定,或难以确定,因为读者不知道应该把它们与人物联系起来,还是与作者-叙述者联系起来。但是这些复杂情况并不影响简单状态的确定。

② 玛丽-洛尔·瑞安(Marie-Laure Ryan)的文章《个人小说与非个人小说的语用学》,见《诗学》(*Poetics*)杂志,10,1981。

③ 塞尔的宣称稍微有点混乱(第112页),他说:科南·多伊尔"不满足于假装发表论断,而是假装正在发表论断的约翰·沃森(John Watson)",这样就易于给人留下双重假装的印象:多伊尔假装沃森,沃森假装发表论断。我觉得一个假装的意见更正确,即多伊尔(或普鲁斯特)在假装,而沃森(或马塞尔)的论断在虚构范围内是严肃的。我想塞尔本人亦持这种意见,所谓"不满足于"更多地是指这种假装(装作他人)要比以第三人称身份出现的假装(仅仅假装发表论断)更强烈。

事,而叙述者又是故事中的一个人物①。总之,由真实作者产生在真实世界中的叙事,如塞尔提到的作家艾里斯·默多克(Iris Murdoch),以证实他的假装的叙述论断不是真正的语言行为。

开始讨论之前的最后一个注意事项大概也不是无稽之谈:准确地说,我们的目的并非弄清虚构叙事的构成型陈述句是或不是非措辞行为,那无异于设问泰坦是或不是土星的一颗卫星,我们更多考虑的是,这样描述它们是否比其他描述方式甚至所有其他方式更有效、更经济,并更有成果,它有可能只是其他方式的一种更合理的表达而已。如果说其他文学学科(确实)提出事实的真相问题("谁是《高老头》(le *Père Goriot*)的作者?"),那么,诗学无疑提出的是方法问题,例如:表述作者在《高老头》中所表达之内容的最好方式或者最不坏的方式是什么②?

在比较艾里斯·默多克一段小说片断与一个真实叙事之片断(新闻报道)时,塞尔毫不费力地证实,以论断形式出现的虚构作品的陈述句不具备真实论断的任何条件(真诚、承诺、证实所说内容的能力)。他还证实,且同样无可指责(我以为),这些陈述句不能作为论断之外的另一类型的"准确的"非措辞行为。他从上述两种否定意见中得出两个结论,并以为两个结论是互相关联的,而我则想把它们分离开来:结论之一,虚构作品的陈述句以论断形式出现,却不具备论断形式的条件,是强装之论断;结论之二,生产一部虚构作品("写一部小说")不是一种独特的非措辞行为。在我看来,第一条结论是无可争辩的:呈现出论断句的所有形式特征,但不具备它的语用条件的陈述句只能是假装的论断句。但是仍然有必要明确暧昧短语"只能是……"("ne peut être que")的意义;我个人理解它的意思是"不能不是"("ne peut qu'être","ne peut manquer d'être");然而我并不急于为之加入"它不可能同时又是

---

① 我并不因此而宣称,像《爱情催生的野心》(*L'Ambitieux par amour*)的作者阿尔贝·萨瓦鲁斯(Albert Savarus)那样身兼虚构(故事内叙事的)作者—叙述者的语用形态不能在套式结构中复制出例如《阿尔贝·萨瓦鲁斯》的作者巴尔扎克那样的故事外作者—叙述者的语用形态;这里,我仅把这种情况搁置一旁,其独特性很可能可以忽视。

② 人们可以反驳这一问题,指责把"话语行为"的特征分配给写作实践的做法不合时宜。然而这种反驳无法战胜从宣示爱情到离婚判决书面语言所完成的大量非措辞行为的事实。还是塞尔说得好:"利用一种语言说或写,都意味着完成语言行为……"(第101页)

其他东西"的意思;我当然还要回到这个问题上来,总而言之,问题的全部症结都在这里。两条补充见解似乎完善了塞尔的第二条结论(虚构并非特殊的非措辞行为):见解之一(第107页)欢迎关于虚构是假装之论断的描述,认为这一描述是充分的和独特的;见解之二认为虚构作品的陈述句除其字面意义外无其他意义,因为(?)这些语句中的词汇(如《小红帽》(Chaperon rouge)中的"红"字,第101页)不拥有日常语句之外的其他意义。我希望对这两条相互关联的补充见解一并给予驳斥。

我的意见如下:承认虚构作品之陈述句是一些假装的论断句并非像塞尔那样,排除它们同时又是其他东西的可能性;另外,塞尔本人在另一层面上接受这类间接推论的可能性:一方面,他曾提出(第118—119页),虚构作品的虚假的语言行为可以作"信息"的载体,甚至作严肃"语言行为"的载体,例如一首寓言可以传达一种道德观念(这个例子并非出自他的文本,但是我不以为它会背离他的思想);另一方面(第115页),他曾肯定地说,"(小说家)假装以一个人为参照对象时,实际上创造了一个虚构人物"。在我看来,这两条意见也是无可争辩的,即使这里"创造"一词的重心在于隐喻①。如果我以很忠实的方式说,假装(围绕虚构的人和事)发表论断,小说家其实在做其他事,即创作一部虚构作品,我不以为大大背离了塞尔的第二句话。这种兼容的可能性似乎并未超越人类的能力,归根结底,假装的定义就是:假装做一件事,

---

① 之所以说"隐喻",因为一个艺术家唯一可以真正"创造"并为真实世界增色的,就是他的作品。约瑟夫·马戈利斯(Joseph Margolis)正确地反驳塞尔说,人们不能既肯定虚构人物不存在,又说作家创造了他们,因为作家只能创造存在之物。"真正可以被创造的东西是故事及其同类文字,我们(作者和读者两者)只要以恰当的途径使用这些材料,就能够变某种不存在的世界为存在的世界"(《虚构叙事的逻辑和结构》,见《哲学与文学》(Philosophy and Literature),VII-2,1983年10月,第169页)。吉尔伯特·赖尔(Gilbert Ryle)1933年即持这种意见:"如果把故事看做狄更斯的创作产品时,那么描写狄更斯的'创作''活动'就是正确的,如果说狄更斯创造了皮克威克先生,那就是完全错误的。"《想象对象》,见《亚里士多德式社会的行为程序》(Proceedings of the Aristotelian Society),1933,第32页。

人们其实在做另一件事①。生产虚假的论断句（或假装生产论断句），不能顺理成章地排除下述可能性：在生产论断句的同时（或假装生产论断句的同时），人们其实完成了另一行为，即生产虚构作品的行为。唯一的问题，大概是一点修辞问题，即弄清该行为是否技术意义上的"语言行为"，或者更准确地说，弄清两个行为（假装生产论断句以期生产一部虚构作品）之关系是否属于典型的非措辞性质。换言之，虚构作品的陈述句是否应纳入"不忠实字面意义"，即取其转义的陈述句之列，如说"您是一头狮子"时，我所隐含的意义是"您是一个英雄"（或者隐含着讽刺意味，即"您是一个懦夫"）；或者取其间接意义，例如，当我问您是否可以把盐递给我时，我向您表达了希望您把盐递给我的愿望。

转义与间接语言行为的差别并非无足轻重——我将回到这个问题——但是，既然在两种假设中，虚构行为或多或少都带有伪装成分（伪装成论断句），那么似乎首先应该考察该行为的非伪装状态，或赤裸裸的状态，或者如塞尔所说，考察它的"初级"状态。我在这里使用了条件式，因为在我看来，这种赤裸裸的状态永远碰不到，由于各种原因，虚构（叙事）总是喜欢披上论断句的外衣。

这种状态可能以邀请进入虚构世界的形式出现，因此而使用非措辞性的暗示、要求、请求、建议等形式，这些形式全是非措辞点相同的"命令式②"行为，只有"力量"程度的差别。从这个意义上说，以论断形式出现的句子"从前，有一个小姑娘和她的妈妈一起生活在森林边上"，其实意味着下述思想："请和我一起展开想象的翅膀吧，从前，有一个小姑娘等等。"虚构行为的这种初级状态或公开宣称之状态，可以轻易地

---

① 我觉得塞尔过于缩小了假装活动的分量，似乎假装活动永远"低于假装的行为结果，或者永远比行为结果简单"（第 111 页）。演员的夸张艺术似乎恰好证明了它的反面，而"生活"中，假装经常意味着"夸大"，如萨特笔下的"老粗"专门夸大其"粗"的一面，又如夏尔吕斯作出"不满的动作，似乎这样，就使人看出他等的时间太久了，其实真正等待的时候，是永远不会作出不满动作的"（《追忆逝水年华》，巴黎，伽利玛出版社，七星文库版，II，第 111 页）。我知道现实有时会"超越虚构"，然而，我似乎觉得，人们之所以能够看到这一点，那是因为规范恰恰相反：虚构经常是对现实的夸张。孩提时代，当我一任夸张的诱惑而想入非非之时，我父亲，一位正直而又敏锐的人，就会大声说："我知道不是你出钱。"

② 参阅《非措辞行为的分类》一文，见《意义与表达》，巴黎，子夜出版社，1982，第 39—70 页。

按照塞尔在《语言行为》中的建议描述成要求①，并且套入塞尔在《意义与表达》中竭力倡导的同一公式②：！↑V(A 想象 p)，即陈述者构造一种要求，旨在调节言语中的现实，并表达他希望听者(或读者)A 想象句子 p 即"从前等等"所表达的事实状态的真诚愿望。

　　这是公开宣称型虚构行为的一种描述可能。然而，我觉得还可以建议另一种同样合适的描述方式，这种描述方式可能对斯特劳桑(Strawson)所谓的"复杂③"的虚构状态更合适，复杂状态中对读者的幻想合作的呼唤更呈沉默状，因为已经假定合作为前提，或假定获得读者的合作许诺，以至于作者可以以更简捷甚至决定口吻的方式行文：虚构行为已经不是一种要求，更像塞尔所说的"宣布决定"。陈述者根据自己所获得的授权，通过宣布这类语言行为影响现实。陈述者的授权通常属于制度类的，如主席之权力("会议开始")，或老板之权力("您被解雇了")，或司祭之权力("我给您取名'皮埃尔'")④，但是塞尔还接受了其他类型的权力，如超自然权力("让光明降临吧！"⑤)，或直接影响语言的权力，如演说家说"我省略了"，或哲学家说"我赋予……下述定义"等。大家可能已经看出我想说什么，因为我已经进入自己的话题：虚构作品之作者的心理介于造物主的决心和造词者的决心之间；他的权力如同造词者的权力一样，已经假设读者一定程度的默许，按照柯尔

---

① 参阅《非措辞行为的结构》一文，见《语言的行为》，巴黎，埃尔曼出版社，1972，第 95—114 页。

② 《意义与表达》，第 53 页。

③ 《逻辑学和语言学研究》(*Etudes de logique et de linguistique*)，巴黎，瑟伊出版社，1977，第 22—23 页。

④ 自奥斯汀以来，所谓的"性能"(forme performative)形式即经常应用于这种类型；但是，与常见的意见相反，我以为"性能"形式与这种类型并无必然联系。性能形式是对任何非措辞行为的明确的论断式描述(我承认所谓的"隐含型性能"概念使我困惑不已)，当然包括宣告式("我宣布会议开幕")，但是还包括表述式("我向您表示我的全部遗憾")、命令式("我命令您出去")、许诺式("我答应您一定来")和论断式("我提醒您……"，"我向您说明……"，"我发现……")，还不算已有泛滥之势的赘语式("我想说……"或"就算……吧。")极少不可能使用的情况(如不说"我威胁你……")可能属于修辞原因：威胁没有必要采取明火执仗的方式，相反披上建议的外衣可能更有利："我建议您出去。"(言外之意是："否则……")反之，宣告行为可以采用非性能形式，如论断形式："会议开幕了。"

⑤ 坦率地讲，在我看来，这句话更应属于命令式，而非宣布式，当然这里的界限漏洞很多。

律治（Coleridge）那不朽的公式，读者主动放弃了争辩的使用权。这种约定俗成的习惯使作者可以大胆地以塞尔心目中的"宣布"形式，推出自己的虚构内容，而不必明确呼吁接受方的合作，这样做的先决条件假设已经获得，即他有权力这样做，而操作机制可以借自数学语言（"设一个三角形 ABC"）："设想一个小女孩和她的妈妈住在……"那么可以从塞尔的主张中推导出下述公式：$D \leftrightarrow \emptyset(p)$——这里，我们大约应该用下述语言来解释这个公式："我，作为作者，我决定以此形式虚构出 p（＝一个小姑娘等等），既使词汇适应现实，也使现实适应词汇，不履行涉及诚实的任何先决条件（＝不相信、也不要求你们相信所述内容）。"这种宣告形式与常见的宣告形式的差别显然在于所宣告事件即 p 的内容的想象特征，作者无权像造物主那样创造真实事件，一个普通人只能创造观念中的事件。但是，在接受者的心目中，他至少有权创造读者对某事件的看法，即使是以隐蔽的和毫无把握的方式——归根结底，这完全是另外一回事。

命令句式（"请想想……"）与宣告句式（"假设……"）的区别在于后者过高估计（或意味着过高估计）它的超措辞效果："我谨以下述形式，带着你们一起幻想……"这种效果其实永远都能得到保证，因为只要我们听到或读到"一个小女孩住在森林边上等等"，就会不可避免地在我的精神上产生一个女孩住在森林边上的想法，哪怕这种想法只有一瞬间，随后就意识到她是一个虚构的无所事事的人物。尽管宣告句式因为自以为是而显得有些居高临下，我仍然以为它才是最正确的句式。总之，叙事性虚构与数学虚构或其他虚构一样，可以作为塞尔意义上的一种宣告，作为一种独特的非措辞行为，或至少作为发挥创建功能的宣告型非措辞行为的更广泛的类型中的一种特殊形式，从其严肃的初级状态中，得到合理的描述。

向非宣告型状态的过渡——即既非命令句式，又非宣告句式，而是虚假的论断句式，虚假的论断句式是虚构叙事行为的正常状态——可能与观念性宣告的某些论断形式接近，后者亦意味着过高估计它们自己的超措辞效果；语句"会议开幕了"或"您被解雇了"描写陈述该句子所产生的观念事实的状态；句子"从前，一个小女孩……"描写陈述该语句时在其接受者精神上产生的精神事实的状态，两者之间的实质差别很小，因为观念事实之状态即集体的精神状态，虚构性陈述句经常引起这类精神状态。我们最多可以把这些论断形式当作准确的、真实的论断形式来描述，那么，虚构类陈述句只不过是它们自身的精神效果之描述。然而,这种定义的弊端一目了然,这种定义太大,既适用于虚构类陈述句,也适用于非虚构类陈述句:"拿破仑死于圣赫勒拿岛"或"水的沸点是 100℃",既描述了陈述者的意识状态,也可以描述接受者的意识状态。虚构陈述句与现实的陈述句不同,后者还(!)描述一种客观事实的状态,而虚构陈述句的特征在于它仅描述一种精神状态。一个现实陈述句的完整的论断形式可以如下:"水的沸点是 100℃这是事实,我申述这一点之目的在于告诉您或提醒您";而虚构陈述句的完整的论断形式更像下面这样:"从前有一个小姑娘的事不是真事,我们之所以像真事一样叙述她的故事,是想勾起您对一种幻想事件之状态的想象。"总之,我们不能说句子"从前,一个小姑娘云云"是这个陈述句的忠实写照,更不能视作它的相对应的命令句式或宣告句式的忠实写照。更正确的做法应该是,视这种不严谨的论断形式为上述忠实(但却不常用的)方式之一的不准确(但很常见)的表达形式。

  截至现在,我一直使用"不忠实"一词,以避免在两个更准确的术语中作出选择,塞尔本人似乎对它们做了区分,但是并未考虑到两者之中的任何一个都不适用于虚构作品的陈述句。其中之一叫做转义陈述句,另一个即间接语言行为。《意义与表达》关于隐喻的一章对第一种类型做了部分论述并对第二种类型做了全面论述,该章即以第二种类型作标题。按照塞尔的说法,两种不忠实类型之间的差别似乎应该是,在转义表达形式中,忠实阐释是不可能的,或者说,忠实意义显然是不能接受的:从严格意义上说,"您是狮子"是错的,接受者知道,除非发疯,陈述者也清楚这一点,正是这种明显的忠实意义上的错误要求寻找一种转义,如"您是英雄";相反,在间接语言行为中,本义"补充①"另一可接受的忠实意义:"是您拿着盐"是一种可以原样接受的真实的论断形式,它"另外"还意味着"请把盐递给我"的意思,而补充意义其实才是语句真正的非措辞点。

  从理论上和(我)所选择的例子上看,区别是明显的,无可挑剔的。我不敢肯定实践中也总是这样。某些语象的忠实意义可以接受,尽管它们更多地瞄准转义:"我在爱丽舍宫工作"一句出自一位共和国总统的合作者之口,其意义是忠实的,因为他的工作地点确实位于圣奥诺雷街 55 号,即使该句更多瞄准它的下述换义:"我在共和国总统身边工作";反之,间接语言行为的经典语句"您能把盐递给我吗?"(以问题形

---

① 《意义与表达》,子夜出版社,1982,第 84 页。

式表示请求①)的忠实形式是很难接受的,因为,大多数情况下,(大家)显然已经预先知道答案,这样就剥夺了问题的真诚条件。这种虚假的问题与已经证实为修辞性提问这种语象颇为接近("米洛斯岛的维纳斯雕像是大理石的吗?")。总之,语象与间接语言行为的区别,或者更准确地说,忠实意义不可接受的间接语言行为与忠实意义可接受的间接语言行为的区别,与它们的共同特征相比,处于非常次要的地位,它们的共同特征是:以另一非措辞行为的形式完成一项非措辞行为,前者可能是另一类型的非措辞行为(以问题、论断、许诺等形式表示请求,以请求的形式表示论断,如"须知……"),也可能是同一类型的非措辞行为:以另一问题的形式表示问题,如"您有表吗?"等。

我不知道塞尔对这种半相似情况作何反映,但是我要提醒大家,他丝毫不曾考虑把间接语言行为类型用于虚构言语,并且明确拒绝把语象类型用于间接语言行为——借口"不严谨"与"不忠实"是有区别的②,在我看来,这种区别是很脆弱的。如果从转义看,"黑格尔是只夜莺"这句话可看做严谨的论断句(表示"黑格尔过时了");从本义角度看显然不是严谨的论断句。反之,塞尔仅仅认为不严谨的"从前,一个小姑娘等等"这句话,可以分析为(这显然是我的观点)(广义的)间接的因而也是复杂的非措辞行为,其载体是一个虚假的或不严谨的论断句,而内涵则可以是一种请求("试想想……")、一种宣示("我宣布下面内容纯属虚构……"),甚至另一个论断句,当然是严谨的论断句,如"通过下

---

① 读者可以发现,关于本章所研究的"以问题形式表示请求"的间接语言行为的描述没有包括第一章所附加的"以请求形式表示问题"的类型(附加内容表达得很谨慎,仅用了下述一句话:"问题是命令句式的一种子类型,它们是 L 调动 A 回答问题即完成一项语言行为的尝试",见《意义与表达》第 53 页)。如果想把这种类型考虑在内,那么就要以下述这种逻辑奇怪的形式重新描述:"以问题这种请求的子类型形式表示请求"——其奇怪之处有如人们所说的"装扮成少尉的军官"一样。这样,加上这个类型的不便可能多于好处。经常有这样的情况发生。但是,头脑中应该意识到,间接语言行为远非都呈现"以问题形式表示请求"一种类型。

② 《意义与表达》,子夜出版社,1982,第 103 页。若埃勒·普鲁斯特(Joëlle Proust)在其前言中,恰恰是以"*He means what he says.*"这一(很难翻译的)形式表示忠实陈述的。重心显然在 what 身上,如果把重心移到 means 上边,同一形式可以表示严谨的陈述——"*I mean it*"恰恰意味着"我严肃地说",差别很小,通常很难决定,例如应该把一个玩笑看做不忠实或不严谨的语言行为,或者这种区别本身徒劳无益。

文,我希望在您的头脑中唤起一个小姑娘的虚构故事,云云①"。这种描述绝无取代塞尔之描述("虚构文本由虚假的论断句组成")的意图,而希望大约以下述语言予以补充:"它们以众多间接语言行为的形式,掩盖着虚构的语言行为,后者是一些特殊的、从定义上看严谨的非措辞行为。"

由此开始,弄清这种间接行为是语象之间接(忠实意义不可接受,初级意义被代替),还是塞尔式的间接语言行为(忠实意义可以接受,初级意义作为补充),在我看来还是次要的。我们可以考虑把它们区分为无真实感的或荒诞的虚构作品和颇具真实感的或写实的虚构作品。可以把下述陈述句谓之转义陈述句:"一天橡树告诉芦苇……"这种陈述句显然是虚构陈述句,只能涵盖请求或虚构性宣告;而把另一种陈述句简单谓之曰间接陈述句:"1840年9月15日,清晨6时许,停泊在圣贝尔纳码头即将起锚的'蒙特罗城'号吐着浓烟……"该句的字面意义完全可以接受,甚至还忠实于某种经验之真实,其虚构性绝非从逻辑方面或语义方面一目了然,更多的是文化方面的一种可能性②,由文本范围、背景范围和副文本范围的一些常见资料所引发。当虚假的论断句涵盖逻辑虚构的非措辞行为时(如寓言)即为形象,当它们仅仅涵盖文化虚构方面的行为时(如现实主义小说)即为塞尔式间接语言行为。但是,我以为这种区分太肤浅,很难适用于细节,因为虚构实践不断地把两种类型混合在一起:仙女童话可以向现实借鉴千万种细节,而最具艺术真实性的小说也不可能长久地被当作真实故事。尤其是,我觉得这种区分过于臃肿,附加了过多的先决条件,以用于各种变种或细微的差别,它们其实只是略加伪装,归根到底,是以论断句的形式表达虚构性宣告行为。我更倾向于保留间接行为两种类型选择过程中的不确定性,而从更广泛的意义上,把一般虚构陈述句界定为虚假的论断句,后

---

① 我不认为这种自由阐释有违我的观点:大部分语象和间接语言行为都有其不确定性,如"您能把盐递给我吗?"一句毫无亲疏区别地包含一种请求("请把盐递给我")、一种信息如"我希望您把盐递给我"等等。

② J. O. 厄姆森(J. O. Urmson,《虚构》,见《美国哲学季刊》(*American Philosophical Quarterly*),XIII—2,1976年4月)精辟地指出,《小红帽》开头的话有幸与现在或过去经验中的真实相吻合,但是这丝毫不影响它们在虚构故事中的作用。

者不同程度上明显和透明地涵盖完全严谨的宣告（或请求）①，我们应把这些宣告（或请求）视为非措辞行为。至于作者所瞄准的超措辞效果，显然属于美学范畴，或者更准确地说，属于亚里士多德式的"制作"的艺术范畴：生产一部虚构作品。

当然，所有这一切涉及设想中的纯粹的"虚构性言语"，似乎一部叙事性虚构文本全部是由"从前……"之类的句子构成的，它们的所有参照物都像"小红帽"那样明显属于虚构。情况显然不是这样：塞尔本人也曾提到在他看来全无虚构痕迹的某些表示普遍真理的陈述句的地位问题，如《安娜·卡列尼娜》(Anna Karénine)的第一句话，托尔斯泰(Tolstoï)以极其严谨和真诚的态度陈述了他关于家庭幸福和不幸的意见；我不相信这个例子的情况那么绝对，更不必遑论其他例子；我看不出一个小说家即使为着他的虚构事业的需要也不使用最有资格的、与其叙事类陈述句和描述类陈述句同样很少"真诚"色彩的格言的原因②，但是，很显然，这类语句至少会给虚构文本引入非虚构性的或难以决断其性质的岛屿，如《傲慢与偏见》(Orgueil et Préjugés)著名的开场白："这是一条大家公认的真理：一个富有的单身汉应该产生结婚的念头……"许多表示历史或地理的陈述句道理相同，它们虚构背景或服从于虚构目的并非必然取消它们的真理价值，我们还是看看《克莱芙王妃》(La Princesse de Clèves)的开头吧："法国的华丽和风流从来不曾像亨利二世末年那么光彩夺目……"最后，如像安娜·卡列尼娜和福尔摩斯那样最典型的虚构人物完全可以被他们的真实原型所代替，例如亨德里克就是贝特萨白的生活原型（乔治·桑(George Sand)是卡米耶·莫潘、伊利耶尔(Illiers)是孔布雷的原型），以至于涉及他们的句子

---

① 透明程度不仅依赖内容的或明或暗的虚构特征，还依赖论断句式的假设程度，如天真型（"从前……"）或复杂型（"奥雷利安第一次想贝雷尼丝时……"），以及直接接触人物主观世界这一特征所提供的"虚构标志"（汉伯格）的存在与否（"……他真的发现她很丑"）。当然，我们还未算上如小说、童话或短篇小说等体裁方面的副文本标志。总是根据文本开头的格式来思考问题似乎有点太滥，好像人们永远停留在开头部分。但是它们的功能是决定性的，具有真正的创建作用：一旦它们以这种或那种方式所建立的世界被接受，其余部分即按照虚构一致的近乎严谨的方式运作。

② 参阅凯特·汉伯格论著第 146 页的相关段和我的《艺术真实与谋篇》一文，见《语象卷二》(Figures II)，巴黎，瑟伊出版社，1969。

的虚构性具有参照的二重性,文本的表面人物 x 是虚构人物,而实际上却描写真实生活中的 y。这里不能进入这类手法的无限复杂的细节,但是至少应该记住,"虚构言语"其实是由大部分来自现实的异质材料组成的宛若清一色的拼凑之物或大杂烩。既然瓦莱里断言狮子只不过是消化后的绵羊,那么虚构也不过是虚构化后的现实,用非措辞语言来界定虚构言语的做法只能是动摇不定的,或总体上的和综合性的。显然,虚构言语的论断句不可能全部都是虚假的,也许其中的任何一句都非严格意义上和全部意义上的虚假句——其虚假性不会超过亦非完全出于想象的美人鱼或半人半马之怪物。虚构作为言语与虚构作为实体或意象的情况可能相当,整体的虚构性超过它的每个部分。

最后还应说明,虚构言语的非措辞定义原则上只能达到该言语的动机层面,其成功至少意味着使人看出了它的虚构动机。如同一个形象或间接语言行为有可能失败一样,因为它们的接受者未解其意("我是一头狮子?您疯了!";"我当然可以把盐递给您,这还用问!"),一个虚构行为也可能失败,因为它的对象未能看出它的虚构性,正如堂吉诃德登上皮埃尔师傅的表演舞台惩凶救善一样。大量使用副文本资源有时不失为避免这类误解的良策。然而大家都知道,同一故事在不同文化背景下更换身份的事还是时有发生:生产者以为是真实的,而接受者则以为理解错误,并把它重新解释为虚构故事,或"还"其虚构的真面目。神话则代表虚构的"非动机"状态,其链条两端的非措辞公式不同。这类误解不仅影响"表现",还影响真实,误把真实当作虚构,如同拧自己以保持清醒状态却使劲过大伤及皮肉一样。《纽约时报》(*le New Yorker*)有一天发表的一幅漫画巧妙地反映了与堂吉诃德之错误相反的错误①。漫画上,一辆小轿车在倾盆大雨中发生故障,淋得像落汤鸡一样的司机正在吃力地换破胎。呆在车里面的他的两个孩子焦急地、可能还有点狐疑地看着他,我们从可怜的爸爸的回答中可以看出孩子们的不信任感:"你们不懂吗?这里所发生的事,这就是生活。我们没办法让另一渠道运转。"

让我们作一简要的总结。我觉得我们可以合理地把有意而为之的虚构陈述句描写成不严谨的(或不忠实的)论断句,后者在间接语言行为的方式方面(或在语象方面)涵盖明显的虚构性宣告句式(或请求句

---

① 见瓦伊金出版社 1975 年出版的 1925—1975 年的合订本。

式）。这种描述比塞尔的描述方法更简洁，塞尔的方法要求（第110页）使用神秘的"起点习惯"，使用"割断词汇与方式联系、中断连接非措辞行为与世界之正常运转规律的非语义学的语言外习惯"。我的描述方法别无他求，只要承认日常语言明显具有表达弦外之音或其他内容的能力即可（塞尔本人是承认这一点的；虚构作品之外的这种能力已被学者们广泛挖掘）。

我有意把文学言语的其他（虚构的和非虚构的）形式置于本分析的范畴之外，然而，从与我们相关的角度来看，我不相信我们还有很多话要说。我已顺便界定了戏剧和"混合"叙事形式中人物言语的非措辞地位，并因此而同时界定了第一人称虚构叙事的非措辞地位：在我看来，所有这些言语其实都可以归结为戏剧方式（一个人物说话），由相对比较含蓄的虚构内的严谨的非措辞行为构成①：正如柏拉图和塞尔所说，这里的假装意味着摹仿或代替某种身份（荷马假装克鲁塞斯（Chrysès）、多伊尔假装沃森，如同索福克勒斯假装俄迪浦斯或克瑞恩一样），主导并决定着人物在虚构世界内的地道的严谨语言②，除非这个人物像谢埃拉扎德或萨瓦鲁斯一样，是二级虚构的生产者。我以为这种描写很深刻。至于非虚构性文学言语、叙事言语（历史、自传、日记）或非叙事言语（随笔、格言等），它们显然属于凯特·汉伯格所说的"记实陈述句"——（记实或不记实的）严谨的非措辞行为，其语用地位似乎无神秘之处，因而也就无独特的意义可言。它们的问题是文学性的问题，不管是自觉的文学性还是无意识的文学性，换言之，还是它们可能具有的审美功能问题。但是，这是另外一个问题，大概与非措辞行为的动机逻辑关系不大③。

非措辞形态比较独特的唯一一种文学言语类型即"非个人"的虚构

---

① 最含蓄的立场当属"纯"戏剧所坚持的立场，不通过排演说明或解说员式的说明引导；最明显的立场则是虚构叙事中人物言语的立场，通过一段叙事的引导，赋予人物说话的机会。

② 马西娅·伊顿（Marcia Eaton）建议用很合适的"跨措辞行为"（actes translocutoires）来表示归属于虚构人物的严谨的非措辞行为（《说谎者、夸张者与戏剧演员》，收入 B. R. 蒂尔曼（B. R. Tilghman）主编的《语言与美学》（*Language and Aesthetics*）一书，堪萨斯大学出版社，1973）。

③ 这里的情况一样，关于简单形态的分析不排除复杂形式的存在，不排除虚构与非虚构之间的中间状态的存在，如汉伯格曾以陈述者难以确定来界定抒情文本。

叙事,其他类型都可以从形式特征和功能特征(激励、消遣、诱惑等)方面去区别,除了并且不损害各种无意识的文学性情况,(大约)如斯丹达尔赋予民法以文学性那种情况以外。所谓功能特征更正确的说法应该是超措辞特征。因为很幸运的是,与非措辞行为的规律相反,"读者决定(一部文本)是否文学作品"的情况时有发生①。

3. 虚构叙事与纪实叙事

如果说词汇拥有一种意义(即使它们拥有多种意义),那么叙述学——不管是叙述学中作为叙事言语之研究的泛话语(rhématique)一面,还是作为言语所叙事件和情节分析的题材(thématique)一面——应该涵盖各种叙事文,包括虚构性叙事文或非虚构性叙事文。显然,直至今日,叙述学的两个分支几乎都把注意力集中在虚构叙事一家的风姿和内容身上②;这种做法并非一种简单的经验选择,难以预料暂时明显受到冷遇的现象的发展走向,而更多地出于一种隐形偏爱,以为虚构叙事文的本质即完美叙事文,或任意叙事文的典范。例如保尔·里科尔(Paul Ricoeur)、海登·怀特(Hayden White)和保尔·韦纳(Paul Veyne)等研究人员,他们对历史叙事的语象和情节很感兴趣,是从另一学科的角度,如时间性之哲学、修辞学和认识论等去研究历史叙事的语象和情节的;而让-弗朗索瓦·利奥塔(Jean-François Lyotard)则把《叙事言语》(*Discours du récit*)中的类型用于有关一个战士之死的新

---

① 我用"文本"一词代替了"作品"(work),因为我赋予这一见解的意义不完全相同于塞尔的意义:对于塞尔而言,文学性的判断总之是属于作品的功绩问题,而在我看来,它是一部文本的美学功能问题,该文本并不一定具有美学功能所昭示的创作动机。

② 保尔·里科尔已经发现了这一问题,见《时间与叙事》(*Temps et Récit*),II,巴黎,瑟伊出版社,1984,第13页。罗兰·巴特的两部几乎同时代的文本令人惊异地反映了这种研究状态,这两部文本是《叙事文的结构分析导论》(*Introduction à l'analyse structurale des récits* 1966),收入《符号学的机遇》(*L'Aventure sémiologique*)一书,巴黎,瑟伊出版社,1985和《史学言语》(*Le discours de l'Histoire*,1967),收入《语言的声音》(*Le Bruissement de la langue*)一书,瑟伊出版社,1984。前者的标题虽然很广泛,其实只考察了虚构叙事;后者的开头虽然对"史学叙事"与"虚构叙事"加以区分,但完全忽视了史学言语的叙事特征,并在结尾部分把这些特征归纳为19世纪特有的异常现象(奥古斯汀·蒂尔里(Augustin Thierry)),以法兰西学派反"事件"原则的名义而贬低这些特征。此后……

闻叙事之中①，试图取消虚构叙事的界限。不管现阶段的虚构叙述学有哪些成就和缺陷，断言它可以取代对纪实叙事的特别研究则是令人怀疑的②。无论如何，对于自己的成果甚至方法是否适用于一个从未真正挖掘过的领域，虚构叙述学不可能永远保持沉默，既不考察，也不论证，即悄无声息地兼并这一领域。

既然如此，我显然应该承认自己的过错，我曾把一部显然是研究虚构叙事的专著命名为《叙事言语》，后来在《新叙事言语》一书中又重蹈覆辙，尽管我对理应称作有限叙述学的过于单方面的实践作过原则上的批评③。然而，我无意也无实力在此对纪实叙事言语的特征作一番相应研究：那需要对史学、传记、日记、新闻叙事、公安报告、司法陈述、日常叙事以及马拉美称作"普遍的忠实报导"的其他实践形式进行广泛的调查，或至少对若干公认的具有代表性的大作如《忏悔录》或《法国大革命史》(l'*Histoire de la Révolution française*)④等进行系统地分析。我暂时更多地希望从理论角度或至少以理论推论为基础，考察纪实叙

---

① 《一段叙事结构的里比多布局》(1973)，见《冲动布局》(*Des dispositifs pulsionnels*)一书，巴黎，布尔古瓦出版社，1980。

② 由于未找到更合适的词，我选用了 factuel（表示事实的）一词，以避免总是使用否定结构"非虚构"或"非虚构的"，这种结构本身即反映了虚构叙事的特殊地位，我恰恰希望对此提出质疑。但是有人对使用 factuel 一词提出批评，理由是虚构叙事文也是由"事实"组成的（中文里虚构与纪实的概念区别是很清楚的。——译者注）。

③ 《新叙事言语》(*Nouveau Discours du récit*)，巴黎，瑟伊出版社，1983，第11页。

④ 关于后一文本，见安·里格尼(Ann Rigney)的文章《论史学叙事》，《诗学》杂志，75，1988年9月。作者沿着海登·怀特开辟的道路，对叙事方法不是很感兴趣，他更感兴趣的是这部基本上（确实）属于倒叙、因此而不断受预叙牵制的文本中"意义生产"的手段。在具体作品或体裁研究方面，还应提到菲力浦·勒热纳关于萨特《词语》(*Les Mots*)一书的叙事顺序的发现（《自传协约》，巴黎，瑟伊出版社，1975）以及达尼埃尔·马德莱纳(Daniel Madelénat)关于传记中方式、顺序和时态之选择的发现（《传记》*La Biographie*），巴黎，PUF，1983，第149—158页）。

事和虚构叙事①面对它们所叙述的故事,仅仅因为该故事在第一种情况下是(被视作)"真实"故事,而在第二种情况下则是虚构故事,即由正在叙述该故事的人创造的,或者别人创造、他继承而来,而可能表现不同的理由。我使用了"被视作"的说法,因为一个历史学家有可能创作一点细节或调整一段"情节",一个小说家也有可能受一件真实事件的启发:这里重要的是文本的正式形态及阅读视域。

与这种中肯的尝试相对立,存在着其他意见,如约翰·塞尔的意见,在他看来,"决定一部文本是虚构作品的文本特征、句法特征或语义特征(因此也包括叙述学特征)并非(预先)存在②",因为虚构叙事只不过是纪实叙事的纯粹摹仿或伪装,小说家惟妙惟肖地假装叙述一件真实故事,并不刻意追求读者的信任,但是也不在文本中留下丝毫伪装不力的痕迹。然而我们至少可以这样说:这种意见并未得到普遍赞同。它碰到了诸如凯特·汉伯格的反对③,后者把"假装"的范畴仅仅局限于第一人称小说——无法从中分辨出真正的自传体叙事,相反,在真正的虚构小说中(第三人称叙事),第一人称无疑属于虚构性的文本"标志"。下面的简略分析从某种意义上对上述两种观点给予辨析。为了方便起见,也许还因为未能想象出其他方式,我依然沿用了《叙事言语》中已经使用过的方法,相继瞄准时序、速度、频率、语式和语态问题。

时序

1972年,我下笔快了一点,当时曾写道:民间叙事比《伊利亚特》开

---

① 由于显而易见的原因,我在这里把非叙事性虚构形式(如戏剧形式)、甚至非语言表达性的虚构形式(如无声电影)搁置一旁;从定义上讲,即从媒介的选择角度讲,非语言形式不是文学形式;相反,叙事性虚构形式内部,书面形式与口头形式的区别我以为在这里是不合适的,而(经典的)文学形式与非文学形式(民间形式、大众形式等)也过于含糊而难以考虑。

② 《虚构言语的逻辑地位》,见《意义与表达》,巴黎,子夜出版社,1982,第109页。

③ 《文学体裁的逻辑学》,第4章,"特殊形式或混合形式"。有关该著作之论点与叙述学之方法论的设想的比较,参阅让-玛丽·谢弗的文章《虚构、假装与叙述》。菲力浦·勒热纳没有像塞尔那样就一般虚构发表意见,他支持凯特·汉伯格的观点,曾于1971年指出,"如果我们不离开文本的内部分析层面",自传与自传体小说则无"任何差别"(《自传在法国》(*L'Autobiographie en France*),巴黎,科兰出版社,第24页)。他于1972年引入的区别(《自传协约》,尤其是第26页)我们将在后边看到,属于副文本方面,与真正的叙述学内容无关。

创的文学传统更尊重事件的时间顺序,常以核心事件开头稍后补叙的办法。到《新叙事言语》一书时,我的意见的一方面稍微发生了一点变化,我发现打乱时间顺序的做法始于《奥德赛》,后来在小说体裁的发展远大于史诗传统。两者之间,巴巴拉·赫恩斯坦·史密斯(Barbara Herrnstein Smith)在一篇很有意义的文章中①,要求我在另一方面也做一些改变,这篇文章我是后来才看到的,她的理由是,"不仅民间叙事中严格尊重时序的现象与任何文学传统同样少,而且任何叙述者的叙事文只要超过最低限度,维持时间顺序几乎是不可能的。换言之,言语的性质决定了不忠于时序是叙事文的规律而非例外。毫无疑问,由于这一原因,历史的'进展'大概更贴近热奈特所说之反面:如果严格遵守时序的现象存在,似乎也只能存在于非常谨慎的'艺术'文本和'文学'文本②"。这种反莱辛式的颠覆与它所推翻的假设同样过分,当然,我的意见绝非以荷马式的时序错乱代替佩罗(Perrault)或格林(Grimm)所收集的童话的所谓忠于时序而建立历史的"进展"!不管怎样,这种比照还涉及虚构领域内部的两三种体裁(童话、史诗、小说)。然而,我从这个批评中吸取了下述思想,即任何叙述者,包括虚构之外的叙述者,包括口头文学或书面文学之外的叙述者,都不能自然而然不费力气地要求自己严格遵守时序。如果像我想象的那样,围绕这一意见很容易取得一致的话,那么就必然导致与此相关的另一一致意见,即谁也不能阻止纪实叙事使用补叙或预叙方法。我坚持这一原则立场,更具体的比较只不过是一个统计问题,大概将揭示不同时代、不同作家、不同作品,也包括不同的虚构体裁和纪实体裁的巨大差异,从这种角度观照,所有虚构类型与所有纪实类型之间的相似性将少于某种虚构类型与某种纪实类型之间的相似性——我随便说两种,如日记体小说与真正的日记之间。我的"随意"并非完全没有用意,但愿这个例子喻示我希望留给后边的一个重要保留意见。

但是,巴巴拉·赫恩斯坦·史密斯的文章以另一种更彻底的方式

---

① 《叙事版本,叙事理论》,见《批评质询》(*Critical Inquiry*)杂志,1980年秋季,第213—236页。该文同时针对"经典"叙述学的论著,包括西摩·查特曼(Seymour Chatman)和我的论著,以及纳尔逊·古德曼的论文《童话的改编》(同期杂志,第103—119页)。古德曼的答辩《叙述的现在与过去》)和查特曼的答辩发表在同一杂志1981年夏季号上,第799—809页。

② 《叙事版本,叙事理论》,见《批评质询》杂志,1980年秋季,第227页。

提出了虚构类型与非虚构类型在处理时序问题上的差别,作者提出了这一问题:(事实上由叙述学所设想的)故事时序与叙事时序之比较是否可行?什么时候可以进行这种比较?她的回答是,只有当批评家获得叙事本身之外的有关所"报道"事件之时序的独立的信息资源时,方可比较,否则,她只能无可争辩地接受并记录叙事带给她的事件顺序。据赫恩斯坦·史密斯所说,拥有独立信息资源的可能性只有两种情况:其一是由上部作品派生的虚构作品,例如《灰姑娘》出版日期上的最后一版;其二是指那些非虚构作品,如史学叙事。她断言,只有在这两种情况下,"说某叙事修改了一定的事件总体或一定的历史事件的顺序才有意义[①]"。换言之,只有在这些情况下,我们才拥有或可以拥有至少两种叙事,其中第一个可以看做是第二个的根源,其时序为历史时序,赋予第二叙事之时序相对于它作出某些歪曲的可能性。巴巴拉·赫恩斯坦·史密斯坚信另一程序是不可能的,她毫无担心地把这种程序补充出来:"其实,我们怀疑这两种叙事类型(历史纪实与传统童话)已经构成叙述学家的一组潜在的对应关系,这从反面说明他需要假设一些情节结构或潜在故事以便考虑他聚精会神研究的这些完全不同的叙事即虚构的文学作品的时间顺序。"完全是无稽之谈,学科的发展历史与此毫无共同之处,因为自普罗普以来以传统叙事包括民间童话为研究对象的叙述学家们很少关心它们的时序问题(广而言之,很少关心它们的叙述形式),反之,自卢伯克(Lubbock)和福斯特(Forster)以来的形式叙述学的专家们从未表现出对这类虚构叙事类型的兴趣(如果不是深藏于"潜意识"之中!),对历史纪实叙事的兴趣就更弱,我正在为此而批评我们。

然而,尤为重要的是,赫恩斯坦·史密斯的批评(叙述学家们谈论原创性虚构文本的时序倒错现象,就其定义而言,叙事时序与故事时序的比较是不可能的)忘记或忽视了一个基本事实,我在《新叙事言语》[②]中曾经提到过,纳尔逊·古德曼为自己使用时序倒错概念(如果不是术语的话)辩护时也曾经强调过这一基本事实,即原创性虚构作品及其他作品中的大部分倒叙和预叙或者是明显的,即由文本自己以不同的表达标志表示出来("伯爵夫人比她钟爱的法布里斯只多活了很短时间,

---

[①] 《叙事版本,叙事理论》,见《批评质询》杂志,1980 年秋季,第 228 页。
[②] 《新叙事言语》(Nouveau Discours du récit),巴黎,瑟伊出版社,1983,第 17 页。

她在修道院仅度过了一年光阴"），或者虽隐蔽却显而易见，只要我们了解"总的因果关系"就极易辨别（章节 n：伯爵夫人忧郁而死；章节 n+1：法布里斯死于她的修道院①）。古德曼强调说，两种情况的"时序扭曲都不是相对于一个独立于所有版本的绝对的事件顺序，而是相对于该版本本身所提供的事件顺序②"。当文本例外地既不直接（通过表达指示）也不间接（通过推论机会）说明事件的顺序（如罗伯－格里耶（Robbe—Grillet）的叙事文本）时，叙述学家如无其他设想，显然只能记录叙事的"时序错乱"性质，并屈服于文本的安排③。我们不能把事件顺序来自其他渠道的纪实叙事与该时序原则上无法了解因此所谓的时序错乱难以确定的虚构叙事相对立，除过特殊的保留情况，即虚构叙事的时序错乱由叙事文本本身宣示或暗示出来，像纪实叙事那样。换言之，虚构叙事与纪实叙事在使用时序错乱以及表示这些错乱的方式方面没有太大的区别④，我谨以此同时表示我与巴巴拉·赫恩斯坦·史密斯的相同点和不同点。

---

① 我用这两个例子代替了古德曼的例子，其中第二个例子是虚构的。《法国大革命史》（至少）可以提供一个这样的例子，其清晰程度绝非因为是叙述 1789 年 7 月 14 日这一天所发生事件的历史纪实叙事性质并有据可查的缘故。米什莱首先叙述了由巴黎市长在市政厅召开的一次会议，一队游行人员的到来中断了会议，他们宣称占领了巴士底狱并挥动着它的钥匙欢呼。然后作者接上这个话题："应该说，巴士底狱不是被占领的，它是主动投降的……"然后补叙了巴士底狱的失陷经过。

② 《新叙事言语》，巴黎，瑟伊出版社，1983，第 799 页。

③ 《语象卷三》（*Figures III*），巴黎，瑟伊出版社，1972，第 115 页。其实，我在《语象卷一》（*Figures I*，巴黎，瑟伊出版社，1966，第 77 页）里已经反对布吕斯·莫里塞特（Bruce Morrissette）的意见，否认恢复罗伯－格里耶的叙事时序的可能性。

④ 更广泛一点讲，我很难理解赫恩斯坦·史密斯针对她所谓的叙述学的"二元论"思想而开展的批评的意义。在我看来，她作为反建议提出的带有明显实用色彩的公式"表达行为意味着某人告诉另一人某种事情发生了"（第 232 页）与叙述学的主要论点毫无抵触之处，我倒觉得她的公式是显而易见的事。另外，《叙事言语》的体系（故事、叙事文、叙述）显然不是二元论，而是三元论，我不知道它是否曾经受到过我的叙述学同行们的抵制。我深知赫恩斯坦·史密斯为一元论立场而奔走呼号，但是，我从上述公式中丝毫也看不出一元论立场的影子。

速度

我有意把赫恩斯坦·史密斯关于时序的原则延伸到叙述速度一章来:任何叙事文,不管是虚构叙事还是非虚构叙事、文学叙事或非文学叙事、口头叙事或书面叙事,既无能力也无义务要求自己的速度与其故事速度完全同步。人们从虚构叙事文中发现的不同"剂量"的加速、减速、省略或停顿等现象,也是纪实叙事的自然现象,不管是出自"曹营"还是"汉阵",它们均受效率和经济规律的支配,均受叙述者对相关时段和情节的重要性的情感认识的左右。这里也一样,两种类型之间没有任何先验性的差异可言。即使如此,凯特·汉伯格把详细的场景、一字不漏的对话照搬和尽情发挥的描述列入虚构标志的行列无疑是正确的①。所有这一切并非不可能出现于历史纪实叙事之中或受禁止(受谁禁止?),但是,这些手法的出现一定程度上超越了它的真实性("您怎么知道呢?"),并由此(我将回到这个问题上来)而给读者留下一个有根有据的"虚构化"的印象。

频率

抽象叙事(récit itératif)的使用属于严格意义上的频率问题,而从广义上讲,则是加速叙事的一种手段:通过视事件相对相似的集叙办法加速("每个星期天……")。从这个意义上讲,纪实叙事没有任何理由要比虚构叙事减少集叙加速的手法,传记这种纪实体裁——包括自传——早就使用集叙加速的手法了,专家们对此已有发现②。因此,虚构叙事中变化多端的单一叙事与抽象叙事之关系,原则上不应在纪实叙事类型中表现出任何明显的差异。除非像菲力浦·勒热纳那样,把普鲁斯特式的大量采用抽象叙事的做法,尤其是在《孔布雷》一卷中,看做是对自传特征的摹仿标志,亦即虚构类型对纪实类型的借鉴,或者更具体地说,一种虚构类型(仿自传体小说)对一种纪实类型(真正的自传)的借鉴。然而,这种挺合情理的假设把我们引入两种类型的交流范畴,我宁愿再次推迟考察这一问题。

---

① 不管是对话场景还是非对话场景,都是减速成分,而描述则是叙述停顿成分,除非作为人物观照活动的组成部分,按照汉伯格的观点,后者亦是虚构的标志之一。

② 菲力浦·勒热纳:《自传协约》,第114页。

语式

自然,凯特·汉伯格所说的大部分颇具虚构叙述之特征的文本标志集中在语式一章中,因为这些"征象"都与一个共同的特征即人物的主观性直接相关。这种关系顺便揭示了一种与亚里士多德式传统密切关联的诗学(基本上是通过题材的虚构性特征界定文学的)的荒谬之处,然而,这种揭示是通过有关虚构的似乎属于形式主义的定义来进行的。诚然,虚构叙事的特征属于形态学范畴,但是这些特征不过是"效果"而已,产生这些效果的原因是叙事本身的虚构性质,亦即构成叙事的"原始之我"的人物都是想象和虚构出来的。如果说只有虚构叙事赋予我们直接进入他人主观世界的机会,并非由于某种奇异功能,而是因为"他人"是虚构的(如果是真实的历史人物,则被作为虚构人物来处理,如《战争与和平》中的拿破仑),作者随着自己意图的发展而想象他们的思想:猜测自己编造的东西无疑有如囊中探物。于是就出现了这些"标志",它们是表示若干"第三者"之情感和思想(而无需论证,"您如何得知呢?")的动词、内心独白和自由间接方式,后者是最富特色和最有效的手法,严格地讲,它可以渗透到言语的各个角落,可以狡黠地摸透人物的全部心思,还可以解释下述一类句子中诸如过去时态与时空语境词的共存现象:"M*** parcourait pour la dernière fois le port européen, car *demain* son bateau partait pour l'Amérique.①"

正如批评家们经常指出的那样,关于虚构叙事的这种描述更适合或突出了一种特殊类型,即 19 世纪和 20 世纪的小说。19 世纪和 20 世纪的小说大量采用这类手法有助于聚焦一小部分人物,甚至一个人物,在这类叙事中,按照福楼拜(Flaubert)的意愿,叙述者似乎已经完全缺席,作者则更是无影无踪了。即使人们可以无休无止地争论这些主观化技巧在非虚构类叙事、甚至非文学叙事中的表现程度,它们无疑更属于虚构叙事,我们即使还有些许保留,仍然可以把它们作为两种类型的区别标志。然而,(与凯特·汉伯格相反,他竟然丝毫没有提及下面一种态度)我认为相反的叙述态度同样也是两种类型的区别标志,从前,我把这种态度叫做外聚焦叙事,外聚焦叙事意味着绝不进入人物的主观世界,仅叙述他们的行为和动作,只从外部观察,不作任何解释。

---

① 试译成汉语如下:"这是某某人最后一次游览欧洲码头了,因为明天他的轮船将起航奔赴美洲。"

在我看来,从海明威(Hemingway)到罗伯-格里耶的这种"客观化"的叙事类型,与上述类型一样,属于典型的虚构类型,两种对称的聚焦形式共同标志着与纪实叙事的正常态度相对立的虚构叙事;纪实叙事不仅不排除心理解释,而且还应该通过出处论证每次解释("《圣赫勒拿岛回忆录》(le *Mémorial de Sainte-Hélène*)使我们得知,拿破仑以为库图佐夫……"),或者通过不肯定和假设的谨慎语气使心理解释变得婉转一些("拿破仑大概以为库图佐夫……");同类情况下,小说家的人物因为是虚构的,所以作者的语气可以决断一些("拿破仑以为库图佐夫……")。

我没有忘记上述两种聚焦类型标志着相对新颖的虚构叙事形式的事实,古典形式——史诗或小说形式——更多属于无聚焦或"零聚焦"方式,叙事似乎不突出任何"视点",并乐意相继进入所有人物的思想领域。人们通常把这种态度叫做"全知型"态度,然而,这种态度与纪实叙事的真实性要求相抵触的色彩并不亚于上述两种聚焦类型:仅叙述自己知道的,但凡知道并可靠的材料则点滴不漏,并交代获取这些材料的渠道。从逻辑上讲,只能有过之而无不及,因为了解所有人物的思想要比了解一个人物的思想更多一些虚假性(当然可以全部编造)。让我们记住这一点,即语式原则上(我强调"原则上")确能揭示叙事的纪实特征或虚构特征,是区别两种叙述类型的显示剂。

显而易见,对于把第一人称小说排除在虚构范畴之外的凯特·汉伯格而言,这种区别只能存在于两种非个人叙事类型之间。但是,多里特·科恩确曾指出第一人称小说如何可以有意突出"叙述者之我"或"主人公之我"的种种事实①(摇摆现象在《追忆逝水年华》中确实很明显);而曾经为自己早期的不可分辨论一本书一本书寻求细微证据的菲力浦·勒热纳,如今则认为这种交替现象至少是真正的自传与仿自传性虚构作品之区别的倾向性标志("只不过是一种主导因素"),前者更突出"叙述者的声音"(例如:"我出生于19世纪之末中之末,是八个男孩中最小的一个……"),而后者则更倾向于"聚焦某一人物的经验"(例如:"暮色至少又向远处移动了10米。我依然坐着没有动,一点也不着

---

① 《内部的透明度》(*La Transparence intérieure*,1978),巴黎,瑟伊出版社,1981。

急……")①。正是在这个地方,内聚焦这种典型的虚构性之标准延伸到个人叙事中去。

语态

叙述语态特征的基本问题归结为时态、人称和层次的区别。我不觉得叙述行为的时间形式在虚构叙事和其他叙事中有什么先天性的区别:纪实叙事同样也有事后叙述(这也是纪实叙事最常见的现象)、事前叙述(预言或预测叙事)、同时叙述(报道),同样也有插入叙述,如日记中那样。人称的区别,亦即异源故事叙事与同源故事叙事的对立,既存在于纪实叙事之中(史学/回忆录),也存在于虚构叙事之中。层次的区别大概是这里最中肯的区别,因为对于真实性和简洁性的关注一般会使纪实叙事背弃大量使用二级叙述的做法:我们很难想象一位史学家或一位撰写回忆录的人士会把叙事中相当一部分交给他的人物之一去完成,自杜西蒂德(Thucydide)以来,人们都还记得,传达言语的范围仅仅广了一些,就曾给史学家带来了多少问题。因此,元故事叙事的出现是虚构性的一个比较可靠的标志,尽管它之缺失并不是什么标志。

从语态问题的角度("谁在说话?")提及一向棘手的叙述者与作者之关系问题,我不能自信还停留在叙述学的范畴内。菲力浦·勒热纳正确地指出了下述规律,即经典自传以作者=叙述者=人物为特点,而第三人称的特殊的自传形式则适用于作者=人物≠叙述者的公式②。

沿着这种三角关系开辟的方向深入挖掘是颇具前途的。人物与叙述者的背离(N≠P)显然确定了(而且是重复地确定了)虚构叙事和其他叙事中的异源故事(叙述)体制,二者的相同(N=P)则确定了同源故事体制。作者与人物的背离(A≠P)决定其他传记形式的(题材)体制,包括虚构传记(异源故事叙事如《汤姆·琼斯》,或同源故事叙事如《吉尔·布拉斯》)或纪实传记(一般呈异源故事叙事形式,如史记或传记中那样,因为在这里同源故事叙事意味着作者把叙事职能交给了他的人物,如尤瑟娜尔(Yourcenar)让阿德里安出面叙事那样,这样就不可避免地——我还要说明这一点——归结出某种虚构效应),而作者与人物

---

① 《自传协约》(乙)(1981),原载《我也一样》(*Moi aussi*)一书,巴黎,瑟伊出版社,1986。

② 《自传协约》和《"我"即他人》(*Je est un autre*),巴黎,瑟伊出版社,1980。这里总结出的形式由我个人负责。

相同（A＝P）则决定着自传体制（同源或异源故事叙事体制）。剩下的问题便是考察作者与叙述者的关系。只要我们确能建立两者之间严格相等的关系，那么，我觉得这种关系（A＝N）决定着纪实叙事——按照塞尔的说法，作者承担其叙事中论断语句的全部责任，因此而不让任何叙述者有任何独立表现的叙事形式。反之，作者与叙述者的背离（A≠N）则决定着虚构体制，即作者不敢严格保证其真实性的叙事类型①；同样，这里的关系在我看来依然是同义重复：像塞尔那样，说作者（例如巴尔扎克）不敢严谨地回应他的叙事文中论断类语句（如欧也妮·拉斯蒂尼亚克的存在与否），或者说我们严格把这些论断类语句与某种功能或者某种似乎不同于他的言语机制（如《高老头》的叙述者）联系起来，是同一内容的两种不同的表达方式，唯有经济原则根据当时的必要性促使我们从两种方式中作出选择。

　　由该公式引起的推论，便是："第三人称自传"更应接近虚构，而非纪实叙事，尤其当我们接受巴巴拉·赫恩斯坦·史密斯的观点，承认叙事的虚构性既由故事的虚构性，也由（或更由）叙述的虚构性所决定②。然而，我们可以从这里清楚地看出"人称"概念在方法论上的弊端，导致我们从严格的语法标准出发，把《艾丽丝·托克拉斯自传》（l'*Autobiographie d'Alice Toklas*）、凯撒（César）的《战争述评》（les *Commentaires*，包括《高卢战记》和《内战记》。——译者注）或《亨利·亚当斯的

---

　　①　当然是以该叙事表现为对事情状态的真实描述为前提的。每句都以"试想象……"这类表达方式为开头，或像孩子们玩讨价还价游戏那样竞相使用条件式，或以某些语言中可能存在的其他手法宣告其虚构性的叙事文，无疑是一种很"严谨"的陈述，属于 A＝N 这一公式。中世纪的某些小说经常使用"童话说……"这种形式，表现出很大的暧昧性，或可理解为承文本某种托词的简略（"我转述一个真实的故事，未敢有任何编造"），或可理解为一种饶有趣味的虚伪的否认："不是我说的，是我的故事这样说"——等于现在人们所说的"不是我，是我的大脑"一样。

　　②　"小说最基本的虚构性无需到所叙人物、物质和事件的不真实性中去寻找，而应从叙述本身的不真实性中去寻找。换言之，在一部小说或一篇童话里，叙述事件的行为、描述人物的行为和参照地点的行为是虚构的"（《在言语的边缘》(*On the Margins of Discourse*)，芝加哥大学出版社，1978，第29页）。

教育》(*L'Education d'Henry Adams*)归入同一等级①。《高卢战记》(*De Bello Gallico*)的叙述者的功能如此透明和空洞,说叙事是由凯撒自己承担,以第三人称的约定俗成的形式(或引申形式)谈论自己可能更准确一些,因此,这部著作属于 A＝N＝P 类型的纪实性同源故事叙事。相反,在《托克拉斯自传》一书中,叙述者与作者的区别与《阿德里安回忆录》(les *Mémoires d'Hadrien*)一样明显,她拥有另外一个姓名,其历史存在得到证实。既然在她的叙事中,格特鲁德·斯坦因(Gertrude Stein)的生活与叙述者的生活不可避免地混淆在一起,我们既可以说,自传的书名(从虚构的角度说)是真实的,也可以说,这不是斯坦因的传记,斯坦因出于虚构的需要,把它假借给托克拉斯。简而言之(!),这是斯坦因写作的托克拉斯的自传②,这就从根本上使它的叙述情况与《阿德里安回忆录》的叙述情况相提并论。剩下的问题就是找到一个真正的、纯粹的异源故事叙事式的自传例子,其作者把叙述自己生活的责任交给一个非见证人的传记作者,为了可靠起见,最好是比作者晚几个世纪的传记作者。我似乎记得,一向乐于援助荒诞设想的博尔赫斯(Borges)朝着这个精神,为一部自称未来之百科全书写了一个

---

① 格特鲁德·斯坦因(Gertrude Stein, 1874—1946),美国女作家。生于宾夕法尼亚州一个德国犹太人家庭。毕业于莱德克利夫大学。曾在约翰·霍布金斯大学学医。自 1903 年起定居巴黎。她在巴黎的文艺沙龙是许多作家和艺术家经常聚会的地点。其中有海明威、舍伍德·安德森、费茨拉德和毕加索等,他们都在一定程度上受到她的影响。《艾丽丝·托克拉斯自传》(1933)是她假借秘书托克拉斯小姐的口吻写的自传,介绍她和同时代别的艺术家的交往,她的创作理论以谈话录的形式散见于其中的各个部分。——译者注

亨利·布鲁克斯·亚当斯(Henry Brooks Adams, 1838—1918),美国历史学家和作家。1858 年哈佛大学毕业后,前往德国柏林学习民法,并在法国及意大利等地游历。美国南北战争期间,他担任他父亲(当时的驻英大使)的私人秘书。1868 年回美后进入哈佛大学任教并从事创作活动。亚当斯因他的九卷本《美国史》和《亨利·亚当斯的教育》(自传,1918)的流传而获得声誉,后者被认为是用英文写成的最出色的自传之一。——译者注

② 参阅勒热纳的《"我"即他人》一书,第 53 页的相关段落。

与此相关的词条①。即使没有纪实方面的错误或编造，只要作者与叙述者（尽管是匿名的叙述者）的分离成立，仅此一项就足以说明，这样一篇文字显然属于虚构叙事。

为了确定其思想，我把可供选择的幅度用一系列三角图形表示出来，出于大概与"如果 A＝B，而 B＝C，那么 A＝C"以及"如果 A＝B，而 A≠C，那么 B≠C"等公理相关的原因，我仅发现五种图形的逻辑是成立的（见下图）。

这组图形对于与我们相关的主题的（相对）意义与下述双重公式相关，即 A＝N→纪实叙事，A≠N→虚构叙事②，而不管叙事的内容如何（真实与否），或者说，不管故事的性质如何，是虚构性故事，还是非虚构性故事。

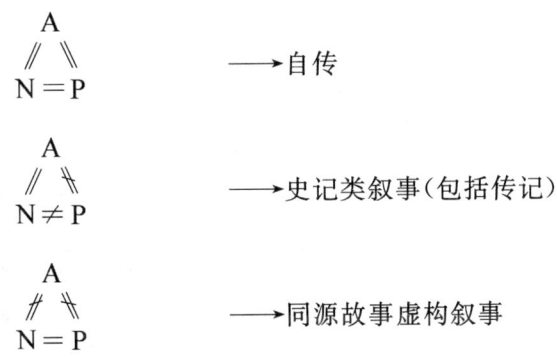

---

① 《作品全集》(*Obras completas*)的"尾声"部分，布宜诺斯艾丽斯，埃梅塞出版社，1974，第 1143 页。博尔赫斯大概不是这种做法的第一例。热罗姆·加尔桑(Jérôme Garcin)主编手下的几个参与者最近也采用了这种手法，见《当代法国文学辞典》(*Le Dictionnaire, Littérature française contemporaine*)，巴黎，弗朗索瓦·布兰出版社，1989，预先写就的自我传略卷。

② "小说中作者不同于叙述者。……为什么作者不是叙述者呢？因为作者要创作，而叙述者只是叙述所发生的事件……作者创作出叙述者以及叙事风格亦即叙述者的风格"（萨特：《家庭的白痴》(*L'Idiot de la famille*)，巴黎，伽利玛出版社，1988，III，第 773—774 页）。当然，作者与叙述者相分离的思想（在我看来纯属功能上的分离）不可能得到凯特·汉伯格的青睐，他以为人物的"原始之我"必然排斥叙述者的任何出现。我认为这种互不相容的关系来自僵化的一元陈述观念，自由间接言语的双声现象最好不过地肯定了这一点。

$$\begin{matrix} & A \\ & \not\parallel \not\parallel \\ N & \ne & P \end{matrix} \longrightarrow 异源故事叙事式自传$$

$$\begin{matrix} & A \\ & \not\parallel \not\parallel \\ N & \ne & P \end{matrix} \longrightarrow 异源故事虚构叙事$$

这样，当 A≠N 时，有可能出现的叙事内容本身的真实性并不影响对 N=P 时作品的虚构性的判断(《阿德里安回忆录》)，也不妨碍对 N≠P 时作品的虚构性的断定：请看《乡村医生》(le *Medecin de campagne*)的(虚构)人物高戈拉特是如何叙述拿破仑的生活的。我承认这个例子来自元故事叙事的特殊资源，但是这一特征丝毫也不影响事情的实质，如果有人坚持排斥它，那么，只需(!)设想巴尔扎克(或您的仆人，或任何隐瞒真相的匿名者)把路易十四(或任何历史人物)的非常忠实的传记归诸夏多布里昂(Chateaubriand，或任何一位假设中的传记作家)就足以明白同样的来龙去脉了：我忠于自己从赫恩斯坦那里借鉴来的原则，认为这种叙事属于虚构叙事。

公式的另一侧面(A＝N ⟶ 纪实叙事)可能更令人怀疑，因为没有什么东西可以阻止与作者在姓氏或生平上完全相同或某些相同(前者如《谢罗阿斯与卡利罗埃》(*Chéréas et Callirhoé*)卷首的沙里东·阿弗罗迪兹、《神曲》中的但丁、《阿莱夫》(*L'Aleph*)中的博尔赫斯；后者如《汤姆·琼斯》的叙述者叙述他的已逝女友夏洛特与他的朋友霍格斯的故事、《法西诺·卡纳》(*Facino Cane*)的叙述者追忆自己在莱迪吉埃街的旧居的故事)的叙述者叙述一段明显的虚构故事，他可能采用异源故事叙事方式(沙里东、费尔丁)，也可能采用同源故事叙事方式。所有其他所列举的例子，其中的作者—叙述者都是历史人物，或以简单见证人的身份出现，或担任心腹(巴尔扎克)或主角(但丁、博尔赫斯)。第一种变种似乎与公式

$$\begin{matrix} & A \\ & \not\parallel \not\parallel \\ N & \ne & P \end{matrix} \longrightarrow 史记叙事$$

背道而驰，因为与作者身份相同的叙述者从中编造了一个异源故事的虚构叙事，而第二个变种似乎又与公式

相背离,因为与作者身份相同的叙述者从中编造了一个同源故事虚构叙事,近年来,人们一致把这种形式叫做"自我虚构"形式。两种情况中,故事的虚构性特征与公式 A=N ⟶ 纪实叙事似乎都是矛盾的。我的答复是该公式不适应上述情况,尽管作者与叙述者的姓氏或生平相同。我重申一遍,叙述身份的决定因素,不是个人身份的数学式等同,而是作者参与叙事、保证叙事真实性的严肃程度。从塞尔学说的这个意义上看,沙里东或费尔丁对于他们的叙事中的历史真实性的回应并没有超过写作《高老头》的巴尔扎克或写作《变形记》(*La Métamorphose*)的卡夫卡,因此,他们与叙事作品中的匿名叙述者并不相等,甚至不如作为诚实的公民、合格的家庭之父和自由思想家之我与发出类似"我是教皇!"之类讽刺言论或戏谑言论的我之声音的等同程度。正如奥斯瓦尔德·杜克罗(Oswald Ducrot)所说①,虚构叙事特有的作者与叙述者在功能上的分离(即使他们的法律身份相同)是所有以"复调"陈述行为为特征的"非严肃"的陈述文,或者借用奥斯汀的颇有争议的术语即"充满噪音的"陈述文的特殊现象。作为作家、阿根廷公民、获得诺贝尔奖金殊荣、《阿莱夫》的署名作者的博尔赫斯从功能上与《阿莱夫》②的叙述者兼主人公的博尔赫斯并不相同,即使他们的许多(并非全部)生平特征相似,正如作为《汤姆·琼斯》作者的费尔丁的功能(陈述功能)与叙述者费尔丁的功能不同一样,即使霍格斯是他们的共同朋友,而夏洛特是他们已经仙逝的共同的女朋友。这些叙事的第二种情况的公式其

---

① 《略论陈述行为的复调理论》,见《说之理论与说之实践》,巴黎,子夜出版社,1984,第 8 章。

② 或《另一个》(*L'Autre*),或《撒伊尔》(*Zahir*),关于博尔赫斯的自我虚构效果,参阅让-皮埃尔·穆雷(Jean-Pierre Mourey)的文章《博尔赫斯作品中的博尔赫斯》,《诗学》杂志第 63 号,1985 年 9 月;叙述者叫做"博尔赫斯"又身兼主要角色的叙事文,我们(至少)还可列举《剑之形》(*La Forme de l'épée*)和《玫瑰色墙拐角处的人》(*L'Homme au coin du mur rose*)两篇,在第一篇中,博尔赫斯是主人公的心腹,在第二篇的篇末,他以口头叙述的听者面貌出现。关于一般的自我虚构情况,参阅樊尚·科洛纳(Vincent Colonna)的《自我虚构,论文学作品中自我的虚构形象》(*L'Autofiction. Essai sur la fictionalisation de soi en littérature*),EHESS 的博士论文,1989。

实如下：

$$\begin{array}{c} A \\ \nparallel \\ N \neq P \end{array}$$

即异源故事的虚构叙事，而第一种情况的公式理应如下：

$$\begin{array}{c} A \\ \nparallel \\ N = P \end{array}$$

即同源故事的虚构叙事。关于后者，我承认这种简化为普通法则的做法很难反映自我虚构的特殊情况，或者说得更准确一些，很难反映自我虚构那种独特的、完全矛盾的协约（"作为作者，我给你们讲述一个故事，我是这个故事的主人公，但是这个故事从来没有发生"）。在这种情况下，人们大概可以在自传公式 $A=N=P$ 的基础上采取一项蹩脚的补救措施，使其中的 P 分家，分化为真实的个性与虚构的命运两个部分——但是我承认讨厌这种手术，它意味着在不更换人物个性的情况下可以变换人的命运①，并进而挽救一个公式，似乎但丁自以为真的到过冥世，或者赫尔博斯曾经看见过阿莱夫，该公式所喻示的作者的严肃投入当然是不存在的②。在此，我更喜欢采纳一个逻辑上矛盾的公式，如下：

$$\begin{array}{c} A \\ \nparallel \\ N = P \end{array}$$

互相矛盾③，但是恰如其分地反映了术语（自我虚构）所表示的内容，即"这是我又不是我"。

这种现状的教诲之一，即这里的等号（＝）显然用其隐喻意义，在三

---

① 这里的个性人物是指真实人物，借助类似"如果我是罗思柴尔德的儿子……"突出姓名功能的僵硬形式，表示人物的真实性。

② 我这里谈的是真正的自我虚构故事，其叙述内容是真正虚构的，我设想《神曲》即是这样——而非虚假的自我虚构故事，它们的"虚构"仅仅是做给海关看的，换言之，即不光彩的自传。这些假自传的原始的副文本显然是自我虚构类了，但是且慢：副文本的特点即演变，而文学史则小心翼翼。

③ 在我看来，其他两个自相矛盾的公式

确实是不可能的，因为无法严谨地（$A=N$）提出一个不和谐的合同。

角形的三个边上并不具有完全相等的价值：在 A 与 P 之间，它表示身份的司法关系，甚至可以让作者承担其主人公的行为责任（让－雅克抛弃了卢梭的孩子）；而在 N 与 P 之间，则表示陈述行为之主体与陈述文之主体语言上的等值关系，其标志为单数第一人称（我）的使用，除了约定俗成的替换情况（表示庄重或谦虚的"我们"、表示君主等官方身份的"他"和自言自语式的"你"，如阿波利奈尔（Apollinaire）的《区域集》（le Zone））；在 A 与 N 之间，它象征着作者对他的论断式叙述言语的庄严承诺①，对于我们则喻示着迅速剪除 N，因为他是一个无用的言语机制：当 A＝N 时，即摈弃了 N，很简单，因为作者直接承担了叙述职能；谈论《忏悔录》或《法国大革命史》的叙述者有什么意义呢？参照标志的一般体制，我们还可以把这三种关系分别叫做语义关系（A-P）、句法关系（N-P）和语用关系（A-N）。唯有最后一种关系与纪实叙事和虚构叙事的区别相关；但是，我不想说它就是虚构或非虚构的标志，因为 A-N 的关系并非总是与 N-P 之间明显的语法关系以及 A-P 之间明显的姓名关系那样清楚②。A-N 之间的关系远非一种永远清晰的标志（如"我，沙里东……"之类），经常需要从叙事文的（其他）总体特征中推论而来，也许是最难捕捉的关系（因此叙述学者们为此而争论不休），有时甚至是最模糊的关系，总之，与虚与实之间的关系一样深奥莫测：谁敢断言《奥雷利亚》（*Aurélia*）或《纳吉亚》（*Nadja*）是虚是实？

借鉴与交流

截至现在，我的实际推论中，一方面似乎虚构性与纪实性的所有区别标志都与叙述学相关，另一方面似乎两个领域之间的界限是严密的，阻挠两者之间的任何交流和相互摹仿。作为结尾，现在有必要使方法

---

① 这种承诺显然也不能保证文本的真实性，因为一部纪实叙事文的作者——叙述者至少还有可能出错，一般而言，这种情况是难以避免的。他还可能欺骗，而扯谎一定程度上对我们的公式的可靠性是一种严峻的考验。这里我们暂且采用下述说法：或者视 A＝N，或者对于相信相关叙事的读者，则 A＝N，如作者不诚实时，则 A≠N（亦对于目光敏锐的读者，因为谎言不可能永远侥幸过关）；我们把这一问题留给谎言的语用研究吧；不过，据我所知，我们目前还缺乏这类研究。

② 无疑后两种关系也不可能永远保证很清楚：如任何辞格一样，人物的替换需要阐释，而主人公的姓名可以是"你"（这种情况不计其数）或易于引起疑惑的情况（如《追忆逝水年华》里的"马塞尔"）。

论上的这两种假设都具有一定的相对性。

虚构的所有"标志"并非都属于叙述学范畴,首先因为它们并非都属于文本范畴:更常见、也许愈来愈常见的情况是,一部虚构文本以副文本方面的特征为标志,它们可以使读者避免任何误解,扉页或封面上的体裁标志"小说"即是众多副文本标志之一例。其次还因为虚构性的某些标志属于题材范畴(一句缺乏真实性的陈述句如"有一天,橡树对芦苇说……"只能是虚构的)或风格范畴:我曾经归入叙述特征的自由间接言语经常被视为风格现象。如同古典戏剧一样,人物的姓氏有时也具有小说标志的价值。某些传统的开场白("从前",''*Il était une fois*'',''*Once upon a time*''或如雅各布森列举的马略卡童话家经常采用的格式''*Aixo era y non era*''①)经常发挥体裁标志的功能,我不敢肯定现代小说的所谓"瘦②"开头("奥雷利安第一次看见贝雷尼斯时,他发现她确实很丑")不构成虚构性的同样有效的、甚至更有效的标志:从它们使用预设存在、突出人物之间的熟悉关系和"透明度"这一点来说,肯定比童话或古典小说的"胖"开头更解放③。但是,这里,我们大概离内聚焦的叙述标志已经不太远了。

主要的保留在虚构叙事与纪实叙事两种体制的相互影响方面。凯特·汉伯格雄辩地说明了第一人称小说的"假装"特征,它通过大量借鉴或摹仿真正的自传体叙事文的叙述风度,以倒叙(回忆录的特征)或日记体叙事(日记,通信集)的形式出现。这一观察似乎还不足以像汉伯格希望的那样,把这类小说从虚构领域排除出去,因为这种排除很可

---

① 《普通语言学论文集》,第239页。
② 《新叙事言语》,第46—48页。
③ 斯特劳桑已经持这种观点(《论参照行为》,1950;见《逻辑学和语言学研究》,第22—23页),他把现代小说省略介绍客体存在、直接预设它们已经存在——这样既审慎又有效,因为预设对象毋庸置疑地免去了讨论其存在的论证过程——的更发展的虚构性与民间童话的"非复杂型"虚构性相对立。门罗·比尔兹利想象出两个开头,以昭示上述对立(《美学》,第414页)。天真型:"从前,美国有位妄自尊大的首相";复杂型:"美国首相懂得向他的秘书们问安等等"。分析哲学家们钟爱的下述例句中也有预设存在现象:"福尔摩斯住在贝克大街221号B";按照鲁塞尔(Russell)方式改写后这句话可以倒回天真型开头,如下:"从前,一位,唯一一位叫做福尔摩斯的人……"我们还可以这样说,即天真型(胖型)开头介绍自己的客体,而瘦型开头通过形容词语把自己的客体强加于人,如下:住在贝克大街221号B的人不可能不存在。

能产生连锁反应,累及各种形式的"形式摹仿①"。须知异源故事叙事在很大程度上是对诸如史记、编年史、通讯等纪实形式的摹仿,其中的虚构性标志只不过是某种放肆而已,它完全可以"收敛",消除这些标志,沃尔夫冈·希尔德希梅尔(Wolfgang Hildesheimer)的《安德鲁·马尔博先生》(le Marbot)即奇迹般地做到了这一点②,这是一个幻想作家的虚构传记,作品假装遵守了最"真实"的史记的所有限制(及所有伎俩)。反之,凯特·汉伯格所罗列的"虚构化"的手段数十年来已经深入某些纪实叙事形式,如通讯或新闻调查(即美国人所谓的"新新闻主义")以及"非虚构小说"等衍生体裁。

例如,下边是1988年4月4日《纽约时报》发表的一篇有关拍卖凡高(Van Gogh)的《鸢尾》(les Iris)画的开头:

> 凡高《鸢尾》的主人约翰·惠特尼·佩森已有好久没有看到画卷了。他绝对没有料到,去年秋天为拍卖这幅画而举办的新闻发布会前片刻,当他在索思比拍卖行的纽约驻地重新面对这幅画时,画卷带给他的震撼。佩森是一位友善活泼的男子,年近半百,棕发,胡须修剪得很整齐……

我想没有必要花费时间强调这段文字是如何昭示出汉伯格式的虚构标志的。

上述相互交流导致我们大大淡化了关于虚构与非虚构之间在叙述体制方面的先天性区别的设想。如果我们局限于未受任何感染的纯粹形式,这种形式大概仅存在于诗学家的实验室里,那么最明显的区别似乎基本上影响着与某种对立最密切相关的方式形态,这种对立是指史学家知识的相对性、间接性和部分性与虚构者本质上的无所不知之间的对立。如果我们考察一下现实的实践,那么我们应该承认,纯虚构、没有任何"情节化"痕迹、没有任何小说手法的完全严谨的史记,都是不存在的;两种体制不像我们远距离设想的那么距离遥远,每种体制也不

---

① 我的这一术语显然是向米哈伊·格罗文斯基(Michal Glowinski)借鉴的,见《关于第一人称小说》(1977),《诗学》杂志第72号,1987年11月。但是,格罗文斯基与汉伯格一样,把这一概念用于同源故事叙事体制。

② 《安德鲁·马尔博先生》(1981),巴黎,拉泰斯出版社,1984。

像我们想象的那么纯洁;(正如汉伯格指出的那样)一部童话与一部日记体小说之间的叙述学差异很可能超过一部日记体小说与一部真正的日记之间的差异,而一部古典小说与一部现代小说之间的叙述学差异很可能超过一部现代小说与一部稍微灵活一些的通讯之间的差异(汉伯格未接受后一点)。换言之,塞尔的意见原则上是正确的,他(一反汉伯格的观点)指出,不仅第一人称小说①,任何虚构作品都是对非虚构作品的论断语句的非严谨摹仿,或者按照汉伯格的说法,是对纪实陈述文的非严谨摹仿;而汉伯格确实有理由(反对塞尔的看法)从虚构作品(特别是现代虚构作品)中发现虚构性的(随意性)标志②,但是,错误地以为或喻示它们是必然的常数,如此具有独特色彩,以至于非虚构体裁不能向虚构体裁借鉴。她可能会回答说,在借鉴虚构性的标志时,非虚构体裁即虚构化;放弃它们,虚构体裁等于非虚构化了。然而,我想强调的正是这种可能性,合理是否姑且不论,说明体裁完全可以掉换规范——归根结底,(请允许我借用一句拟人化的言语)没有任何人把这些规范强加给它们,而是它们自己;而就遵从完全变化的、具有典型历史特征③的所谓真实性或"合理性"一点而言,也是如此。

---

① 我重申,塞尔仍然认为第一人称小说的假装色彩更浓,作者"不限于假装以论断语句的口气出现,而且……还假装某人正在滔滔不绝地以论断口气说话"(见《安德鲁·马尔博先生》,第112页)。

② 我觉得塞尔向艾里斯·默多克借鉴的例子里即充满了虚构性的典型特征:"又是十天没马的灿烂日子!新近提升为爱德华国王马队的中尉副官安德鲁·蔡斯-怀特禁不住暗自欢喜,一边在都柏林市郊的一家公园里心旷神怡地逛来逛去,这是1916年4月一个阳光明媚的周日下午。"凯特·汉伯格本人也不一定能够找到更好的例子。

③ 在《虚构性生活与历史真实:界限与难以确定的情形》(《日记的叙述技巧》(Journal for Narrative Technique),1989年春)一文中,忠实于自己谓之曰"分裂主义"立场的多里特·科恩考察了有关界限的若干情形,试图以下述语言淡化它们的重要性:"它们远没有消除传记与虚构的界限,反而使这一界限更明显。"她的考察当时确实是准确的,然而需要等待几十年后再来看看它们的远期发展情况。自由间接风格的最早变化、最早的内心独白叙事、"新新闻主义"早期的近似虚构作品的风格等,其离经叛道程度令人惊奇;如今,上述界限情形几乎已经看不到了。没有什么比违规情感老化得更快。在我看来,叙述学方面和题材学方面的渐进立场,即托马·帕韦尔所说的"归并"立场比所有分离形式都更求实。

这个呈所罗门判案形式的结论确实是暂时的①,它无法抹杀我们所讨论的问题的重要性:不管答案如何,问题的提出是值得的。它更不应该影响实践调查的决心,即使叙述形式轻巧地穿越了虚构与非虚构体裁的界限,叙述学应该步它们之后尘,绝不可以因此而有所懈怠,反之,尤其因为如此,只能更加急迫②。

后记,1991年11月:第83—84页谈到的情况(即本章的5种逻辑公式和后边的史记以及自传公式——译者注)后经卡特琳·克莱芒(Catherine Clément)在《阿德里安娜·勒库夫勒或心荡神驰》(*Adrienne Lecouvreur ou le Coeur transporté*,拉封出版社,1991)一书中给予发挥,完全证实了我们的假设。作者确实没有吝啬虚构性的因素:克莱芒认为这部传记是由乔治·桑口述给萨拉·贝纳尔(Sarah Bernhardt)的。

4. 风格与意指

格雷玛斯(Greimas)与库尔泰斯(Courtès)的经典著作《符号学,语言理论的推理词典》(*Sémiotique, Dictionnaire raisonné de la théorie du langage*)在"风格"词条里宣称:"'风格'一词属于文学批评范畴,倘若说'无法'言之过重,那么至少很难赋予它一种符号学的定义。"③受该挑战的激励,在此,我谨尝试勾画风格的一种符号学定义。既然符号学家们把我推到文学家那里去,我立即查阅新近出版的由马扎莱拉(Mazaleyrat)和莫利尼耶(Molinié)编撰的《风格学辞典》(*Dictionnaire*

---

① 古代以色列的国王所罗门很聪明。一天,一名官员带着两个妇女和一个孩子到所罗门那里。他对所罗门说,这两个妇女都说孩子是自己的,他无法判定,请所罗门裁决。所罗门稍想了一下,就对手下人说,既然无法判定谁是孩子的母亲,那就用剑将孩子劈成两半,两人各得一半。这时,其中一个妇女大哭起来,请求所罗门不要伤害孩子,她宁愿放弃孩子;另一妇女则无动于衷。所罗门哈哈大笑,对那个官员说:"现在你该知道,谁是孩子真正的母亲了。任何一个母亲都不会让别人伤害自己的孩子的。"是谓所罗门判案。——译者注

② 关于该问题的另一种方法论,参阅米歇尔·马蒂厄-科拉(Michel Mathieu-Colas)的论文《叙事文与真实》,《诗学》杂志第80号,1989年11月。

③ 巴黎,阿歇特—大学出版社,1979,第366页。

de stylistique)①，从中找到了下面的定义："风格：风格学的对象。"我于是寻找"风格学"词条，没有。

"风格学"词条的缺欠大概是有意而为之，对于批评实践而言，它本身无任何令人恼火之处，恰恰相反，从圣伯夫（Sainte-Beuve）到蒂博代（Thibaudet），从普鲁斯特到里夏尔（Richard），批评家们显然认为风格是件过分严肃的事情，不能交由风格学家们垄断，成为独立的客体——而旨在或最终把风格建构为独立客体的风格理论大概是错误的理论。然而这并不足以导致风格理论无用论和无对象论，恰恰相反，在这个领域，没有什么比定义更重要了，它的众多功能之一，就是阐明风格与言语和意指的其他方面之关系的性质，从而使我们避免上述错误。

风格理论不等于风格学②，尤其不等于文学风格学——我们刚刚看过，文学风格学小心谨慎，不愿确定自己的研究对象。然而，我们可以从另一研究传统中找到它的大前提，即受索绪尔的语言学影响，世纪初由夏尔·巴伊开辟的研究传统。我们知道，它的目标很少对准个人的独特性或创新，更多地瞄准公共语言的潜在资源③，然而与我们相关的重要性，不在于研究领域的不同，也许皮埃尔·吉罗（P. Guiraud）夸大了它们之间的差异，而在于其中体现出的观念化的努力，尽管这种努力是相对的。

巴伊曾于 1909 年写道："风格学从情感内容的角度研究语言的表达现象，即语言如何表达情感事实以及语言现象对情感的影响④。"这一定义无疑有点含混，因为我们看不出哪些地方说明表达情感事实的

---

① 巴黎，法国大学出版社，1989。

② "斯皮策的实践色彩远浓于理论色彩，从这个意义上说，他是一个根基很深的风格学家"（G. 莫利尼耶：《风格学》（*La Stylistique*），巴黎，法国大学出版社，1989，第 29 页）。

③ 自从皮埃尔·吉罗的《风格学》（*La Stylistique*，巴黎，PUF，1954）一书发表以来，"两种风格学"的区别已经经典化。吉罗把第一种叫做"生成风格学或个人风格学"，而把第二种命名为"描述风格学或表达风格学"。对比无疑是蹩脚的，因为第一种风格学也是一种描述，也视风格为表达现象。对立的基本点是个人在文学作品中的投资（斯皮策，Spitzer）与自然语言中的集体潜力（巴伊）。然而由集体风格构成的中间状态的存在淡化了上述对立。

④ 《法语风格学论》（*Traité de stylistique française*），斯图加特，温特出版社，1909，第 16 页。

语句如"我很痛苦"就一定比客观的陈述句如"水的沸点是100℃"拥有更多的风格含量。中肯的因素大概不在于内容的区别,更何况这种区别并不完整(情感对应什么?),而似乎在于术语"语言的表达事实"所表示的手段的区别;风格化为语言的表达(抒发)状态,与有待确定的非表达(抒发)状态相对立。在没有明确确立定义的情况下,巴伊的描述实践清楚地显示了问题的实质,大家都能猜得到:对立不在于"我很痛苦"与"水的沸点是100℃"有何区别,两个陈述句都很少"表达"色彩——按照这一理论,亦即很少风格色彩——但是,例如可存在于"我很痛苦"与感叹句"哎唷!"两句的内容相同,但方式不同。那么按照常见的词义(感叹词可以表达痛苦的感情),人们用"表达"表示第二种类型,第一种类型没有命名,可能未找到合适的术语,按照这一理论,可能它没有引起风格学的兴趣。我们暂且近乎武断地把它命名为"描述"。于是,还从解释巴伊并补充其术语的角度,我们可以说,感叹句"哎唷!"表达了句子"我很痛苦"所描述的内容。风格现象只存在于第一种措辞类型:当表达与描述相对立时,只有存在表达的地方,才有风格。

  读者大概已经发现,截至现在,这两个术语还未得到任何界定,人们只是像区分《伪君子》(*Le Bourgeois gentihomme*)里的诗体与散文体一样,采用互为对立面的方法,似乎它们毫无保留地瓜分了语言的全部资源场。为了超越上述观念而又不太超前,已经冒着不太准确的风险,我们说,"我很痛苦"句型通过纯粹约定俗成的语言习惯主动传递一项信息,而"哎唷!"句型通过痛苦感觉所引发的机械性呐喊手段,有意或无意地产生了大约相同的效果。(不准确的地方至少与下述情况相关,靠词汇表达强烈效果的这种感叹句,可能因自然语言的不同而形式不同,且痛苦的感觉永远不可能是唯一的原因。其他更"自然一些的"喊声,很难找到合适的语言表达方式,尤其是书面形式。然而,正是从这种视角出发,我们恰好可以说,风格是本性与文化的折衷产物。)

  对巴伊定义的相继修改和补充使我们逐渐走近另一经典公式,这一公式是由皮埃尔·吉罗1955年提出的:"风格学研究源自情感或社会背景、装饰意义的概念外价值。研究与语言之认识功能或语义功能相对立的语言的表达功能[①]。"如果我们暂时忽略吉罗引入的与情感根源相竞争的社会背景方面的决定因素(即使我们上面引用的定义没有

---

  ① 《语义学》(*La Sémantique*),巴黎,PUF,1955,第116页。这里谈的显然还是语言的风格学问题。

提及社会背景因素,巴伊在"引发性效果"(effets par évocation,"联想效果")的名义下已经研究了社会背景因素),并记住功能区别更多地涉及方法而非内容,那么,我们就可以看出,用"表达类"来概括风格的特有手段的吉罗,却建议用了三个品质形容词"概念的、认识的或语义的"来界定另一种类型,这三个形容词相当于我们的"描述"一词,替代它不会产生任何损失。那么,我们就要多确定两个形容词的概念,不过,最好还是别过早地确定它们的含义。让我们暂且记下由我修正的下述定义:"风格是语言的表达功能,与语言的概念功能、认识功能或语义功能相对立。"从某种意义上说,下文的全部内容旨在以更坚实的第四个形容词代替上述定义中的后三个形容词,而以更恰当的第五个形容词代替第一个形容词。开始漫长的探讨之前,我们首先观察到,我们的两位语言学家没有使用人们盼望的"自然语言"(langue)一词,而谨慎地选择了似乎意义更为宽泛的"语言"(langage)一词。如果不是忽视,我觉得这样似乎满足了下述事实(即使是在像巴伊这样的"自然语言的风格学家"那里也如此),即语言的资源永远只能投资于言语(discours,意义与 langage 接近,后者作"应用语言"讲。——译者注)之中,口头言语或书面言语、文学言语或非文学言语之中。

不管另一个对应词是什么,截至现在,我们选用的表示风格定义的词是"表达"。为了动摇这种稳定性,我向美学家迈克尔·杜福海纳(Mikel Dufnenne)借鉴有关一种交替可能性的表示:"作品是如何揭示艺术家的？我们建议用'表达'表示审美对象的意义……语言学家把这种表达叫做'内涵'①。"显然,他建议赋予"表达"与"内涵"以同义,正如语言环境所显示的那样,这两个词在杜福海纳的著作中界定风格。我们自现在就做如下说明,即几十年以来,人们已经广泛接受了它们之间的同义词地位,包括逻辑学家们。雷肯巴赫(Reichenbach)正是这样,把符号的表达价值作为它们的认识价值的一极,并用外延的破产界定表达。"我们说,一个词如果没有被用作外延目的,该词即具有表达意义②"。以"内涵"代替"表达"必然开辟以"外延"表示对应词的渠道。那么,从吉罗那儿引申而来的定义就可以作如下变化:"风格是言语的

---

① 《美学与哲学》,I,第 106—107 页。
② 《逻辑象征原理》(Elements of Symbolic Logic),纽约,马克米伦出版社,1947,第 319 页。

内涵功能,与言语的外延功能相对立。"在尚未对两个新词作出界定的情况下,人们可以怀疑这种变通的优越性。但是,我不认为变通的优越性可以忽视,并非因为这组新词意义更加明确,而是因为它所提出的一些问题。

由耶仁姆斯莱夫(Hjelmslev)提出并由罗兰·巴特将其通俗化的"外延与内涵"这组术语的符号学定义已经广为人知,并且被普遍接受,至少是它的简化形式,而这种简化形式眼下对于我们已经足够了:人们表示(或外延)第一意义时所衍生的第二意义或派生意义即内涵;俗语 *patate* 外延土豆并内涵着(它的)通俗性。它的逻辑含义即使更古老或者恰恰因为更古老而较少为人所知,逻辑意义至少可以上溯到斯图尔特·米尔(Stuart Mill),它使它们成为另一组经典对立术语即一观念的"延伸"(extension)和"包含"(compréhension)的同义词,戈布洛(Goblot)的话证实了这一点:"任何名词都外延着若干主体,并内涵着属于这些主体的品质①。"名词"狗"外延着犬类及其成员(延伸)并内涵着该类别的特征性属性(包含)。

两组术语的关系似乎应该是纯粹的异曲同工的关系,因为说包含应该从属于延伸的意见,尤其是与人们表示延伸之方式相关联的意见并非显而易见(即使有人可能捍卫这种意见);反之,我们更难看清以土豆类为其延伸的俗语 *patate* 一词如何能够包含因其自身的使用而衍生的通俗性。然而,我觉得一种中肯的关系连接着上述两组对立的术语,由弗雷格(Frege)建立的同一符号(Zeichen)l 的意义(Sinn)与外延或参照系(Bedeutung)的某种过渡性的区分相当成功地喻示了这种中肯关系②。

我们知道,弗雷格确实曾经考察过一对拥有相同外延或参照系——换言之,即表示同一物质的符号(逻辑专有名词③),然而,它们是通过两个不同的形态或"馈赠方式"*Morgenstern* 和 *Abendstern* 即晨星和夕星来表示同一星辰金星(又叫太白星)的;两种出现的方式差异

---

① 《逻辑论》(*Traité de logique*),巴黎,科兰出版社,1918。
② 《意义与外延》(1892),见《逻辑和哲学文集》(*Ecrits logiques et philosophiques*),巴黎,瑟伊出版社,1971。
③ *Morgenstern* 和 *Abendstern* 是德语语法意义上的两个专有名词,而法语中的 *Etoile du matin* 和 *Etoile du soir* 更属于分析类型,但是这种区别绝不影响它们的逻辑专有名词地位,表示单一物质。

如此之大，以至于很多人不了解它们的动因的同一性。正如我们所看到的，这里的意义完全（以分析形式）包含在符号之内，而外延与符号的联结呈综合关系；然而，我们完全可以信手拈来若干例子，其意义就不那么一目了然，其重言形式（tautologique）也不那么清楚，这即是说，符号的形式并非由意义规定。例如，"亨利·贝尔"和"斯丹达尔"是用来表示同一个人的两个常用姓名（即使作者后来选定了后者），前者表示法兰西公民和外交官，后者表示小说《红与黑》（le Rouge et le Noir）的作者；路易十六是君主，路易·卡佩是罪犯等。不管是否有弗雷格的死后恩宠，没有什么可以阻止我们把这种演示扩大到普通词汇①："三角形"与"三边形"是根据不同特征表示同一几何图形的两个互相竞争的名词。

在所有上述情况中，我们显然可以把弗雷格的"意义"理解为包含，而把他的"外延"理解为逻辑延伸。但是，在另外一些具有共同参照系②的情形中，把弗雷格的"意义"译为"内涵"则更自然、更合理一些。例如，在表示同一功能时，使用"合同的"一词内涵着一种行政观点，而使用"青莲色的"一词时则更多了一些审美视角。因此，选择（符号学意义上的）"包含"还是"内涵"的大门通常是开放的，其标准大概如下：前者更多参照对象物质的内在形态，而后者则更多注重说话者的视点；然而，形态与视点的密切关系犹如一页纸的正、反面一样清楚：形态决定或揭示视点，而视点则选择并阐明形态——因此，"包含"和"内涵"是同一事物的两个方面，即表示"馈赠方式"或定义方式，又表示指示方式，幸运地融汇于弗雷格的"意义"一词中，我们可以把它们作为词组"外延/内涵"之逻辑含义与符号学意义之间的一座桥梁。

然而，我们似乎还可以朝着内涵的主观特征化方面走得更远一些：为了表示我所住公寓的女看门人，如果我没有使用传统的 concierge 一词，而选用了俚语中的 pipelette 或 bignole，那么我的选择的修饰方向就很明显地从该词的形态或"馈赠方式"向着一种"措辞"方式即行话或黑话的措辞方式倾斜，而在某些陈述情境中，严格地说，这种选择不再

---

① 弗雷格本人直接从专有名词过渡到分句。
② 我使用"共同参照系"一词的目的是避免使用"同义词"一词；卡纳普（Carnap）建议用"同义词"来表示不仅参照系相同，而且"包含"或"动机"也相同的若干词，如果这样的情况真存在的话（《自然语言中的意指和同义现象》，1955；《语言》（Langages）杂志，1969 年 6 月）。

带给我的对话者任何其他印象,唯有我的语言,甚至我这个人的粗俗而已,正如阿尔贝蒂娜用语的革新只能给马塞尔留下青年姑娘的道德发生了变化的印象。在弗雷格之意义的可能值的"波谱"范围内,我们这种做法位于一极,"三角形"或"三边形"之间的选择位于另一极。与两个几何定义之间的纯粹属于(认识)逻辑式的选择相对立的,是两种言语格调之间的选择。两极之间,还存在着一系列中间价值,或者表示对象的形态占主导地位,或者表示者的态度或语言属性占主导地位;对于一个词的价值规定显然适用于整个言语。我还没有修饰 *concierge* 与 *bignole* 之间的选择的性质,然而大家都已心知肚明:这正是典型的所谓风格选择。

说真的,"选择"一词在这里并不很准确,它似乎意味着某种清醒的自由的决定,事情并非都是这样:人们并非总在选择自己的言辞,某些流氓甚至不知道 *bignole* 即是 *concierge*,正如正直之士不知道相反的关系一样——或者说,正如起床较晚的人不知道夕阳之星清晨也出现在天空一样。我在这里仅赋予"选择"下述客观意义:存在着若干可以表示公寓女看门人的词汇,在这些词中,某人使用了其中的 *bignole*。如果他是有意而为之,他的用法即内涵着某种意图,或者某种情境。当然,如果使用 *concierge* 一词,我们也能够、而且也应该讲出同样多的道理来:从绝对意义上讲,即超出语言背景的制约,一种风格并不比另一种风格更风格。但是,我们还是先别超前。另外,我们似乎还可以在内涵的形态方面走得更远一些,从某种意义上说,这种形态不包括任何逻辑理解的内容在内:如果两个人面对一种动物,一个人失声喊出"*Horse*!",另一人则喊到"*Cheval*!",两位惊奇者的区别不是风格方面的,而是语言的区别,(我设想)他们的区别不包含任何理解方面的差异,而喊声之一清楚无误地内涵着讲话者的母语是英语这层意义,喊声之二的内涵是讲话者的母语是法语(从多种角度看,内涵成分都意味着某种标志)。这样,内涵的概念就超出了风格内涵的范畴——这并没有对我们的话题构成某种不便,须知定义就意味着首先把一种特殊类型与一种更广泛的类别联系起来。

因此,我们可以得出下述结论:一个言语成分既可以从外延方式上表示它的客体,还可以从内涵方式上表示其他东西,后者的性质可以从逻辑理解直到简单的语言属性,大部分情况混淆两种形态。归根结底,*Morgenstern* 不仅内涵金星清晨出现的特性,还内涵着金星的清晨观望者使用德语这层意思。 如果有人坚持认为"金星"一词是比 *Morgenstern* 或

Abendstern 更直接、更合适的外延名词,因为它避免了清晨出现或晚上出现这个弯子时,那么他应该承认,选择这个词表示这颗星球并非没有损害它的任何联想价值,如:"告诉我,Vénus……"①

但是,我们尚未获得任何结果的,不是外延对象——金星或女看门人——与内涵意义——Morgenstern 一词的清晨意义,bignole 一词的粗俗性——的区别,而是由外延行为和内涵行为构成的两种表义方式的区别。我强调一点:同一符号同时联想到一个意义和一个外延对象这一点并不意味着它必然以两种不同的方式联想它们。在缺乏逻辑必然性的情况下,这里有一点从经验上是很清楚的:Morgenstern 与清晨之金星(强调清晨)的关系显然与它跟作为太阳系第二行星的金星之关系不是同一性质的关系,另外与它跟德语的关系似乎也不可同日而语;而 bignole 与我的女看门人的关系与它跟我的真实的或假装的粗俗性的关系也不是同一性质的关系。所有这些关系,大概还有其他一些关系,都有待确定。再来一次迂回也许能帮助我们达到目的。

在《圣·热内》(Saint Genet)颇负盛名的一页中,萨特建议一种新的区别,该区别与截至现在我们所讨论的几种区别的关系绝非最简单的关系之列。这种区别仍然使两种成义方式相对立,不过,这次相对立的是"意思"(sens)和"意味"(signification,意指)两个词:

> 客观物质什么也不意味。但是,每种物质都有一定的含义(意思)。关于"意味",应该理解为使某一现存物质代替另一缺失物质的某种约定俗成的关系;至于"意思",我赋予它这样的意义,即一种客观现实以自己的存在积极参与其他客观的或缺失的、明显的或隐蔽的现实之存在,并逐步参与到大千世界中去。意味是经由成义动机从外部赋予物质的,而意思是物质的天然品质;前者是从一物质传授到另一物质的关系,后者的超验性则进入了内在性。前者可以准备直觉,引导直觉,但是不能提供直觉,因为意味对象原则上位于符号之外;后者本质上则是直觉的,犹如浸透手绢的气味,或处于通风状态的空瓶中散发出来的香水味。缩写词"XVII"意味着某一个世纪,但是,整个这个时代,就像气体或蜘蛛网一样,

---

① Vénus 一词还指罗马神话中爱和美的女神维纳斯,并可隐喻绝代佳人等。——译者注

紧紧扣在博物馆的假发的环扣上，不时地从轿子里喷涌而出。①

萨特的区别本身是很清楚的：某些物质，如缩写符号"XVII"，拥有一种常用的因而也是超验的意味意义，或外在意义；而其他物质，如轿子，则具有内在的意思，因为它们的意义必然与这些物质的性质相联系——这里的必然关系或"天然关系"是指一种历史的渊源关系：轿子生产或发明于某一时代，这一事实本身使它喻示某种意义。萨特显然选择了上述两例，使两个符号汇聚在同一客体——伟大的世纪——身上。缩写词"XVII"意指这个世纪，既然名词"意思"不允许派生出一个独立的动词，我们暂且说（我们的做法也许没有多少独特之处），"轿子"使人联想到同一时代。

汇聚在同一 *Bedeutung*（意义）上的做法喻示着萨特的手法与弗雷格之手法的相似之处，即两个符号拥有同一参照物。其实这种类似现象只是一种假象，因为弗雷格的两个符号尽管传达两个不同的意义，性质却是相同的，即同属语言性质，而萨特的两个符号性质却不同，一个是语言符号，另一个却是物质客体，或者借用萨特的直接说法，是物，而物的第一功能不是意指。然而，萨特使用意思一词表示他的两种成义方式的做法，却阻止我们匆忙放弃与弗雷格的比较。*Morgenstern* 通过形态的迂回表示某种星球，有点像萨特借轿子的历史属性迂回联想伟大的世纪一样。*Vénus*，或更恰当、更中性的习惯表达方法，如规约序号，直接表示同一星球，或迂回程度很难察觉，如缩写词"XVII"表示伟大世纪一样。因此，我们不妨得出这样的结论，即某些成义方式（XVII, *Vénus*）比其他方式（轿子, *Morgenstern*）更直接、更透明、更符合约定俗成的习惯，而较少"意思"的含量。这类差别显然是相对的，而且具有明显的互换性（我还要回到这一点），但是似乎已经足以使我们断言：通常情况下，第一种类型更具外延性，而第二种则更多一些内涵性，或者更多一些表达性，如果我们同意杜福海纳提出的"内涵性"与"表达性"的同义关系②。

对立存在于成义方式，而非表意对象的性质（一致），也非表意手段的性质，即使萨特在《圣·热内》中的分析喻示着"词"与"物"的区别，字

---

① 巴黎，伽利玛出版社，1952，第283页。

② 但是萨特拒绝动词"表达"，认为它与语言成义行为的关系过于密切（《情境集》，II，巴黎，伽利玛出版社，1948，第61页）。

词意味着……而物质只具有意思。顺便说明,如果这样的话,以语言的内涵使用作为风格之定义将无任何实践意义,因为自然语言将永远仅具有外延功能,无任何带来萨特所谓"意思"的能力,亦即无任何内涵能力。然而,所有显而易见的例证都反对这种假设,萨特本人也不惜倾注《情境集》(*Situations*)①的毫不逊色的几页文字论述语言同时作为符号和物质,亦即作为意味手段和载意手段而运作的(诗学)能力。因此,成义行为的差别不在于所用符号的性质,而在于投资到它们身上的功能。一个词(例如"黑夜")可以像物质一样闪光或振动,反之,一个物质也可以像习惯符号一样在语言类规约中发挥作用。让我们最后一次引用萨特的例子,然而反其意而用之,缩写词"XVII"(与17相对立)可能通过历史联想内涵着某种古典的拉丁特色(按照萨特的说法,这是它的意思之所在),而轿子可以进入一种规约,从而强行赋予它一种"意指",例如,在缺乏其他标志的某战略要地,独轮车的出现标志着敌人来自东边,轿子的出现则标志着敌人从西边来,或相反。

从弗雷格与萨特之分析这种双重迂回中,我们可以得出两个建议,大概还可以额外得出第三个建议:

1. 两个符号可以表示同一客体,一个通过习惯性外延,另一个则通过更自然的或至少更加精心策划的联想方式,如:

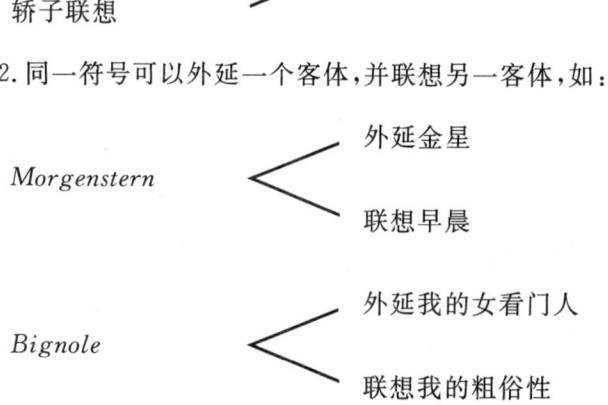

2. 同一符号可以外延一个客体,并联想另一客体,如:

---

① 同上,第60页一段。

3. 有时可以幸运地或经过精心策划后出现下述情况,即同一符号同时外延和联想同一客体,因为它本身是简短的,如:

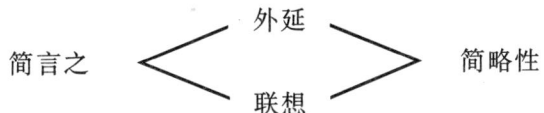

但是,我们不能说它的近义词"单音节词"或它的反义词"冗长的"具有同样的特性,它们的联想内容与外延内容不一致。

后边我们还将见到这几种不同类型的表意关系,顺便说明,风格学家们通常把最后一种类型修饰为"表达性"。但是,在介绍我的三个建议时,我竭力避免使用"表达"和"内涵"的字眼,此前,我过于轻信地使用了它们,今后有必要根据更具体的定义限制使用(截至现在用来避免其他两个术语的"联想"一词也将拥有更独特的含义)。让我们立即说明下述一点,一旦这两个定义重新确定以后,杜福海纳所建议的方程式将难以为继。

第一个定义要求最后一次迂回,即通过很少本地色彩的古德曼的符号学分析。在《艺术语言》(*Langages de l'art*)的第二章以及后来的几个文本里①,纳尔逊·古德曼提出一套符号的一般分类方法,其最明显的特征在于与一个世纪多以来被人们普遍采用(并稍微有点庸俗化)的皮尔斯(Peirce)分类法相决裂。我简单回顾一下皮尔斯的经典分类,他把符号分为三大类:纯粹传统的象征类型(禁止意义牌);作为原因关系的标志类型(烟是火的符号);圣像类型(天平是正义的标志),通过类比关系(relation d'analogie)或者如夏尔·莫里斯(Charles Morris)提出的更为抽象的方式即表意手段与表意对象"分享特性"(partage de propriétés)形成圣像与它们的价值之间的关系②。古德曼似乎没有从第二种类型中保留任何东西③,并对第三种类型进行了彻底

---

① 犹如《精神与其他客体》(*Of Mind and Other Matters*),剑桥,哈佛大学出版社,1984。

② "当一个符号拥有其外延物的特性时,这个符号即是圣像"(《符号、语言与行为》(*Signes, Languages and Behaviour*),纽约,学徒会馆,1946)。

③ 这并不影响他在其他地方(关键性地)使用"美学之征象"("*symptômes de l'esthétique*")这一概念。

的批判①，其论据的要点可以用下述语言加以自由概括：不能用分享特征来界定类比关系而不做更加具体的说明；其实，两个物质永远分享至少一种特性（它们的物质属性），因此，仅分享一种特性不足以确定类比关系，除非接受任何物质都与另一物质相似、反之依然的思想——这样又无疑取消了类比关系的任何独特性；那么需要它们分享它们的所有特性吗？那样的话，它们干脆就同一了，甚至在数量上都是同一的（分享所有特性意味着占据同样的时空位置），那么，其一无法意味其二，因为已经合二为一了；然而，如果分享一个特性不行，分享所有特性也不行，那么应该分享多少呢？只能请类似关系退场。

但是，古德曼的分类并没有简化为（皮尔斯的）唯一的传统的象征类型（如果那样，它本身就没有任何区别了）。该分类的全部领域都被象征化或参照行为所覆盖，包括所有"代替"（standing for）情况，即某一事物以无论什么关系代替另一事物：古德曼更乐于把整个符号帝国叫做"象征"。但是，符号帝国也有它的省级区域。与皮尔斯的象征等级大约相当的是古德曼的外延等级，古氏赋予外延的定义是"把一个标签（表达标签或其他标签）贴在一个或若干物质上的简单行为②"。然而，外延并不仅仅等于参照方式，它至少还是另一种方式③，从某种意义上说，后者大约相当于前者的反面，古德曼谓之曰"典型化"（exemplification）。该类型在古德曼那里所发挥之功能在皮尔斯或莫里斯那里则移归圣像符号，但是，它的定义不是通过类比关系来确定的，而是通过类属关系（appartenance à une classe）或（等于殊途同归）拥有性能的情况来确定的："当所有物质或几乎所有物质都可以外延甚至代表大约任何东西时，一客体却只能以属于它的东西为其典型④，"这即是说，以一种确定的属性（众多属性之一），以它与其他所有物质所分享的属性。"（例如）要使一个词外延红色物质，只要让它参照它们即可；然而，要使某一形容语成为我的绿线衫的典型品质之一，那么绿线衫仅仅参

---

① 《七批雷同》，见《问题与方案》（Problems and Projects），纽约，鲍博斯－梅里尔出版社，1972。

② 《精神与其他客体》，第 61 页。措辞"若干物质"羞答答地涵盖一个术语用于一个类别的情况——这种情况很多，但是不怎么符合古德曼顽强的唯名论思想。

③ 之所以说"至少"，那是因为古德曼多次让清单处于开放状态，还因为"引语"似乎处于独立地位与"典型化"的附属地位之间。

④ 《艺术语言》，第 120 页。

照该形容语是不够的,还要使绿线衫成为该形容语的外延对象;亦即该形容语也要参照绿线衫才行①"。说得更简单一些,要以"绿色"为典型品质,那么,我的线衫首先应该是绿色的。正如它的名称所昭示的那样,典型化是象征化的一种(论证)方式,具体操作情况如下:一客体(例如一个词)象征它所隶属的类型,该类型的形容语反过来也适用它②——换言之,以它为外延对象。这种相互性,或你来我往关系,可以用一个简单的定理概括如下:"如果 x 是 y 的典型,那么 y 应该外延 x。"③如果我的线衫是"绿"颜色的典型,那么"绿色"应该外延我的线衫的颜色;如果它是"无袖衫"的典型,那么"无袖衫"外延它的形式,等等,因为一个客体永远可以成为若干特性的典型。

同样,这里外延与典型化的区别不在于所用符号的性质,而在于它们的功能:同一动作由乐队指挥作出来很可能更具习惯上外延物的价值;而由体操老师作出则更具典型或范例价值④——尽管它们的形体运动是一致的,我们还是可以想象一下,如果用第二类动作的语言去理解第一种动作,将会产生怎样的后果;同一个词"总之"可以外延简短性,可以作为短小单词的典型,还可以作为法语单词的典型等。

典型化可以严格忠实于原义,例如截至现在我们所考察的几例,也可以取其引申义,古德曼似乎没有发现其他类型的引申义,对他而言,所谓引申义即隐喻意义。我不必追踪他避免用类比关系——至少是用该词的通俗意义,它意味着相似或类似——界定隐喻的种种手法的细节。隐喻对他而言,不是别的,仅意味着根据同源或同形现象,把形容语从一个领域搬到另一个领域,同源同形现象(即亚里士多德所谓的类别关系)意即 x 在 A 领域的地位相当于 y 在 B 领域的地位。如果我们假设 i 大调在音调中的地位相当于尊贵在道德领域中的地位,那么便可以得出下述结论,即位于 i 大调的《主神交响曲》($Jupiter$)以其典型性隐喻着尊贵的地位,它的标题由此而来。如果假设灰色在颜色中的地位相当于悲伤在情感中的地位,那么,我们就可以说《盖尔尼卡》

---

①③④ 《艺术语言》,第 92、127、95 页。

② 同一客体经常隶属于若干类型,自然科学的分类例外。我的绿线衫既属于线衫类,也属于绿色物质类。因此,典型化的参照行为带有任意性,需要通过环境确定其具体内容。具体化的性质及手段经常提出一些问题;古德曼有意回避这些问题,奢谈外延对象的具体化并非更容易。我觉得,由于更稳定的习惯因素,外延对象的具体化还是要容易一些。

(*Guernica*)以其典型性隐喻着忧伤。如果我们假设前元音在话语声音中的地位相当于浅颜色在视觉范围中的地位，那么，我们就可以赞同马拉美的意见，承认"*nuit*"（前元音，意为黑夜）这个词以其典型性（不合时宜地、令人遗憾地？）隐喻明亮（*clarté*）①。然而，隐喻型典型化不是别的，正是我们通常所说的"表达"。从这个意义上说，《主神交响曲》表达了尊严，《盖尔尼卡》表达了忧伤，而 *nuit* 则表达着明亮。上面引述过的定理变成下述形式："如果 x 表达 y，那么 y 隐喻性地外延了 x。"如果 *nuit* 表达明亮，那么明亮隐喻性地外延 *nuit*。简而言之，*nuit* 的隐喻意义是"明亮的"，正如"总之"的忠实意义是"简短性"一样。马拉美基本上是这样推定的，当福楼拜把《包法利夫人》喻为灰色小说（或棕褐色小说），而把《萨朗波》（*Salammbô*）喻为紫红色小说时，他大概也是这样理解的。

这样，由于古德曼，我们得到了比风格学赠与我们的有关"表达"之定义更具体、更广泛的定义。更具体，是因为它能应用于从隐喻角度表示明亮的 *nuit* 这样的词汇，而不适用于本义为"简练"的"总之"一词，亦即"总之"不表达"简练性"，仅仅是"简练性"的典型而已。相反，新定义也比风格学上使用"表达性"一词时的隐含定义更广泛。因为倘若"总之"既外延又堪作简练性的典型②，那么，反之，马拉美说，"长的"一词却"自相矛盾地"外延冗长而作简练性的典型。两个词同样具有典范性，但是前者的典范化重复并肯定外延，后者则背离外延。同样，在隐喻层面，如果说 *nuit* 这种表示方法背离其外延，那么音色比较低沉的 *ombre*（阴影）则（按照马拉美的意见）强化其外延。风格学家的"表达性"概念仅涵盖"总之"或"阴影"等强化（或重复）外延的情况。它只是表达或典型化的一种特殊情况——古德曼把这种情况叫做"自我参照"。我将在后边谈到风格学赋予这种特殊情况以克拉图洛斯式特权（*privilège cratyliste*）所带来的弊端③。

---

① 这类典型化的基础是什么？古德曼对于这个有时颇为棘手的问题采取了与忠于原义之典型化同样的态度，辩解说，符号学没有建立意义关系的责任，而仅仅描述它们实际运行或假设运行的情况。如果说灰色之悲伤或 i 大调之尊严只不过是一种幻觉或成见，甚至是《盖尔尼卡》或《主神交响曲》这类标题的反作用，这些都无法阻止这些价值继续流行。

② 即我在上文中暂时称作的"联想效果"。我们不难看出，"典型化"如果说更典雅有些过誉，那么无疑是更中肯的。

③ 《克拉图洛斯篇》是柏拉图的一篇对话录。——译者注

这样，我们一下子就拥有了三种成义类型，其中之一（外延）至今尚未发生变化，其他两种类型与我们的前沿概念"表达"、"联想"和"内涵"站在同一端，最终归为一种，因为古德曼心目中的"表达"只不过是典型化的隐喻变形而已。如果读者还记得我已经变通过的吉罗的公式，我们可以毫不费力地用下述新语言来表示这一公式："风格是言语的典型化功能，与言语的外延功能相对立。"

现在，我们应该根据这一新的观念场调整"内涵"术语的意义了①，它不可能与"典型化"拥有共同的延伸意义。首先是词源要求的限制：内涵只能合理地应用于补充外延的附加意义；而这显然不是典型化参照行为的所有情况：如果我的绿线衫不外延任何东西，我们就不能说它内涵了它作为典型的类型②。一个我不懂其意义的象形文字对于我而言堪为中国书面文字的典范，但是，如果说它对我内涵着中国文字则是一种滥用，因为它没有向我外延任何东西。任意一个典型化不等于内涵，内涵只是典型化的一种独特情况，即附加于外延之上的典型化。

然而，我们似乎还应该作出更多的限制，耶仁姆斯莱夫关于内涵即二级意义的定义要求我们这样做③。截至现在，我在讨论外延/内涵关系时是把它们看做永远处于同一地位的对应概念。在很多情况下确实如此，如"长的"一方面外延冗长，另一方面作简练性的典型。但是，如果我说同一单词"长的"一方面外延冗长，另一方面作法语语言的典型，那么它们就不再处于同一层面了。为什么？一个小故事大概能够帮助我们澄清这一点，古德曼则完全没有注意这一点。事情发生在第二次世界大战期间。两个不懂英文的德国间谍空投在英国（这是事实），饥渴难耐，经过反复练习"请来两杯马丁尼酒"这句话后，他们走进了一家酒吧。两个间谍中的智者上前点酒，不幸的是，酒吧的男侍出人预料地

---

① 古德曼的体系显然没有使用"内涵"这一概念。
② 人们仍然可以从广义上使用"内涵"这一术语，广义的"内涵"不再是附加在外延上，而是附加在一种实践功能上的意义：假如绿色是时尚颜色，我们可以说，除了它的服装功能外，我的绿线衫还发挥了一种社会内涵的功能；不是时尚颜色时似乎也可以这么说。这种用法在符号学里很普遍，在文学外的美学领域亦常见：先贤祠的柱廊除了支撑三角楣以外，还明显地内涵着新古典主义的美学风格。
③ 《内涵语言与元语言》，见路易·耶仁姆斯莱夫的《一种语言理论之绪论》（*Prolégomènes à une théorie du langage*,1943），巴黎，子夜出版社,1968；罗兰·巴特的《符号学的基础知识》(1964)，收入《符号学的机遇》一书。

回以一个本应料想到的问题:"Dry?"("干红吗?")不太聪明的一个于是机械地回答——噢,多少——"Nein, zwei!"("不,两个!")现在您明白为什么德国会输掉这场战争。

这个故事说明什么问题呢? 它说明,(大体上)相同组合的声音①在一种语言中可能是一个词,而在另一语言中则是另一个词,一个词(及其语言属性)不是仅由它的形式组成的,而是由它作为"完整符号"的功能构成的,即由其形式与意义的联系所构成。音节[draï]既非德语单词,也非英语单词:当它表示"三"时便是德语词,表示"干的"时便是英语单词。音节[lō]不是法语单词,只有发音[lō]与意义"长的"联系起来,才是法语单词,并可以内涵法语语言。换言之,它的法语内涵不仅附加在它的外延功能之上;在第二等级上,它还以耶仁姆斯莱夫的公式(ERC)RC以及巴特的脱位表所显示的脱节现象依赖外延功能。(整个)单词"长的"在这里不仅是两个意义的载体,至少是四个意义的载体;其外延(长度)、其物质特性的典型价值(简练性)以及它们处于关系状态时的两个内涵价值,它属于法语语言以及它的"非表达性"特征。因此,不要像常用语言那样,在"符号"的名义下,过分地把语音[lō]与整个符号([lō]="long"或者简而言之 long)混为一谈。为了把这个问题挖掘得更深一些,再举两个例子似乎也不为多。作为简单的表意手段,单词 *patate* 没有必然的俗语色彩,因为它完全可以正确地外延一种外来蔬菜;其俗语色彩,在于用它来表示"土豆"含义时。同样,单词 *coursier* 本身并不高贵,它完全可以很平庸地指跑腿的;它的高贵之处,在于表示"驿差"的含义时。内涵并非成为外延的简单的附加值或补充意义,而是完全以外延方式为基础的一种派生价值。从这个意义上说,它只是典型化的一个方面,反之,典型化则保证所有外延以外的价值,即保证所有风格效应。

因此,在考察一个措辞成分的典型化能力时要注意区分那些依赖

---

① 或系列字母:由书写符号 *chat* 构成的表意手段在法语中是一个词,而在英语中则是另一个词:动词 *to chat*(闲谈、聊天)(N. 古德曼、C. 埃尔金(C. Elgin):《哲学以及其他艺术和科学中的再构思》(*Reconception in Philosophy and Other Arts and Sciences*),伦敦,劳特莱杰出版社,1988,第58页)。或发音系列和字母系列兼而有之,如 *rot* 在德语中表示"红色",在英语中则表示"腐烂"。

表意手段之物质属性即语音属性或书写符号属性①的能力与依赖其语义功能的能力。例如我们前面已经碰到的 nuit 一词,让它接受颇具代表性的分析。首先是表意手段层次[nui],按照语言习惯,它外延"黑夜",还从这个层面的语音角度看,它是自己全部语音特性的典型:除复合元音的分读外呈单音节词,以鼻化辅音[n]开始,以二合元音(由前部半元音和元音组合)结束,可以和 luit 等词押韵;从书写角度看,它的所有书写特征,其中包括若干竖向笔画可能突出某种轻盈效果;确实,按照普遍接受的前元音与明亮(我有意增加了轻盈和清新)的同源现象,经隐喻转化后,某些人以为该层面表达著名而又离奇的"明亮"含义,马拉美曾佯装抱怨这种奇怪的"明亮",与 luit 的押韵可以强化该词的上述意义。在第二层面上,即该词的整体层面[nui]="*nuit*",它堪称法语名词词类和冷冰冰的阴性名词词类的典型,包括所有性别化的情感价值在内,它的反义词阳性名词 jour(白天)幸运地强化了这些价值。只有无中性名词的语言如法语和虽有中性名词但中性名词任意性很大的语言如德语的性别内涵具有极大的风格潜力,巴什拉尔(Bachelard)在《幻想的诗学》(*La Poétique de la rêverie*)的一个章节中对此作了优美的分析②。

全部分析到此就结束了吗? 我不相信。因为一个词,作为它隶属的所有类型之忠实典型,还可以通过毗邻组合(或间接隶属)联想到它与之具有特征联系的许多其他整体。我们无需费力,也无需施行什么技巧,就可以发现 nuit 是典型的拉辛用语或马拉美用语,直到把它的相对频率看做一种风格标志,正如换置(hypallages)是普鲁斯特的风格标志一样,又如普鲁斯特本人把未完成过去时看做福楼拜风格之典型特征一样。这类效应似乎可以昭示一种语象的典型化类型,古德曼没有提到这种类型,即换喻式典型化。我建议把它补充到古德曼的(忠实型)典型化和(隐喻式)表达两个概念中去,并以"联想"作为它的术语,(从广义的巴尔意义上看)"联想"一词用在这里很自然。如果说 *nuit*

---

① 这里的"物质属性"是指潜在的物质属性:单词 nuit 字体本身无任何物质性,而是它的语音成分和书写符号成分显示了这样那样的物质性。但是,只要提到字体,这些特征就会显示在脑海中,此外,提到本身就是一种变化。另外,按照我们的文化能量,书写符号的显示即传递着语音特征:只要默读到 nuit,我似乎就听见了[nui]的声音。相反的情况的明显性要差一些,另外也被文盲所拒绝。

② 第一章"词的幻想",巴黎,PUF,1965。关于 jour/nuit 这组对应词,参阅《语象卷二》,第 101—122 页。

具有拉辛色彩,即在某些人看来,容易使人联想到拉辛,不是因为它忠实地具有这种特性,正如[lŏ]具有简练性的特征那样,也不是因为它具有这种特性的隐喻功能,一如 nuit 拥有隐喻明亮的特性一样,而是因为它可以通过与拉辛作品(我们假设)优先联系的换喻功能而拥有这种特性。这并不是说隐喻型典型化在这个层面是不可想象的:风格摹仿效应中似乎有点这种成分,风格摹仿不限于借鉴某作者的一种风格特征,可以深化并创造,直到虽无被摹仿文本的物质痕迹,却是被摹仿者理想的典型风格。尽人皆知,普鲁斯特非常自豪在摹仿勒南(Renan)风格时使用了形容词 aberrant(反常的),他认为该词"特别有勒南风采",尽管勒南可能从来不曾用过这个词:"如果我从他的作品里发现了这个词,就会减少发明这个词的满足感",言外之意,减少发明这个勒南式形容词之典型的满足感。这个具体情况其实只是一个勒南因子,但是它的发明却构成了权利上的真正的勒南文采①。

我把这种以典型的类似关系而构成的无借鉴摹仿叫做隐喻式摹仿,如 aberrant(对于普鲁斯特而言)"宛若"勒南风格而又并非出自勒南,这里的隐喻一词已经很少古德曼的意义了。这类效应在风格学上的重要性一目了然:未发现某风格的"因子"就不能断定是某风格,而人们不能创造性地摹仿某风格,即使其具有生命力、具有生产力,而又不从这种能力层面进入性能层面,没有能力创造它的"因子"。任何具有生命力的传统,广而言之,任何艺术上的演变,莫不经由这种渠道。

我延伸到广泛的艺术门类,因为这里所使用的类型适用于所有艺术门类,根据实际情况做必要的细节修订即可——即使有许多细节需要修订:《主神交响曲》作交响曲和全部 i 大调的(诸多)典型之一,联想(与其他作品一起)古典风格,(与其他作品一起)表达尊严;兰斯的大教堂作哥特式风格的典型,联想中世纪,(据米什莱)表达"精神之觉醒"等。而无借鉴摹仿效应②是普遍存在的:请看看德彪西(Debussy)或拉韦尔(Ravel)是如何创造西班牙音乐的,或塞尚(Cézanne,如果相信他

---

① 见《隐迹稿本》,第 14 章。普鲁斯特的说明见 1908 年 3 月 23 日致罗贝尔·德雷菲斯(Robert Dreyfus)的信。

② 两种方法的界限不如下述公式所喻示的界限明显:不向某风格借鉴其因素并用于新情况,则无法摹仿该风格(即使是创造性的摹仿);我们可以说拉韦尔摹仿了西班牙音乐或拉韦尔向西班牙音乐借鉴了它的旋律因子或节奏因子,两种说法没有区别。

的说法)是如何"根据本性创作普桑(Poussin)的肖像的"。

在这里插入这些大打折扣的话并非要表达原则上的怀疑主义,而是要重申这些象征化的随意特征:一个客体外延习惯使它可以外延的内容,并可以在一级或二级程度上,向我们每个人典型化、表达或联想忠实应用于它、隐喻型或换喻型应用于它的形容语——不管用得是否合理:应用正确或错误并未改变方法之性质,而能对此作出判决的法庭唯有公众舆论而已。把《盖尔尼卡》修饰为"灾难性的"也许更正确,但是其(隐喻上的)形象化程度绝不亚于说它是"娇艳的"的另一种修饰;认为 nuit 具有拉辛风格似乎更准确,其(换喻上的)形象化程度并不比说它是莫里哀风格或巴尔扎克风格差。

我曾说过,按照耶仁姆斯莱夫的建议,把内涵一词留给相对于外延关系的第二等级上的典型化效应——这就等于排除了在无外延功能之艺术门类如音乐、建筑或抽象绘画等使用严格意义上的内涵一词的可能性。但是,同样,我们不能排除它的广义用法,用以表示诸如莫扎特(Mozart)安排音响效果、布拉曼特(Bramante)分布支柱或波洛克(Pollock)溅污油画之方式所产生的弦外之音。尤其是每个象征关系都在更高一级上必然产生出自己本身的象征价值,我们确应叫做内涵价值,甚至元内涵价值。例如,表意手段[lō]在第一等级上作简练性之典型,导致单词 long(长的)在第二等级上作"非表达性"特征之典型,即内涵着"非表达性"特征。同样,"总之"当然内涵着"表达性",等等。表意手段之典型化价值本身并非内涵性价值,但是决定着内涵性价值。须知任何措辞材料——广而言之,任何措辞结构——总可能被视为富有表达力的、非表达性的或中性的,这一事实本身足以赋予言语——哪怕是最平庸的言语——全天候的典型化潜力,这是它的风格的基础。简而言之,除了它所言(外延)之外,言语每时每刻都是这个或那个(例如:平如马路);萨特用自己的语言正确地表达了这一思想:字词、句子和文本,始终既是符号又是物。风格不是别的,正是产生雅各布森称作文本之"可感知性"的敏感的一面。

然而,这个如此基础(指本义①)的描述还需考察言语风格潜在性

---

① 指本义,因为从论述简练的角度出发,我至今仅讨论了措辞的基础成分(基本上以词为主),它们从自己的层面昭示言语的一般风格能力,方法论方面的设想是,凡适用于基础成分的道理,无疑更适用于整体。

的另一个至关重要的方面。让我们再次回到无疑取之不尽用之不竭的 nuit 一词。我们至今是从其忠实的外延功能去考察它的，即简单而又直接表示黑夜的外延功能。然而，无人不知它还有另外一个用法，例如雨果的两个诗句堪作证明：

噢上帝！为我打开黑夜之门吧，
让我去吧让我消失！

或者还有拉辛下面两句诗，玩弄两种词义的游戏（词义配合）：

想想吧塞费兹，想想这残酷的黑夜
它是一个民族的无尽的黑夜。

第二词义显然指死亡，采用人们常说的辞格手法，这里具体为一个隐喻，该语象完全可以按照亚里士多德式的类比关系去确定：死亡之于生命犹如黑夜对于白昼一样①。一旦接受了这种语象价值之后，我们可以说，在雨果的第一诗句和拉辛的第二诗句，nuit 外延死亡。然而，与古德曼的习惯设想相反而与弗雷格的图示相符，这种外延不是直接的。它通过第一外延对象"黑夜"把外延符号 nuit 与外延对象"死亡"联系起来，"黑夜"在这里扮演了弗雷格的"意思"角色，因为是它构成了客体"死亡"的"外延方式"，正如"晨星"（它更经常是一种形象：一种婉转的说法）是金星的"外延方式"一样。通过忠实外延对象之形象迂回完全与弗雷格的通过"意思"（即本义）迂回相似：

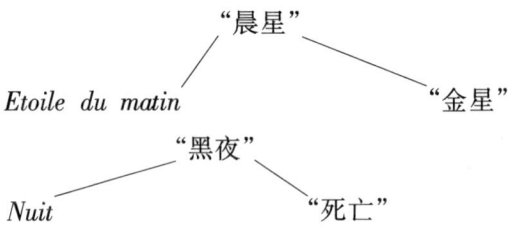

每个形象的特征由两个外延对象之间的逻辑关系确定，按照传统比喻

---

① 我们不应把作为辞格的隐喻与古德曼的表达原则之隐喻相混淆，前者是一种间接外延（"黑夜"暗指"死亡"）；后者如：nuit 隐喻式地作明亮之典型。

学(tropologie classique)的分析:在隐喻(métaphore)中是类比关系,在换喻(métonymie)中是毗连关系("裙子"指"女人"),在提喻(synecdoque)①及其形容语变种曲言法(litote)和夸张(hyperbole)②中是物质暗示(以"帆"暗示"船")或逻辑暗示("死命鬼"暗示"人"),而在讽喻(ironie)中则是矛盾冲突。

由比喻构成的"意义语象寓于一词之身(丰塔尼埃,Fontanier)的情况显然未能穷尽整个语象场,或间接外延场,但是,它们可以提供两种场域通过延伸程序的范式,我从《普通修辞学》(*la Rhétorique générale*)借鉴该范式的原则如下图③:

幅 度 层 面	词	＞词
意思	元义素 (比喻)	元话语因素 (风格辞格和思想辞格)
形式	元造型因素 (行文辞格)	元代价因素 (建构辞格和措辞辞格)

但愿这个表能够反映从比喻的具体情况到辞格的一般情况的普遍化运动发展的两个方向。横向延伸(从词或词段阶段向词组阶段④的延伸)不会出现什么困难,因为通过一个词或若干词的辞格迂回只不过是一种附属情况,其确定很少可靠,"您是一个真正的英雄"的反义句可以有两种:"您是一个懦夫",或者"您不是一条汉子",两种情况没什么

---

① 该类型的多样性特征是由暗示概念的暧昧性决定的,关于这种特征及其普遍化("死命鬼"泛指"人")和个性化("阿尔巴贡"作"吝啬者"的代表)两种方式的情况,参阅 M. 勒盖尔纳(M. Le Guern):《隐喻和换喻的语义学》(*Sémantique de la métaphore et de la métonymie*),巴黎,拉鲁斯出版社,1973,第 3 章。

② 之所以说形容语变种,基于这样的意义,即曲言法可以描述为形容语程度上的普遍化提喻法:"我一点也不恨你"普遍为"我爱你",因为"爱"(强烈程度)包括在"一点也不恨"(疲弱程度)之内。反之,夸张可以用同样的语言描述为形容语程度上的个性化提喻法:"您是个天才"是"您不笨"的个性化,因为天才是不笨的特殊情况。

③ μ 小组:《普通修辞学》,巴黎,拉鲁斯出版社,1969,第 33 页。这里的"变换反复一览表"经过我的调整。

④ 例如,据博尔赫斯所说,他的整个童话《拖绳或记忆力》"就是对失眠的一个大隐喻"。

太大的差别,甚至还可以有第三种:"您大概自以为是个英雄"——在每种情况中,讽喻重心可以在词之间转移,也可以涉及整个句子,而无损它的引申义。同样,许多传统隐喻触及完整的语句,那么在成语"请不要本末倒置"的原型"请不要把犁放到牛前边"里寻找隐喻词的做法是愚蠢的。按照弗雷格的说法,上述例句是通过整个句子的忠实外延,提出它的引申性外延内容(其"真正价值")的,即"要按照顺序办事"。至于"思想辞格",丰塔尼埃清楚地说明,它们的辞格地位有时受到挑战,依赖于接受者赋予或未赋予它们的假装特征,例如一个修辞上的疑问句("谁告诉你的?")只有被人们阐释为伪装的否定句时才构成辞格;决议是一种辞格,因为人们从中读出了已经作出的决定(如《埃涅阿斯记》第五卷中迪东的决定),然而真诚的疑惑(如《安德洛马克》第五幕里埃尔米奥娜的疑窦)不是辞格。须知辞格的这种随意性不是思想辞格的特征。正如布雷东(Breton)对待圣-保尔-鲁(Saint-Pol-Roux)那些迂回表达一样,人们完全可以拒绝辞格,按本义理解陈述句,随后可能会出现某种逻辑或语义的不恰当之处;显然,布雷东通过忠实"水晶体的乳房"或"毛虫盛装出席舞会的次日"所青睐的正是上述不恰当之处,只要拒绝按照引申义把它们理解为"长颈大肚玻璃瓶"和"蝴蝶",即"请把您的蝴蝶从长颈玻璃瓶中拿出去。请相信,圣-保尔-鲁已经说出了他想说的话①",那么它们堪称"超现实主义"术语出现之前的超现实主义语句。其实,辞格(多多少少)接受三种阅读态度的挑战:其一是布雷东严厉抨击以突出自己之解读方式的阅读态度,这种态度不属于任何个人,即代替引申性外延内容而不考虑本义;其二是布雷东的阅读态度,即否定辞格,以便为超现实主义之形象的浮起鸣锣开道;第三种态度即对引申义的理解,要求发现并考虑两种语义:承认"水晶体的乳房"可能外延长颈大肚玻璃瓶,如同"黑夜"有时可能外延"死亡"一样,但是与作者直接使用"玻璃瓶"或"死亡"所产生的效果不同。然而,对形象性的诊断永远不可避免,诊断效果有时令人疑窦丛生。对于词之误用(如"桌子之脚"),在恰当词汇缺乏的情况下,我们不妨把隐喻看做扩大的本义;只有假设潜在背景本身也是隐喻式的(如"生活并非玫瑰床,更像一个荆棘床"),而非用其本义(如说"而是分隔诞生与死亡的匆匆一瞬间"则前半句无法发挥其隐喻作用),那么,否定式隐喻才能发挥它们的

---

① 《晨曦》(*Point du jour*),巴黎,伽利玛出版社,1934,第 26 页。

隐喻作用①；大量的换喻和提喻接受本义的理解阅读（courir le jupon——追女人；l'or tombe sous le fer——金银消失在铁蹄之下②）等。形象性从来都不是言语的客观特性，而是阅读和阐释行为——即使当阐释明显符合作者的意图时。

从元义素向元造型因素的竖向延伸（其中元代价，如省略或倒置，只不过是句子层面的延伸）行为更难分析，因为这些"形式"辞格——如缩写（prof）、扩词（sourdingue）、简单倒置（meuf）或复杂倒置（louchébem）、部分置换（Paname）——原则上不包括任何可作引申性外延对象之中继的本义；因此，弗雷格式的迂回似乎消失了。其实，这里确实存在着迂回，只不过变意义的迂回为形式的迂回：就像 nuit 表示"死亡"时使人必然联想到它的本义"黑夜"一样，上述造型变化几乎必然使人联想到"正确"形式 professeur，sourd，femme，boucher 或 Paris③。这一描述显然也适用于元代价因素：《伪君子》里边的倒装句（"D'amour, belle marquise..."）通过其常规布局的隐形迂回接触自己的外延。通过元造型因素或元代价因素的外延是间接外延，形式辞格与意义辞格一样适用于这一定义④。在所有这些间接外延（通过意

---

① 关于否定式隐喻或隐喻的否定式，参阅 T. 宾克利（T. Binkley）的论文《略论隐喻的真实性与可能性》，《美学与艺术批评杂志》（Journal of Aesthetics and Art Criticism），第 22 期，1974；T. 科恩（T. Cohen）的文章《关于隐喻》，同一杂志，第 34 期，1979；M. 比尔兹利：《美学》，第 25 页，以及 N. 古德曼的《精神与其他客体》，第 74—75 页。

② 这句话可以意译为：财富在暴力之下消失。——译者注

③ "几乎"：我们可以想象这种情况，即如果正确形式的了解不存在于他们的能力范围，对于那些对话者而言，迂回不啻于没有发生——一个与社会生活隔绝的青年有可能不知道 meuf 是指女人。大概有许多人即处于这种状况，不知道缩写词 vélo 或 moto 是指自行车和轻骑。然而这些构词法与意义辞格所熟悉的某些构词情况是相似的，当相当于法语中的 fiole（脸）的拉丁俗语 testa 变成法语中的 tête（头）以后，已经没有什么辞格的成分可言。

④ 不应该把间接外延与内涵相混淆（即使间接外延与其他外延一样，可能产生内涵）。我觉得 U. 埃科即有这种混淆现象（《符号学理论》（A Theory of Semiotics），布卢明顿，印第安纳大学出版社，1976，第 57 页；同时参阅第 87 页和 127 页），在埃科看来，当第一系统的语义变成第二系统的表意手段以后，即发生了内涵现象。确实发生了辞格变化，语义"黑夜"变成"死亡"的表意手段，但是没有内涵现象，内涵现象中整个第一系统产生第二语义（是 bref 表示"简练性"的关系内涵着表达性）。

义迂回或形式迂回）中，间接行为本身与从初始表意手段（*nuit*，*prof*）到最终外延对象（"死亡"、"老师"）①这段旅程中碰到的任何意外事件一样，在第二等级上作它的特性的典型，亦即内涵它的特性。这样，当 *nuit* 从隐喻角度外延死亡时，这种外延方式内涵着它的隐喻性，更广泛一点，内涵着它的形象性，再广泛一点，内涵着某种"诗意语言"；如同 *flamme* 表示"爱情"这一传统隐喻同时内涵着它的隐喻性和古典行文方式（但是 *flamme* 表示"火焰"时没有这种内涵）；*patate* 表示"土豆"（而非"笨蛋"）时，这一民间隐喻既内涵着它的隐喻性，又内涵民间风格；家喻户晓的元造型变化 *sourdingue* 同时内涵着它的元造型特征和通俗性，等等。大家都知道，（如同语音表意手段或书写符号表意手段的敏感特性一样，如同语言的联想效果等一样）普遍存在的形象也以其独特的方式，成为外延透明度的一个障碍，一种相对浑浊的效果之一，帮助言语的"可感知性"②。

正因为形象的普遍存在，如果诊断出形象性的相对性反倒可以使言语投资任何措辞。在如此饱和的范围内，缺失可以发挥反衬作用，人们可以不加分辨地把一种特征作为一种辞格，例如连词省略（那里本应有一个连词）及其反面（那里本应该省略连词）。传统修辞学家们欢呼

---

① 如果更严格一些，我似乎应该说"到最终语义，最终语义即外延对象"。最简单的符号学旅程是从一个表意手段到一个语义，再从语义（即索绪尔的"观念"、弗雷格的"意思"）到外延对象或参照物，后者是"观念"的应用或延伸：从表意手段 *Morgenstern* 到观念"晨星"，再从观念"晨星"到外延对象金星。语义与参照物的区别似乎不像人们有时赋予它们的那样具有本体论特征和绝对化：更多是一个在旅程中的相对位置问题，而旅程总是可以缩短（如果停留在"晨星"而不再继续追问到底是银河中的哪个星球时）或延长的（如果金星又以其他物体的象征而运作）。相对于语义，参照物并没有（物质）"现实性"的优越性，因为参照物可以是幻想中的：表意手段［Fisdepélé］的语义是"裴琉斯的儿子"，其参照物为"阿基琉斯"（他们都是希腊神话中的人物。——译者注）。巴特以他的方式断言外延是"最后的内涵"（*S/Z*，巴黎，瑟伊出版社，1970，第 16 页）。

② 我不敢夸口已经在这里列出了这类效应的一份完整的清单。至少还应该在清单中加上文本间的暗示效果（利法泰尔），它要求读者不仅观察到眼前的文本，还要考虑到该文本向另一文本借鉴某种手法或成分的情况。同样，这里的迂回几乎是不可避免的。狄德罗这样写道："裹尸布并不杀人"，读者并非一定要想到潜藏的成语才能抓住这句话的意义（除非想仔细品味它的全部意义）。然而不了解有关寓言故事的人，谁能理解下面的评价呢："这小子像蝉那个样子，就跟他父亲像蚂蚁一个样？"我提醒大家，传统修辞学把暗示列入辞格范围。

下面四句诗中优美的形象化描写：

> 我的弓箭、投枪、马车，都让我心烦意乱，
> 我再也分辨不清海王星的教诲与心愿，
> 只有我的哀怨还在林间回荡，
> 悠闲的骏马哟忘却我昔日吆喝声声高亢。①

拉辛的戏剧人物希波利特用这四句诗代替了普拉东(Pradon)一句诗的干巴巴叙述（我凭记忆引用）：

> 自从与您相见以来，我放弃了打猎的嗜好。

然而，如果把任何审美判断搁置一边，我们完全可以把拉辛的诗句当作英雄人物气馁的忠实画面来读，也可以把普拉东的诗当作大胆的凝练来读。很简单，当古典言语偶尔使用 *amour* 或 *cheval*（而没有使用 *flamme* 或 *coursier*）时，我们可以把这种卓越的形象缺失看做强烈的忠实主义，而忠实主义也可以成为一个相当漂亮的辞格名称。这并不意味着言语中的每个成分都是形象化语言，而是说，根据背景和接受类型，言语的任何成分都可以被看做忠实语言或形象化语言。形象化在很大程度上的条件性或"动机性"特征②，确实可以成为风格的一个完美标志。

于是可以这样说，风格存在于以言语为典型的"形式"层面（亦即物质层面）的语音材料或书写材料、语言层面的直接外延关系以及形象层面的间接外延的全部泛话语特性之和。这一定义是否完美姑且不论，相对于巴尔传统之定义，却具有下述优点：一方面，减少巴尔传统之定

---

① 法语原文如下：
Mon arc, mon javelot, mon char, tout m'importune,
Je ne reconnais plus les leçons de Neptune,
Mes seuls gémissements font retentir les bois,
Et mes coursiers oisifs ont oublié ma voix.
我在译文中也保持了原文的双韵特征。——译者注

② 不管我们如何偏爱相对性，却不能断言言语的所有方面都具有条件性特征：*long* 是一个无条件的单音节单词，而 *ombre* 无可争议地与 *sombre* 押韵。

义过分赋予摹仿类"表达性"的特权,后者在这里归结为很特殊的"自我参照行为",这种特殊情况与相反的情况相比,既非更可靠,也非更不可靠;另一方面,减少该传统之定义过分赋予风格事实之所谓情感性特征的特权:言语的典型化侧面(它之本质)本身并不比其外延侧面(它所说之内容)更具有情感性,只是更内在,因而其感知性似乎较少抽象性而更易感觉,*bref* 表示"总之"之方式肯定比它表示简练性之方式更自然、更具体一些。另外,且莫推论得太快:语言渠道或间接形象渠道的内涵有时与外延价值同样约定俗成,也同样要求学习;要感知 *patate* 的通俗性或者 *nuit* 可以表示死亡,需要在运用中学习,只有付出这种代价,才能品味其中之一联想某领域而另一个则"充当"形象的乐趣。关于风格的典型化定义似乎有利于剥离它华丽的装饰,而使它回到更坚实的观念上来。然而,传统定义还有另一弊端,该弊端显然与第一种弊端相关联,尤其存在于文学风格学的实践之中(隐形的,因为它没有定义之累),即有关风格中断的观念,似乎风格是由点缀在语言延续过程(即文本的延续)中的一系列瞬间发生的事故而构成,就像小普塞的石子一样,那么问题就是要发现、确定和阐释这些某种程度上相互独立的"风格事实"或"风格特征"①。不管他们关于风格的阐释②以及捕捉

---

① "风格事实"和"风格特征"(或者还有 G. 莫利尼耶使用的"风格素")经常被作为同义词使用。然而,我觉得有必要区分风格"事实",即意群链条上循环或不循环的现象(例如一个形象),与风格"特征",它是词汇轴线上的一种特性,有可能用来概括一种风格(如形象化)。我们只能具体碰到第一种;第二种是在第一种现象多次发生的基础上建构而成(同样,发火一次是一次"事实",爱发火才是特征)。我所批评的风格观念把风格看做一系列间断的风格事实,这些事实之间无任何风格可言。至于一种风格的特征化是由一系列或一堆特征汇集而成,这一点长期以来为大家所公认。

② 斯皮策的阐释基本上是因果阐释,一个个人、团体或时代的典型风格特征之和作为潜意识征象与一种精神"源"联系起来,后者再从某些题材特征中得到证实。利法泰尔的阐释可谓目的论型,甚至动机论型:风格事实永远是经过精心策划的,是限制接受者注意力的工具。在斯皮策看来,风格是揭示某种东西的效果;而利法泰尔则认为风格是自主功能。尽管利法泰尔的研究对象和方法论从一开始即发生了许多变化,我们仍然可以在他的一部近作里发现这类断言:"有必要区分个人的习惯用语与风格,因为前者不依赖动机,因此不能建立审美判断,而后者则可以。"(《虚构的真相》(*Fictional Truth*),巴尔的摩,约翰·霍普金斯大学出版社,1990,第 128 页。)

方法有多大差异①，例如，《风格研究》(*Etudes de style*)时代的斯皮策与《结构风格学论》(*Essais de stylistique structurale*)时代的利法泰尔对于风格的"原子"观念是一致的②，或者把风格雾化为一系列颇具意义的细节（斯皮策），或者雾化为一系列与非显性环境造成鲜明对照的显性成分，非显性环境即语言基础，由此分离出某种例外的风格效应（利法泰尔）。阐释者然后负责把它们按照心理聚合的形式联系起来（斯皮策），或者按照语用实践的情况联系起来（利法泰尔），这种聚合不仅未能缩小风格相对于言语延伸进程的独立地位，相反，更加剧了这种独立性。

在我看来，这种观念是令人烦恼的，其理由我们在谈论语象感情的可转换性时曾经略见一斑，该理由强调零度的表意价值。诚然，一部文本的典型化侧面的可感知性是随读者和文本中的"视点"（利法泰尔）而变化的，不可否认的是，即使从统计学角度看，某些成分可能比其他成分更突出，尤其对于几辈来受风格即标志和成分思想熏陶的文化界更是这样。然而，关于风格的"原子论"观念或间断论观念一方面极有可能在确定突出成分时遇到困难，另一方面尤其有可能助长矫饰主义的美学风气，哪怕是不自觉地助长这种风气，矫饰主义美学认为，最卓越、最醒目（取 remarquable 一词的双重意义）的风格是特征最充实的风格。这一批评来自亨利·梅绍尼克（Henri Meschonnic），在他看来，这种风格学最终将"把让·洛兰（Jean Lorrain）推上最伟大作家的宝座"，将使"艺术文字"身价倍增，将把"美等同于奇异和怪诞"③。达尼埃尔·德拉斯（Daniel Delas）在《结构风格学论》的序言中回答说没有关系，因为饱和取消对照，过分的风格扼杀风格。然而，他的这番话不啻于同时承认如此定义的风格相当于额外增加的佐料，其剂量非常微妙，那么我们尤其可以想想没有这种佐料的时候：这种佐料的缺失将会置言语于赤裸裸的纯粹外延运行之境地。这种思想假设语言与风

---

① 斯皮策的方法纯粹是直觉型的，最后通过从细节到整体的往复证实"环扣"（le"déclic"）；利法泰尔的方法则以更多的技术措施作保证，每种风格"激素"都由集体"抽象读者"的统计数据答案所揭示。

② L. 斯皮策：《风格研究》，巴黎，伽利玛出版社，1970。M. 利法泰尔：《结构风格学论》，巴黎，弗拉马里翁出版社，1971。我们在这里选择这两个作者以昭示风格学范畴的两个极端，中间还有许多立场被那些不甚完善或比较折衷的学说和实践所占据。

③ 《关于诗学》(*Pour la poétique*)，巴黎，伽利玛出版社，1970，第21页。

格的可分离性,在我看来,这是不可思议的,如同索绪尔强调的纸之正面与背面不可分离一样。风格是言语的可感知的一面,从定义上讲,它绝不间断地毫不犹豫地陪伴着言语。可以飘忽不定的,是读者的感知注意力及对这种或那种感知方式的敏感性。毫无疑问,一个过分简短或过分冗长的语句比之一个常规语句、一个新词比之一个常见词、一个大胆的隐喻比之一段平庸的描写,更能立即引起读者的注意。然而,一般语句、常见词和平庸描写并不比其他更少风格性;"一般"、"常见"、"平庸"与修饰风格的其他形容语是平起平坐的;中性风格或平淡无奇的风格、《写作文字的零度》(le *Degré zéro de l'écriture*)时期的巴特所酷爱的"空白文字",与其他风格一样,也是一种风格。平淡无奇也是一种韵味,正如白色也是一种颜色一样。在一部文本中,没有哪些词或哪些语句比其他词或其他语句更具风格性;可能存在着更"惊人"的时刻(即斯皮策的"环扣"时刻),当然"惊人"时刻也因人而异、而变化,然而,其他时刻因为醒目地缺乏惊人效果反而成为惊人时刻,须知鲜明对比或反差概念具有卓越的可转换性。总之,言语与风格不可能分家;没有风格的言语不可能多于没有言语之风格;风格是言语的一个侧面,无论如何,该侧面的缺失显然是一个毫无意义的概念。

如果说任何文本都有"风格",显然,随之而来的句子"这部文本也有风格"就是无意义的同义重复。只有这样修饰它,即"这部文本有何种风格",谈论风格才有意义(当然同义重复句"这部文本也有风格"其实总是包含着"我爱(或我讨厌)这部文本的风格"之类的评价)。然而,不管如何修饰一部文本,只有赋予它一个或数个它必然与其他东西分享的形容语,修饰才有可能:修饰意味着归类。说"这部文本的风格崇高、或优雅、或难以确定、或令人沮丧般平庸",等于把它归入风格崇高、或优雅等文本类型之中。即使最彻底独特的风格,如果没有建构一个多少与它的全部特征相同的范式(即斯皮策的"精神源"),对前者的鉴定也是不可能的:"没有阅读的复现,亦即没有对相似特征和鲜明对比的记忆,就不可能发现一篇文字的独特性。"[①]因此,风格的评价永远不可能是内在的,而是超验的和典型的。不管考察对象的篇幅如何狭小——例如如果我们不是评价福楼拜的总体风格,也不是评价他的《三篇童话》(les *Trois Contes*)的一般风格,而是评价其中某一篇——鉴定和评价该风格意味着决定了一个范式,该范式有能力产生不定数量符

---

① 德拉斯:《结构风格学论》的序言,第 16 页。

合该范式的篇章。摹仿的可能性从某种程度上证明了任何特异性过渡到一般性的能力:风格的独特性不是个人的身份序号,而是一种类型的独特形态,有时可能并无先例,但却可以接受无限后来者的应用实践。描写一种独特性,无异于通过繁殖这种独特性而消灭它。

　　纳尔逊·古德曼用一般风格的定义性特征所建立的,正是描述的这种不可避免的超验性,例如当他这样写道:"一个风格特征是由一部作品建立起的典型化特征,它允许把这部作品归入富有意义的作品群体。"①这一定义包括一两个缺点,其中之一已由古德曼本人所纠正:要使作品群体"富有意义",首先要使典型化特征富有意义,作为真正的审美特征,即参与作品的"象征化运作"。例如,每句话的第二个词以辅音开始的比例高于平均值这一事实大概可以把一部文本划入一种类型(某种比例等等的文本类型),但是该类型并非"富有意义",因为这一特征从美学上没有意义,亦即没有风格价值②。然而,界限的划分并非总是一件容易的事,"文学生产工场"(Oulipo)的产品更试图说明任何限制类型并非天生就没有美学意义。这种分界与其他界限一样,都是相对的,至少要依赖文化背景。

　　一种风格总是一个整体的潜在典型这句话没有进一步告诉我们什么整体,甚至没有告诉我们什么类型之整体。我们大家都知道,至少自19世纪以来,文学风格学青睐对作者个人的参照,这样便把风格与个人的习惯用语等同起来。罗兰·巴特把这种参照作为区分"风格"与"文字"的一个因素,让后者承担任何超越个人的参照③。此外,他把(斯皮策式的)关于风格的因果阐释推向了极致,风格被视为"生命发展"的粗产品,而非"动机"的产品,被视为"萌芽范畴的一种现象",一种"气质的嫁接",总之,是生物范畴的一种现象:风格不再是斯皮策式的灵魂,而是形体。与之相对应,文字则基本上被阐释为动机型的,是选择和介入的结果,是社会和道德功能的生发场所。大概有必要大大缩

---

　　①　《精神与其他客体》,第131页。古德曼关于风格的主要思考(除了可以从《艺术语言》推论的内容而外,我曾这样推论过),见《世界诞生之途径》(*Ways of Worldmaking*)的"风格的地位"一章,印第安纳波利斯,哈克特出版社,1978(法文译文收入N.古德曼与C.埃尔金:《美学与认知》(*Esthétique et Connaissance*),埃克拉出版社,1990)和《精神与其他客体》的"风格的产生"一章,后者旨在答复对"风格的地位"一章的批评。这里所用"特征"一词的意思如我上文所解释。

　　②　《世界诞生之途径》,第36页。

　　③　《写作文字的零度》,巴黎,瑟伊出版社,1953。

小这种强制性的反论：即使最具个人习惯用语形态的风格中，也有选择、努力甚至姿态，反之，在属于这种或那种社会习惯用语的痕迹中，似乎也有许多无意而为之的决定，如时代之风格、阶层之风格、团体之风格、体裁之风格及其他风格。

出于明显的理由，正如现代批评把重心放在个人的形态方面，有时也放在社会历史形态方面，古典批评更注重体裁的限制；从贺拉斯到布瓦洛或谢尼埃（Chénier），诗艺赋予体裁限制可观的篇幅，如果我们想想希腊诗是以属于语言方面的选择来区分抒情体裁（归诸多利安方言）、戏剧体裁（归于阿提喀方言）和史诗（归于爱奥尼亚和伊奥利亚的所谓荷马式混合）的简单事实，这样做不无道理。在长达若干世纪的时期内，最典型的范式当属著名的"维吉尔之轮"，"维吉尔之轮"是中世纪在塞尔维乌斯（Servius）和道纳特（Donat）的批注基础上建立的，它把一系列专有名词和典型词语分配到由维吉尔实践的三种体裁（《埃涅阿斯纪》的英雄史诗、《农事诗》（les *Géorgiques*）中的训教和同一诗集中的牧歌）所代表的三种风格（高雅风格、一般风格、通俗风格）之中。我把"维吉尔之轮"变成双向对应的表格形式①，在我看来，这样更具显示能力，如下图：

等级 特征	低级体裁 （牧歌）	中级体裁 （《农事诗》）	高级体裁 （《埃涅阿斯纪》）
树	山毛榉	苹果树	月桂树
地点	草地	田野	营房
工具	棍棒	犁	剑
动物	绵羊	牛	马
姓名	Tityrus	Triptolemus	Hector
职业	无所事事的牧人	农夫	军官

不管原则如何图解化，"维吉尔之轮"（变成表格）的功绩在于同时参照体裁类型（三个体裁）和一个确定的个体（维吉尔），由此昭示出风格评价之超验性不可避免的多重特征。聪明的古德曼看到，"大部分作品同时显示出特征变化的多重风格，它们以不同的方式交叠：某幅油画

---

① 见吉罗的《风格学》，第17页。在这张表格里，我保留了拉丁语单词，因为它们是名词。表中的三种树是山毛榉、苹果树和月桂树；三个地点分别是草地、田野和营房；三种工具是棍棒、犁和剑；三种动物是绵羊、牛和马；三种职业是悠闲的牧羊人、农夫和军官。

可以同时具有毕加索风格、他的蓝色阶段的风格、法国风格、西方风格等①"。上述确定的每一种都可以再讨论,分配也是相对的:海关官员卢梭不是曾经这样告诉毕加索吗:"我们是两个活着的最伟大的画家,我代表现代风格,而你则沉湎于埃及风格?"然而,无可争议的是,一部作品永远同时昭示若干风格,因为它总是以若干整体为参照系:它的作者、时代、体裁或无体裁等——某些整体超越了相关的艺术界限:古典主义、巴罗克主义、浪漫主义、现代主义、后现代主义等界定词显然都有一个跨艺术的应用领域。那些拒绝服从任何分类的反抗者们也许从这种多元性和相对性中找到了安慰。让我们回到列维-斯特劳斯的一句名言,他说,人们的分类工作永远在进行着,可是每个人都按自己之可能分类,有时甚至随心所欲——而毕加索的"某些地方"可能确有埃及之风。

　　读者可能已经发现,改造过的"维吉尔之轮"分配到三种风格之中的某些特征可以概括为题材类特征。Equus, Ovis, Bos 不是表示同一动物的三个不同的词(像 cheval 与 coursier 那样),而是三个不同动物的名称,每一个都成为一种体裁的标志。风格观念的这种广义应用预先昭示了古德曼定义的一个内容,截至现在,我们一直忽视了这一内容。我重申一遍,在纳尔逊·古德曼看来,一个风格特征是"由作品典型化的一种特征,后者可以把作品归入富有意义的作品群体"。即使该特征要求的美学特征已经有了具体界定,任何东西都不排除该风格定义中拥有我们习惯上称作题材类的成分——例如,事实上,一个历史学家一般对军事冲突的兴趣远高于对社会变革的兴趣②,或者一个小说家更乐意叙述爱情故事,而非财经纠纷。我有点跟不上古德曼有时颇为特殊的反对风格存在于外延方式之思想的论证过程③。例如,关于风格存在于音乐或建筑等非外延艺术门类的论据,在我看来,正如我上文中已经说过的那样,仅证明风格更广泛地存在于人们做事的方式之中——而这种方式不是外延,谢天谢地,而是诸如手握画笔、琴弓、球拍或拥抱他生活中的女人等。然而,在语言艺术中,人们的所作所为即外延。而古德曼反对方式概念的争论阻止他看见或承认叙述战争或叙述经济危机归根结底是对待时代的两种方式。一切都好像他要竭尽全力为自己的观点扫清一切障碍,即风格永远是典型的(我以为他的观点是

---

① 《精神及其他客体》,第 131 页。
②③ 《世界诞生之途径》,第 25、24—27 页。

对的,但是过于笼统);好像受激情的推动,他由此又得出凡典型性都是风格的结论,似乎这一必要条件已经足够了。

这一定义因为稍嫌宽泛而缺乏有效性。这样考虑似乎更合适,即"有助于把一部作品归入富有意义之作品群体"的典型特征中,真正的风格特征是指那些与言语特性而非言语对象之特性更多关联的特征。此外,古德曼似乎并非深信这一立场,更多的是向这种立场让步,在反对同义词概念及风格即以不同方式表示同一事物之可能性的思想的争论中,他曾发现,相反,"许多不同的事物可以以同一方式叙述——不,当然不是由一部文本,而是由若干文本叙述,它们拥有足以确定一种风格的某些共同特征①"。我们完全同意他的话。

但是,许多"言语特性"确实有时可以视为题材,有时可以视为风格,要看人们是把它们作为目的拟或手段。如果一个音乐家或画家在自己的艺术生涯中对创作大合唱或风景画情有独钟,我们可以把这一事实当作风格,后者确实构成艺术家实践自己艺术的一种方式。但是,如果罗马奖的竞赛要求创作一部大合唱或一幅风景画时,该特征不能视为典型特征(除非罗马奖本身),因之,不能视为风格,那么要特别考察这部大合唱或这幅画形式上的特性(如音系技术、立体技术)以鉴定这位作曲家或这位画家的风格。反之,如果要求条件是音系技术或立体技术,应用它们于一部大合唱或一部风景画还是一首奏鸣曲或一幅静物画的选择又重新变成了风格选择。同样的颠倒显然也可以发生在文学范畴:如果命题(如大学计划或丛书之命题)是"军事故事",那么史学家取战争题材而放弃危机之分析的选择不能视为风格。在手段与目的的链条中,风格概念总是相对地与手段联系在一起,而非目的,与方式联系在一起,而非对象——当然,一种方式之对象总是可以成为另一新对象的方式。我们由此可以设定,艺术家的最终目的是确立他的风格。

与古德曼的原则相反(而非他的经验性实践),在我看来,正因为方式准则具有相对性和转换性,它对风格的确定很有用。然而,在文学领域还是其他领域,与上述宽泛定义("言语的特性")比肩而立还是在宽泛定义的内部,我们显然需要一个更紧凑的定义,把风格与题材以及其他许多泛话语特征区别开来——泛话语特征如叙述技巧、格律形式或章节长度等。因此,从限制几何变化式的观念的角度出发,我把风格一

---

① 《世界诞生之途径》,第25页。

词留给在真正的语言的微观结构中(即从句子到句子成分)表现出来的言语的形式特性,或者按照门罗·比尔兹利那种适用于所有艺术门类的说法,更多留给组织层面而非结构层面①。行文的更广泛的形式属于更稳定的、似乎(我还将谈到这一点)更具建构力而较少需要留意的组织方式。用传统语言表示,风格既不影响题材编织层面,也不影响总体布局层面,而以最独特的方式影响表达层面,即语言的运行层面②。

层面的这种界定——确已被广泛接受——相对于古德曼公式中及其他地方"作品"一词所表示的内容,似乎扩大了应用范围。此外,古德曼本人也曾明确考虑到范围的扩大,至少考虑到造型领域:"我不断谈论艺术作品中的风格,然而,按照我这里的思考,风格应该为作品所独有,或者说,我们不能把定义中的'作品'一词换成'客体'或其他任何词吗?与其他定义相反,我们的定义不呼唤艺术家的动机。唯有象征化的特性最重要,不管艺术家是否选择这些特性,甚至不管他是否意识到这些特性;还有作品可能象征的其他许多东西③。"

须知,同样的见解也适用于言语类客体,唯一的保留是,这些客体永远不会是完全的自然客体,如"古典主义"的高山,或"浪漫主义"的日落,因为词汇成分和语法结构以它们的方式假造。然而,偶然性可以承担选择成分和填充结构的工作,或者像超现实主义和"文学生产工场"的信徒们的游戏一样,人们让它承担选择成分和填充结构的工作,大家都知道,"一具美妙的尸体",或者等式"$n+7$"可以意外地作一种风格的典型,不管该风格是否已经存在:事实上,它像任何陈述文一样,不可避免地成为一种风格的典型。更简单、更常见的是,一部为非文学目的而撰写的文本也同样不可避免地成为某些风格特性的典型,这些风格特性可能成为正面或负面审美评价的对象。我曾经谈到斯丹达尔欣赏民法及十分朴素的特点(及它作为典型的朴素性),以至于在写作《巴尔玛修道院》时每天早晨阅读数页以为楷模。这大概并不是把民法当作"文

---

① 《美学》,第168—181页。莫利尼耶把风格学定义为"文学性之表达条件和形式条件的研究",因此,他的公式(《风格学》,第3页)似乎也太宽泛;这些形式条件中的某些内容,如格律形式或叙述形式,在我看来,不属于风格范畴,至少从严格意义上是这样。

② 从原则上区分这三个层面并不排除不计其数的犬牙交错情况,如题材与风格的交错,"维吉尔之轮"的名词证明了这一点;布局与表达的交错,与叙述选择相关联的表达形式,或者更机械一些,韵律要求的词汇中都表现了这种交错。

③ 《世界诞生之途径》,第35—36页。

学作品"——文学作品的观念似乎呼唤艺术动机,而斯丹达尔这样做的艺术动机显然值得怀疑①——但是至少应把文学作品作为一个(表达性)审美对象。语句"任何死囚犯都将人头落地②"或者可能被选为简洁风格的典范,或者受到马莱伯那样的批评,后者把它从德波特(Desportes)的诗句中剔除出去,因为 *mort aura* 之间不和谐。在两种情况下,人们都排除道德评价的因素,从风格角度考察它,或者把它归入"富有意义的群体"简洁语句,或者归入不和谐语句。当然,在两种情况中,表示风格和审美的形容语用于一部严格意义上的非文学文本,这一评价至少赋予它一种正面的或负面的文学性,而作者可能并没有追求甚至想到这种文学性③。

　　这种事后"文学化"的可能性至少提出了一个实践问题,或方法论问题,关于阐释之"有效性"的争论即昭示了这一问题。这个问题实际上是主动性的合法性问题,或者简而言之,当读者的反映未得到原发性动机确认时它们的合法性问题。顺便说明,这类"僭越"行为的侵犯性既不比不计其数的"恢复"自然物体或赝品之"审美价值"的做法更大,也非更小,后者的原始功能或动机完全是另一范畴的,例如(至少)从装饰角度出发,在壁炉上摆放一个卵石或铁砧。然而,风格之"攫取"有时却是建立在对原义有意无视或无知的基础上,近乎于随意阐释。当一个现代读者从古典文献中发现"*heureux succès*"④一词并把它理解为(拙劣的或幸运的)同义重复时,不可否认,这种解读并不忠实于历史上该词的原义,那时 *succès* 毫无正面价值,仅表示"结果"。因此,纯粹主义者要求严格按照历史本义解读,摈除任何不符合时代的意义投资:应

---

①　怀疑并不等于排除:我仅假设我们不了解写作者的动机情况。其实,问题并不那么简单:写作者至少试图写得更正确更清楚一些,这种心态与审美考虑之间的界限明显有很多漏洞。

②　这句话并非出自民法,而出自旧刑法,卷一,第1章,第12条。

③　关于无意识之风格效果的思想显然与动机论风格学如利法泰尔的风格学是格格不入的。它与因果观念更相容一些,因果观念认为主导风格的决定因素可能是无意识的;这一立场通常伴随着对无意识效果的承认——圣伯夫在谈论这种无意识效果时曾经说:"下笔行文的偶然性只属于一人"(《波尔－罗亚尔》(*Port—Royal*),巴黎,伽利玛出版社,"七星文库版",I,第639页),它们确定了他的真正的天才(然而我怀疑他本人精心计算他的偶然之处)。这是第39页提到的争论的一个特殊情况。

④　见利法泰尔的《结构风格学论》,第51页。

当像当时很有修养的读者那样解读古典文本,尽可能了解作者的初衷。我以为这种立场有点过分,而且我们有千万条理由说明它是一种乌托邦,与对立立场同样不尊重历史,因为它无视语言演变所产生的意料之外的风格效果(及其他),它们对于古典文本犹如铜锈对于古代文物一样,时间的痕迹参与着作品的生命,力度过强的修复必然破坏文物的生命,文物过新也不符合历史真实。最正确的态度似乎应该是既考虑到原始的成义动机(外延动机),也重视历史添加的风格价值(内涵价值):知道 heureux succès 之表示"成就"并承认后来增加的风格价值有助于文本的美学品味。口号应该是:涉及由原发性动机支配的外延领域时持纯粹主义态度;而对于作者永远无法完全控制、更多取决于读者注意力的典型化范畴,则取宽容态度;当然,拟就口号总比执行口号容易得多。

然而,如果说历史的破坏能力不比它的建设能力更强,那么前者至少与后者是平分秋色的,因此,风格效应同样承受时间的剥蚀。例如,今天我们已经司空见惯的 réussite 一词,在 17 世纪却有着强烈的意大利色彩,是不大审慎的说法。在这种情况下,风格的捕捉依赖于恢复历史信息的努力,反之,则依赖于意义的保存。这些程序的复杂性,说明文学领域与其他领域一样,作品的"接受"不是一件简单事,或者循规蹈矩,或者变化无常,但是,积极而又谨慎的态度既要求慎重,也要求开创性,使审美关系中尽量包括更多的知识:知识与品味相得益彰。

因此,风格是条件式文学性的绝好场所,这里的文学性是指并非由诸如虚构性或诗体形式等构成标准自然赋予的文学性。"场所"恰恰意味着不是"标准",或不是"足够的条件":因为任何文本都有风格,那么,按照推理,似乎任何文本都应该是文学文本,而实际上任何文本只能具有潜在的文学性。风格是一种形态,可以接受审美判断,就其主观定义而言,风格形态决定着相对的文学性(即依赖一种关系),且不能奢求任何普遍性。小说或诗的文学性逻辑上一定会得到认同(因为小说和诗是"文学体裁"),除非把价值判断(如"这部小说很粗俗")错当作事实判断("这部小说不是一部文学作品")。相反,米什莱、布封(Buffon)或圣西门(Saint-Simon)的一页文字(如果我们不考虑历史、自然史或结构性文学体裁形式之回忆录等因素),或民法某句话的文字是否具有文学性，则依赖其风格的审美评价，还有其他因素①。

由于风格始终陪伴着语言，成为语言的典型侧面，自然这一侧面不可能缺少结构性文学性：说得天真一些，福楼拜或波德莱尔与米什莱或圣西门拥有"同样多的"风格。但是，它并非独自决定他们的审美判断，从这一视点看问题，它是审美乐趣的补充论据和担保。一部小说不需要"写得很美"才属于好文学或坏文学；这并不是一个了不起的功勋（更准确地说，隶属之事与功勋范畴无关），只要是小说，亦即只要是虚构，就是文学作品，正如一首诗只要符合诗的行文标准就是诗一样，当然诗之行文标准是随着历史和文化的变化而变化的。

从某种意义上说，风格决定最低程度的文学性，这句话的意思并非是说它所决定的文学性比其他文学性更弱小，而是说这部分文学性不是由其他标准（如虚构性、诗歌形式）决定的，完全依赖于读者的评价。反之，不管其审美投资有多偶然，这份最低程度本身之物质性是不可缩减的，因为它以文本的存在形式而出现，与文本内容密不可分却又互相区别。没有透明的感知不到的言语，因为不可能存在。从接受者的角度看，似乎存在着种种不透明的状态，例如一门一窍不通的外语的词汇和语句对于我们每个人都是如此。最常见的情况是中间状态，或混合状态，其中语言作为符号而消失，但是作为形式却依稀可见。语言既不是完全的导体，也不是十足的绝缘体，它永远处于半导体或半封闭的状态，即永远是可理解的、外延的和可感知的，永远可以具有典型。萨特曾经说："符号的暧昧性意味着既要透过玻璃追寻它的表意对象，还要回到它的现实视其为物质②。"萨特关于诗之语言的话适用于任何言语。

读者也许已经明白，我们这里的目的不是要在关于风格之新定义的基础上建立新的风格分析实践。从某种意义上说，如斯皮策等风格学家的现有实践，似乎比这个学科留给我们的方法论原则或理论宣言

---

① 这是一个保护性措辞：也许还有其他情况亦呈现出条件型文学性，如非虚构性叙事文的某些叙述手段（参见上篇文章关于1988年4月4日《纽约时报》涉及拍卖凡高画的那段引语）。但是，如果我们从广义上理解"风格"，它显然包括这一切，原因不必赘述。

② 《情境集》，II，第64页。这显然适用于任何表现形式，尤其是艺术表现：参阅 J.-M. 谢弗为 A. 丹托（A. Danto）《平庸之透视》（*La Transfiguration du banal*）一书写的序言，巴黎，瑟伊出版社，1989，第17页。

更忠实于风格的本来面目,批评家们潜心风格研究时还要更胜一筹。要言之,这里建议的定义与另一定义相比,唯一的功绩似乎更适合普鲁斯特分析福楼拜风格时的方式:他没有追寻福楼拜小说的什么地方、什么情况下出现风格"事实",而是他在不断使用语言中形成了何种风格,何种独特而又和谐的世界观通过时态、代词、副词、介词或连词等的独特使用而表现和传达出来。这种"改变原文本的综合"不是可以从孤立的细节中能够获得的,另外,孤立细节之捕捉还要求一套复杂的"仪器",这种综合与构成文本之存在的语言网络密不可分。我记得在瑟里齐(Cerisy)的一次旬会中,曾经有过一位风格学家与一位批评家的交流,这次交流从某些方面成为这场争论的标志。热拉尔德·安托万(Gérald Antoine)在通报他的学科现状时,引用了艾比·沃伯格(Aby Warburg)的一句名言:"上帝就在细节之中。"这句话堪称风格学家们的格言。让-皮埃尔·里夏尔(Jean-Pierre Richard)以一个真正的结构主义者的身份回答说:"我更觉得,上帝就在细节之间。"① 如果我们假设上帝在这里代表风格,而细节之间还有其他细节以及它们之关系的整个网络,那么结论是不言而喻的:风格确实就在细节之中,然而存在于所有细节以及它们的所有关系之中。"风格事实"就是言语本身。

---

① 见乔治·布莱主编的《现在的批评道路》(*Les Chemins actuels de la critique*),巴黎,普隆出版社,1967,第 296、310 页。

热奈特著作年表

Figures I
coll. Tel Quel, 1966
coll. Points Essais, 1976

Figures II
coll. Tel Quel, 1969
coll. Points Essais, 1979

Figures III
coll. Poétique, 1972

Mimologiques
coll. Poétique, 1976
coll. Points Essais, 1999

Introduction à l'architexte
coll. Poétique, 1979

Palimpsestes
coll. Poétique, 1982
coll. Points Essais, 1992

Travail de Flaubert
coll. Points Essais, 1983 (*collectif*)

Nouveau discours du récit
coll. Poétique, 1983

Seuils
coll. Poétique, 1987

Fiction et diction
coll. Poétique, 1991

Esthétique et poétique
coll. Points Essais, 1992

L'Oeuvre de l'art
Immanence et transcendance
coll. Poétique, 1994

L'Oeuvre de l'art
La Relation esthétique
coll. Poétique, 1997

Figures IV
coll. Poétique, 1999

Figures V
coll. Poétique, 2002

Métalepse
coll. Poétique, 2004

Bardadrac
coll. Fiction Cie., 2006

批评译文选

文 本 理 论

(法)罗兰·巴特①

对于一般舆论而言,何谓文本呢?文本是文学作品的现象表层,是进入作品并经安排后确立了某种稳定的且尽量单一意义的语词的编织网。尽管其概念的局促和低调(归根结底,文本仅是视觉器官可感知的某种客体),文本参与了作品的精神光辉,它是作品平凡但却必要的支柱。结构上与书写相关联(文本即写成之文字)的文本,也许因为即使以线性形态出现的字母的布局本身,也比话语更能昭示编织物(从词源上讲,"texte"即"编织物")的交织状,在作品中担保所写之事,汇聚了种种保障功能。一方面,保障书写文字的稳定性和持久性,以纠正记忆之脆弱和不准确性;另一方面,保障书写文字的合法性,因为它是毋庸置疑的不可磨灭的痕迹,保障作品作者有意加入其中的意义。文本是抗拒时间、遗忘和极易重复、异化和否认的话语之狡辩性的武器。因此,文本概念历史地与一系列建制相关联:如法律、宗教、文学、教育等;文本是某种"法"物,它以书写形式参与了社会契约,迫使并要求人们遵守它和尊敬它,反之又影响着(它本质上并不拥有的)某种无法估计的表语言语:安全言语。

一、符号的危机

从认识论的视角看,经典词义上的文本是某种以符号为中心的观念整体的组成部分。现在,人们开始明白,符号是一种历史观念,一种

---

① 本文译自法国《通用大百科全书》,1985年版,第996—1000页。词条原文"Théorie du Texte"写于1973年。译文完成于2006年10月。

分析的(甚至意识形态的)赝象,我们知道,有一种符号文明,这便是从斯多葛学派到20世纪中叶的我们的西方文明。文本概念意味着书写信息被结构成符号:一方面是能指(即字母及其联结成语词、语句、段落、章节的物质性),另一方面则是所指,即具有原初性、单义性和终结性的语义,后者由承载该语义的符号之间的关联决定。经典意义上的符号是一个封闭性单位,其关闭终止语义,阻止其动摇、分化、蔓延;经典文本的道理相同,它关闭作品,把作品拴定在它的文字上、束缚在它的所指上。它因之而介入两类活动,其宗旨都是修补无数(历史的、物质的或人为的)原因可能从符号之完整性上打开的缺口。两类活动分别是恢复和阐释。

作为能指(字母的顺序和确定性)物质性本身的堆积,文本由于某种历史原因而迷失或异化时,则要求重新发现,要求"恢复"本来面目,这一工作于是即由语史学这门学科和文本批评这种技巧所承担;然而,这并非全部,由承续节段与原初版本相吻合所决定的书写文字的忠实准确性换喻式地与其语义的准确性相混淆;在经典世界里,从能指法则演绎出了所指法则(反之亦然);两种合法性相互吻合、相互贡献:文本的忠实性源自其缘起、意图和应予保持或重新发现的经典意义;于是文本成了所有释义学的对象本身;人们自然而然地从能指的"恢复"过渡到所指的经典阐释;文本是驻足着某种唯一、"真实"、终极意义的作品之名;它是权威地确定某种永恒解读规则的一种科学"工具"。

这种(经典的、制度化的、常见的)文本观显然与一种形上观即真理观相关联。如同发誓验证话语一样,文本验证书写文字:其忠实性、缘起、意义,即其"真实性"。数世纪以来,发生了多少真理之争,而以一种意义反对另一种意义的无数争论,面对符号之不确定性而引起的无数焦虑,试图确定它们的无数规则,也竞相发生和出台。正是有时很血腥、永远激烈的同一历史,把真理、符号和文本联结在一起。然而,这也是相同的危机,上个世纪发生在真理观领域(尼采),如今发生在言语理论和文学理论领域,由符号之观念批评和新文本代替语史学家之老文本而引发。

这场危机是由语言学本身引起的。(结构)语言学以含混的(或辩证的)方式,把(由能指和所指构成的)符号概念科学化,似可视为某种意义形而上学的胜利结局,但是,它也以其专断性自身,迫使指意机器偏移,将其毁灭和颠覆;正当结构语言学的鼎盛时期(1960年前后),大多来自语言学领域的新进学者们,开始陈述某种符号批评和某种新文本（以前称作文学文本）理论。

在这种转变过程中，语言学发挥了三重作用。首先，当卡纳普（Carnap）、罗素（Russell）和维特根斯坦（Wittgenstein）等人把逻辑学思维变为语言思维时，语言学向逻辑学靠拢，使研究者习惯于用可靠性标准代替真理标准，把整个认同言语从内容中抽离出来，挖掘言语同义反复变化的丰富性、微妙性或无穷性：通过形式化实践，人们被引导到学习能指及其独立性和发挥广度的方向。其次，由于布拉格团体和雅各布森（Jakobson）的研究成果，学界勇敢地调整各种言语的传统布局：文学的一大块被以诗学的名义转移（瓦莱里（Valéry）曾经谈论过这种转移的必要性）到语言学领域（不在教学中就在研究层面），并因此而逃避了文学史的裁决领域，视其为思想和文类简史。最后，由索绪尔（Saussure）于世纪之初即创建，但1960年前后才真正发展起来的新学科符号学，至少在法国，主要向文学言语的分析倾斜；语言学止于句子，清楚地给出句子的构成成分（义素、符素、音素）。然而句子之外呢？（如果我们放弃经典修辞学的规范区分）言语的结构单位是什么呢？这里，文学符号学需要文本概念，文本是大于或低于句子、结构上永远不同于句子的言语单位。"文本概念与语句概念不处于同一层面……在这个意义上说，文本应该有别于段落，后者是由若干语句构成的排印单位。文本可能与一个语句或整本书吻合……它自成一个体系，不要把该体系等同于语言体系，但与语言体系关联起来：一种既毗邻又相似的关系"（兹·托多罗夫（T. Todorov））。

在严格的文学符号学内，文本是语言现象的某种形式上的包容物；指意语义学研究（而不再仅仅是信息传达研究）和叙述句法或诗语句法研究正是在文本层面展开的。更接近修辞学而比较疏远语史学的这种新的文本观，却要求服从于实证科学的原则：文本的研究方式既是内在的，因为禁绝任何内容方面和决定因素（社会学的、历史的、心理学的决定因素）的参照，又是外在的，如同在任何实证科学中一样，文本只是接受学者主体在一定距离下考察的对象。因此，在这一层面，我们不能奢谈什么认识论转型。当语言学和符号学的成果在基本上由辩证唯物主义和精神分析两个不同认识阶（*épistémés*）的内在关联所决定的新的参照场域随意处置（相对化：摧毁—重新建构）时，认识论的转型便开始了。辩证唯物主义参照系（马克思、恩格斯、列宁、毛泽东）和弗洛伊德学说参照系（弗洛伊德、拉康），肯定能帮助找到新的文本理论的支柱。事实上，新科学的建立仅有旧科学的深化或扩展（从句子语言学过渡到作品符号学即是这样)是不够的,需要不同甚至平素相互陌生的认识阶的会合(如马克思主义、弗洛伊德主义和结构主义的会合),而且该会合产生新客体(问题不再是旧客体接受新方法了)。现在,人们把这种新客体叫做文本。

二、文本理论

人们决定用以界定文本的言语并非相安无事,因为文本理论置任何陈述行为包括它自身的陈述行为于危机之中:文本理论立即批评任何元言语,修正科学性言语,正是在这一点上,它开创了真正的科学转型,因为人文科学至今从来不曾质疑自己的言语,视其为某种简单的工具或者纯粹的透明体。文本是某种言语节段,自身也被置于言语的视野中。提出关于文本的某种知识或理论思考,意味着提出者自己以这种或那种方式,重回文本实践。文本理论自然可以以和谐和中性的科学言语陈述,这至少包含着示范和教学内容;在这种陈述方式之外,人们完全有理由把大量讨论言语反映性和陈述思路之不同文本(不管是体裁不同,还是形式各异)纳入文本理论:文本可以通过定义走近我们,然而也通过(或许更通过)隐喻。

文本的定义主要是由朱丽娅·克里斯特瓦(Julia Kristeva)出于认识论目的而确立的:"我们把文本定义为某种贯语言实体,该实体使直接瞄准信息的交际话语与以前或同时的各种陈述文发生关系并因此而重新分配语言顺序";隐含在该定义中的主要理论观念应该归功于朱丽娅·克里斯特瓦。

表意实践

文本是一种表意实践,符号学非常重视这种实践活动,因为发生主体与语言会合的工作在文本中堪称典范:文本的"功能"即一定程度上"戏剧化地演示"该工作。何谓表意实践呢?首先,它是具体化为一系列意指类型(而非符号的某种通用矩阵)的某种"差动"的表意体系。这种"差动"(区别)要求是布拉格学派提出来的。它意味着意指活动不仅因能指材料的不同(该差别建立了符号学)而相异,还因陈述者主体的多重性(其不稳定的陈述活动总是发生在他者的目光下和言语下)而不同。其次,它是一种实践。这即是说,意指不发生在索绪尔所设想的抽象层面(语言),而随活动随工作的进展发生,主体和他者的论争以及社会背景同时且一下子都投入该活动、该工作之中。表意实践概念恢复了言语的积极的能动性；然而它意味中的行为（认识论转型因此而发生）不是（斯多葛学派和笛卡儿哲学已经描述的）知性行为：主体不再拥有笛卡儿"我思故我在"的完美的统一性；这是一个多重性主体，直至今日，只有精神分析法有可能走近他。任何人都不可能奢望把交际活动局限在语言学提出的"发送者、途径和接收者"的传统的简单图式之中，除非无形中依靠某种传统主体形而上学或某种经验主义，后者（有时带有挑衅性）的"天真"也不失为一种形而上学；事实上，多重性立刻以各种类型的矛盾面貌处于表意实践的核心；尽管我们暂时同意从中分离出一种来，但表意实践永远属于某种辩证法，而不属于分类法。

生产力

文本是一种生产力。这并不是说，它是某种工作的产品（例如叙述技巧和风格之把握可能要求的那样），而是文本生产者和其读者相遇其间的生产舞台本身：每时每刻，且无论从哪个角度看，文本都在"工作"；即使写成（定型）以后，文本仍然不停息地工作，维持着某种生产程序。文本工作什么呢？工作语言。它毁坏交际的、再现的或表达的语言（个人主体或集体主体可能存有模仿幻觉或表达幻觉的语言），而建立另一种体积庞大的、既无底层也无表面的语言，因为其空间不是语象、场景和环境空间，而是组合游戏的立体空间，一旦我们走出日常交际（受舆论和常规制约）以及叙述真实或言语真实的限制，上述组合游戏就会无穷无尽。例如，只要写作者和/或读者开始与能指游戏，或者（如果是作者）不断地生产"文字游戏"，或者（如果是读者）发明游戏意义，即使文本作者没有预设这些意义，即使因为历史原因不可能预设这些意义，那么，生产力就发动起来，再分配得以进行，文本就倏忽而至：能指属于大家；其实，不知疲倦工作的是文本，而不是艺术家或消费者。生产力的分析不能局限为语言学描述；应该或至少附加其他分析途径，如数学途径（数学分析可以说明集合和子集游戏，即表意实践的多重关系）、逻辑途径、拉康的精神分析途径（挖掘能指的逻辑）和辩证唯物主义途径（后者承认矛盾）等。

成义过程

人们可以赋予一文本一种单一的并且一定程度上规范的意指；这正是语史学和阐释批评的努力方向，前者追求细节意义，后者探求宏观意义;阐释批评试图表明,文本拥有某种总体的、神秘的意义,该意义根据不同学说而变化:精神分析批评追求生平意义,存在主义批评探索某种计划,马克思主义批评则寻找社会历史意义,等等;人们对待文本的态度,犹如文本是某种客观意指的积淀,而这种意指好像被掩饰在作品—产品之内。然而,一旦文本被视为某种生产活动(而不再是产品),"意指"就不再是一个合适的概念。当我们把文本视为一种多义空间、多种可能意义交叉其间时,就已经有必要把意指概念从单一逻辑的、合法的身份中解放出来,并将其多重化:内涵概念或附属义、衍生义、附加义体积,嫁接在外延信息上的语义"振动"积,就是服务于上述解放的。当文本被作为不可能参照一种或多种固定所指的能指的灵活游戏而解读(或写作)时,那么就更有必要把属于产品、陈述文、交际活动范畴的意指概念与表意工作概念明确区别开来,后者属于生产、陈述和象征活动范畴:我们把这种工作叫做成义过程。成义生产是一种过程,在这种过程中,文本"主体"由于离开了"我思故我在"型自我的逻辑而步入其他逻辑(能指逻辑和矛盾逻辑),与意义发生冲突且自我消解("自我迷失");成义过程直接区别于意指的地方,就是它是一种工作,但不是(未受触及和外在)主体试图驾驭语言(例如风格工作)的那种工作,而是主体透过这一过程发掘一旦自己进入语言(而非监控语言),后者如何作用于主体并消解主体的彻底工作(它不会让任何东西不受触及);如果愿意的话,我们可以把它称为"特定语言场域中无尽的潜在活动程序"。因此,成义过程与意指相反,不能浓缩为交际、再现和表达:它把(作家的、读者的)主体置于文本之中,不是作为某种投射,哪怕是幻觉式的投射(不存在"搬移"某种建构主体的事),而是作为某种"沉入"(取该语词在洞穴学中可能拥有的意义);它由此而等同于享受;正是通过成义过程概念,文本变得色情化(因此,它根本无须再现色情"场面")。

现象文本与基因文本

我们还应该把现象文本与基因文本的区分归功于朱丽娅·克里斯特瓦。现象文本是"呈现于具体陈述文结构中的言语现象本身"。无限的成义过程其实是通过某偶然作品而进行的;这种偶然层面相当于现象文本。(符义解析之前和之外)人们常用的分析方法适用于现象文本;音位、结构和语义描述,概言之,结构分析适合现象文本,因为这类分析不提出任何关于文本主体的问题:它与陈述文而非陈述活动相关联。因此,现象文本可以无不和谐遗憾地属于符号和交际理论。总之,它是符号学的优先对象。而基因文本则"提出陈述行为主体之构建独有的逻辑程序问题";这是"现象文本的结构化场所",是一个兼具言语和冲动的多质领域(在该领域内,"符号是由冲动投放的")。因此,基因文本不能仅属于结构主义(它是结构活动而非结构),也不能独属精神分析(它不是潜意识的处所,而是潜意识的"根蘖");它属于某种普遍的多重的逻辑,后者不再是单一的知性逻辑。基因文本自然是成义过程的场域。从认识论视角看,符义解析就是通过基因文本概念而超越传统符号学的,后者仅试图结构陈述文,而不寻求知晓主体陈述时是如何转移、偏离和迷失的。

互文性

文本重新分配语言(它是这种再分配的场域)。这种解构—再建构的途径之一即调换先前存在或依然存在于对象文本周围并最终存在于对象文本之内的种种文本和文本碎片:任何文本都是互文文本;其他文本存在于它的不同层面,呈现为或多或少可辨认的形式:先前文化的文本和周围文化的文本;任何文本都是过去引语的重新编织。种种规约碎片、格式、节奏范式、社会言语之片段等,进入文本,并在文本中被重新分配,因为文本之前和周围永远有言语存在。作为任意文本之条件的互文性,当然并不浓缩为某种源泉或影响问题;互文文本是无名格式和无意识引语或自动引语的总场域,无名格式的缘起很少能搞清,而引语被引用时也不加引号。在认识论方面,互文文本概念给文本理论带来了社会性容积:此即进入文本的先前的和同时代的整个言语,该言语不是按照可核查的承启途径和自觉模仿途径,而是按照扩散途径进入文本的,扩散这一形象保障了文本的生产力身份,而非再生产形态。

架构文本理论的上述主要概念,总体上都与语词"文本"之词源本身所喻示的形象相吻合:文本即"编织";然而,以前文学批评(文学理论在法国所熟悉的唯一形式)仅把重心放在"编成物"上边(文本犹如一块"幔布",需要到其背面探询真理和真实信息,总之探询意义),现在的文本理论与文本—幔布相背离,并试图从编织过程中,从规约、格式、能指的交织中发现编织物,主体就置身并消解于这种交织之中,犹如分解于自己网中的蜘蛛一样。新词的爱好者不妨把文本理论界定为"hyphologie"(即编织物、幔布和蜘蛛网)。

三、文本与作品

　　文本不应该与作品相混淆。一部作品是一件完成物品,可以计算页码,可以在图书馆的书架上占据位置;文本则是一个方法场。因此,人们无法(至少正常地)计算文本的相关数据;人们最多只能说,在某部作品中,有(或没有)文本:"作品捧在手中,文本寓于言语中。"我们还可以用另一种方式说,作品可以用与言语异质的术语界定(从书的开本到产生该书的社会历史的决定因素),而文本却完全与言语保持同质:它只是言语,且只能通过另一种言语而生存。换言之,"文本只有在某种工作中、生产中,才能被感知":通过其成义过程。

　　成义过程呼唤(能指对于自我的)无限工作的思想,因此,文本不再能准确地(或学理要求的那样)与言语科学迄今承认的语言学单位或修辞学单位相吻合,后者的划分一直包含着某种既成结构的思想;文本并不一定背离这些单位,但是超越它们,或者更确切地说,文本没有义务与它们保持一致;既然文本是"体"的(而非"数"的)概念,我们可以在由始至终的整个言语范围内发现文本。众所周知,这一范围传统上被划分为两个泾渭分明的异质区域:任何小于或等于句子的言语现象理所当然地属于语言学,一切超越句子的成分属于"言语",言语是旧的规范科学修辞学的对象。诚然,风格学和修辞学可以研究小于句子的现象(如选词、叠韵、辞格);另外,某些语言学家曾试图创立某种语篇语言学(speech analysis);然而,这些尝试都不能与文本分析的工作相比拟,它们或者已经过时(修辞学),或者局限性太大(风格学),或者沾染着元语言学思想,仅置身陈述文之外,而不投入陈述活动之中。

　　成义过程是工作中的文本,它不承认言语科学强制划分的领域(这些领域可以在现象文本层面得到承认,但却不能在基因文本层面);成义过程是言语未确定性时隐时现、捉摸不定的微光,依稀存在于作品的所有层面:存在于声音之中,声音不再被视作专门确定意义的单位(音素),而被视为冲动运动;存在于义素之中,义素较少语义单位的性质,更是种种联结之树,并被内涵和潜在的多义性带入一种普遍化的换喻之中;存在于义群之中,其中互文性的冲击和回应比正统意义更重要;最后还存在于语篇之中,其"清晰性"被不同于纯粹直陈式逻辑的某种多重逻辑所超越或所复加。言语科学"场所"的这种翻覆使成义过程(处于文本特殊性中的文本)与弗洛伊德开始描述的梦的工作很具亲缘性。但是,这里应该说明,并非一部作品的"荒诞性"优先地一定使它与梦接近,而更是能指的工作,不管其"荒诞"与否:"梦的工作"与"文本工作"的共同之处(除了本弗尼斯特(Benveniste)发现的某些程序和形象以外),在于它们都是非贸易性的、超脱了"计算"的工作。

我们由此明白,文本既是一个科学概念(或至少是一个认识论概念),同时也是一种批评价值,可以根据作品中成义过程的疏密程度评判作品。这样,文本理论赋予现代性文本(从洛特雷阿蒙(Lautréamon)到菲力普·索莱尔(Philippe Sollers))的优势是双重的:这些文本具有典范性,因为它们(以前所未有的程度)展现了"符义在言语中以及与主体的工作",还因为它们实际上构成了反对传统意义意识形态之束缚(一虚构主体的"真实感"、"清晰感"和"表达感",说其虚构,乃是因为被构成得活似一个"人",等等)的呼声。不过,由于文本是"体"的(而不是"数"的),由于它并非一定与作品相混淆,我们有可能在旧时的生产中发现"文本",大概程度要低一些。一部经典作品(如福楼拜、普鲁斯特的作品,为什么不是博絮埃(Bossuet)的作品呢?)可能包含种种写作提纲或片段;游戏、能指游戏可能出现在(工作于)作品中,尤其当我们同意把阅读活动纳入文本实践—理论中规定了这一内容,而不再仅仅包括书面文字的制作活动时。同样,仅就书面领域而言,文本理论不以为有责任遵守"好"、"坏"文学的习惯区分;文本的主要标准有可能至少孤立地存在于被高雅的、人道主义文化(其规范由学校、批评界和文学史界等确定)所摈弃或所鄙薄的作品里;互文文本、文字游戏(能指游戏)可能出现在很通俗的作品里,成义过程可能存在于传统上被排除在"文学"之外的所谓"谵妄"文字中。

更有甚者,从学理上,我们不能把文本概念局限在书面文字(文学)内。清晰语言(或母语)出现在某种生产中可能使该生产的成义过程更丰富。由于源自规约性很强的体系,建构性很强的言语符号遇到的破坏性冲击力更大。然而,只要有能指的超越,就有文本;成义过程对能指材料("物质性")的依赖仅发生在能指的分析方式中,而非它的存在中。为了把成义过程的考察无限扩展,只需(借用克洛岱尔(Claudel)评论马拉美的一句话)"目光朝外,不是观景……而是面向一部文本"。所有表意实践均可能产生文本:绘画实践、音乐实践、影视实践等。在某些情况下,作品自己准备着被定型化的类别和级别的颠覆:切莫忘了旋律,文本理论视之为一部文本(堪为纯粹肢体能指的合声和言语的混合),远甚于一种音乐类型,还有当代绘画的鲜明例证,说实话,许多时候,它既非绘画,亦非雕刻,而是"物体"的生产。诚然,这很正常,如今,书面物质领域的文本分析远比其他物质领域(如视觉领域、听觉领域)发达。这种领先,一方面得力于一种先于意指的科学的存在(尽管它不是成义过程),即语言学;另一方面受惠于清晰言语(与其他"言语"相比较)的结构本身:其符号区分明确,且直接作能指("语词"),而语言是具有阐释其他表意体系并且具有自我阐释能力的唯一符号体系。

文本理论之趋向于消除文类间和艺术间的分野,那是因为它不再把作品视作单纯的"信息"甚至视作"陈述文"(即完成产品,一旦发表其命运就此告终),而视作永久的生产过程,视作陈述活动,主体通过它们继续挣扎;这个主体大概是作者主体,但亦是读者主体。文本理论因此而提升了一个新的认识对象:阅读(阅读几乎是所有传统批评鄙视的对象,传统批评的基本兴趣或者在作者其人,或者在作品制作的规则,历来都很轻视读者,以为读者与作品的关联就是简单的投放关系)。文本理论不仅无限扩大了阅读的自由(允许以全新的现代目光阅读过去的作品,直至阅读诸如索福克勒斯(Sophocle)的《俄迪浦斯王》时为其注入弗洛伊德的俄迪浦斯情结,或者从普鲁斯特入手阅读福楼拜也合情合理),而且非常强调写作与阅读(在生产方面)的同等性。可能有些阅读仅仅是单纯的消费:这正是那些在其整个过程中成义过程受到阻碍的阅读;反之,在真正的阅读中,读者是一个不让须眉、一心想写作的人,一心投入言语色情活动的人。文本理论可以从阅读习惯中找到详尽的历史说明;无疑,当今的文明趋向于变阅读为纯粹的消费,把阅读完全与写作分离开来,从而使阅读平淡化;不仅学校以教授阅读为己任,不再像以前那样重视写作(即使是大中学生按照很传统的修辞学规矩写作),而且写作本身也遇到拒绝,被禁锢在专家们(作家、教授、知识分子)的圈子里:经济、社会和制度条件都不再允许承认从前存在过,且一个解放了的社会可能存在的这一特殊的实践者——业余爱好者。

四、文本实践

按照传统,艺术作品大致可以属于两门科学:历史科学和语史科学。两门科学,或者说两类言语的共同点(这也是它们与所有实证科学所分担的共同约束),即它们构建的作品是一个封闭物,与观察者保持一定距离,由观察者从外部考察。文本分析主要对这种外在性提出质疑,丝毫不以多少带有印象主义的某种"主体性"("主观性")权利的名义,而出于言语的无限性;任何言语对另一种言语都不具有优势;元言语是不存在的(这是精神分析建立的命题),写作主体和/或阅读主体不是与物(作品,陈述文),而是与场(文本,陈述活动)发生关系:它自身亦处于某种拓扑学(话语的处所科学)之中。文本分析趋向于用某种批判科学,即质疑自身言语的科学的思想,取代某种实证科学观,即先前的历史和文学批评以及如今的符号学科学观。

这一方法论原则并不强求对作品之规范科学(历史、社会学等)工作的摈弃,而引导人们部分地、自由地、尤其是相对地使用它们。因此,文本分析绝不拒绝文学史或通史提供的信息;它所反对的,是作品处于某种纯粹进化运动之中的批评神话,按照这种神话,作品似乎应该永远与作者个人(文化的、历史的、情感的)相关联、相和谐,作者乃作品之父;文本分析不喜欢承启和有机"发展"类比喻,而偏爱网络、互文文本、多因场和多重场一类隐喻。语史科学(这里,我们把阐释性评论列入这门科学)也应做同样的修正和改变:一般来说,批评试图发现作品的意义,即隐蔽程度不同、不同批评家认为藏匿在不同层面的意义;文本分析指斥最终所指的思想:作品并不停息、并不自我封闭;于是,问题较少是解释甚至描写性质,而更多的是进入能指游戏:(如果文本允许时)也许可以罗列这些能指,但不把它们等级化;文本分析是多元的。

朱丽娅·克里斯特瓦建议把文本分析叫做"符义解析"。确实有必要把文本(取我们这里赋予该词的意义)分析与文学符号学区分开来;而两者最明显的区别在于对精神分析的参照与否,符义解析参照精神分析,文学符号学则不参照精神分析(它仅分类陈述文并描述它们的结构运行情况,而不关心主体、能指和他者之间的关系)。符义解析不是一种单纯的分类方法;诚然,它对体裁类型学感兴趣,但恰恰是为了用文本类型学取而代之:辩证地说,符义解析的对象是现象文本与基因文本的交叉;俄罗斯后形式主义者和克里斯特瓦之后,学术界把这种交叉称作"意识素",意识素概念可以在互文文本的基础上结构文本,并"在社会文本和历史文本的范围内思考文本"。

但是,不管文本理论试图在符义解析或文本分析名义下确定的种种方法论概念或单纯的程序概念面目如何,这一理论的确切前景,论证该理论的它的自身发展,不是这种或那种分析秘诀,而是写作本身。让评论自身成为一种文本,简而言之,这就是文本理论的要求:分析主体(批评家、语史学家、学者)如果没有恶意且有意为之,确实不可能自以为置身他所写的言语之外;其外在性只是暂时的和表面的:他自己也在言语之中,且应该尽其所能,最"严谨"、最"客观"地承担其进入主体、能指和他者三头结的职能。书写文字(文本)全面完成这种进入,而不必求助于某种谬误元言语的虚假距离:文本理论建立的唯一实践即文本自身。我们来看看后果:总之,整个"批评"(作为"关于"作品而发的言语)都过时了;一个作者谈论一部过去的文本,那么只能通过自己生产一部新文本(进入到互文文本的未分化的增殖中)的方式:批评家不再存在,只有作家。我们还可以再做说明:文本理论根据自身的这些原则,只能生产出理论家或实践家(写作家),却绝对生产不出"专家"(批评家或教授)来。因此,作为实践,它自己参与对它作为理论所研究的文类的颠覆。

文本的写作实践是文本理论真正的设定对象:因此它更多地针对写作主体—生产者,而非批评家、研究者和大学生们。这种实践(如果我们想把它与单纯的风格工作相区别)意味着我们超越了言语的描述或交际层面,而准备好展示其生殖能量;它要求我们接受一些程序:如陈述活动中普遍使用调换字母顺序式变形(使用"文字游戏")、多义性、对话性、或愚弄并挫伤内涵义的空白写作式相反形式、人物和时间的非理性(无真实感的)变化、文本的写作与阅读关系和发送者与接受者关系的持续颠覆等。因此,这是一种向构成我们日常社会性的主要类型如感知、理解、符号、语法甚至科学发起严重挑战的实践。

我们由此明白,文本理论在目前的认识论画面中被"放置在不适当的位置"(但也明白,其力量和历史意义源自这种偏置):相对于传统的作品科学即先前和现在的内容科学和/或文字科学,它更像形式主义言语。然而,相对于形式主义科学(传统逻辑学、符号学、美学),它把历史、社会(以互文文本的形式)和主体(但这是一个裂变的、不停移动且被其潜意识之在场—缺席所解体的主体)重新引入自己的场域。由这种理论规定的批评科学是悖论的:它不是一门关于一般的科学(宪论式科学),文本没有"范例";它也不是一门具体科学(如表意文字的科学),因为文本永无完形,它处于种种规约无限的互动之中,而不停靠在作者某种"个人"行为终结后的港湾。最后,两个宾词能够反映这门科学的独特性:这是一门享受科学,因为任何"文本性"(进入成义过程场域的)文本都终究趋向于引发或经历主体在情欲享受中完全承受的意识消失(消除)现象;这也是一门变异科学(尼采要求越过事物粗糙形式而感知到的这种微妙的变异):"……我们还不够洞察入微,无法发现很可能绝对的变异的流逝;仅仅因为我们的粗糙器官能够概括事物并把它们引入共同层面,永恒才存在,其实没有任何东西以这种形式生存。树木是时刻更新的事物,我们肯定形式,是因为我们捕捉不到某种绝对运动的微妙性。"

文本也是这种树木,我们把它的(暂时)命名归结为我们器官的粗糙性。

参考文献

R. BARTHES, *S/Z*, Paris:1970;
 De l'oeuvre au texte, in *Revue d'esthétique*, n° 3, 1971;
 Le Plaisir du texte, Paris:1973.
J. BAUDRILLARD, *Pour une critique de l'économie politique du signe*, Paris:1972.
J. DERRDA, *De la grammatologie*, Paris:1967.
J. KRISTEVA, *Sèméiotikè. Recherches pour une sémanalyse*, Paris:1969.
 Le Texte du roman, La Haye-Paris:1970.
J. KRISTEVA & J.-C. COQUET, *Sémanalyse*, in *Semiotica*, n° 4, 1972.
J.-L. SCHEFER, *Scénographie d'un tableau*, Paris:1968.
P. SOLLERS, *Logiques*, Paris:1968.
T. TODOROV, *Texte*, in O. Ducrot et T. Todorov, *Dictionnaire encyclopédique des sciences du langage*, Paris:1972.
F. WAHL, *Texte*, *ibid.*, Appendice.

莱奥·斯皮策与风格学解读[①]

(瑞士)斯塔罗宾斯基

内容提要:这是斯塔罗宾斯基为斯皮策法文版文集《风格研究》一书所写的序言。文章全面总结并评述了斯皮策的风格研究方法及特点。

关键词:斯皮策　风格研究

　　莱奥·斯皮策(Leo Spitzer,1887—1960)从语史学开始,20世纪初德国罗曼语学者们给了他早期教育。在他那里,一切都是从最初的有益知识出发,然后奇迹般地扩展,这些知识使他熟悉了罗曼语系的演进机制。他的老师迈耶-吕博克(Meyer-Lübke,1861—1936)为他树立了系统并合理掌握言语材料的楷模:他可以以同样的精神持之以恒于历史语法、词源学和词汇学。他可以像贤师们那样,施展某种无限的洞察力,把演进语言学成就为一门正规学科。

　　斯皮策幸遇良师。成功教育的真谛,就在于引发优秀学生的智力解放,引发他带着接受的知识,奔向陌生的处女地。在《语言学与文学史》(*Linguistics and Literary History*,1948)一书序言中描画自己学术生涯的阶段时,斯皮策回顾了面对迈耶-吕博克"实证主义的"谨慎态度时他的不满之情和逆反心理,在他看来,迈耶-吕博克的著作关涉法语的史前史,而与它生动的发展史无关;逆反心理随后集中在文学史家们那些瞻前顾后的研究方面,斯皮策以为,它们因为竭力回避作品的活力,沉迷于相关问题、次要细节和无足轻重的注释而贻误读者。

[①]　系作者为1970年伽利玛版 *Etude de style*(《风格研究》)写的前言。作者斯塔罗宾斯基是瑞士日内瓦大学的文学教授,20世纪文学批评中日内瓦学派的著名批评家。

即使在语音变化的研究方面,斯皮策也无法满足于整个言语科学几乎一致赋予重要地位的机械规律。他偏爱胡戈·舒哈特(Hugo Schuchardt,1842—1927)的思想,后者坚定地反对"机械主义",并为论证有据的词源学和日常创新辩护。(斯皮策1922年发表了《胡戈·舒哈特手册。普通语言学教程》(*Hugo Schuchardt-Brevier. Ein Vademecum der allgemeinen Sprachwissenschaft*)一书)富有揭示意义的选择:它把斯皮策置于这样一些学者的阵营,他们并不彻底否定言语内在规律的存在,但优先关注表达的变化,寻觅说话者动机指向的痕迹。此即透过新词新义、变形、透过前所未有的句法结构,竭力与说话主体(个人或集体)对接。因此,把斯皮策的思想与从言语中追寻时代或人民天赋之区别性标志的浪漫主义语言学家们的思想联系起来并非不可能;我们还要补充说,通过实证调查和规律的系统化探索,斯皮策不啻上溯到了语言科学的源头本身。因为,正是他身上的叛逆性事实上拉近了他与学科创立者如迪茨(Diez)和格林(Grimm)等学者的距离。

比任何人都更擅长挖掘语言形态本身和演变线索的斯皮策,很快转向经常不稳定的不规则现象,这些现象中显示着个体对所占有语言资源的独特使用。激情、需要和生活目的引起意义的变化,这些变化有时是瞬间的,仅与说话者个人相关联,有时则是持久的,并很快融入共同语言。那么重要的是,又能发现这些变化并"诊断"出它所蕴涵的意义——在诊断中竭力确定造成变化的精神行为。这样,变化就被当作一种标志:真正的言语知识(即回答变化如何产生?)就只有工具价值并从属于变化为何发生的问题。我们在费迪南·德·索绪尔的日内瓦学生之一夏尔·巴伊(Charles Bally)那里也发现了同样的关注。[①] 然而,当巴伊从"语言现象"("faits de langue")即从居民群体为回答生活境遇而不具名创造的陈述方式中研究言语的生命时,斯皮策则试图深入到研究"话语现象"("faits de parole"),深入到检视体现作家独特个性的偏转和独特风格。他从来没有停下同时在共同表达领域(即索绪尔所谓的"faits de langue",斯皮策本人所谓的"Sprachstile")调查的脚步,但把自己的基本研究投放在创作者引入自己个体语言的"表达体系"方面(即索绪尔所说的"faits de parole",斯皮策则把一个德语复合

---

① 请特别参阅《普通语言学与法语语言学》(*Linguistique générale et linguistique française*)一书,第4版,伯尔尼,1965。

词颠倒为"Stilsprachen"以示区别；我们应当从法语中找到这种对立的相应表达方式：作为权宜之策，*Stilsprachen* 就变成"le langage du particulier"（个体言语），而 *Sprachstile* 则变成"particularités de langage"（言语的独特性））。

语言学向应用于文学作品的风格学提供它的资源。我们注意到，斯皮策的第一部作品是关于拉伯雷的语词创造的一个长篇论文，作为新词新义之风格学价值的例证（《以拉伯雷为例说明作为修辞学手段的词汇建构》(*Die Wortbildung als stilistisches Mittel exemplifiziert an Rabelais*)，哈雷，1910）。这个主题和标题都富有揭示意义，因为我们从中看到，斯皮策触及语言学的一个传统问题，即词的构成（*Wortbildung*），但是把构成功能从语言转移给了作家，或者更准确地说，把自己的注意力瞄准一位罕见的创造新语词的作家。这里，"新词新义的引入和使用"可以指称一个人，甚至可以归诸一项审美计划：从真实材料出发令人头晕目眩地生产某种非真实。由此，拷问语言现象之动因就不再仅出于某种合情合理的好奇心，而是一种揭示动机、目的、组织能力的必要的步骤。批评家观察到的异彩纷呈的现象，可以归结为某种统一的动机（某种"精神"，某种"气质"）。从语言学向文学认识的过渡就如此展开：语言在其变为文学的程序中被捕捉，在其运动中、在其被作品化、被"滥用"的过程中被捕捉；反之，文学是从其言语材料、从其文本风貌中被触及的。如果说文学的认识过程不啻于重温发生学的过程，其旅程却因作品中使用的语词和形式的整个"背景史"而大大延长，为意义构成作出贡献的所有"材料"关系也丰富了对作品的理解。

文学作品的风格学只是希望把自己的能力用于实践的语言学的诸种方向之一。如果简单地把斯皮策看做语史学的叛逆者，看做转向大作家的"批评研究"，我的意思是说，转向某种更高形式的文本解读，那等于错误地理解了斯皮策。斯皮策任何时候都没有离开纯语言学。纯语言学始终是他的核心战略阵地，是某种知识源泉。正因为纯语言学具有这种功效，在他看来，它不应囿限于学科划分为其分配的专业化界限。作为与意义相关的形式科学的语言学，具有解释学的禀赋，凡有言语需要解读、意义需要破译的地方，都普遍欢迎它的参与。由于风尚的帮助，法语读者对于如今把各种各样之文本建构——意识形态类、社会体制类、广告类等文本建构，都置于语言学类型之解读的种种举措，不再陌生。但是，一般而言，他不知道这种尝试并非新举措，探索早已开始,诚然,起始的基础与如今的结构语言学不同。斯皮策乃开路先锋之一,他于1948年即把风格学解读的技术应用于美国的广告语言(被视为一种大众艺术)。不管斯皮策在众多论文中赋予说话者个人主体即赋予艺术家的地位多么重要,太关注普遍问题的嗜好使他无法割舍对言语其他用途的挖掘。语言学作为一般批评的工具,应该被用于各种方向,用于留下说话者(思考者、想象者、幻想者、写作者、聆听者)痕迹的所有地方。代表作的风格学只是这种知识的一种应用——无疑是一种优先应用——后者不再囿限于某种谨慎的中性形态。如果我们自信拥有足以恰当掌控各种各样言语现象的阅读能力,其他宗旨就不会不浮现出来。它取决于研究者根据所察觉之呼唤对其调查坐标的确定。这是一种原则决定,视文学作品为受制于某种特殊和谐的封闭组织。另一原则决定不再把作品个性化,而是竭力破解文化形态(并确定其具有揭示意义的语义场),或者再现一个语词的历史以及与其相关联的思想史。

斯皮策实践了历史语义学(经常把它应用于共同语言从诗歌和哲学中吸收来的某些关键词),作为作品解释的对照性补充。《历史语义学论文集》(*Les Essays in Historical Semantics*,纽约,1948)——里边收有一篇研究"环境"(*milieu*)一词的优秀论文——对德语词*Stimmung*的哲学和语言学前辈的调查(《和谐世界的经典思想和基督教思想》(*Classical and Christian Ideas of World Harmony*),1945,1963年结集出版),显示了不再以作品为对象而是以思想潮流为对象的"语言学关注"的有效性。斯皮策曾经清楚地解释过风格学与历史语义学的互补性。《历史语义学论文集》的前言中有这样一段话:"本书所收集的文章大概提供了《风格研究》(*Stilstudien*,1928)的某种对应物……后者的主人公们是一个个作家,拙作从他们白纸黑字的话语、从他们独特的风格,研究他们的文学个性;而这里的主人公们则是语词本身,展现不同时代作者们如何使用它们的原貌;借用沃斯勒(Vossler)创立之二分法,显然,这些语词应该从超越个人的角度去观照,而向这些语词留下印痕的个性只能是文明的个性,尽管毫无疑问,文明是由无数个人的个性构成和装扮的(然而,个人仅赋予其文明一般情感以某种表达方式)。"如果作家与文化环境互相依赖,风格学与历史语义学远非互相对立,而是互相支持。任何个人形式都是从某种集体背景中脱颖而出的,后者本身已经是形式的某种汇集。这样,我们终于可以更正确地理解文化事实,因为,在承认作品审美自主性、把作品当作一个个完整世界拷问的同时,从另一角度,视它们为人类活动历史发展进程中之接受者和输出者的思路,也毫无不妥之处。作为共时审美结构之描述和共时关系之解读的风格学研究,很容易招致逃避历史的指责:不久以前,围绕结构主义的争论刚刚发生。对于斯皮策而言,历史到处都是隐晦的、暗含的、氛围性的:一部作品的形式永远都是从一定时期的材料开始获得的,而任何强势作品可以说都对历史产生影响,它既刻画它的历史时代,又受后者的刻画。在这方面,斯皮策本有可能受诱惑的驱使,建构某种系统的批评理论,把后者建立在某种文化哲学的基础之上。他不想把自己囚禁在这种牢笼之中,他更喜欢阐释日常的实践,巨大的好奇心激励他投身活生生的体验,他既反对知识分子的腼腆,又反对对方法走火入魔,用一种细腻精神驾驭他的实践。斯皮策没有把历史语义学与风格学之间的联系格式化,而是乐于维持它们之间丰富的往返关系。只要认真阅读他的著作,就会发现他的风格研究从历史语义学中获益匪浅,另一方面,关于语词史研究的主要接力棒又主要活动在文学名著之间。兴之所至,他喜欢用争论的方式肯定自己的原则,或者批评缺乏历史信息的风格学(美国的新批评),或者挖苦思想史(在与A. O. 洛夫乔伊(A. O. Lovejoy)一次值得纪念的争论中①),当他认为后者过分沉迷于意义单位的语义区分、过于重视无名小作而无视代表作的审美价值时。

  这种顽强的经验主义、执著地采用阅读灵感以及与经典大作的持久接触,我以为并非某种实证主义立场的结果,而是气质流泻的效果,是这位风格学家个人风格的显现。与他的许多同辈人一样,我们发现他深受生活活力的吸引:不管是面向作品,还是面向熟语或面向语词史,他的所有选择都旨在昭示鲜活的生命。他更喜欢从情感显现中挖掘共同言语,如从爱情语言中、从饥饿语言中(第一次世界大战期间,斯皮策在奥地利从事意大利战俘所投寄信件的检查工作②)。他本能地寻找言语的活跃形式、寻找话语戏剧化的领域:在文学作品中,调动语词的欲望品性使它们获得了强化语义;而语词史上的每代人都侵犯言

---

  ① "History of Ideas versus Reading of Poetry", *Southern Review*, VI (1941), p. 584—609. "Geisteschichte vs. History of Ideas Applied to Hitlerism", *Journal of the History Ideas* V (1944), p. 191—203.

  ② *Die Umschreibungen des Begriffes "Hunger" im Italienischen.* 哈雷,1921。(Beihefte zur Zeitschrift für romanische Philologie, n° 68.)

语遗产,因为新摩擦、新需要不断出现,新机构不断诞生。斯皮策的善意始终投向生命迹象。因此,他偏爱对统一原则的昭示。当他投身语义场的共时研究时,他并不寻求对差异体系的昭示(如同索绪尔理论可能向他建议的那样),恰恰相反,而是寻求某种聚合网。当德国人的历史精神(Geistesgeschichte)倾向于把一历史时期的文化现象浓缩为一种"时代精神"(Zeitgeist),并视后者为该时代文化现象严格的公分母时,他对这样的历史精神不屑一顾,然而,相对于支离破碎的分析,他更偏爱统一性的理解。因此,他呼吁谈论一时代之趣味或精神的权利,条件是仅仅把该趣味或精神作为"一时代或一种运动各种不同特征之总和,历史学家竭力视其为某种整体"。从历史精神中,他希望保留整体要求,而非咬文嚼字和神话学倾向以及夸大其词的共性;他准备保留思想史的清晰理性和丰富博学,前提是不沉迷于概念区分的灰尘之中。他希望从特定历史背景下的每个语词、每个概念中,承认与其不可分割、密切关联的某种情感的存在。

对鲜活的这种趣味,揭示统一中心的这种欲望,这种阻止莱奥·斯皮策心安理得地围限于纯语言学领域的焦躁心理,它们首先是一种个性的严格特征,然后才是某种方法的条款内容。人们预料会找到一个大学者,却发现了一个情感丰富的人!此种情况不啻为一段佳话,却有违斯皮策的初衷;他太特别,太受个人情感的影响,而难以成为人们效仿的楷模……反之,我从作者不可能把自己禁锢在自己单一学科中这一事实,从他打破学科堤坝的豪情中,从把语言学家改造为风格学家,然后再造就为文学批评家和思想深邃的诗人的气势中,看到了某种榜样的东西。限制的威胁压迫着他,在他看来,永远要克服某种孤立状态,永远要有胜利而出的豪情,永远要寻求某种切入点。他的清醒、他的激情部分是因为他的圈外人处境,即某种原初距离,他善于利用这种原初距离以期更好地缕清那些熟视无睹者无法看清的结构和价值。距离成就了"旁观者清",然而斯皮策同时把距离体验为需要填补的空间,体验为获得结合性成果需要克服的间隔。作为语言学家,他本来离诗最远,然而却处于破解诗歌进程并最终以更深切之理解投身其中的优越地位。他是奥地利籍犹太人,经典人文精神的学养很深,几乎可以以人种学家的视野接触罗曼语系文学,可是贴近作品的方法却像追求爱情一样。斯皮策在一篇论文的卷首引用了瓦莱里·拉尔博(Valery Larbaud)的一句话:"这种语言,我学习它就像获取一个女人的爱情一般",不经意间提醒我们,他心目中的语史学很难摆脱爱情成分。在积极的耐心、勇敢的前行、战胜种种阻力、捕捉种种秘密之中,在关键公式的喷涌而出中,我们都可以从作品中看到阐释的情欲,把作品当作一个起先保持一定距离并具有自我防护意识的人看待。斯皮策描写任何事情都没有描写爱情——身体体验或神秘幻想——的话语流程那么自如绝不是偶然的事;在这些轻车熟路之处,阐释风格与阐释对象之风格被某种预先建立的和谐联系在一起。指出斯皮策许多论文采取的好斗形式并非对上述爱情特色的否定,更多的是一种肯定。斯皮策需要挑逗才动笔:在他认为重要的某一点上,他人的错误是最有效的刺激之一。正如某位竞争者的出现挑动着许多恋者一样,斯皮策似乎希望他对有争议文本意义的攻克与对手的败北相吻合。总而言之,纠正一处误解、修正一个错解、与同行商榷,对他而言,等于从外围某点重新出发,等于把自己重新置于外围处境,由此可以向中心地带发起旨在取得胜利的攻势。有时甚至草草而就但目标坚定的许多论文之所以采取了高校论战的好斗姿态(皮埃尔·贝尔(Pierre Bayle)已经很诙谐地谈到"学术上的互相吞食"),绝非斯皮策热衷于语史学(或神学)那些恼人的鸡毛蒜皮的小事(dans les petitesses de l'*odium philologicum ou theologicum*),而是他从争论中寻求某种原初动力:某位可以与其论争并谈论作品意义的学者。他的大部分文章都是回应。关于《玛丽安娜的生活》(*La Vie de Marianne*)的论文足以说明问题:这是一封公开信,斯皮策友善地反驳了乔治·布莱(Georges Poulet,他在巴尔的摩州约翰·霍普金斯大学的新同事)的观点。另外,斯皮策通常用他所批评的对象的语言写作,这使他达到了多语种写作的惊人水平(他先后使用法语、德语、意大利语、英语、西班牙语写作),但是这样并非没有影响批评家自己的话语。斯皮策不想成为一个作家,所以他自己的言语对他而言并非很重要;在他看来,"博学"型评论家的功能既是相对的又是工具性的,面对庄严的作品是一定会消失的,然而如何更好地让人知道这一点呢?大概只有思想深邃的诗作,像任何伟大的史学家一样,斯皮策能够达到思想诗的高度;如果他的好斗性情稍微滞涩一点,他的报复情绪不那么流畅,那么他的思想诗作就一定更敏锐。

  我可能给人以过分强调性情特征的印象:它们赋予斯皮策的作品以非常独特的格调和特征。它们不具有根本性质吗?斯皮策作品不连贯的、非体系性的、立体感极强的共象形态难道是偶然的吗?他是第一个吁请我们思考"形式中没有任何东西是偶然的"这一观点的。上述性情特征乃是自原则起就追求多维的某种方法的构成部分。要求严格尊重事实、不懈关注文本性的同时，斯皮策不厌其烦地把某种"存在"份额纳入他的方法论。十分重视生活概念的斯皮策理论从自传性文本中获得最完整表述难道是偶然的吗？更明显的是，我们发现他从富有哲理和抒情色彩的警句中，试图用"关系"维度补充研究中的"实证"维度，他的"关系"维度不仅涉及与阐释性话语的对象之关系，而且涉及研究者与自我的关系。这里，我尝试着把斯皮策的一段关键警句（Schlussaphorismen）翻译出来，这段警句位于《罗曼风格与文学研究》（*Romanische Stil- und Literaturstudien*，马堡，1931）一书的结尾；我们将看到，批评家没有忘记弗·施莱格尔（F. Schlegel）的教导和浪漫主义的反讽意图：

> 今天，我只能把科学研究视作一项在多层面开展的活动。诚然，我不希望研究人员像指挥柏辽兹（Berlioz）《安魂曲》（le Requiem），必须向五个不同方向频频转动的音乐指挥那样。然而，任何活的东西证实，至少有五个相互交错、相互渗透的层面。真正的科学专业属于第一层面，在这一层面，研究者应该努力为知识领域某一尚且昏暗的部分带来光明；他应该昭明某种限定的真实的（sachlich）东西。第二层面仍然属于科学领域，在这一层面，他试图通过自己的研究丰富方法论（die Methodik）方面的实践：实证工作如果不引发任何方法论方面的思考，就不具备运动因素和超越因素，它们是任何真正的科学工作的真谛。
>
> 我们可以把下一个层面界定为哲学层面，在这个层面，研究者明确自己面向世界整体的立场：他的工作除去臣属目标的一面，还应该同时引起抒情高潮和形而上高潮，满足人的内在的精神需要，它应该给他带来类似于艺术作品给艺术家带来的解放一样。第四层面是人文和社会层面，在这一层面，实证研究乃是与研究或友谊所确定所关联的对象的持续对话和讨论：研究既然以其为对象——舍勒（Scheler）不久前曾经批评过"无对象"的哲学！——那么每行文字都应该有他的身影，都应该请他出场或引发他的反应。最后，我希望论文可谓写作于虚无之边缘，作者沉潜于知识之中，不受任何东西的干扰，富于自我批判和自卫精神，也许写作于整个躲避任何干扰的心态之中。唯有心无旁骛，论文才可能平实、论说有道，才可能具有伴随着任何可贵努力之高超隐身；应该接受死亡和"灭绝他者"的成分，没有它，鲜活就无以存在。如果著作想

继作者之后继续生存，像子弹出膛或像星光一样散发火花，而非一块僵死的孤立的大理石，它就应该体现其创作者的斗争精神，把他的斗争意志传达给读者。

囊括研究材料的完整性（*Vollständigkeit*）不如人的态度的完整性更重要：知识领域的广度、方法的恰当性、通过科研对自我的形而上解放、内在对象的具体化、空灵意识，如果这五个要素之一缺席，那么，研究工作就不"完整"，它们就不具有必要性，对研究者本人而言，它们不是令人满意的。真正的研究者总是伴随着对象、某种超自然之真实、活生生的读者，并面向虚无。这意味着，他不是孤身一人。

斯皮策承认，他的方法随着时间的推移而变化。但是，变化没有影响他的基本思想。斯皮策的基本思想是，风格学应该填补文学史与语言学之间的空隙，并因此而使意指的一般科学服务于文学作品这个独特的表意体系。变化也没有影响所用手段，没有影响批评家为了风格解释而调动的工具类知识。然而，批评活动的目标发生了变化，为解释活动确定的宗旨发生了变化。

斯皮策风格学的第一种方式是想重返心理真实，同时尽力确定某种"集体精神"。面对文本，斯皮策试图从中捕捉与作者灵魂相关的独特性格，但同时惦记着从一种文字的独特运动中，捕捉集体精神的表达标志或变化先兆。这样，假使一个作家的内在经验具有代表性或预示性，建立在风格分析基础之上的心理归纳就可以用于某种外推法，把前者的结果延伸到对某一历史时期、某种艺术氛围、道德氛围或社会氛围的界定中去。在斯皮策的精神里，任何心理风格学都应该继续拓宽为社会风格学。这里，我们一下子就可以看出言语和文学创作的唯心主义理论的基本观点。斯皮策的背后（他的朋友卡尔·沃斯勒（Karl Vossler）的背后也一样），矗立着威廉·冯·洪堡（Wilhelm von Humboldt）的高大身影，在他看来，言语作品（*ergon*）显示着属于言说者主体及其历史群体的内在力量（*energeia*）。因此，我们所接触的作品表达着某种心理活动，后者规定并造就着前者；作品这种真实（*Tatsache*）承载着某种行为活动（*Tathandlung*）的标记。在一种赋予说话者主体和表达行为如此优越地位的观念里，风格学就成了各种言语科学中的至高学科:只有它能够洞见话语行为所蕴涵的唯一和创造①。众所周知,20世纪初叶,在意大利和德国,克罗齐(Croce)思想的影响何其大矣,他把语言本身也附属于一般美学领域,只考虑表达行为,把语言学"科学地"研究的所有内容,如音位学、语法学、句法学、符号学等,都缩小为依附性抽象功能。"重要的是",克罗齐写道:"我们应该承认,言语唯一的具体形式,言语的唯一真实,是活的话语,是句子,时代,页面文字,诗段,诗,而非化学符号般(per se)孤立的语词,亦非孤立语词的机械汇集。"②一件意味深长的事是,克罗齐从斯皮策的成果中看到了自己的影子,他把它们看做是由自己当年植入土壤的小苗长成的绿荫大树:"今后当然只能把语言当作'言语',并因此而从说话者主体的精神状态了解它。"③当斯皮策断言文本中没有任何东西不是作家灵魂的运动时,他只不过肯定了克罗齐把他纳入自己支持者行列的宣言。然而,实践中,事情的路径还是不同。人们势必已经发现,斯皮策通过其耐心的经验主义,通过他对笔法细节的极端关注,对文学工艺的尊重,总体上对话语材料很关心,而唯心主义学派并没有自觉地给予话语材料以这种关心,而是急于界定并评判精神"内容"。还应该提到的是,克罗齐后来对"所谓的风格批评"更多一些愤激之情,从达尼秋(d'Annunzio)、"纯诗"、神秘主义,总之,从颓废主义中寻找它的有害同伙④。

"阅读法国现代小说时,我已经习惯于把我觉得明显远离通常用法的表达方式画出来。一旦把这些画线节段相比较,它们似乎经常提供某种相似性。我暗自思忖,是否可以建立所有这些偏离现象或至少大部分偏离现象的公分母"。斯皮策问自己,"难道我们不能找出这些偏离现象共同的精神源、找出它们的心理根源吗?"就像语言学家透过某语词家族分离出它们的词源之根那样。

发现与一般用法的某种风格差异,评价该差异,论述其表达意义,

---

① 见 Ernst Cassirer, *Die Philosophie der symbolischen Formen*, 1923, 第一部分,第1章(§Ⅶ)。

② "Sulla natura e l'ufficio della linguistica", in *Letture di Poeti*, 巴厘, 1950,第248页。

③ *Conversazioni critiche. Serie terza.* 巴厘,1942,第101—106页。

④ "La cosidetta critica stilistica", in *Letture di Poeti*, 巴厘,1950,第284—294页。

使这一发现与作品格调和总的精神相一致,由此出发,更广泛地界定创作天赋的独特性格,并通过它,确定时代的趋向,这就是斯皮策式批评开始时为自己确定的路径。我们看到,如果说调查长时间地徜徉于作品内部,其抱负却是落脚在文学之外的人类现实上。文学作品在普通用法、"一般语言"这种社会现实的大背景上彰显其特殊性。批评家拷问它,从中探寻可以揭示一颗个性"灵魂"的光亮;然后,作家的独特性又被解释为集体进程可包容的异变。他起初之所以独语,却是以全体的名义预言……对于早期的斯皮策而言,一切似乎都说明,风格上的差异、原初的偏离,乃是一种过渡(*transitoire*)现象,从预先存在的某种集体基础得到界定,又旨在在或长或短的期限内融入可普遍使用的言语资源的体积中去,即融入一历史时期的"文化"之中。

真实地讲,对于关注文学知识之社会学延伸和心理学延伸的当今读者而言,我们刚刚谈到的批评程序的若干阶段有时显得稍许快了一些,且其构成亦有些随意和不慎重。斯皮策在确定风格特征时,善于以最细微之精心,创造新的概念,他发明了诸如"古典性弱化"("*atténuation classique*")、"弱音器效果"("*effet de sourdine*","*klassische Dämpfung*")、"似客观布局"("*motivation pseudo-objective*",谈论夏尔-路易·菲力普(Charles-Louis Philippe)时用语)、"神秘的略述"("*raccourci mystique*",评论 C.-F.拉缪(C.-F. Ramuz)时用语)等令人称奇的正确术语。他让我们驻足观看综合性公式形成之前的全部车间工作,这些工作论证着后来的综合性公式。反之,当他落脚心理层面和社会层面时,我们经常感到他的思路有些倏忽而至。他有时稍嫌轻易地借用大众心理学的一般概念,或情感称谓,甚至还有时代类别的称谓。这一相对的弱点显示,在斯皮策看来,当一种风格之本质确定之后,基本工作即已完成。他需要超越这一界限吗?倘若风格已经得到全面界定,那么,界定者同时岂不也界定了向他提供风格信息的心理行为或心理能力吗?界定者难道不是已经指示出某种面对世界之态度、指示出某种社会现象吗?远非向心理学和社会学寻求某种援助,风格学难道无权在某种程度上取它们而代之吗?我们知道,随着时间的推移,斯皮策发现,没有必要对风格调查的结果做任何补充:只要忠实于唯心主义的前提,但凡它结束之处,都触及某种认识论界限。风格的综合公式自经验途径剥离而来,其整体难道不具有普遍性(因为它是某种组织者"实体")、具体性和特殊性(因为它是某一具体言语所独有)的巨大优点吗?需要补充的是,斯皮策的阅读是一种信任阅读。

它原样（*at its face value*）使用文本，从中寻找并发现完整的心声。斯皮策从来没有为文本假设过某种遮蔽功能或神秘化功能。他从来没有想过，除了揭示功能之外，文本还有某种掩饰能力；除了明白宣示的内容之外，文本还可能蕴涵其他东西，还可能包含某种潜在的补充内容。斯皮策的阐释只想从明白走向更明白。"风格中没有任何东西不来自作者心灵"的警句可以完全颠倒为："作者心灵中没有任何东西不'实现'于风格。"这一过程无其他可言，对于善观者而言，一切都可尽收眼底。我们不会在推断先前之动机、情感或社会经济基础方面发生失误。作品受某种内在原则的主导，可以通过其形式得到捕捉：一切都已昭示，没有任何隐含。在斯皮策的视野里，真正的风格现象学使弗洛伊德或马克思的结论变成多余，它们都迫使文本交出阐释者千呼万唤的潜在信息。这并不是说，"内心世界"的历史与心理没有区别，而是说，这些材料镌刻在不同的力量中心，风格学可以揭示它们。

　　风格差别概念却是一种丰富的思想，其丰富性根据引发问题的广度来衡量。（我们离萨特在《方法问题》（*Questions de Méthode*）中针对"差异"概念的看法已经不太远了。）第一个问题与斯皮策宣称在差别的个人意指与其历史标志价值之间展开的体现（la traduction）问题相关联。其设想可谓乐观主义的：表示个人与其环境发生冲突的差异性偏离，封闭为历史进步之梯度。一作家与世界相对立的个人方式变成了他改造世界的方式（或者他告知我们世界改造的方式）。诚然，个人是在世界和历史中面对世界和历史时刻的。但是，体现活动之展开难道就没有遗漏？谁敢向我们保证，某作家的个人话语一定预告着某种进步或进程，它们很快又受到某种新用法的惩罚，今日之差别明天就会变成一般文化的某种特征呢？这种景象要求作品的成就及其迅速承认……反之，另有一些人"断言"：风格差别中最宝贵的，不是可以与共同语言相会合、可以融汇于共同语言中的东西；当作家激发出一句针对大家的话语时，他不可能预先知道某种回应是否会吸纳它，他步入差别之途，一个人独自承担着不可修补之差别和持续分离的风险。如果任何强烈偏离的话语确实不可避免地发生在某种社会历史的背景之中，如果观察家一直有权依据时代及其冲突阐释这种偏离，同样真实的是，在其主观性源头，自浪漫主义起，就产生了肯定个人经验之独特品质的欲望，这使他进入其夸张心态，超越任何共同"真理"的界限，赋予他本真性的光彩。被其差异激情挟裹而动的个性，不会同意自己的独特实质被"已经形成"的言语、被集体已经预先接受的普遍性习惯体系所损害。

　　"个性是不可言传的"(Individuum est ineffabile),经院派的格言如是说。就其极限而言,如果某人不满足于仅仅为共同言语添加一点个人色彩,他大概会选择沉默立场;语词似乎对他是禁止的。最大的差别即决裂、无法言说和"晦涩难懂"。此乃高傲的沉默,除非因疯癫而沉默。黑格尔认为,酷爱纯正之意识可能导致自负性疯狂。在极端状态下,宁折不弯的忠诚和严谨态度讽刺性地排斥任何并非真我之表现,那么传达行为不再发生,个体退居于不言传状态;只有高傲的在场被奉为——有时是悲剧性地——神圣不可侵犯之绝对。然而,传达(即传达以大众语言构成、服务于当下实践目的、通俗易懂的信息)停止之时,表达(即忠实于说话者独特内在世界之独特符号的创造)尚有机遇。克罗齐采纳并付诸实践的把表达与传达相区别的方法,使他有可能得出下述结论:直至疯癫,个性是不可言传的。疯癫乃不传达任何内容之表达,然而,在表达科学即风格学那里,其可阐释性却并不因此而减少。风格学能从意义自绝于读者的地方挖掘出某种意义……只要有人出场,即使他没有任何传达能力或传达欲望,只要该出场得以继续而没有陷入虚无,旨在表达"内在经验"的言说努力就可能存在,可能时,还会把这种"内在经验"传达出来:一句诗语可以传达独特性或使传达独特化。这样,表达-传达的努力便有了结果,自此,风格即表现为内在经验之独特性与其外在表现之形式束缚之间的某种妥协。因为风格之品质稳定了形式,它们即赋予新颖语词、赋予独创性某种难以确定的接受和取悦才能,某种普遍的效力。读者之承认可以衡量它们的价值。(并非读者自己采纳其用法,只要读者承认其益处,承认自己受到关联。今后应该有某位新作者发现其他东西,以产生又一新差别。这里,我们发现了文学进化之现代命令式的景观之一,如果我们以为应该怀疑其是否进化,或可称为"先锋派竞相许诺"的景观之一。人们仍可注意到,革新者之抱负并非都是表达新情感:它亦可瞄准对新内容的传达。)因此,风格既非纯粹之独特性,亦非普遍性,而是即将普遍化之某种独特性和自觉回避、有意引导到某种独特自由的某种普遍性。① 至少,这是斯皮策赋予风格概念的平衡词义。它意味着个体的反抗及通过作品而达致之和解。通过其风格承认一个作家,不啻于既承认某意识在不可压缩的

---

① 　这是歌德在其卓越论著《简单模仿,方式和风格》(Einfache Nachahmung, Manier, Stil.)中所支持的观点。

时间推移之后的确立,又承认某话语穿越空间的力量。如果风格差别确是独特性的产品,其整体表示某种渴望差别的"不可言传"之自由和某种通过表现差别而填补差别的活动。通过暂时的非传达性迂回,而达致更强烈的表达和传达,达致言语能力的强化。通过文学话语这种运动,病理性差别可以转化为创造性能力。反抗性拒绝似乎只是拒绝使用某种语言和某种静止化修辞之隐性体系来传达的暂时性拒绝。这样,当风格的成功强化言语与世界之关系并使人耳目一新时,一处溃疡(*noli me tangere*)陪伴着和谐整体。

为了公正评判一风格中的差别,鉴赏其强度,我们应该提出一个辅助性问题:文化环境接受该差别,抨击它还是鼓励它呢?差别应根据社会对它的宽容程度来评价。在我们这样的社会环境中,独创性总是青睐以语言最新颖、(道德或风格)差别最出人意料的人。当然,并非想望者都能实现其目的。当差别很时尚,差别本身成为传统之时,《天壤之别》(*Grand Ecart*)的作者却并没有离经叛道:以突出对苦难旅程之神化、以忍受压抑之强度和克服压抑之呐喊的狂烈而著称的安托南·阿尔托(Antonin Artaud)神采飞扬(*volens nolens*),成了文学英雄的形象。阿尔托之成功,他被作为我们时代萨满(*chaman*)而接受的方式,围绕他的评论光环,尚有意证明,他之出现这件怪事吻合了大众相当广泛的期盼之情。我们的兴趣要求作家有自己的声音,要求他以不可模仿的方式发出自己的声音:不妨说,我们的文化太一致地接受文学即持续不断的"偏离"进程的思想,文学是培养不和谐声音和独一无二文字的学校。因此,差别是规则的要求,唯有新作者偏离的取向不可知。然而,我们知道,在其他时期,或在其他文化中,差别不仅是预设的,其方向本身也是预先建立的,偏离言语的独特结构,直到其题材,都是预先确定的。于是,存在着一种或若干种不同于日常用法的文学"语言",在某种规定的约束体系和服从体系中,自己建立一些形式要求,给个人创造仅留微不足道的自由。于是,差别由某种隐形约定来承载,后者建立诗歌体裁(*genera dicendi*),确定合适的"格调"等等。如同节日把不同于社团日常习俗之风尚神圣化一样,"诗歌语言"这种圣化语言确定言语之节日的礼仪空间。① 不妨说,这是离开一般话语而建立起来的某种新的共同言语。行话是其对应的非文学言语:在这种情况下,风格确定部分语言体系(次一级编码),一社团部门(次一级的社会组织)成员交流其秘密符号时遵循上述体系。在这种情况下,风格(除非我们像罗兰·巴特(Roland Barthes)那样,也更乐意在这里谈论书写文字(écriture))发挥建制的作用:作家并不是建制的创造者,他或幸运或不甚幸运地参与建制。风格分析首先把我们推向所应用的体裁,推向建制,而非推向作者们的个人禀性。诚然,每个作者都有自己参与建制的个人方式;听力灵敏者善于捕捉每个声音执行某规定朗诵段落之规则的非常个性化的方式。然而实践中,个人"方式"和规定"守则"这两个层面很难区分。唯有作品中的展示,或者广而言之,作品中或一系列作品中所实现之建制的展示才是显而易见的。

　　正是这种看法促使斯皮策自 1922 年起放弃先前制定的心理宗旨,他喜爱一种基本上属于作品内在分析的方法,批评家徜徉于作品之中以揭示其内在关系,从内部阐明它,满足于全面解读它并传递它的声音,犹如演奏一部乐曲。

　　　　18 世纪以前,程式(le topos)占主导地位……而非个人情结……

　　　　另一看法也使我从精神分析式的风格学研究中退却了,即精神分析式风格学究其实质只是经验(l'Erlebnis)研究的一种变种,而后者从属于如今美国称作传记谬误(biographical fallacy)的东西:即使批评家成功地把某作家作品的某种风貌与一种个人经验联系起来,作者并没有这么说,而接受生活与作品之应和永远有助于作品艺术美的观点甚至是有害的。总而言之,经验只是艺术作品的毛材料,例如与其文学来源处于同一层面。

　　　　于是,我从风格的美妙景象(Stilesprachen)前转向了,不再用作者们的"情感中心"去解释他们的风格了,而尽量让风格分析服从于具体作品的阐释,视作者们的具体作品为一个个自成一统的诗学组织,不再援引作者的心理。自 1920 年起,我即实践这种方

---

① 如果把事情推进到漫画化的程度,可以说,相对于现代作家的个人风格,古典作家们所遵循的集体规则,犹如传统社会之集体性礼仪禁锢相对于我们文明中的个人疯癫。

法，如今我把它称作"结构主义"方法。①

放弃对心理的考察，拒绝上溯到作者的经验，斯皮策似乎想牺牲掉他先前研究的整整一个维度。然而，如果仔细考察，我们发现，心理学从来不曾对斯皮策具体化为拷问经验存在、传记史料，甚至可从同一文本之不同版本和不同稿本中觉察出的动机标志。我们已经看到，斯皮策所实践的精神分析，并未离开作品及其明显成分所直接涉及的情感层面：斯皮策是从无遮蔽的文本本身中分离情感意指、分离行为和激情的，而非从先前的经历中，那里可能发生隐晦的、遮蔽的或后来被文字所转化的动机。风格注解永远都是对某明显意义的解释，都是公开课文的阅读。一方面，这是关注作品的结果，善于阅读提供了接触太多丰富而又明显意义的机会，提供了接触已经颇浓缩的复杂性的机会，挖掘其隐蔽背景实际上已无可能。风格学家不会放弃猎物而扑向幻影。另一方面，应该承认，文本与精神分析学家所观察的活人不可同日而语，它们并不拖下同样的历史阴影，不留下同样的噩梦之重负。任何伟大文本的起源都寓于其自身，它即是它自己的开端，只有当我们不再视其为文本，而把它缩小为一份资料时，它才停止其自身开端的身份。即使斯皮策以为过于重视心理的年代，他一直视作品为文本，而非资料。为了确定作者的"灵魂"，斯皮策一直坚持"流溢说"，把主观性当作所有作品内容的原型和精神源泉。

于是，"情感中心"不是别的，只是作品组织原则的精神对应物，是作品所实现之记录的主观副本。一文本的精神、独特品质一旦确认，它们就被投射、被外推，直至构成并凸现（eminenter）作者的灵魂，其精神世界的"中心类型"。然而，文本与设想中的其精神原则自此便过于准确地重合在一起，使得二者之一成为多余，解释成为多此一举。能否仅准确昭明文本之构成？何以动机未能实施？何以宗旨未能实现于完成作品？放弃"情感中心"，我们仅失去某种臆想之影像，当然是无法全然捕捉之影像，而通过作品留在作品中的，显然是第二人格，即创造能力：我们可以通过其作品直面自我创造的作者形象，而非作品诞生前他的

---

① 引自《风格研究与不同国家》（"Les études de style et les différents pays"）一文，见《现代语言文学国际学会第八届年会论文集》（*Actes du VIIIᵉ Congrès de la Fédération internationale des Langues et Littératures modernes*），列日大学，1961，第23—39页。

生存形象。我们知道，这是传记派和心理派之对手们的观点，是普鲁斯特在《驳圣伯夫》(*Contre Sainte-Beuve*)中的观点，鲍利斯·德·施勒策(Boris de Schloezer)亦持这种观点①……

因之，作者的主观直觉竟如此可以简缩为文本的内在意义，而一无用处：人们可以省掉这个臃肿的原坯。但是省掉之后，表达概念还有什么依托呢？难道不应也像诱饵一样摈弃它吗？唯心主义批评（克罗齐或沃斯勒的批评，而非斯皮策的批评）希望再现和再造从直觉(*energeia*)到作品(*ergon*)的表达运动。这种抱负此后就显得空幻了。大家似乎都知道，某种"造就性"诗学(esthétique de la "formativité"，我这里指的是1954年路易吉·帕雷宗(Luigi Pareyson)发表的《美学》(*Estetica*)一书)建议用"生产"概念取代"表达"概念。自此以后，当代反唯心主义思潮就多次使用这一术语，马克思主义者尤其自觉，人们甚至能从"生产"概念中发觉某种辛勤耕作的内涵，而表达性概念却罪过地缺失这种内涵。正如汉斯-乔治·伽达默尔所做的那样②，提醒大家下述内容并无不当之处，即表达概念被浪漫主义主观化了，而在古典传统和修辞学词义里，它原指效果体系，能在听众精神中产生确定印象的效果体系，如正确表达。斯皮策一方面援引古典的和中世纪的程式，一方面援引当代的结构主义，说明反浪漫主义式主观主义的风格学可采纳的两大支柱。

然而，一种回答却可以回复反对把文学认识与心理学相串通的攻击浪潮。没有任何东西迫使我们从捕捉某种经验、某种主观直觉开始，那样，作品犹如在情感和精神的本质中预制其纯粹状态。没有任何东西迫使我们接受某种新柏拉图式程式，即作品源自作者之灵魂，就像世界出于一元一样。作品之具有揭示性，不仅因为它与作者内在经验的相似性，还由于它的差异性。倘若资料为数众多，足以构建作者真实个性的某种"似真"形象，那么，评价新的差别就成为可能，作品因这份差别而超越并转化了来自经验的原初资料。在作品与心理生活的差别观

---

① 鲍利斯·德·施勒策：《J.-S.巴赫导读》(*Introduction à J.-S. Bach*)，巴黎(伽利玛出版社，思想丛书)，1947。

② 汉斯-乔治·伽达默尔：《真理与方法》(*Wahrheit und Methode*)，土宾根，1960，第474—476页。重新回到"表达"之古典词义在迈克尔·利法泰尔(Michael Riffaterre)的著作中显得尤为明显，他以效果风格学(stylistique des effets)实践与无法实施的动机风格学(stylistique des intentions)相对立。

念中，流溢原则或反映原则并非权威，而是首创性、创造愿望和成功的变化原则。应该熟悉人及其经验存在，以便懂得作品相区别之根基，知道作品的否定性系数。接受作品之"情感中心"与经验存在之"情感中心"并不吻合是完全合理的。作品即偏离中心。我们看到，心理学并不直接昭明作品本身，它使向作品的过渡变得易于理解；它虽然不能从自身的足够条件出发解释作品，却至少使我们感觉到了这种解释的必要条件。面对创造性的偏离，它可以向我们谈论第一中心，谈论被抛弃的中心。这是否微不足道？须知，至少应该了解两点，才能衡量某种差距。

在某种结构主义视野中，斯皮策并没有改变已经构成其风格学调查最常见之起点的东西：关注某一细节，超级放大考察该细节，从该细节出发切入文本。但是，当差别之捕捉把精神引向反常细节、引向偏离构成（条件是重复使它们有迹可寻）时，斯皮策所理解的结构方法给研究者以更多的自由：事实上，经过预先的总体阅读之后，作为解读开端之细节被选出，其选择可以根据它的差异价值，也可以出于我们称之为其微观代表性，即它在部分层面的陈述方式，整个作品亦采用了这一方式。在斯皮策的实践中，原则的变化并不很突然：自从最初之观察瞄准偏离现象的年代起，偏离就被立即与文本的总体结构联系起来。风格变化无疑是相对于作品之外的共同用法、相对于先前的社会语言环境来界定的，但是它并无时间间歇地"包含"在作品内，包含在它为之作出贡献使其能够理解的作品内。偏离于外在环境的细节立即被阐释为"内在环境"组织规律的标志。自1920年起，斯皮策只是把他以前已经实践的某种结构主义极端化了。另外，我们看到，当纯粹方法论之外的附属发现和外来信息可能对他有用时，他从来不曾停止过利用它们。在他那里，作品内在结构的研究受到了来自视野广阔之比较方法的资源（有时是潜在资源）的支撑。

斯皮策去世之后，出现了一些严谨的结构分析体系和一些技巧非常严格的应用成果。比较起来，斯皮策显得更任性地服从于他的兴趣和性情：他较少向我们提出一套结构分析的具体理论和方法，而更多提供了一系列"应景而作的"、每种情况都有独特应对之法的生动展示。斯皮策如此酷爱科学之理想，他坚决反对一种方法可被所有人使用从而成为万用工具的思想。他知道，大部分时候，方法论方面的恐怖主义只是没文化实况的遮羞布，只是对无知的掩饰，缺乏对历史和作品的真知灼见，于是便天真地为自己打造出一些初级工具，要紧的是它们的科学姿态颇能引起幻想，直至于文人或书籍、文化或语言，都无权拒绝其秘密。因此，斯皮策嘲弄那些以为方法即程序、所有操作都可以机械重复的人。他更多地（那是生气时的真言）赞美直觉的神来之笔，赞美洞见天赋之优哉游哉和无所羁绊。他更多地承认，风格学科的知识是"天才、经验和真诚的结果"。斯皮策绝非以直觉的非理性名义而采纳这种立场，他似乎觉得，任何真正的语史学家（*Wortforscher*，我更愿意把这个词译为 philologue，而没有译为 linguiste）都应该尽情应用理性知识之材料和工具，以期创建与文学的个性关系。1928 年发表的著作《风格研究》（*Stilstudien*）以这样一句话结束："不要追随我，这应该是镌刻在每个教育丰碑上的铭文。"这样不是把研究诗化，让研究走出科学之"客观"普遍性吗？斯皮策可能会回答说，语史学知识是对文本客观材料之承认和永远个性化独特化解读之单一品质的某种复合，两者进入了某种辩证关系。在所有具体谈论自己理论观点的文本里，我们看到，他并不强调结构的客观描述，而突出研究工作的主观形态。他不提出这样的问题：某种结构是什么？其科学迻译可能是什么样子？而是如何理解一种结构？他的方法是对精神旅程的描述：它不是某种菜单、使用说明书、操作程序，而是渐进阶段的思考，在这些阶段里，随着对文本总体意蕴的更好捕捉，读者与文本的关系逐渐变化。说这种方法是后天形成的，且这种说法部分是为了源自天性的实践正名，我想，斯皮策是不会持反对意见的。然而在实验范围内（风格学或者是实验或者什么也不是），哪种方法背后没有一整套实践、一系列自由论说和冒险探索呢？

从一文本总体意义的初步领悟出发，然后专注于某个看似边缘的细节，（牢记阿比·沃伯格（Aby Warburg）的话：善良神藏于细节之中。）把所有科学资源和直觉资源应用其中；再把已弄清楚的细节与初步领悟之整体相比照，看看两者的意义是否吻合；调查一些新细节，支撑愈来愈有可能立足的意见；不忽视自己可能拥有的反对意见、有根有据的怀疑和反证；时刻警惕，勿使整个分析程序服务于最初的偏见：这就是斯皮策惯用的方法，从整体到部分，再从部分到整体，文本从一开始便包含的显义就在这种往复过程中得到确定（经常通过某一颇有启发意义的理解一下子揭开症结），任何细心的阅读已经朦胧地发现该意义，阐释之劳使其今后大白于天下。斯皮策不是一般意义上的语史学家,他是一个酷爱整体的语史学家,他所谓的方法,不仅允许对细节极关注的微观分析与综合观照相结合,且视细节阐释为总体意指之获得的必要阶段。因此,他可以为着自己的目的,采纳从施莱尔马赫(Schleiermacher)到狄尔泰(Dilthey)、从狄尔泰到海德格尔(Heidegger)、曾在德国历史缺席(*Geistesgeschichte*)理论中发挥过主导作用的"阐释循环"(*Zirkel im Verstehen*)概念。在《语言学与文学史》(*Linguistics and Literary History*)一书的序言中,斯皮策本人把自己列入这一知识传统。正如伽达默尔(Gadamer)正确提醒的那样,注意不要把施莱尔马赫及其浪漫主义继承者的思想与海德格尔的思想相混淆。在施莱尔马赫看来,理解把一主体与一确定的对象联系起来,理解是在"从部分到整体,或者更准确地说,从其主观反映、从整体的预领会到后来从部分层面对整体之解说的形式关系范围内进行的。根据这一理论,理解之循环运动的完成得力于对文本的深入浅出,该运动结束并消失于对文本的完整理解之时。逻辑上,对于施莱尔马赫而言,理解理论是'占卜'行为理论的积淀,通过'占卜'行为,批评家全力关注作者,从作者出发,以解决并消除文本所包含的全部奇异和惊人之处。相反,在海德格尔对循环的描述中,文本之理解始终由前理解的预见运动所决定。整体与部分的循环并不因完整理解而消失,反之,这时它才最真实地呈现出来……因此,循环不是形式性质的,循环既非主观的亦非客观的,它把理解描述为传统运动和阐释者运动的相互游戏。意义之预见引导我们对文本的理解,但预见不是主观性程序,它所接受之关联决心把我们与传统连接起来……因此,理解循环绝非'条理分明'之循环,它描述了理解行为之本体结构的一个成分"①。让我们看看海德格尔自己是怎么说的:"理解的特殊循环不是任何形式之知识都运动其中的那种必然循环,它表达了理解者本人之预见行为的存在结构。因此,即使屈从于这种循环,我们也不能贬低它,以为它有害。循环包含着最原初认识的某种真正的可能性;只有把不受自己先前见解或任何直觉之预见及民间概念所左右,而按照'事物本身'发展这些预见以保证其主题的科学性,作为解释之首要、持久和最终任务,才能捕捉到准确的解释。因为只有存在意义上的理解才是存在者之善于存在本身,任何历史知识之本体论前提都基本上把属于准确科学的严谨思想超验化。数学并不比历史更严谨,它只不过比历史更狭窄而已,仅关涉对它具有

---

① 《真理与方法》,第 277 页。

重要意义的存在基础领域。①"

预见受"事物本身"的检验：海德格尔的贡献无疑位于把理解建构在存在（Dasein）之时间性本身的这种方式。我们将提出的问题与这一形态无关，而从更小的范围内关注"事物本身"（借用海德格尔已经借用过的黑格尔的术语）自行界定的方式。这个问题亦关联斯皮策公开把自己与之联系起来的施莱尔马赫的解释学。如果我们不应同时虑及研究的应用点，即研究的对象、宗旨和计划，那么仅仅关注理解之阶段和内在程序够吗？我们寻求理解什么？如何限定所挖掘之事物？其幅度有多大？总之，我们试图在理解中捕捉和统一的首批资源是什么？

这样，一旦承认从整体到部分、再由部分到整体的往复运动的必要性，马上就提出了下述问题：什么部分和什么整体？我们知道，对斯皮策的风格学而言，整体即艺术作品。另外，因为斯皮策所选择之初始细节总是或几乎总是低于句子维度，调查实际上必须把"整体"局限于一首诗、一页文字或几段话，甚至从同一作者的其他文本中检验它们的结果。斯皮策的语言学特长使他具备某种测验式方法的能力，这种方法与法国学者的文本解释很相像。然而，由于他喜欢从细处着手考察事物，他需要用宏大的整体视野补偿"微观分析"，而他从来不曾放弃希望，希望细节的良好阐释能够使他很快接触整部作品的意义。人们有时批评他囿于（从部分到整体的）两段式程序而忽视中间层面和补充层面。有人还说，某些时候，斯皮策急于把部分层面的某种特征普遍化，缺乏对其他成分和其他相关因素的充分考察，而真正的结构主义是要求这种考察的。即使不可能永远直面这些批评而为斯皮策辩护，我们承认，他真诚地根据不同文本而呼唤同样不同的方法。他希望批评家之精神能应对作品的所有内涵；他很乐意一切都从善良的中立态度开始，其时（批评家）的注意力飘忽不定，很像弗洛伊德主张最初几次精神分析应保持的注意力状态。如果作品确是某种结构，其中一切都相互关联，那么，就绝对没有无关痛痒的细节；然而，某些细节的传导性可能更好，最好一下子就面对它们。根据所考察作者或审美世界的不同，它们的范畴亦不同。这里可能是一个独特节奏、一种独特力量或呼吸，那里是"一种过渡艺术"，另一处是某种弱化体系（曲言法和拉辛（Racine）的"弱音效果"），又一处可能是某类辞格的系统使用。在他的最后一篇

---

① 《存在与时间》，R. 伯姆（R. Boehm）和 A. 德·韦伦斯（A. de Waehlens）译，巴黎，伽利玛出版社，1964，卷一，第190页（§32）。

论文里,当斯皮策接触米歇尔·布托尔(Michel Butor)的小说时,他清醒地感觉到,应该从这些小说的构成出发,而非表达细节。整体的性质预先决定着形态特征的性质,拷问它们依赖批评家的触觉。斯皮策的方法既要求警觉性又要求可塑性。当肯尼思·伯克(Kenneth Burke,在他的《文学形式论》(*Philosophy of Literary Form*)中)提出诗的象征主义方法、旨在记录"情感之浓缩"(*Emotional Clusters*)时,斯皮策接受的同时又立即反驳之:这种方法"仅适合那些允许自己之恐惧和特殊反映出现在自己文字中的诗人";错误则是忽视了历史背景并无视其调节功能:它有时青睐"个人天赋"之创新特色的表达,有时又严格排除之而专注于传统修辞学。

因为书由语词和句子构成,表达价值任何情况下都有意义,那么,风格学家就一定是赢家。问题仅仅是,在相当规模的一部作品中,要考虑到风格之微小细节与整体之间的中介结构。要考察连接较大或较小的子集,使它们浑然一体或使它们形成鲜明对照的关联关系,如场景、一出戏的一场;如小说的一节或一系列章节等等。如果直接从表达细节到整体而不考虑"大的部分"之建构、"肢体"之安排告知我们关于组织形式方面的内容,我们难道不冒某种"短路"的风险吗?长于为语言学分析加上构筑学分析的结构主义难道不会更好地反映文本的整体构成网络吗?① 斯皮策大概没有反对过这一原则,更多地出于气质而非汪洋恣肆之言辞,他从来不曾考虑为某个作者写部专著,其方法既耐心细致又激情澎湃,仅满足于某些代表性段落,一旦关键性启迪得以产生和确认,不会走得更远。

然而,捕捉整体止步于何处呢?一首诗是个整体,一部诗集是另一种整体;一个作者的全集也是一种整体,既可以从其发展过程考察,亦可以考察其并列式画面。我们觉得,划定一整体之场域以及如此构成之体系的成分间的相互关系,是一个率性决定。如果作家本人的决定比较明显,其一创作一首十四行诗,作为一个独立的微观世界;其二则以为,一堆小说仅能展示唯一的创作动机;批评家大概无权忽视作家的决定。如果能够分离出作者的计划,该计划即勾勒出一个或大或小的

---

① 让·鲁塞(Jean Rousset)关于这一问题的思考见《形式与意指》(*Forme et signification*)一书的序言,巴黎,科尔蒂(Corti)书局,1963。

世界,其中有某种单一的主导规律,呈现出组织类型的某种必然性。正视作家容纳其话语于其内的界限,无疑为分离一种艺术的自有形象提供了可能性。于是,我们可以期望溯源性阐释循环能与作品整体自身的循环相吻合,无任何遗漏亦无任何添加。但是,除非作家们有意建构并确定的整体之共象被明确辨认出来,没有任何东西可以强迫批评家采用同样的圆规张幅。批评家的决定应该考虑作家之决定,但不必受任何效忠义务的约束而臣服它。

如果我们自己决定赋予阐释循环某种变动的半径,让我们看看它会发生什么样的变化。只要我们一直活动在某作品界限的内部,事情相对比较简单。如果我把《行旅》(Le Voyage)的某半句诗作为其诗段的一个成分来讨论,阐释循环就在某种临时的整体内进展;一个更大的整体,我眼前的《行旅》全诗,则视上述临时整体为一个抽象而出的部分,则我的首批发现理应重新拣起并引入全诗的考察;随后,《行旅》不得不显示其作为一个整体之部分的功能,具体地说,发挥《恶之花》(Les Fleurs du Mal)之大编码的作用。直到这里,我们都在一个清纯的世界中发展,虑及内在和外在的明显因素,我们有理由设想某种创作意志的存在。我们知道禁止部分自我升华为某种自在整体的否决票来自何处。从《恶之花》过渡到波德莱尔的所有其他文字,我们大概停留在同一精神世界的内部,但是,我们无法再肯定其所有成分都受同一组织意愿的支撑。如此构成之整体不再是艺术作品的整体,而是一个精神世界的整体。然而谁来否定其统一性呢?谁来拒绝批评家昭明部分之间之意义关联的权利呢?倘若这样揭示出的关联关系更多立足于批评家的注意力而非作者本意又有何妨呢?实际的关联绝不比批评家如此浏览之作品中的少。这样,一次新的扩展成为必要,除非某种决定粗暴地封闭研究的视野。一作者全部文字的考察要求对一更大整体的考察,这一整体甚至包括作者其人及其传记。其后,该生活—作品整体亦显示为一个抽象结构,因为它显然属于一个社会历史时期。此后,我们将面对一些异质整体,一方面包括由某种和谐审美意志主导的种种言语组织,另一方面包括作家置身其中并以自己作品作为回答的条件总和。此时,阐释循环及其往复运动趋向于与进退法(la méthode progressive-régressive)相融会,萨特(Sartre)在《方法问题》(Questions de méthode)中曾把进退法上升为人文科学知识整体化的工具。转向社会条件并没有使阐释学走出自己所擅长的领域,因为在建构范围内,社会条件乃是与自然世界的关系以及人与人之间的关系,而种种建构本身亦是人类意志的作品，是人类意志外化为客观形式。这一层面出现了一些晦暗且非人为的真实，如需要、暴力，作品及其艺术美无法一下子向我们揭示出来，但却并非纯洁无染。理解性解释大概应该上溯到这一层面。

因此，我们面对一系列临时性整体，每个整体都进入一个更大整体的构成部分行列：整个发展似乎其间只能有不稳定的整体，它们被一更完整之整体所吸纳，所相对化。这一扩张运动的所有层面不可能存在同一质量的明确性，尤其不可能存在同样的验证可能性。言语事实具有高度的验证性；文学真实已经稍为逊色；至于可赋予生平事件之意义，更勿谈社会关系中应该登场的它……离开作品层面而进入作品之前的层面，不啻从一已经建立之结构类型（不管作品是否"开放"）而过渡到另一较少确定的类型，介入后一类型的自由度更多；我们从一种明显言语进入另一种不甚明显的言语。无疑，让从作品到社会现实等相继出现的所有层面共处同一文本，即视它们为一个单一文本，以便从中发现到处都呈现为同质的唯一同一言语，其诱惑是很大的。然而，如果说批评家有望统揽一个比文学作品之创作意志实际所及空间更大的空间，那么，他将逐渐失去文本物质性对他的支撑：文本物质性之外，只能是一些预感式整体、理性综合、虚构图景和概念性范式。目标整体的普遍性越大越具体，揭示它的可靠方法越难寻觅。社会整体的情况即如此，显而易见，整个生活—作品都必然位于其中。我们不可能像统揽《恶之花》甚或《人间喜剧》（*La Comédie Humaine*）那样统揽这种社会整体。社会整体只能通过一系列归纳、通过探索而领会。更常见的情况：是通过精神的指令即意识形态指令而预先确定的，精神根据赋予人类历史的一般矢量指令性地归诸它的某种确定意义。当社会学批评家试图破解建构及社会关系的"错乱话语"时，他有可能失去阐释人的话语的能力：面对某种很难听懂的现实，我们看到他常常代而言之。凡是应该出现最广泛之整体、包容量最广大之真实的地方，我们反倒容易听到来自系统型批评家的最孤独的声音（没有回应的"元言语"）。我们自以为到达循环之终点的时候，又重新回到了起点。科研计划演变成了某种奇怪的游戏，演变成某种不由自主的等待解释的诗。

这里，我并不捍卫某种怀疑论，社会和历史也并非不可知。问题在于，它们之认识可以完美地与文本和作品之认识联系起来、把后者包容进一个共同整体和某种单一意指而不抹杀个性作品之独特价值、独创性品质和唯一声音的方式。因为，史学和社会学可以向我们揭示有可能毫无差异地确定千差万别之作品的必要条件；为了追求最广泛的普遍性，我们失去了出发时的种种现象的独特性，而达至许多矛盾现象的公分母。然而，我以为重要的是两者兼而有之，即公分母以及每部作品中不可简化为公分母、参与矛盾运动的东西，我不相信在这点上历史会没有矛盾运动……

正是为了避免视野无限扩大、作品背景深不可测式探索的风险，斯皮策更喜欢停留在作品本身。他知道，期望过分包揽，反容易空手而归。在其后一种方式中，斯皮策更喜欢某种"孤立"批评，密切关注批评对象，拷问对象本身；这样他就保证了与某种言语存在的会面和亲密对话，该言语与其不可捕捉之相异性既比肩而立，又受后者的保护。对接近、对栩栩如生般出场的兴趣使风格学家保持与作品自身之言语关系体系的长期接触。他希望通过分析内在关系而间接分离出作品与外界的关系。从心理和社会脱胎而出的完成作品，其完成形式仍然承载着所有孕育它破土而出的因素，为何不接受这一点呢？作为一个封闭的小宇宙，它散发并控制着关于先前混沌世界的光亮。斯皮策公开宣传歌德的这一观念，并不忘在他生前发表的最后一本文集的序言中，引用《浮士德》的著名诗句；在这篇序言中，他自称是"光明和明晰形式、龙沙笔下世界之美好光明的忠实朋友"……我们毫不奇怪，美好概念一枝独秀，脱离任何规范定义，愈来愈占据着斯皮策的思想。他脱离了历史主义的风险，却甘愿承受唯美主义的风险。接受"美物寓其宗旨于其美"的观念，无异于使艺术定义凝滞化，而无视导致任何指意作品选择能最广泛表现使任意形式永恒的各种力量之形式的张力。对于一个不如莱奥·斯皮策那样操心、那样灵动的天性而言，面对"艺术作品"凝结的虚假永恒，对形式美的崇拜很可能导致某种错误的休憩态度。

反之，没有人比直面层层扩展、最终无法整体化之整体疆域的批评家不更自信于自己的休憩态度。由永不满足之欲望产生的这种层进运动并非不忠实斯皮策式阐释推出的典范。这种进步是发现差别（否定性）、尽力把其纳入一个更易理解之整体的研究的进步。当我们感到需要克服差别之障碍并还其公正时，阐释循环便延长并扩展自己的半径：因为精神生活既要求差别又拒绝差别。

一个永无止境的旅程，通过不确定的系列循环，既从自身历史亦从对象历史中呼唤批评视野，这大概就是理解意志所涉足的无终点活动的形象。理解首先意味着我们从来不曾透彻理解。理解不啻于承认,只要人们没有完成自我理解的旅程,所有意指就处于悬空状态。

于日内瓦,1964—1969

戏剧:文化碰撞与多元文化主义之症结

(法)伊夫·谢弗雷尔①

我们即将迎来新时代的晨曦吗？如今几乎已经通用的西历告诉我们，几个月后，我们即将告别1999年而进入2000年的事实，在我看来，不过是纯粹的轶事一桩，即使它为我们提供了围绕西方有时视作"千年之末"而思考的机会。这是否意味着作一总结的必要性更加急迫或更重要呢？也许……无论如何，中国比较文学学会第六届年会的宗旨使我有机会勉为其难思考一个大主题，这个主题也许太大:戏剧在文化碰撞中发挥何种独特作用？长期以来，比较学家们一直试图探讨这一现象。戏剧是另一现象——这一现象的概念目前依然很不确定，我们的时代也许正在创造或再造这一现象——即多元文化主义内部的一个独特的症结之所在吗？

我在发言中将相继检视两类问题。第一部分包括几个世纪以来那些不同程度上把戏剧从一种文明搬到另一种文明的人(翻译、导演、演员等)所碰到的问题；我将试图澄清一些焦点问题。在第二部分里，我将把多元文化主义的概念与我可能在第一部分所得到的发现相比照，并对多元文化主义的概念提出若干问题。

戏剧这种文学活动与其他文学活动相同吗？歌德在《关于〈西东合集〉之精髓的说明及论述》的一篇著名文章中②，曾经断言"只有三种真正的自发的文学形式:清晰叙述之形式、充满激情之形式和调动人物运

---

① 作者系巴黎索邦大学文学教授。
② 本译作完成后，原文和译文一起交《文学评论》编辑部，这次校对时已无法根据整个体例要求，加注外文人名和著作名的原文。特此说明。——译者注

动之形式,即史诗、诗和戏剧。诗之上述三种方式可以共处一体或独立存在"。于是,戏剧被界定为把行动之表现与个人直接表达联系起来的一种形式。此即人们所谓的戏剧的最低限度的定义,然而这一定义普遍适用吗?它是否能够构成艾金伯勒心目中的不变式呢?

尝试回答上述第一个问题即迫使我们回头检视戏剧史,哪怕肤浅地检视也是必要的。多种戏剧之史,而非单一戏剧之史,甚至还得检视表演史。西方传统是我的必然的出发点,西方传统要求我使用"表演"一词,因为某些参考书都使用了这个词,如法国七星文库版的大百科全书即有《表演史》一卷,意大利也曾发表过《表演百科全书》。"戏剧"一词来自希腊语,原指可以观赏什么东西的地方。这种意义上的戏剧是一门视觉艺术,一般来说,意味着要有观众,而非仅仅是听众或读者。

须知这类艺术似乎并未得到所有文明的青睐,至少我们掌握的历史见证如是说。专家们一直争论不休,试图搞清远古的法老时期是否曾经存在过某种埃及戏剧;其实,阿拉伯伊斯兰文明直到19世纪与欧洲文明碰撞后才发现了戏剧;欧内斯特·勒南甚至提醒人们,阿拉伯学者阿威罗伊(12^{e}世纪)"在希腊文学方面曾经犯过错误";"例如,误以为悲剧只是一种赞美艺术,而喜剧则是揶揄艺术,他宣称从阿拉伯人的颂歌和讽喻诗中,甚至还从古兰经中找到了悲剧和喜剧形式"①。阿威罗伊的错误无疑是因为他当时不拥有任何文化范式,使他得以走出纯粹来自书本的文学观念;另外,阿根廷作家若泽-路易·博尔赫斯受勒南提示的启发,写出了一篇颇有教育意义的幽默童话:《阿威罗伊的追求》。

西方诗学的奠基之作、亚里士多德的《诗学》是以戏剧为参照系的,阿威罗伊是《诗学》的阿文译者,但是也许并没有明白《诗学》所谈论的事实。亚氏借这部著作,既为希腊悲剧立史,又提出了一套悲剧理论。他认为悲剧来自酒神赞美诗,我们对这种形式一无所知,并指出,最初只有一名演员,演员数量逐渐增加到两名、三名等是一种革新,我们认为这是一项关键的革新,是它奠定了西方戏剧的一个重要内容:对话,人物之间的对话。在理论方面,亚里士多德把史诗与悲剧相对立(史诗是自中世纪以来我们称作小说的体裁的起源),史诗以叙事为宗旨,因此,很容易驾驭时间,它可以剪裁发生在很长时间跨度之内的故事,尤

---

① E.勒南:《全集》,巴黎,卡尔曼-莱维出版社,第三卷,1949,第55—56页。

其能够详述同时发生的情节。然而,有必要说明,亚里士多德把悲剧作为他的诗学基础,尽管他曾引用过的荷马在希腊文学的建设上很可能发挥了更大的作用。正如厄尔·迈纳强调的那样,亚氏的这一选择是卓越的:经过对不同传统之诗学的一番调查之后,这位美国比较学家发现,"除了一个例外(复杂的印度文化),这些文化体系中的诗学都是通过对抒情作品的分析而产生的……似乎没有哪个原创性诗学是基于叙事文类而产生的;西方诗学是从戏剧中产生出来的唯一例子"①;结论是重要的:"亚里士多德的诗学是一种模仿诗学,这不足为奇,因为它建立在戏剧的基础上,而戏剧是一种再现的文类。"那么,一个问题应运而生:戏剧必须是一种表现现实、或者借用更接近希腊原文的说法即模仿现实的文类吗?戏剧本质上属于写实主义吗?

其实,这里提出了戏剧的功能问题。戏剧具有宗教宣传功能、国民教育功能、政治功能或者首先是一种娱乐?自公元前五世纪悲剧在雅典的辉煌时期以来,希腊悲剧的表演条件无疑发生了巨大的变化。如果我们还知道雅典的戏剧演出带有强烈的宗教背景,却对乐队空间里专设的狄俄尼索斯的祭坛的功能一无所知,并对乐队在多大程度上代表城邦而争吵不休。然而,不管它属于哪种文化,一个20世纪的欧洲观众必然置身25个世纪前索福克勒斯的悲剧在雅典演出时的条件之外。

戏剧确实依赖它所安身立命于其中的文明。当然,任何文学作品都是这样,但是戏剧调动更多直接与社会生活相关联的因素。从剧场本身开始。当西方戏剧最早的几位导演之一安德烈·安托万1890年试图创立真正的"自由戏剧"时,演出场所的安排是他所考虑的革命的基本问题之一,他曾用很长的篇幅,从"为位置最差之观众建立剧场"的原则角度阐述这一问题②。安托万明显参照了理查德·瓦格纳于拜罗伊特督建的剧场,并顺便批评了意大利式的剧场,后者的设计仅考虑了部分观众,让他们面对面而坐,于是观众本身成了戏剧的内容。

安托万是19世纪末人。他因此而拥有一整套改变戏剧空间观念的新的技术手段。首先是演员活动之舞台与观众就位之池厅的区别更加明显。例如,电的普及有助于明显区别两个空间,使池厅处于黑暗之

---

① 厄尔·迈纳:《比较诗学,文学理论的跨文化研究札记》,普林斯顿大学出版社,1990,第24页。

② A. 安托万:《自由戏剧》,1890年5月,第49页。

中,这一举措招致了他的同时代人的激烈抨击。我们已经远离(17世纪)一出戏剧各个场次的长短取决于这些场次开始前点燃的蜡烛的寿命的时代……然而希腊人在青天白日下露天演出悲剧的时代则离我们更加遥远!

在创作和演出纯艺术作品的愿望的驱使下,理查德·瓦格纳是进行剧场根本改造的推动者之一。许多戏剧人步其后尘——我的"戏剧人"一词既包括导演,也包括剧作家和演员,思考演出的物质条件,如今我们所拥有的大量经验或尝试远远超出了它们的开拓者如斯坦尼斯拉夫斯基和布莱希特等人的疆界。斯坦尼斯拉夫斯基的作品自1937年起开始被译成中文,人们看到,20世纪50—60年代的中国,"一场斯坦尼斯拉夫斯基热渐渐走进了专业教育和导演领域,甚至酝酿着传统戏剧改革的方案"①。稍后的1979年,北京青年艺术剧院在布莱希特戏剧及其在中国社会中可能发生的作用的讨论声中,上演了《伽利略传》,这是"文化大革命"之后上演的第一部外国戏剧作品②。应该看到,西方戏剧与东方戏剧的这种碰撞运动是在两个方向上开展的:20世纪法国戏剧的主要理论家之一安托南·阿尔托曾于1930年前后发现了巴厘戏剧并写出了一些热情洋溢的文章;后来,北京京剧团的巡回演出为欧洲观众带来了另一种戏剧形式。我们仅举一例,说明一个欧洲观众观看中国京剧时的陌生感:J.潘帕诺在《通用大百科全书》这部参考书中介绍中国的戏剧传统时,强调"中国京剧与西方歌剧不同,乐队追踪演员的唱腔和动作,而非相反,因此乐队位于舞台的一侧以利于观察演员"③;欧洲则保留了"乐队沟"的传统,"乐队沟"位于舞台前边,低于地面。

斯坦尼斯拉夫斯基与布莱希特的戏剧理论几乎完全对立,尤其涉及演员的表演方面。前者要求演员准确体验人物的生活,后者则强调著名的"距离感",意在提醒观众他们是在看戏。当我们观看一出来自另一文化传统的剧目时,演员之表现确是可能引起强烈文化震撼的方面之一。化妆、动作、移动的方式、表达方式(唱或白、诗或散文的选择,还包括朗诵的类型)等,都属于戏剧的决定成分。亚里士多德曾经指出,希腊悲剧的演变引导剧作家们接近"对话语调",并因此而使用十分

---

①② 张 N:《中国对西方戏剧的引进,西方的另一意义(1978—1989)》,巴黎,阿尔玛唐出版社,1998,第58、93页。

③ 《通用大百科全书》,"戏剧(传统)",第十五卷,1973,第1052页a。

接近口语的韵律，他的见解非常正确。我们从戏剧与口语的联系中再次发现了写实主义的成分，而写实主义是欧洲诗学的基础；然而，戏剧与口语的联系并非一种"天然形式"，20世纪初的话剧则被视为一种革新，甚至一种革命。

我们刚刚检视过的这些内容全都或多或少地与上边提到的基本问题相关：戏剧在一定社会中的功能是什么？弗里德利克·尼采确实是在单一欧洲传统内部提出这一问题的，然而所用词语大概也可以适用其他传统；在《音乐精神孕育了悲剧的诞生》一书中，尼采提出了问题的两面性：悲剧剧情应该超越人类、属于玄学范畴、把观众带入神的世界或者至少让他接触只能给予含糊答案的神话还是可以接受"让观众走上舞台"的思想、即限于像镜子那样反映我们所生活的世界呢？戏剧应该是神的世界、象征的世界或者是对生活的模仿和反映？两极之间可以有许多立场，包括把戏剧作为政治宣称工具的立场。因此，翻译和演出外国戏剧会提出一些与文学无关的问题：贝尔多勒特·布莱希特的情况即是一例。戏剧肯定会构成政治和社会筹码，这一点还应该加以论述。

然而演出历史的回顾还提出了第二组问题，涉及文化碰撞即所有与戏剧文本相关的碰撞。这里也有着针锋相对的两种观念和中间立场：一种观念坚持剧本戏剧，即尊重剧作家之剧本乃基本原则；另一种观念提倡任意发挥，即剧本只不过是一种参考、一个起点、一份提纲。在欧洲，直到最近一个时期，大学教育仍然突出剧本，突出剧本的文学文本性质；近几年来，重点转向更注重剧本之发挥潜能的方法，于是研究表演方式和演出的工作得到了发展；比较学家们则非常关注翻译问题，后者涵盖从一种语言向另一种语言过渡的所有相关问题。

确实，剧本翻译更尖锐地引发了文学翻译的许多共性问题。标题是人所共知的要点，我们很容易找出译著标题与原著标题寓意不同的例子：昂立克·易卜生的著名剧本《玩偶之家》在许多国家都被译作《娜拉》，以女主人公的姓氏作书名，而一个英国改编本竟发明了《毁灭蝴蝶》(Breaking a Butterfly)的剧名……莎士比亚的《哈姆雷特》的早期中文译本曾经采用过诸如《幽灵》、《国奸》、《伪装》、《杀兄娶嫂》、《骗后夺位》等剧名①。关于参照到达方文化即译本语言所处国家之文化中

---

① 《中国对西方戏剧的引进，西方的另一意义(1978—1989)》，第38页，注释4。译注：《哈姆雷特》的中文译名系根据法文译出。

并不存在的现实问题更重要,因为更难解决。北京人艺1983年演出《推销员之死》时碰到的表演问题颇具启发意义;英若诚是该剧的制作,亲自担任导演工作的阿瑟·米勒在《推销员在北京》(1984)一书中反映了这次尝试引发的文化碰撞问题。一位中国批评家指出下述困难:"编导们非常担心推销员问题,因为中国没有这个职业。这种情况可能影响中国观众对剧情的理解";然而他随即补充到:"结果与我们的担忧相反,我想这是因为导演把重心放在家庭问题上,而没有放在这种职业的性质以及专业冲突方面。职业问题仅仅成了表现威利生活的背景……如果观众可能从自己的经验中找到某种反响,并非因为他们拥有同一职业,而是因为他们与人物的命运相同。"①我认为这个例子很有启示作用,因为中国观众对于他们驾轻就熟的一个领域表现出浓厚的兴趣,并因此而发挥了剧本的潜能。阿瑟·米勒也强调了这一现象:"中国人似乎最了解家庭,家庭是该剧的中心。社会与家庭冲突的关系早就是中国生活的构成部分。"②

由于两种文化现实的差异,《推销员之死》中威利的职业有可能成为误会的根源;现在,我再举一个几乎完全相反的例子。19世纪末,安德烈·安托万打算把德国剧作家格哈特·霍普特曼的作品《织布工人》搬上舞台,他碰到了下述困难,困难是由审查委员会提出的,后者应预先开放绿灯:剧情发生在1840年的德国外省,让普鲁士士兵走上了舞台;而1890年的法国还处于1870年普法战争中败于普鲁士的记忆之中,检查者们担心德军服装在法国舞台上的出现引发混乱甚至骚动。因此,接受国历史也可以成为严重困难的根源:显然,格哈特·霍普特曼在写作他的剧本时,不可能考虑到法国观众的反应,而这种反应今天则可能大相径庭。

尽人皆知,翻译老化得很快,除了极少数特殊情况之外,有必要每隔几年即推出新译本,而原作则保留自己的价值。戏剧中这种情况可能比叙事散文或诗中更严重。戏剧语言其实是一种即时语言,要求被它所面对的观众理解。不可能通过注释解释可能出现的文字游戏;动作也应该符合接受国家的传统。《乌布王》的作者阿尔弗雷德·雅里支持演员戴面具,他在1896年发表的《从舞台到舞台的无用》一文中,以挑战的口吻,对动作的意义提出质疑,并且提出一定文化中可理解的习

---

①② 《中国对西方戏剧的引进,西方的另一意义(1978—1989)》,第196—198页。

惯动作与普遍动作两个相对立的概念,他说:"现在的哑剧的严重错误,即形成了一种约定俗成的、令人困倦的、无法理解的模仿语言。这种习俗的一个例子:用手遮住脸,然后向手上接吻一次,表示美丽并暗示爱情。普遍动作的例子之一:木偶猛地后移脑壳,把脑壳碰在后面的道具上,表示震惊。"①我们完全有理由询问,雅里把后一例看做普遍动作是否真有道理!

　　截至现在我所列举的若干事例说明把一本戏从一种文化搬到另一种文化可能产生的困难。还可列举许多其他困难,例如,接受国公众心目中的外国戏剧之形象问题:该观众至少应估计到可能面对的困惑情况,可能发现自己的民族传统提供不了的东西。因此,我想以一个问题和一个见证结束拙文的第一部分。问题是:为什么要上演外国戏剧?见证来自20世纪法国的主要戏剧理论家和实践者之一安托南·阿尔托,他曾于1931年发现了一种东方戏剧,即巴厘戏剧。他的见证有助于使问题更具体一些。阿尔托的理论专著《戏剧及其化身》(1938)中有两篇是用来介绍巴厘戏剧的,并在此基础上比较"东方戏剧与西方戏剧"。只需引述每篇文章的第一段即可。《关于巴厘戏剧》:"巴厘戏剧的第一出戏近似舞蹈、民歌、哑剧和音乐,而与欧洲意义上的心理戏剧极少有共同之处,从幻觉和恐惧角度再现了戏剧创作的自发和纯粹状态。"②《东方戏剧与西方戏剧》:"巴厘戏剧的发现为我们提供了关于戏剧的形体概念而非言语概念,在那里,所有舞台上可能出现的表演皆戏剧,不依赖剧本,这与我们西方人观念中的戏剧相差甚远,我们的戏剧总与剧本相关联,受剧本的约束。对于我们而言,戏剧中的话语就是一切,没有话语就一筹莫展;戏剧是文学的一个分支,是语言的一种声音变种……我们无法把戏剧与剧本思想分割开。"③生于1896年的阿尔托寻求一种完全戏剧,如同理查德·瓦格纳先于他而苦苦求索那样,巴厘戏剧为他提供了一种根据:存在着一种戏剧,这种戏剧有自己的独特语言,该语言不是由字词和"清晰有致"的话语构成的,其功能远远超过娱乐,据阿尔托所说,超过西方人对艺术和美学的混淆;东方戏剧证明,可以存在一种"客观的、充满活力的巫术"式的戏剧④。

　　于是安托南·阿尔托作出他对上述问题的答复:为什么对外国戏

---

　　① A.雅里:《乌布王》,巴黎,伽利玛出版社,1978,第312页。
　　②③④ A.阿尔托:《全集》,巴黎,伽利玛出版社,1964,第四卷,第65、82、88页。

剧感兴趣？不是为了发现另一种乐趣，一种新的乐趣，而是为了发现一种真正的戏剧，找到戏剧的真谛，按照阿尔托所说，西方已经失去了戏剧的真谛。由此，某些思想对阿尔托弥足珍贵：走向魔法戏剧，走向残酷戏剧（其意义至今仍很模糊）；于是，那些试图革新文学的人经常采纳的一种态度应运而生：回归真正的传统！然而，如果我们谈论多元文化主义，能够满足于单一传统吗？

"多元文化主义"是法语中新近出现的一个新词，可能出现于另一新词"多元文化的"之后，后者用来修饰多种文化共存的社会。法语"多元文化主义"的词形与该词的英语词形一样[①]，或者承认事实，意味着若干文化的共存，或者表示意愿，希望推动一个社会的文化的多样化。

我们在迈向多元文化社会吗？我们真的想走向这样的社会吗？各个民族或国家长期生活过的闭关自守的辉煌时代显然已经结束了。通讯领域近年来发明的技术手段足以令人瞠目结舌，发生在地球任意一点的事件瞬息之间即可传遍全球。如今，我们更容易认识他人，更容易意识到他人的存在。然而，我们还知道，那些握有交际手段控制权的人，包括技术上的控制权和掌握语言的优势，可以传播他们的文化（这里指的是广义的文化）而禁止别人接触这些交际手段；电影、电视、卫星网络和因特网的发展，有助于在21世纪之初，确立一种文化的统治地位，即美国文化的统治地位。这种现实可能在西欧看得更清楚一些。须知某种单一文化的到来，甚至可以说"单一基础的最低程度的文化"时代的到来，可能不是我们的理想之所在：诚然，作为比较学者，作为文化交流方面的专家，我们深知，扎根于一种具体的文化传统是进行比较文学研究的智识条件。

我以为戏剧在文化成分中占有特殊的地位。它与绘画和雕刻不同，也与小说和诗不同，与电影和电视剧不同，戏剧是能动的，没有僵化在独一或重复之中。一幅画可以复制在不同尺寸的纸上，但是真品只有一幅；一部小说可以翻译为不同的语言，原作也可以有若干版本，人们可以以多种方式阅读和评论小说，但是，小说文本才是不断改编的源泉；一部电影可以放映一次或千次，仍然保持同一电影不变。反之，一

[①] 参阅《多元文化主义时代的比较文学》一书，查尔斯·伯恩海姆尔主编，1995；本杰明·李的论文《走向批评的国际化和多元文化主义》，见《新视角：比较文学年鉴》，卷一，1995，第100—131页。

部戏剧,正如一部歌剧或一段乐章一样,每次演出都会有新的理解,每次都要接受直接性、直观性和同时性的考验。关于戏剧,阿尔托有一段名言:"我们要承认……任何台词,一经出口,就是死的,台词只有在发出它的同时起作用,一种形式一旦被使用,就失去了价值,要求寻求新的形式,戏剧是世界上唯一的艺术客体,其动作绝不会重复两次"①,即使采用同一节奏,一场戏剧演出永远不同于其他场次。

保尔·瓦莱里曾经断言:"实践诗的过程即诗",强调读者具有一定的原创性。那么更有理由认为,演戏的过程即戏。法语中恰好有一个习语:一部戏剧的创作实现于第一次演出之中。一般而言,创作开始于剧作家的国家,而演出则可以不断发生:易卜生的剧作《群鬼》初创于美国,再创作于挪威;同样,受13世纪一个中国传奇(Li Hsing Tao)之启发的布莱希特的剧作《高加索灰阑记》1948年首演于美国,1954年才在德国上演。下述情况永远居多数,即剧作在本国创作后,从来不曾在国外演出过,或者很晚才获得在国外演出的机会:大约四十余年来,阿维尼翁戏剧节一直是法国戏剧生活中的盛事,1999年7月的戏剧节开幕式上上演了《亨利四世》,此前,莎士比亚的这部剧作从未走上过法国的戏剧舞台。

无疑有必要详细考察上演一部外国戏剧提出的所有问题。在此,我谨提出两点简略的看法。

第一点:如今我们观看直接使用外语的外国演出的机会越来越多。法国的"多国戏剧"经验证明,有可能原汁原味地上演所有语言的剧作:散发剧情简介和加字幕的做法可以使观众们不至于完全置身剧情之外。而尊重其他文化和传统是多元文化主义的积极因素之一,有利于接触(除语言障碍之外的)令人困惑的高难剧作。然而,人们确实优先考虑以剧本为基础的剧作。

我的第二点看法涉及最常见的情况,即戏剧译作的上演。语言翻译方面的问题解决之后(如果可以解决的话),并因此而解决了尊重原作的问题之后,经常会提出尊重观众的问题:戏剧人物的语言和行为在本国文化中并不难懂,却与接受国文化的最深层传统发生冲突,而使观众感到不适。而作为社会艺术,戏剧迫使我们面对这类问题,我个人认为,处理这个微妙问题的最坏的办法,莫过于增加注释;最好朝着淡化处理甚至略加删节的方向改编。施咸荣的中译本《等待戈多》在这方面

---

① A.阿尔托:《全集》,第91页,注释11。

提供了一个范例，让一个人物对着另一个人物窃窃私语：观众听不见人物的话，这些话肯定会刺伤他们，但是却能理解人物之间的反应①。

然而我不可能在实践领域更多地班门弄斧！也许在思考高校能够为多元文化主义做些什么方面我更得心应手一些。在高校领域，我们拥有新的手段，可以使我们对戏剧的研究工作做得更准确一些。这些手段如录像，不仅可以搞演出录像，有时还可以把排演录下来；更广泛一些讲，我们将保留越来越多的有声资料，可以用光盘把它们保存起来。高校的作用之一即使用这些手段并使更多的学生（和老师）有可能接触外国戏剧。严格地说，技术并非文化成分，但是它们可以为文化生活服务。

这当然应该与高校的基本任务之一的继续即继续解释传统的形成并行不悖。我在上文里曾经提到扎根一种文化的必要性，既要强化这条根，又要展示它的相对性。我觉得一个高校的研究人员应该永远对普遍性提高警惕，即避免把独特的表现方式误以为普遍性。了解自己文化的历史绝不意味着把它当作一种绝对，也不意味着视传统未收留的东西为毫无价值的废物：法国的比较学者们之所以在对前人遗留下来的教育纲领的质疑方面曾经有所贡献，正是因为他们关注异域的文学生产情况，而多元文化主义还有助于重新发现本民族文化所遗忘的某些传统。

促进高校按照上述建议开展多元文化活动的方法很多。其中之一很有必要大力发展，即关于外国文学作品特别是戏剧作品之评论的批评研究。澄清接受研究不断暗示的一点确实非常有启示意义，即一般情况下，接受研究关注接受体系远胜于对被接受作品的关注。自从19世纪末挪威戏剧家易卜生的作品在法国舞台上演伊始，批评即步入歧途。大部分批评家试图说明易卜生的人物特别是女性人物远离法国社会，因而他的作品如《玩偶之家》或《群鬼》难于被法国社会所接受。其他批评家也不无天真或自负地指出，小仲马或乔治·桑等法国作家也曾以同类题材为题，试图找到法国的戏剧原型。然而，我以为，明确言语的背后却最经常地掩盖着面对新的戏剧形式的恐慌不安，这些形式在当时的法国戏剧中没有相对应的形式，而这大概是最大的困难；归根结底，也许理解或自以为理解一位异域的不同于我们的人物要比接受不熟悉的另一种戏剧形式容易得多。但是，在易卜生的事情上，关于这

---

① 《中国对西方戏剧的引进，西方的另一意义（1978—1989）》，第235页。

一点,还有另外一种答案:把易卜生引入法国的安德烈·安托万以为他发现了"希腊悲剧的昏暗的伟大",传统的力量是多么沉重!

如今,戏剧也许不是最易出境的文学形式,小说和短篇小说,甚至诗的传播也比戏剧容易,因为它们不依赖直接接触,服从于个人阅读的实践形式,而戏剧演出则依赖直接接触。史学家们,特别是精神史的专家们,提醒人们注意集体行为的持续性、民族和社会团体"思考现实"之共同方式的持续性:当交际手段发生飞跃发展时,戏剧有可能是文化冲突感觉最明显的艺术门类之一,因此,它应当特别引起比较学家们的关注。

任何人都无法预言21世纪甚至第三个千年赋予我们今天所体验的文化接触的命运。混合型、杂交型、冲突型还是单一文化型?我个人认为,承认差异和疆界要比毁灭它们而建立"最低限度之文化"好得多;然而,承认疆界还意味着要努力了解疆界彼岸的人们是如何生活的并且与他们相识!

(原载《文学评论》2000年第3期)

《结构语义学》中译本前言

(法)特里萨·基恩·格雷玛斯①

当这部1966年的文本的中文版出版之际,终于有幸面对中国读者,是我巨大的荣幸,我对此感到极大的满足。该文本被正确地视为语言符号学法国"学派"创始人阿尔吉达斯·朱利安·格雷玛斯的第一部语言符号学论著。如何谈论学科的这部"经典"之作呢?是从20世纪下半叶西方的认识史开始,即逆向解读、承认其拒绝有关符号的含糊其辞的经验概念和另辟蹊径的创新之举呢?抑或采取前瞻态度、视该文本为抛砖引玉之作、以其基础引导人们逐渐掌握学科的方法论、视符号学为实践学科呢?我以为上述两种方法如同南辕北辙一样互不相容。

完成国家博士论文(1948)及早期发表文字阶段②,年轻的词汇学家和文献学家A.J.格雷玛斯视词汇学是一门能够向人文科学提供强大理论工具和方法论工具的学科,因为它是语言学中唯一关注意义的学科。而以分类为基本方法的词汇学局限于传统词汇单位词的研究,近两个世纪的语言学也未能赋予词以科学解释。还有,格雷玛斯自认为师出其门的索绪尔传统并不把词作为语言单位。当时的探索必须放弃词及其神秘性而有所前进:词之下,把义联类型(catégories articulées)分解为最小的表达单位和内容单位(耶仁姆斯莱夫的遗产);词之上,建构言语的同位关系和叙事句法。1966年,语义学终于

---

① 特·基·格雷玛斯是A.J.格雷玛斯的夫人。——译者注
② 参阅《1830年的时装》,巴黎,法国大学出版社,2000。该著作包括A.J.格雷玛斯的著作目录。

取代了词汇学①。格雷玛斯与某种词汇语言学和符号学(sémiologie du signe)拉开距离,这种学术活动要比罗兰·巴特的符号学彻底得多,后者仅表现为意识内涵的修辞学批评②。《结构语义学》的作者力求建构言语表现之前关联意义类型及其发展的独立层面,旨在从语义学方面证实风格学的脆弱性以及辞格的纷杂和多余。

以彻底为特色的《结构语义学》在建构方面首先是理论发凡阐述阶段的命名、术语定义及定义间意义③的确定却不失严谨。同样,各种类型范式的建立也不失严谨:从普罗普关于俄罗斯童话的范式的有限的经典序列出发而建立(叙事的)施动者以"获得新思路和新的思想内容";词语描述:词素"头"的描述已成为"经典";或文本的描述:如贝纳诺斯作品的描述(有人发现,这篇分析中有加斯东·巴什拉尔的强烈影响);尤其是那些振聋发聩的假设,突出发现程序("做"之行为渐次展开),并始终从词汇轴线(布拉格学派之遗产)和意群轴线(丹麦学派之遗产)两个层面予以分析。未来的学术研究从此获得了语义分析的先例和叙述性(narrativité)的概念,格雷玛斯把后者定义为深层句法(和抽象语义)层面与表层句法(和形态)层面两个不同层面的有序转换。

自1970年起④,符号学代替了语义学而占据了格雷玛斯的思考空间。下面这句话开创了这个新阶段:"谈论意义并谈得颇有见地,是一件非常困难的事。"从词汇学到语义学再从语义学到符号学的三段式旅程颇能说明问题。无疑,三个学科都关注意义,但是,每个阶段的理论架构不同,适用场也不同。这样,符号学理论就要在包容前阶段的基础上发展。这种建构程序是双重的,因为它力求——虽然并非每次都达到初衷,但却值得特别关注;这自然是题外话——保持认识论层面与应用层面的关联。而这正是自《结构语义学》以来符号学实践的突出特征。

---

① 然而,奇怪的是,格雷玛斯仍然忠实于词典学,并在稍弱的程度上忠实于词汇学,他所编撰的下述辞典足以为证,如《截至14世纪中叶的古法语词典》,巴黎,拉鲁斯出版社,1968;《一般法语词典》(与特里萨·基恩合编),拉鲁斯出版社,1992,以及下面我们将要谈到的定义间界定方面的理论词典《符号学:语言理论的推论词典》(与J.库尔泰斯合编),巴黎,阿歇特出版社,1979。

② 《神话学》,巴黎,瑟伊出版社,1957。

③ 术语的定义间界定是符号学词典的基础。

④ 《论意义,符号学论文集》,巴黎,瑟伊出版社,1970;《论意义卷二》,巴黎,瑟伊出版社,1983。

《符号学词典Ⅰ》使理论表述达到了综合表述的最高程度。所有的观念和概念互相交错、互相补充、互相定义，每个开端、每个声音都体现了研究成果。该词典面世（1979）后，成了所有概念调整的新的立足点。

符号学继续前进。如今，当我们从哲学方面和认识论方面与这部奠基之作有了足够的距离之后，清楚地看出，对它的所谓"理想主义"的指责是没有根据的，格雷玛斯始终把表意手段和语义的物质层面视为关键。在耶仁姆斯莱夫关于（表达形式和内容的）材料与实质的关系中，这部文本强调实质机制的多样性并使之运转，此处仅举一例以窥一斑：文本展示同一声音材料可以成为音位学或音乐的感知对象。一切都取决于对于不同材料进行符号学的文本分析时所选择的有效层面。

这种以科学探索为天职的言语实践以反映若干物质群体为己任，建构从简单（深层）到复杂（文本表面）、从抽象到具体的一条科学之旅。换言之，把以和谐的方式思考事物作为小径、作为旅程。这正是 A.J. 格雷玛斯的作品的追求，也是他的一生的缩影。我谨想把这种精神传达给中国读者，他们将通过这部勇敢的、无疑也一定很杰出的译作的文字，了解格雷玛斯其人和他的作品。

巴黎，2001 年 6 月 13 日

（原载蒋梓骅译《结构语义学》，百花文艺出版社，2001 年 12 月）

克洛德·列维-斯特劳斯:"益于思"的人类学

(法)马塞尔·埃纳夫①

  克洛德·列维-斯特劳斯的著作在 1950 年以来法国哲学气象中的重要性很少见。通常,我们看到的都是大的哲学思想(如孔德(Comte)或黑格尔(Hegel)的哲学思想)对人文科学研究的启示,相反的情况并不多见。然而,克洛德·列维-斯特劳斯的人类学正是这种情况。不管承认与否,它对诸如 G. 德勒兹(G. Deleuze)、J. 德里达(J. Derrida)、J.-F. 利奥塔(J.-F. Lyotard)、P. 里科尔(P. Ricoeur)等哲学家,或自称属于文本符号学或文本批评的 R. 巴特(R. Barthes)、M. 德·塞尔托(M. de Certeau)、G. 热奈特(G. Genette)、A. J. 格雷玛斯(A. J. Greimas)、L. 马兰(L. Marin)等都发生过重大影响,甚至对 L. 阿尔都塞(L. Althusser)也产生过影响,不过不像对上述其他人那么明显;在精神分析方面,应该提到 J. 拉康(J. Lacan);还应该补上希腊研究方面的 P. 维达尔-纳凯(P. Vidal-Naquet)、J.-P. 韦尔南(J.-P. Vernant)、M. 德蒂耶纳(M. Detienne)。总之,整整这一代学者——让我们仅限定在这一代人——之所以能够被英美理论家们所锻炼而成的一个术语

---

  ① 马塞尔·埃纳夫,在美国大学任教的法国学者,《克洛德·列维-斯特劳斯与结构人类学》(*Claude Lévi-Strauss et l'anthropologie structurale*, Paris, Belfond, 1991, rééd. Pocket, coll. *Agora*, 2002)一书的作者,2002 年又发表了《真实的价值:馈赠,金钱,哲学》(*Le Prix de la vérité. Le don, l'argent, la philosophie*, Paris, Le Seuil, 2002)和《还有未商品化的财富吗?》("Y a-t-il encore des biens non marchands?")等论文。本篇原载法国《精神》(*Esprit*)杂志 2004 年第 1 期。文章从检视西方自黑格尔以来的哲学思潮和方法论入手,有时甚至上溯到更远的哲学传统和方法论,具体分析列维-斯特劳斯的结构人类学给西方哲学带来的冲击和思考以及对西方现当代哲学思想和方法论的影响。

界定为后结构主义的一代,这首先意味着它是相对于结构主义的遗产而自我定位的,尽管它试图超越某些先入之见("后"蕴涵着超越)。须知,结构主义(主要发生在法国)首先是由克洛德·列维-斯特劳斯体现的。提到结构主义,学者们肯定会补上 E. 本弗尼斯特(E. Benveniste)①和 G. 杜梅齐尔(G. Dumézil)的大名。但是,(与后两位不同)列维-斯特劳斯是唯一一位为"结构主义"一词获得声誉之后明确而又坚定地承认其观念和方法的人。

一种位于交界的思想

结构人类学对于哲学的这种冲击之所以特别奇特,乃是因为列维-斯特劳斯建构他的方法论并确定自己的研究范围时,明确寻求与自己的哲学教育相决裂。他自己解释说,1933 年阅读 R. H. 洛伊(R. H. Lowie)的《原初社会》(*Primitive Society*, 1920)一书,给了他发现这些另类世界和另类思维方式的欲望,而传统文化带着它们的烙印:

> 我的思想跳出了哲学思维实践所导致的瓶颈,他说,被引导到广阔的空间里,它感到一股新鲜空气的清新。②

对于还很年轻的哲学家而言(克洛德·列维-斯特劳斯生于 1908 年),这个广阔的空间即巴西。1935—1938 年他曾在那里居住,先任教于圣·保罗大学,然后从事实地考察(主要考察 Nambikwara 人和 Bororo 人的部落)。回到法国两年多后,战争和种族主义的威胁又迫使他流亡国外;于是,他在纽约开始了另一种生活,首先做难民(1941—1945),然后任文化参赞(1945—1947),1947 年回国定居。接着便是重要著作的相继出版:《亲缘关系的基础结构》(*Structures élémentaires de la parenté*, 1949)、《忧郁的热带》(*Tristes tropiques*, 1955)、《结构人类学》(*Anthropologie structurale*, 1958),同时发表了《今日之图腾崇拜》(*Le Totémisme aujourd'hui*)和《野性思维》(*La Pensée sauvage*)的

---

① 笔者曾把 Benveniste 译为"邦弗尼斯特"。它的法语发音比较特殊,"Ben"的发音更接近汉语的"本","v"弱化,故改译为"本弗尼斯特"。——译者注

② 克洛德·列维-斯特劳斯:《忧郁的热带》(*Tristes Tropiques*),巴黎,普隆出版社,1955,第 64 页。

丰收年(1962),然后是 4 卷本的《神话学》(*Les Mythologiques*,1964—1971)。

为什么这套技术性极强的著作如此冲击哲学家呢？是因为主题和情景的异域情调吗？此前数十年的人类学家或游记作者们似能满足欣赏异国风情的愿望或向以多种传统思维为内容的深入思考提供素材。我们只能从其他地方寻找解释:列维-斯特劳斯是 20 世纪 50 年代第一个基本上支持下述看法的学者,即如今有一门学科,我的理论方案的主体范式归功于它,这门学科就是语言学,特别是结构音位学;与言语以及社会科学相关的所有问题应该纳入一个更广泛的总体方案中予以考虑,这个总体方案正在以一般交往理论的形式逐渐形成。于是,列维-斯特劳斯提到那个时代很有创新精神的一些著作,如 N. 威纳(N. Wiener)关于控制论①、J. 冯·纽曼(J. von Neuman)和 O. 摩根斯顿(O. Morgenstern)关于博弈论方面的著作②。阅读这些著作之前,列维-斯特劳斯已经从雅各布森(Jakobson)等人那里获得了当时在纽约举办的著名的梅西演讲会的内容,雅氏自己的新探索得以在这里介绍并得到讨论,它们成为关于人工智能、关于复杂体系的全部新思考的源头,最终也成为后来的认识科学的源头③。

这些辩论中呈现出的理论方向与结构语言学所确定的方法论相结合——雅各布森是结构语言学当时最富革新意识的代表——无疑构成了列维-斯特劳斯之方案得以茁壮发展的沃土,实质上开发出了新的科研工具和新的思维视野。然而,该学科所寻求并以其为支柱的并不是严谨意义上的哲学。无需经验丰富的种族学家,专心的游客或观察者就足以理解,通过考察宗旨、观念和方法,通过大量引述资料(作者、杂志、地点),通过一方言语的生产、一种基调的"分泌"——该基调因时代、国家和流派而变化——整个学科就可以体制般地蓬勃发展。要么参与,要么不参与。涉及 1940-1960 年间法国风格的哲学,尽管方法论

---

① N. Wiener, *Cybernetics*, New York, 1948; rééd. MIT Press, 1961。

② J. von Neuman et O. Morgenstern, *Theory of Games*, Princeton, Princeton University Press, 1944。

③ 关于知识界的这种探索,如今可以见到的最好的著作是让-皮埃尔·杜皮伊(Jean-Pierre Dupuy)的《在认识科学的源头》(*Aux origines des sciences cognitives*),巴黎,La Découverte 出版社,1994。

多种多样①，显然，列维-斯特劳斯不是这样的圈内之人。在这种情况下——这是旅行者获得的另一教训——最好带着外国人身份赋予的吸引力和享受接待的权利回到同胞们中间，这比不受欢迎的部落成员强得多。无论如何，深知现场风险的列维-斯特劳斯，选择了或者明确与哲学学科拉开距离的态度，或者每当哲学家们要求他澄清一些问题而他又无把握掌握恰当的方式时就夸大自己的无知借以回避。应该祝贺并尊重这种谨慎，而不要企图强求人类学家，试图说服他相信，不管他怎样，无论如何，他依然不知不觉地保留着哲学家的品位。相反，如同在他的著作中阐明的野性思维——其活力存在于现代思维获胜的种种领域的核心——这一层面一样，超越以哲学命名的学科之外，知识的各个疆域都面临着一个共同的思考任务。

这一任务没有比在促使列维-斯特劳斯离开哲学、至少是离开20世纪20年代他在索邦大学学到的那些哲学的理由中表现得更清楚了；他在《忧郁的热带》卷首陈述了这些理由。它们大体上分为两类：(1)关于无关紧要之客体的论证的无足轻重特点；(2)赋予意识以过分的特权，把意识作为评价真的标准。我们可以设想，列维-斯特劳斯拥有反对上述两个弱点的某些严肃的选择。例如，他可以沿着马克思主义的道路继续前进，他的硕士论文是研究马克思主义的②。他还可以沿着精神分析学派的道路走下去，他自己曾说，弗洛伊德使他发现了某种更广泛的理性，超越意识之幻想、属于能指性质的理性③。其他可能的出路还有：如果他像萨特、梅洛-庞蒂、阿龙(Aron)或里科尔一样的德语

---

① 我们可以列举如下：除了一股依然重要的精神主义潮流和一种独特的科学哲学(源自布伦瑞克(Brunschvicg)和杜昂(Duhem))外，占主导地位的是柏格森主义的继承者，他们与新康德主义者对峙；但是，我们还可以看到由于科也夫(Kojève)和伊波利特(Hyppolite)的相继努力而重新发现的黑格尔的新读者群的出现；特别是，先以萨特(Sartre)和梅洛-庞蒂(Merleau-Ponty)，继之以勒维纳斯(Levinas)和里科尔(Ricoeur)为代表的一股强盛的现象学潮流正在形成。

② "阅读马克思尤其使我激动不已，通过他的伟大思想，我第一次接触到了从康德到黑格尔的整个哲学潮流：整整一个世界出现在我的面前。从此以后，这种热情从未削减，如果不预先通过《路易·波拿巴的雾月18日》或《政治经济学批判》的数页文字激活我的思考，我很少能够澄清社会学和种族学的某个问题。"见前引《忧郁的热带》，第62页。

③ 他说，他从弗洛伊德那里发现的，"恰恰就是表面上最情感化、最无理性、自称前逻辑性然而同时又是最富意义的行为、活动和表现"，见前引《忧郁的热带》，第60页。

学者，他可以接触当时尚未译成法语的布伦塔诺（Brentano）和胡塞尔（Husserl）的文本，他们坚信，意识永远带有意向，即意识到某种东西，因此，就其定义而言，总是指向自身以外的他者。然而，当时发生过的阅读（例如读洛伊的书）、境遇（去巴西教学的机遇）或他所说的精神趋势①等因素决定了选择，他选择了种族学。那么，这一命运的根本是什么呢？就是要求列维-斯特劳斯赋予使他远离一定哲学的知识以真正的实质内容。而且，正是因为他的人种志研究工作和人类学思考如此内涵丰富，哲学家们也才从中发现了大量的思考素材。因此，我们不妨模仿他的流传甚广的名言之一，肯定他的人类学无疑"益于思"。我们还应进一步具体分析，激发哲学家们，特别是那些对结构主义最持保留态度的哲学家们如此浓厚、如此持久兴趣的原因是什么。

结构人类学或意义—真实的另一种联结
"真实性体现在他投入躲避的用心上。"②

列维-斯特劳斯人类学中引起震撼并引发理论兴趣运动的，并不首先是那些当时非常新颖的对控制论和通信范式的参照。大部分哲学家们，至少法国的哲学家们，太囿于传统教育和传统氛围，它们把这些哲学家们变得水泼不进，很难接受这类看法。我们更应该想到，而是这种把意义问题与真实问题以独特方式联结起来的过程本身。使这种联结成为可能的观念因素即结构概念，而方法论方面的因素却是结构分析提出的语言和文化事实的方法形式。

如何理解真实与意义的区分呢③？这种区分与 19 世纪初以来哲

---

① 在说到人种志时，列维-斯特劳斯甚至谈论"人种志所研究的文明与他思想中的人种志之结构的相似性……我有着新石器时代的聪慧"，见前引《忧郁的热带》，第 57 页。在稍后一点，他补充说："如同数学或音乐一样，人种志是一种罕见的真正的天赋。没有人向你教授它，但你可以在自身发现人种志思想"，见前引《忧郁的热带》，第 59 页。

② 列维-斯特劳斯：《忧郁的热带》，见前引版本第 61 页。

③ 显然，这组对立与弗雷格（Frege）所做的意义与索引（或注解）之间的对立并不直接吻合，后者涉及语句的逻辑地位。然而，后来现象学的雄心之一，恰恰就是要把这种对立纳入另一关系式中，即更广泛地肯定经验所揭示的意义与参照系之间的关系，参照系被理解为证实真实之所以为真实的证据。

学上经常采用的古典主义范式与浪漫主义范式相关联。其架构一方面可以上溯到17世纪的理性主义(特别是法国的"古典主义时代"),另一方面,上溯到德国由施莱尔马赫(Schleiermacher)、施莱格尔(Schlegel)、赫尔德(Herder)、黑格尔以及他们的继承者所发展起来的文化哲学(奇怪的是,尼采(Nieztsche)通过伯克哈特(Burkhardt)继承了这一传统,把它引向某种前所未有的方向并极端化)。事实上,这种对立与人们更熟悉的另一种由来已久的对立即思辨哲学与释义传统的对立大致吻合。

我们可以把下述思维形式叫做思辨思维,其哲学方法的目的是建立判断有效性的准则,即确定能够区分真实判断与虚假判断的思维观念和程序。于是,在这里,本体论问题服从于逻辑标准。其中,真理问题基本上呈现为陈述的有效性问题,如公理的选择,原则的确定,语句的和谐等。这种思想是一种理性主义,并把数学视为能够为其思路提供最优范式的学科。这种类型的哲学即亚里士多德和笛卡儿(Descartes)、斯皮诺莎(Spinoza)和莱布尼茨(Leibniz)、休谟(Hume)和康德等人所代表的如此多彩多姿的发展线索中占主导地位的传统哲学中的类型。在这种类型中,哲学一般以论著的形式出现,并采用演绎论证的阐述方式。

释义性思维把意义问题作为真理问题的先决问题提出来,或视意义问题为切入真理问题的渠道。什么意思呢?其基本意思是说,对这种传统而言,真理表现或体现在形象(如前苏格拉底式智者形象或圣经里的先知先觉形象)和事件之中,后者被理解为发出者发给接受者的信息。捕捉这一信息,理解其意义,意味着承认其客观性,即承认其真理价值。这里,真理对揭示程序的参照远多于对虚假的排除。它更多属于反伦理学——属于揭开面纱性质——而较少属于逻辑学。释义传统自古代起就发展于宗教团体中(hermeneia 与 hermès 相关联),后来更大规模地发展于基督教神学之中。这种差别的原因不难理解:哲学从普遍原则和条件开始思辨,预设精神的共同能力或人性之惯常品质。它不受历史事实或文化事实的干预,或仅作为个案被引用。相反,历史事实或文化事实却是释义思维方法的优越素材。因此,它以事件、礼仪、承载着历史意义的象征为基本对象。圣经释义就是以这种模式进行的,即通过人物及其姿态、通过唱段或格言汇集、通过一个民族的成就或磨难,捕捉真理。这种真理并非首先与世界的某种知识相关联,而是对命运意义的理解和沉思,代表着表现在人类世界中的神圣意志,上帝选择的符号蕴藏着他的信息,这种源自上帝的信息需要破解。这就是帕斯卡尔(Pascal)惊世骇俗的发现,他自己又从科学真理逆向探询基督命运的真理:"亚伯拉罕神,伊撒克神,雅各布神,并非哲学家和智者。"帕斯卡尔的反映指出了"古典"哲学无法克服的断层。而达此目的正是"浪漫主义"思想的计划。

因为,当思想家们开始支持真理问题也是意义问题——与传统叙事相关形象的谜底——并肯定(如黑格尔)绝对之实现犹如历史一样时,这显然是哲学上的一个重大转折。其中,作为判断对象的真理问题让位于绝对在时间中完成的真理问题。真理是生发的,因为观念本身即是沉思运动,本质在运作中自行揭示。真理问题变成了偶发然而典范形象中和文化表述中的意义实现问题。它只有作为结果时才存在。关于该观点的马克思主义的末世学(eschatologie marxiste)把关系表述得更清晰:真理问题归根结底是历史的意义问题;真理不再是绝对精神,而是通过一定社会阶级之行动而体现的人类的解放运动。使这种运动成为可能的即真理。从此,哲学不可能再审视历史:它本身即是一种历史事实。相对于黑格尔,这里引入了一个新因素,即提出真理问题的古典方式从此不仅被视为带有局限性、"理性化",而且被批判为遮蔽历史真实的工具。于是一种新的思想形态浮出水面:对哲学本身的怀疑,从源头起怀疑哲学。怀疑是对真理理念本身的操纵。准确科学与马克思主义之间经常出现的困难关系甚至冲突由此而生,在马克思主义看来,真理的中立性是不存在的;于是提出了这一无视权威的问题:谁从确立科学"真理"的中立方式中受益?应该根据解放纲领重新思考科学的根基。弄清谁决定真理的标准。我们离尼采的问题已经不远了:试图获得真理之人,他是谁?他想获得什么?什么力量作用于符号并生产符号?于是,发话者与受话者的关系受到置疑:伦理外意义上的谎言。从此,我们似乎远离黑格尔把意义(形象)纳入真理(精神)的意图,但是就范式术语而言,仍完全沿着他的轨迹。因为,弗洛伊德也是从意义/真理关系的临时运动角度去考虑治疗的。真理即 *Bearbeitung*,真理即作用于承载着不可启齿之欲望或被排斥之创伤的压力的主体的临时经验的东西。辨认自我的过程是发生在主体身上的真理的复杂运动,主体要从属于冲动之潜意识范畴的依赖状态和无知状态中解放出来。"*Wo Es war, soll Ich warden*":"'这'在哪里,'我'应该生发":真理即主体本身的这种解放运动。这就是每个主体的历史。在弗洛伊德的治疗方法层面和主体理论层面,真理在时间中实现的黑格尔原则和广义上的浪漫主义原则得到了确认；但是，这里，真理是依据一系列偶发事件而实现的，因为它并不先于其变迁而存在，真理在时间延续中构成，只能从其结果中得到认识。

然而，这种偶发性与目的论的预见性是针锋相对的。意义逐渐产生，它不引导运动。因此，从意义问题开始理解真理问题已经不再仅仅属于"浪漫主义"传统。后者开启了观念与形象、理念与事件、普遍性与偶然性的融合之路。某种历史批评（马克思）、主体批评（弗洛伊德）和真理自身的批评（尼采）等极端哲学正是这样得以兴盛的：这三种"怀疑思想"（里科尔就是这样命名它们的）都导致了深刻的相对主义。现象学似乎对这种威胁提供了强有力的反驳。

现象学的回答

事实上，现象学的出现是一种很新的尝试，试图从其直接世界中捕捉到的主体的经验出发，使某种超验场的浮现成为可能。问题的实质是从意义经验的条件上溯到先从逻辑方面，然后再从本体论方面肯定真实的条件。因此，现象学似乎能够为意义/真理的困境提供一条出路，并进而通过恢复思想陈述真理标准的要求而使思考经验成为可能，包括历史（及其冲突）的经验、文化经验和主体经验，如同晚年胡塞尔那样，这种思考在梅洛-庞蒂那里显得更明显。这样，恢复准确知识（数学、自然科学）在理解世界视域中的地位，历史的主体的经验与准确知识之间的关系重新成为可能。萨特之后，特别是梅洛-庞蒂之后，战后法国哲学的一个很广泛的潮流明显迈向这一探索途径，与思辨哲学建立对话关系（在英国和美国，现象学亦显示了能够与已经立足很稳的分析哲学进行对话的能力）。现象学似乎终于能够提供接触和综合的场地。

现象学比它以前的任何其他哲学方法都更多地从意义经验问题开始为自己提出了真理问题。这一视点的关键概念是意向性概念。然而，当胡塞尔继其老师布伦塔诺之后，宣称任何意识都是对某物的意识时，他的意思首先是说，任何意识都能在自身之外意识到自己的存在，然而还想说明，任何事物都是为了某种意识。正是这种关系被称之为意义。胡塞尔解释说，意识瞄准它自身以外属于客观性（*Gegenstandlichkeit*）的对象；然而，对象之所以能够这样乃是因为它被意识所"瞄准"；正是意识承认它的"存在意义"（*Seinsinn*）。该意义不是不可传达的独特经历。它恰恰是意向性关系中可被任何意识所辨认的东西。

这种普遍性把意义问题与真理问题联结起来。然而,这种真理不是客观主义方法论的真理,据胡塞尔所举例子,客观主义的方法论认为,真实的立方体就是几何学所定义的具有六个完全相等平面的立方体。其实,我所具有的立方体经验只是一个体积经验,我永远不会同时看到所有平面;还有,我只能通过视野的变形看到它们。我永远不可能按照几何定义看到立方体。我的视觉相继看到几个侧影。但是,我看到的确确实实是一个立方体,并抓住了它自身的几何学性质。我所拥有的意义并不违反客观定义;另外,它把我们引导到一个更深刻的真理,即世界经验的真理,确定事实之前的真理,先于任何客观知识的真理。海德格尔(Heidegger)就是按照这一思路提出存在的意义问题的,即意义问题按照希腊观念、亦即逐渐揭示的方式通向真理问题。

但是,由于萨特在《存在与虚无》(l'Etre et le Néant)中陈述的立场,在法国现象学中,事情的风貌略有不同。面对他所提出的"自在"与"自为"、没有任何意义的物与唯独有权赋予它以意义的意识之间的截然对立,梅洛-庞蒂理解了捕捉媒介、确定一个两者之间即他所说的"中间世界"的必要性。应该想到精神的化身,同时还应该考虑到自然世界的可知性。然而,两者之间,还有身体——我的身体。它不是任意的身体,它是一个意向者的身体。以至于基本行为不是"我想",而是"我发现"。这个"我发现"自身包含着"我想",也包含着"我感觉"、"我存在"、"我生活在世界上"、"我与他人在一起"。身体把瞄准世界的意识与作为意义之载体的世界扭结在自己身上:

> 一件真实事物的经验不能通过该事物对我精神的作用来解释:一种事物作用于一个精神的唯一方式乃是为他提供一种意义,自己表现于他,以可理解的联结形式构成于他的面前①。

在这一点上,梅洛-庞蒂把胡塞尔的现象学推到了尽可能远的地步。如果意义仅为一个意识而出现,那么世界可能提供的意义是什么呢?梅洛-庞蒂甚至说,我发现一物质的种种视野或侧影是该物质的构

---

① 梅洛-庞蒂:《行为结构》(La Structure du comportement, 1942),巴黎,法国大学出版社,1960,第215页。

成部分。也许应该敢于提出此悖论以避免另一更大的悖论,另一更大的悖论是,既支持只有对意向者才可能有意义,又设想世界本身承载着某种意义。无疑,这个中间世界缺少媒介。这个所缺少的环节正是20世纪50年代中期梅洛-庞蒂开始从结构语言学和结构人类学中发现的环节。但是,涉及这一转折之前,应该提到,存在着另一种替代可能,即当时与现象学很接近的学科释义学所提供的替代。那么为什么没有采纳它的服务呢?

释义学的回答

如果假设现象学方法显得过于受构成主体思想的主导,那么我们就可以设想,从历史媒介和文化媒介开始思考的革新后的释义学,应该有能力回应更客观化的要求,回应从设定世界一极出发的新平衡的要求。毋庸置疑,它提供了接触作品、文本、制度等精神产品的最细腻和最可靠的分析工具。因此,我们应该理解哲学家们坚持向结构方法索要、而释义学方法尚未能向他们提供的东西。

由狄尔泰(Dilthey)重新定义的释义学主要属于德国传统,其源头可以上溯到施莱尔马赫。法国哲学对这类思想相对比较淡漠。然而,刚刚战后,狄尔泰的释义学与胡塞尔的现象学、海德格尔的本体论和伽达默尔的本体论被同时发现。毫无疑问,保尔·里科尔的著作是释义学在法国的最严谨而且最具创新精神的表述。

20世纪之初,狄尔泰提出的对解释和理解的区分成了社会科学理论辩论的某种必不可少的参照系。

解释是自然科学的固有任务,自然科学瞄准并且应该瞄准客观性。观察者与被观察物之间存在的原则分离保证着客观性。两极之间不可能发生情感同化。结果中应该排除独特看法。不管伴随演绎阶段的心理状态的实际如何,任何心理因素都不能进入方程式,也不能构成知识的一个参数。

反之,按照狄尔泰的意思,理解是精神科学(les *Geistwissenschaften*)的原本计划,精神科学包括以人及其表达方式为对象的所有知识,关于历史的知识位列前茅。这里与自然科学不同的是,知识的对象本身是具有心理生活的主体。这一观点使狄尔泰绝对处于个人主义的视野。其实,他所谓的精神科学与黑格尔的客观精神毫无共同之处;他所谓的精神是一种能力,即使该能力只能通过符号、作品、文本等精神的表述来捕捉。由于这一观点，狄尔泰肯定了他与浪漫主义释义学的决裂。他的宗旨不是以理解的直觉力量与解释的客观思辨相对立，相反，而是确立理解之任务应以与解释同样高的严谨程度去实现的信念。须知，这种严谨恰恰要求考虑到下述事实，即从其作品中获得的关于人的知识，意味着认识主体与认识对象的接近。理解导致共属，而正是这种共属开辟了意义之场。但是，严谨同样意味着保证客观性的一种方法。此即阐释工作为自己确定的真理要求。哲学确定的建立文本和讨论文本的严谨方法为这方面树立了一个典范。然而，除了文本的特殊情况之外，时间进程中的所有文化表述方式都与此相关，狄尔泰把时间进程叫做"生命"（Leben）。这里的"生命"不是浪漫主义释义学意义上和生命哲学（Lebensphilosophie）意义上的生命，而是自己组织、自己结构、自我客观化、自己积淀于作品中的生命。从某种意义上说，生命书写进异彩纷呈的文化生产之中，并由此提供一种待"解读"的意义。它可以成为阐释的对象，因为它即意指。简言之，某种方式的生命即精神。可是，这样表述不是又不知不觉地回到黑格尔了吗？狄尔泰显然看到了反对意见，作为回答，认为自己的方法走的是与胡塞尔相汇合的道路，在胡塞尔看来，需要我们描述的经验已经提供了意义。然而，肯定这一点，又离开了构成主体问题。理解不是赋予一种意义，而是捕捉已经赋予的意义。梅洛-庞蒂在《感知现象学》（la Phénoménologie de la perception）中自始至终都在不停地展示这一点。某些新兴学科——首先是语言学——的结构方法以更严谨论据更充分的方式所支持的难道不就是这种观念吗？释义学潮流的主要代表保尔·里科尔对此早有理解，下面的文字说明他对症结把握得很准：

> 言语是经验科学的一个对象……结构观点的获得肯定是科学性的一种获得。把言语对象构成独立对象的过程中，语言学也把自身构成了科学①。

无论如何，这就是在整整新的一代哲学家中开始扩散的信念，他们

---

① 保尔·里科尔：《结构、语词、事件》("La structure, le mot, l'événement", 1967)，见《阐释冲突》(le Conflit des interprétations)，巴黎，瑟伊出版社，1969，第82、84页。还可参阅《结构与释义》("Structure et herméneutique")一文，见《精神》(Esprit)杂志1963年11月号，收入同一著作，第31—63页。

首先受到现象学的洗礼,然后或者改造它,或者离开它,构成上文所说的"后结构主义"潮流的主体。

结构主义的前沿:语言学和人类学

捕捉一个已经赋予的意义,等于与梅洛-庞蒂要求构想"我们称之为历史、象征体系、待实现之真理的中间世界"①相接合,他把这种中间世界与萨特的人、物二元论相对立。不仅如此,我们还可以把他在法兰西研究院任职首讲中的这段见解看做是对狄尔泰的批评:

> 自从人们排除了黑格尔客观精神的资源后,如何避免物质存在与意识存在的二元论呢?如何理解蔓延于历史形式和整个历史之中、不是任何"我思故我在"之思想、渴望上述所有形式的这种普遍化的意义呢?②

这一点向现象学家提出了一个严峻问题:在文化事实层面意向性意识还留下了什么?或者因为归根结底作品、制度等被某主体承认、主体有此意愿,它们的意义才存在。于是,它们有待历史学家或释义学家去解释,他们可以给予它们以新的解释;或者并非作为任何"我思故我在"之思想的该意义绝不需要意识的"瞄准"而存在。然而何以构想无任何目的、即不考虑能够产生其秩序之力量、先于主体而存在的某种独立的表意整体呢?涉及文化生产主题时人们能够认可长期以来物理界公认的这种客观理性吗?人的活动中至少还有可以发现该现象的区域吗?梅洛-庞蒂的回答是:有,这种现象可以发生在索绪尔重新分析过的语言中。这种肯定意见构成一种转折,梅洛-庞蒂仅有时间大略勾画此种转型。此情此景清楚地反映在他最后那些文本中(尤其是《符号》一书③)。面对这一发现,他毫不犹豫地考虑一场更广泛的颠覆:

---

① M.梅洛-庞蒂:《辩证法的探索》(*Les Aventures de la dialectique*),巴黎,伽利玛出版社,1955,第269页。
② 梅洛-庞蒂:《哲学礼赞》(*Eloge de la philosophie*),巴黎,伽利玛出版社,1953,第85页。
③ 梅洛-庞蒂:《符号》(*Signes*),巴黎,伽利玛出版社,1960。

语言学所建立的符号理论可能引发一种超越物质与意识交替的历史意义的理论。①

稍后,他补充道:

　　那里,偶然中存在着理性,经验中存在着逻辑,还有我们恰恰需要的自构性,以理解历史中偶然与意义的结合,而索绪尔很有可能勾勒一种新的历史哲学。②

这样也许有些苛求于语言学,但是,这种要求给人以期望。因此,应该提出这一问题:结构语言学——以及挖掘其范式的列维-斯特劳斯的人类学——提供了哪些如此新颖的东西,足以迫使现象学和释义学重新定义意义/真理的关系呢?

　　结构语言学的发现告诉哲学家们:仅仅因为在更深的层次里,对话者对语音、词素、句法之融合形式的生产和承认是自发的(或者叫做无意识的),话语的表达和理解才有可能。总之,如同索绪尔和特鲁别茨科伊(Troubetskoï)等伟大先驱者们(雅各布森、本弗尼斯特、耶仁姆斯列夫(Hjemslev)和其他许多人继他们之后)所证实的那样,此后人们确信,在活跃的话语中(用现象学家们熟悉的说法),语言的形式氛围永远潜在地存在并使话语的活跃性成为可能,它是差异关系和结构因素的潜在整体,没有它们,任何言语物质上都不可能达到说和听的效果。这种自发运转情况的研究成为某种经验知识的对象,与自然科学的对象类似。换言之,只是因为在非意识层面异化程序的客观存在,只是因为不受任何意识干扰的关系和变化规则体系的存在(没有它们,一主体就无法讲话,他的话语也无法被他人理解),意义才可能发生。这意味着广而言之(而不局限于话语现象),事物本身已经存在着某种可理解的秩序,使主体赋予这些事物某种意义的行为成为可能。

　　结构语言学使这种理论视野成为可能。但是,哲学家们对语言学不感兴趣或很少兴趣(我们从萨特、科也夫、巴什拉尔(Bachelard)或早年的梅洛-庞蒂那里看得很清楚),直到对列维-斯特劳斯的阅读(对于列维-斯特劳斯的许多读者而言,他因此而不知不觉地发挥了激发者和媒介者的作用)吁请他们阅读索绪尔、雅各布森和本弗尼斯特(仅举最

---

①② 梅洛-庞蒂:《哲学礼赞》,第87、88页。

负盛名的学者)。于是,语言学转型震撼了20世纪60年代浮现的整整一代人。它可以概括为下述肯定:一套本身没有意义的区别标志的编码是意义表达可能性的经验条件;所指的理想层面离不开能指组织的物质层面。这一点可以借助与准确科学相类似的方法用实验来证实。这里人们试图获得的就是自然与精神之间所缺少的环节;或者用狄尔泰的话说,是生命运动与意指秩序之间所缺少的环节。

列维-斯特劳斯以为结构语言学能够为他的方法提供最佳范式时,似乎没有要求任何特殊的通道。然而,阅读他的著作却具有决定性的作用,这是因为这些著作自身的原因:以新的严谨程度对文化事实的分析第一次可以取代释义学的一部分任务。结构人类学证实,在可观察到的事实层面(亲缘形式、社会组织、礼仪、神话故事、传统的分类形式、衣食习惯、各种技艺、艺术和所有形体表达情况),存在着一些组织机制和某种潜在逻辑,简言之,称作结构的客观关系体系,它们是意义成为可能的条件。更有甚者,他把这些机制的现象本身叫做意义。用萨特的话说(反其意而用之),不是主体——自为——通过一权威姿势赋予某封闭客体——自在——一种意义,而是作为已经拥有一定结构的客体呈现在主体面前,关于它,人们有可能陈述某种意义。总之——这是意义/真理问题的新综合——仅仅因为同时存在着客观真理(可分析和验证的秩序),主观意义(主体理解并可传达的东西)才成为可能。这样,我们就可以设想免除集观念必要性与形象偶然性于一身的"黑格尔的客观精神资源"。结构方法提供了一条新途径:意义之所以存在,因为在一定层面,文化事实与自然世界的客体一样,呈现为属于客观知识的可理解的一些整体。事情的发生好像客体方面的结构构成一个适应主体精神之类型的潜在的超验场。

结构方法以其理论构想、方法和它在语言学和人类学领域取得的卓越成果,无此野心但却事实上部分质疑现象学和释义学的某些基本前提。让我们从后者开始,这样方便于再回到前者。

结构分析是从解释方法和理解方法之间开辟出一条独特道路的。这一点起先并不清楚,后来愈来愈坚定,原因在于随着语言学方法的扩展,尤其由于列维-斯特劳斯的缘故,这一方法扩大到社会组织领域(亲缘体系),再扩大到叙事(神话)、象征表述(礼仪、艺术作品、日常生活实践)等。其创新何在呢?它体现在若干方面:(1)结构方法决定性地把很前沿的解释领域延伸到理解领域,它揭示了理解领域一个属于客观知识的未开垦层面;(2)解释的这种新前沿并不因此而意味着客观主义立场的一次胜利,它要求重新联结解释与理解的关系,尤其要求摒弃两极完全分离对立的观念;(3)方法论和前提条件的这些变化的理由在于结构观念,完全是这一老观念的新运用。

结构并不仅仅意味着建构技术的组织或和谐,这是它最传统的词义,按照索绪尔的语言学(他很少使用这一术语本身)和特鲁别茨科伊的音位学,而意味着成分之间的循环关系——即使它们本身没有意义,如音素——构成意义表述的条件(如句子那样)。神话分析使列维-斯特劳斯通过融入转化的基本概念而扩大了这种方法,他肯定道:

> 为了能够谈论结构,应该使若干整体的成分和关系之间出现不变关系,这样,我们可以借助转化而从一个整体过渡到另一整体。①

这样,我们就明白,当结构主义来临时,它何以能够颠覆学术气象。它没有宣称这种目的,但深刻地质疑了现象学的某些肯定意见。结构语言学和结构人类学提出的方法中,哪些东西能够搅乱胡塞尔及其继承者们建立的论据呢?他们未能从现实世界出发、严谨证明日常经验的超验蕴涵可以昭显吗?不,他们做得好得多:现象学从另一维度即客观知识的维度考虑问题,显示了自己的能力,证明客观知识的实证性不可能自己建立,证明认识的隐性根基总是从社会经验的根本事实出发而构成的,在这种根基的基础上,最客观的科学有望分离其最形式化的知识,正如最有效的技术能够发展其最复杂的生产一样。整个问题都集中在这一点上:现象学从什么样的意义条件出发而试图从共同经验上溯到真理之客观标准呢?能说意向性意识是向现实世界、向交际话语、向他人经验、向继承而来的传统、向操作知识和技术宗旨赋予某种意义——建立在真理基础之上的意义——的机关吗?这是梅洛-庞蒂阅读索绪尔之前继承胡塞尔路线时的论据。问题变成下面这样:不能仅描述主体所经历过的中间世界的经验(文化、象征体系、语言);应该

---

① 列维-斯特劳斯:《近与远》(*De près et de loin*),巴黎,普隆出版社,1988,第159页。

找到具体分析其内容的行之有效的方法,从中分离出它们的内在的可知性,正如我们开始能够从很复杂的多种层面分析语言结构那样,而没有这些结构,一主体向另一主体传递生动话语的行为甚至都是不可能发生的。

结构与意指

如果言语、感知到的物质、艺术作品呈现为任何话语、任何目光、任何阐释前的可知性实在,这确实不仅大大改变了解释/理解的关系,而且从更广泛的角度改变了主体与客体或者客观世界(或大自然或文化)与人的精神之间的关系概念。现象学的假设是,我的感知行为的相关者不是一个物质,而是我认出了其意义的某种东西。结构主义的学说是,呈现在我眼前、耳旁或接受我行为的东西拥有可知性,它被感知行为本身或行动事实所辨认;认识就存在于此,不仅如此,而是存在着经院派确定真理的适应性和感知力(adequatio rei et intellectu)。换言之,意向行为赋予的意义碰到了被认为已经存在于事物中的某种秩序。结构分析正以昭明这种秩序为己任。我们所面对的世界,不管是自然世界还是社会世界,不是密封的世界,它是由已经建构的许许多多整体构成的。

这样,列维-斯特劳斯提醒说,对于语言学家而言,音节分明的言语不是由语音构成的。精神研究本身告诉我们,处理音位价值和音乐声音的不是相同的大脑机制。感官层面就存在着发生着异化和编制活动。眼睛不是一面镜子,而是分析不同线条(光线之反差、色彩价值、动与静、直线或曲线效果、竖向与横向等)的仪器。正是从这些持续不断的过滤和调整"工作"出发,精神活动给出感知世界的轮廓。因此,没有原始材料。这个过程是初步编制与建构表述之间的联结。

> 远没有把结构看做精神活动的纯粹产品,我们承认感觉器官本身已经具有某种结构活动,承认我们之外的所有物质,如原子、粒子、细胞和感官本身,都拥有类似的性质。[①]

[①] 列维-斯特劳斯:《结构主义与生态》("Structuralisme et écologie"),见《远去的目光》(*Le Regard éloigné*),巴黎,普隆出版社,1983,第162页。

这段话可以使我们从更广泛的意义上肯定：

> 当精神捕捉到预先已经经过感觉器官处理的经验材料时，它继续从结构上加工某种可以说已经结构化的材料。①

因此，存在着双重联结，与语言学家们定义的联结相似，列维-斯特劳斯建议把其意义推广到所有人们发现精神活动建构已经编制过的材料的地方。一切经过似乎自发运作的精神已经是阐释者了，它"承继并发展着感觉器官已经进行的知性活动"②。

通过赋予这种双重层面之进程和他称作关系之关系以重要性，列维-斯特劳斯显示他没有混淆编码和意指。一部编码可由从某一整体中抽取的一系列成分构成，发挥它们的区别和对立价值（声音标志、光的强弱程度、几何形式，或特殊粒子如 AND 的粒子等）；这些价值没有语义含量；于是我们不妨把它们称作底片；它们的有序重复把它们变成一部编码；后者向观察整体（声音、发现物、活细胞）引入一种可复制的秩序。编码向没有规律的地方提供秩序，调节起初不确定的整体。重力没有编码，重力是普遍规律。大自然不对共性编制编码，只向偶然性编制编码。因此，我们可以说，现象中的意义之所以可能，之所以被辨认出来，那是因为意向行为从中读出了已经在场的某种秩序；对象世界就是被这种秩序编码在我们的感官接受它之前已经具有"可读性"。感知主体与感知对象之间不是直来直去的关系，而是一种交织关系。梅洛-庞蒂试图通过细致描述感知行为而确定的这种交织关系，结构分析昭示的感知主体与感知对象之间的双重关系一下子就使它变得更复杂和更准确。

毫无疑问，正是解释/理解的新关系搅乱了现象学的种种自信。两种方法的界线明显发生了偏移。准确知识更深入地进入理解领域；然而，作为回报，后者拥有使作品阐释得到保证的新手段。这样，可以肯定的是，意义之捕捉可以通过接触客观性的补充层面而逐渐与真理之要求融为一体。当里科尔肯定结构分析是科学性的一大成果时，他正是承认了结构分析的这种回报。

这种内在的可知性正是由结构语言学阐明的，结构语言学昭示，语

---

①② 列维-斯特劳斯：《结构主义与生态》，见《远去的目光》，巴黎，普隆出版社，1983，第163、164页。

言是一个符号体系,这些符号之所以可以辨认,那是因为在它们的构成层面,它们通过对立价值和不同差异来相互界定。这些前提及其运行是经验知识的对象,可以根据行之有效的方法加以验证。与言语的逻辑分析或与话语的现象学描述相比,它们属于另一范畴。任何本相还原法都不可能触及它们。语言体系的这种合理性不是任何个人思维所能决定的,它与生命组织的调节功能一样。

与此相类似,在另一领域里,传统社会的亲缘制度是由复杂的婚配和分支等前提形式构成的,任何个人或任何权力从未决定实施这类形式。反之,它们构成一些可行路线和选择的条件。这种潜在的合理性只是一种调节原则,列维-斯特劳斯如是说:

> 这种调节原则可以拥有某种合理价值,却并非特意从理性方面设计;它可以表达为很随意的方式,却不是自我剥夺其意指的。①

这段话可以构成对流派之争的一种回答;面对这类事实,它们争论这到底是规则还是规范。我们可以回答说是调节,制度实践把它改造为(运行)规则并得到承认,改造为(道义上)应遵守的规范。

然而,超越这种争论,这里使我们感兴趣的是那种生发某种在理性物看来具有可知性之秩序的自发进程的存在:透过它或通过它们相互理解,却没有生产它。须知,列维-斯特劳斯正是把它定义为一套象征体。我们可以这样来严谨理解他那被经常引用的名言,即没有必要寻求象征体系的社会根源,反之,应该理解社会的象征根源(这里的"根源"一词应从逻辑方面而非谱系方面理解)。

正是这样一些按照自身逻辑组织的和谐整体构成结构分析的优越材料。这里,我们可以了解一下意义问题是如何提出的。列维-斯特劳斯所谓的意义似乎就是对象整体(符号体系、亲缘关系、神话组)中的成分排列本身。在这里,当人们成功昭明了主导这些成分的关系布局,阐释工作就完成了。那么,意义似乎不是任何其他东西,而是彰显出来的结构了。这么说无异于把结构分析局限为一架孤零零的机器。一项结构布局(一套礼仪、一套神话、一套亲缘体系)并非为了彰显而存在,而

---

① 列维-斯特劳斯:《亲缘的基础结构》,巴黎,法国大学出版社,1969,第117页。

是为使某种东西成为可能。那么需要弄清的是:什么东西。

关于意义问题的辩论可以概括为下面这一问题:如何确定语义层面并把它置于何种维度呢?按照雅各布森的观点,语言的每个层面都包含语义蕴涵,除了音位例外;音位不仅具有关系和对立价值——这一点与其他单位一样——但是,它们尤其具有底片的和纯粹区别标识的价值。列维-斯特劳斯的勇敢之处,在于把这一范式搬到神话分析之中,并捕捉到他称之为神话元素的叙事单位,赋予它们与音位相似的定位。

> 在日常语言中,太阳是白昼的星球;然而从中抽取的神话元素"太阳",对它没有任何意义。根据选来考察的神话,它可能涵盖最多样的意义内容。实际上,从某神话中看到太阳出现的任何人,都无法预测其个性和功能。只有从它在神话内部保持的与其他神话元素的关联和对立关系中,才能分离出某种意指。该意指自身不属于任何神话元素,它源自它们的组合。①

列维-斯特劳斯一再强调神话元素是一种底片单位这一事实:

> 如果以为对我们来说,神话元素属于语词或语句范围,以为神话元素是可以确定其意义的单位,哪怕是以理想的方式,那就犯了严重错误。②

他补充道,它们实质上

> 是没有自身意指的单位,但是,在一个它们相互对立的体系里,并且由于这种对立,可以产生意指。③

意指确实存在,它源自总体的布局。然而最重要的不是这一点,而是下面的肯定:

> 神话永远不向聆听者提供确定的意指。一个神话建议一种框

---

① ② ③ 列维-斯特劳斯:《语言学的教益》("Les leçons de la linguistique"),见前引《远去的目光》,第 199、200 页。

> 架，只有根据其建构规则才可确定这一框架。对于神话所属文化的参与者，该框架赋予某种意义，不是赋予神话本身，而是赋予所有其他部分。①

这里的整个其他部分，指的是环境世界之种种经验、群居生活、生活本身及其再现形式所生发的疑问。神话布局正是把所有这些厚重的有时混乱的材料布置成、联结成和谐的整体。神话并不首先试图为讲故事而讲故事。它们是再现和认识的组织手段，由于这些认识和再现形式，一个社会才可能被理解。总之，神话布局以象征的性质运转，其意义就在它的展开之中，而这种展开是把世界秩序化。

所有曾经在神话材料及其理论化领域工作过并且如今依然从事这项工作的人，都能掂量出列维-斯特劳斯给这一研究领域带来的革命程度。里科尔比任何人都更热烈地祝贺这场革命，即使他提出了这种对口传文化很有生产力意义的范式对书面形式占统治地位的传统是否还有价值的问题，因为在后边这些传统中，一定历史时期的再现赋予引发发出者—接受者关系（例如某神与其人民之间）的信息传承以完全不同的价值。列维-斯特劳斯本人亦曾考虑到群体生活条件发生深刻变化时所提范式的疲软。但是，如果一开始就能提出好的问题（如杜梅齐尔在印欧神话领域），该范式有助于衡量差异。因此，区别不在这一层面，而在另一更深刻的层面，里科尔在这一更深刻的层面重新发现了现象学和释义学的问题单。诚然，神话元素自身没有意义，只有当它与其他元素在某整体中结合时才有意义，然而同样真实的是，这些神话元素的选择意味着相对于未被选择的成分，受到青睐的这些成分乃是因为它们所承载的语义蕴涵。例如，由于世界之大，从一种文化到另一文化的神话叙事提供了数千种差异很大甚至互相矛盾的太阳形象。但是，这种多样性扎根于某种经验，不管其背景如何不同，该经验赋予太阳——如同赋予另一星球一样——某种能够开启丰富叙事组合的身份。提醒这一点并不意味着使用原型术语谈论问题，即谈论内容的真实性或文化再现的共性。这里所讲的是开放了多种再现可能性的身体和感官层面的经验。同样，里科尔解释说，许多象征体系或叙事很可能以多种不同形式玩弄上与下、左与右、白天与黑夜的对立，但是，它们之所以可能这样，那是因为我们对这些空间方向或这些时间含量的感觉经验承认

---

① 列维-斯特劳斯：《语言学的教益》，见前引《远去的目光》，第200页。

它们独特的区别价值。正是在这个层面,现象学可以完整维持其提出"经验意义"问题的雄心。但是,如果是理解某段历史或某种文化的材料时,阐释工作就只能以经验调查为基础,而这种"前定义"性经验可以从地方象征体系的逻辑中获得并处理。

阐释者的谨慎

我们对列维-斯特劳斯阐释工作中的谨慎态度甚至几近"无我"的特征印象深刻。应该把这种谨慎归结于经常要求的怀疑立场的效果吗?这可能是一个维度,但是,根本点还是在其他方面:这种谨慎态度首先与肯定任何元言语都很自负的观念相关。阐释者展示和陈述;除了生产初级言语之外,他能解释某种信仰吗?信仰只能是另一性质的阐释的对象。按照列维-斯特劳斯的观点,神话学家应保持这种有距离的立场,即展示他所昭明的脉络的立场;在这方面,他把自己定位在向公众目光或听力提供作品的画家或音乐家而不寻求妄发议论的地位。正是这种态度解释了《生食与熟食》(*Le Cru et le Cuit*)卷首肯定神话学家之书自己走进它所反映的叙事版本游戏的著名意见;不仅如此,该书肯定了

> 若干神话的互释性。正是由于这一原因,把它作为一个神话的意见并没有错:从某种意义上说,它是神话学的神话。①

与人们经常支持的意见相反,这不是黑格尔式的肯定,恰恰相反。因为关于神话学家的这种观念不是综合型的,而是补充型的;不是体现了其他观念的假定,而是继它们之后,与它们建立起最完整连接的一种观念。它是整个网络的展示。从这个意义上说,阐释者发挥纯工具性功能:协调各种版本、探索各种组合可能性的功能。他做而不说,开发而不评论。

确实,自黑格尔和诸如基尔加尔(Kiergaard)和尼采等形象迥异的思想家以来,哲学界有一股强烈的前沿思想,试图逃避评判立场,离开批评的岬角,总之"实现哲学"并完成对柏拉图主义的颠覆,让哲学避免元言语活动,成为对客体的叙述而非观照。这种完成行为式愿望明显

---

① 列维-斯特劳斯:《生食与熟食》,巴黎,普隆出版社,1964,第20页。

标志着德勒兹、德里达或利奥塔等人思想历程的一个阶段。这是一种很难坚持的立场,因为不可能同时既深入再现维度又从中超脱而出;哲学言语不可能为自己吁请这种取消其陈述体制的特权。从定义上说,陈述体制是一种反省体制,即知中内含着"自知"的体制(里科尔在自己的全部作品中正是对这种不可回避的要求不停地反问并给予肯定,在1963年11月号《精神》杂志上与列维-斯特劳斯的对话中,也向后者重申了哲学的这种要求)。

因此,列维-斯特劳斯拒绝承担任何明确哲学姿态的做法可能首先与进入哲学必然拒绝的这种完成行为式体制的雄心相关。因此,表面上很谦恭地要求仅作一个工具主义者,满足于把他所陈述的故事联结起来,仅作它们之间互释工作的媒介。这种完成行为式的理想就是让思想像象征体系一样运转;一套运行有效的并非反省式思维的象征体系。而这恰恰就是"野性思维"。如同德拉克鲁瓦(Delacroix)的思想存在于其绘画之中而非其日记之内、莫扎特(Mozart)的思想寄托于他的音乐而非其信件一样,野性思维寓于它所展示并通过种种形式而实现之物,一套礼仪,一组神话,一个建筑空间,一种音乐的情况即是这样。意义内在于作品之中。列维-斯特劳斯认为阐释者应该停留在这一层面,停留在脉络构成部分的层面而拒绝假设一套与能指游戏发散出之所指相违背的语义的立场。如果坚持谈论阐释,阐释理应回到这种置放和这种程序;他一再重复的下述肯定意见似可以这样理解:"野性思维不区分观察时间与阐释时间"①,列维-斯特劳斯补充说,不比人们在话语交换中把听与理解相分离得更多。无疑是这样,但是关于言语的知识则不得不这样做。

总之,列维-斯特劳斯为自己呼唤艺术家的身份。更准确地说,是音乐家的身份。他把自己的《神话学》构思为四部曲(以瓦格纳(Wagner)为参照系),并以乐章名作为这套书第一卷各个章节的标题,此举在于告诉我们,神话的复调性质要求展示本身也是多维的。列维-斯特劳斯之所以坚持谨慎的阐释态度,那是因为他强烈地意识到,在这种情况下,解释意味着平庸化,意味着把故事的多种维度削减为语义一个维度。须知这些叙事层面之间的游戏非常复杂,也极复杂地作用于听众。提出一种语义,无异于不仅限制了接受者的阐释,无理地代替了他,然而尤其阻断了神话的自我运行,神话不属于清醒陈述,而属于运

---

① 列维-斯特劳斯:《野性思维》,巴黎,普隆出版社,1962,第294页。

行层面,该层面即所有象征体系的运行层面。

结尾

要求神话学家持投入象征进程之立场等于以彻底的方式提出了阐释者的问题,并且很可能以乌托邦的形式解决这一问题。这种毫不退缩地潜入表意活动(能指活动)的行为被知识的语言本身所拒绝。对于学者来说,事情也无可挽回地太晚了;要想找回思考前的那种纯洁已经不可能了。在这方面,哲学是不可避免的;它只得承担这种跛脚立场并接受这份不适。当哲学无法就肯定共性拿出意见时,梅洛-庞蒂在他礼赞这门不断陷入模糊状态之学科的著作里如是说:

> 哲学向象征活动回归,向个性言语回归,即向我们自身中建构起来的、就是我们自身的言语回归,它探究其他象征体系仅满足于实践的这种表达能力。在接触所有事实和所有经验时,它力图十分严谨地捕捉某种意义形成时的富饶时刻,超越任何限制,尽可能恢复假设并肯定历史只有一个、世界也只有一种的真理的形成过程。①

这里,他似乎要求列维-斯特劳斯朝着恢复意义的思想多迈出一步,但是,在另一维度,他却完全接受了列维-斯特劳斯的思想,即肯定由独特的不可通约的象征体系所定义的文化经验的多样性同样要求承认,每种文化中所表现出的人的精神的活动是相同的,而且更根本的是,"付诸神话思维和科学思维的逻辑统一,而且人类一直思维得很好"。②

(原载史忠义、户思社、叶舒宪主编《国际文学人类学研究》,天津:百花文艺出版社,2006)

---

① 梅洛-庞蒂:《哲学礼赞》,第92页。
② 列维-斯特劳斯:《野性思维》,第255页。

1963—2003:面对哲学的人类学家[①]

——马塞尔·埃纳夫与克洛德·列维-斯特劳斯的访谈录

(法)马塞尔·埃纳夫 整理

马塞尔·埃纳夫:近 40 年前的 1962 年,《野性思维》(*La Pensée sauvage*)几乎与《今日之图腾崇拜》(*Le Totémisme aujourd'hui*)同时发表。这两部著作标志着您在种族考察方面的彻底的结构主义某种程度上已被学术界所公认。想想您此前的学术旅程,事情发展得很快;这时距您发表《亲缘关系的基础结构》(*Structures élémentaires de la parenté*,1949)才 13 年,此后,《马塞尔·莫斯著作导读》(*Introduction à l'oeuvre de Marcel Mauss*,1950)、《忧郁的热带》(*Tristes tropiques*,1955)、《结构人类学》(*Anthropologie structurale*,1958)又相继面世。您怎么看待这段时光?您似乎多少离开了亲缘问题而专心探讨分类和再现的精神构成,从这个意义上,我们能说这是一次转向吗?

克洛德·列维-斯特劳斯[②]:如果您愿意,也可以这么说,但是,当时首先是环境使然。让人类博物馆馆长里韦博士(Dr Rivet)退休一事并未激发我保留我的副馆长职务。高等研究实验学校的宗教科学系向我敞开了它的大门。这意味着要改变方向。在我看来,只有当我能够在我的亲缘和婚姻研究与学校寄希望于我的无文字民族的宗教研究之间建立某种连续性,才能证明改变方向的合理性。我应该更深入一层,到达某种公分母。《野性思维》概括了我从进入高等研究学校到入选法兰西研究院 10 年间揭示这一基石的努力。总之,与"转向"的说法相

[①] 原载法国 *Esprit* 杂志,2004 年第 1 期。

[②] Lévi-Strauss 据法文应译为莱维-斯特劳斯。"列维-斯特劳斯"的译法已流传甚广,故未纠正。——译者注

比，我觉得，这一过程更像调查场的扩展。

埃纳夫：随后几个月，《精神》杂志组织了一场您与数位对话者的辩论，其中包括保尔·里科尔（Paul Ricoeur①）。40年后，您如何回顾这场辩论的格调呢？

列维-斯特劳斯：为了能回答您的提问，我刚刚重读了这场辩论的文字，而我的感觉很奇特。就我对里科尔的回答而言，我今天似乎没有任何需要收回和改变的。但是，它们好像出自另一位思考和论述得好得多的人之口，我今天很难做到这一点。今日之我似乎只能模仿"思锋不再"的昔日之我。

我同样感到惊奇的是，里科尔和其他参与者把他们极力称谓的我的著作当成一个完整的、已经结束的整体，人们可以给予反思了。而此后的30年间，我写作并发表的文字远远超过从《野性思维》向《亲缘关系的基础结构》上溯的13年。他们如何评价全部著作呢？

让-马里·多梅纳克（Jean-Marie Domenach）在1973年3月号《精神》杂志上发表的研究4卷《神话学》的论文，无疑从里科尔的开放态度上大大地后退了；里科尔的开放态度让我接受了他的某些用语，如"没有超验主题的康德主义"，并经常使用；又如他的最后一句话，这句话把我的著作评价为"现代不可知论的一种极端形式"。它相当于彻底的怀疑论，后者大概反映了我思想的最后状态。

埃纳夫：在法国，批评界对《野性思维》的发表普遍持很肯定的态度，许多人甚至感到欢欣鼓舞，不管是您的学术同仁，还是广义的知识界，都这样看（您知道，当然有囫囵吞枣的现象）。那么，您在英美大学的人类学同行如何看待这部著作呢？

列维-斯特劳斯：如果依据1964年《美国人类学家》（*American Anthropologist*）杂志的调查来看，反响很好，我最近刚刚又看到了这份调查报告。《野性思维》的英文译本1966年发表，这一年，芝加哥召开了名为 *Man the Hunter* 的为时三天的研讨会，会议期间，通过人类学专业的国际投票遴选，我获得了Viking Fund金牌，比国家科研中心授予我的金牌早一年。1968年出版的这次研讨会的论文集是题献给列维-斯特劳斯的。

回答您的问题，不妨这样说，《野性思维》发表后的5—6年可以列入我经历过的最鼓舞人心的年份。这样的牧歌不可能延续到1968年

---

① 常据英文音译为保罗·利科，此处是法文音译。

5月的意识形态和后现代主义的膨胀之后。

埃纳夫：在讨论《野性思维》1962年的发表之前，我想，回到您的方法论的草创时期这个问题很重要。您自己多次提到您从罗曼·雅各布森（Roman Jakobson）那里获益良多，您1941年至1945年"被迫居留"纽约期间与他很熟悉。您说，他严谨地阐发了已被俄罗斯学派和布拉格学派的语言学家们用于实践的结构方法，这一方法，您得益于他。您反复强调，从语言到亲缘关系，只是范型的转移，而不是直接应用。这样理解对吗？

列维-斯特劳斯：我觉得仅向结构语言学借鉴了原则。首先，种族学家们研究的体系与语言学一样，它们的构成成分没有内在意义：其意义在于位置。其次，言语中的结构配置和组合规则处于潜意识思维层面，正因为如此，它们才能被客观地捕捉。

对我而言，音位学与语音学的区别尤其具有决定性的意义，因为它使我们看到，我们的研究对象具有"意外之意"，这种"意外之意"正是我们应该努力达到的对象。青年时代阅读马克思和弗洛伊德时，我可能已经懂得了这一点。但是，这一伟大真理在他们那儿还是哲学的和含糊其辞的。语言学从可分离的独立客体中发现了它。语言学用物质的方法从具体现象中严谨地揭示了这种真理，并且可以检验，它教给我如何清点一个语义场，把它变成相互关联的对立成分。

另外，几年以后，我记得是1954年，一位美国语言学家肯尼思·派克（Kenneth Pike）走上了相同的道路，他引入了区分两种视点的方法，这一方法可以推广到所有人文学科。他在区分两种视点时分别使用的两个术语 *etic*（语音的）和 *emic*（音位的）后来被广泛使用。至此，人们有理由以为获得了胜利，多亏了语言学的教益，人类学终于获得解放。

然而，事情的发展恰恰相反。派克明确地区分了两个术语：*etic* 是指运用预先建立的类别从外部描述，已经应用于学科之中；*emic*[①] 则指作用于主体精神活动的潜在的真实类别的描述，而美国的人类学家们却匆匆忙忙地误解了派克的区分。他们以为，*emic* 内涵着主体的思维活动或主体以为他是如何活动的，而 *etic* 则是从观察者的判断角度看主体的实际作为。这种混淆在不同的作者身上表现为不同的形式，但是，各种形式都把客观性视为主观性，把表象作为真实，或者相反。

---

① 克洛德·列维-斯特劳斯指出，英美把 phonologie（音位学）叫做 *phonemics*。

他们没有理解特鲁别茨科伊(Troubetzkoy)和雅各布森引入的语音学与音位学之区别的意思和意义,并大大缩小了把它扩展到其他学科的可能性。

埃纳夫:让我们回到1949年发表的《亲缘关系的基础结构》一书吧,那是您在巴西和纽约那些年的探索成果。这部气势恢弘的杰作一下子就把您推到了人类学论坛的前沿。随着时间的推移,我们吃惊地发现,很多人被您那种形式化的努力而吸引,甚至也被安德烈·魏尔(André Weil)的补遗所吸引,他在补遗中提出诸如 Murngin 体系在内的某些结构类型的一种数学范式。奇怪的是,种族学、社会科学、甚或哲学领域的研究人员却很少有人真正关注似乎是要害之处,即这部著作是对马塞尔·莫斯《论馈赠》(*L'Essai sur le don*)一书中那些学说的卓越肯定,因为您用互敬义务解释禁止乱伦,用互赠心理解释异族通婚。您觉得这些解释一直成立吗?

列维-斯特劳斯:比您说的更强烈。我记得从 Bororo 人那里考察结束首次返回法国时,曾经拜访了莫斯。我满脑子装的都是我的主题,试图就异族通婚的一半情况展开,这些印第安人提供了一个特别好的范例。莫斯打断我:我丝毫没有向他提供有关二元结构的情况,因为,莫斯补充说,"我是二元结构的理论家"。这句话刻在了我的脑海里。它证明,莫斯完全清楚,婚姻隶属于交换。我的贡献不在那儿。我的贡献在于证实,只有深化交换概念并区分出不同的交换形式,才能把其复杂程度令人惊讶的亲缘关系及婚配规则简化为少量的不变因素。

埃纳夫:您谈论馈赠和互敬,却像莫斯一样,使用了"交换"一词。这种用法肯定成立,因为交换赠品的现象确实存在,正像游戏或搏斗中存在着交手一样。然而,今天的环境被商品交换所主导,致使许多性急的读者(高校不乏这样的读者)立即从"交换"一词中看到了商业意味。人们指责您开发了一个用商品交换原则主导解释的范式。对于这些批评,您似乎并未给予相应的反驳。今天您有什么说法吗?

列维-斯特劳斯:可以说,我把留心做这件事的机会留给您了,因为您曾以一部杰作①来展示,无文字社会所通行的馈赠交换(我们的社会中仍以残留形式存在)与商品交换的性质不同! 在这一点上,您和我意见一致,莫斯先于我们而知晓。然而,这并不意味着在更高的抽象层

---

① Marcel Hénaff, *Le Prix de la vérité. Le don, l'argent, la philosophie*, Paris:Le Seuil, 2002.

面,我们不能把馈赠交换与商品交换置于同一问题范畴。

埃纳夫:很显然,无论如何,现在读《亲缘关系的基础结构》的人,脑子里都会浮现出馈赠精神。您写道:异族通婚,"这是地道的馈赠规则"(第552页)。该书最后的几行文字最明显地表达了这一观点:走向他者,走出自我,从他者那里接受自己最渴望获得的礼物;尽管渴望生活在"自己人之间",却始终觊觎"他处"的心理需要。这是您从美洲印第安神话中随处都能发现的一种要求吗?

列维-斯特劳斯:我不大乐意把在我看来不同类别的看法混在一起。我在《亲缘关系的基础结构》一书中提出的问题亦即作为《论馈赠》主题的同一问题。我们发现,不同社会和不同时期的人群中,甚至我们每个人的意识里,有两种矛盾的态度。一种态度认为,正如莫斯写的那样,在"完全相信与满腹怀疑"、完全给予与完全占有之间,没有中间地带;另一种态度则以为,通过我之任意需求与尔之任意需求的交换,可以克服这种矛盾。两种态度何以能够共存,通过什么神秘的迂回一种可以取代另一种呢?这是具有共性的心理学问题之一。这个问题的答案也许不可企及,种族学家仅限于向心理学家提供经验资料。

须知,交换关系之外,关于人类和物质起源的美洲神话还有一个特点,在印第安人的旁边,他们还为并不了解的非印第安人似乎预留了一席之地。

埃纳夫:我们是否可以这样说,1949年,您还有很厚重的莫斯色彩;恰恰当您写作《莫斯著作导读》的1950年,您的莫斯色彩似乎少了很多,这一现象难道不奇怪吗?您当时是否有意保持这种距离?

列维-斯特劳斯:丝毫没有;但是,我经常责备自己因以平等讨论的面目出现并对莫斯提出一些批评而给人留下这种印象。如今,我觉得这太张狂。如果我有一点可以原谅自己的理由,那就是行文匆匆。当出版者生出让我写一篇序言的念头时,该书已经印出清样,而他给我的时间很短。因此,文笔显得很艰涩。然而,我对莫斯的崇敬完好如初。另外,越老我越坚信,与诸如弗雷泽(Frazer)、博厄斯(Boas)、杜克海姆(Durkheim)或莫斯等我们的伟大先驱们相比,我本人和我的同代人没有什么分量。最近有一种时尚,特别肆虐于英国和美国,贬低我们以前的大师们。我与这种风气是完全背离的。

埃纳夫:由于您谈到了象征主义与社会的关系,谈到了飘忽不定的能指,谈到了作为体系的言语,人们视《莫斯著作导读》为人类学结构主义的某种宣言。您当时是否也这样看待这部文本?今天还这样看吗?

列维-斯特劳斯：不,部分由于我刚刚说过的原因。我对莫斯思想的爱慕,我承认从他那儿获益的想法,激励我为了个人建树,尽量划清楚存在于他的思想与明显受结构主义启示的思想之间的差异,即使这种差异很小。最终,我发现,这种差异位于对交换的两种阐释之间,一种是社会学阐释,另一种先于社会学资料即认为可能时有必要上溯至源自今天称作认知心理学的看法,甚至源自脑神经生理学的看法。

自从马歇尔·萨林斯(Marshall Sahlins)在毛利语语史专家们的帮助下仔细研究其源流、(在其著作《石器时代的经济》①中)为土著概念 hau 撒下新的光明以来,整个这场讨论应该以新的精力重新展开。萨林斯证明,这个概念比人们想象的更丰富、更复杂。它依然属于土著人的交换理论范畴,该理论本身非常有趣,没有构成一种阐释。

埃纳夫：不管怎样,在您以前关于亲缘关系的著作与这部《导读》之间,发生了什么事情。在雅各布森陪伴下发现结构语言学之后,您又发现了一种新生学科控制论,事情发生在 1945 年至 1947 年您回到纽约出任文化参赞期间。据我所知,没有人就此向您提出问题。然而恰恰是在纽约,在梅西演讲会(Conférences Macy)的范围内,由于沃伦·麦卡洛(Warren McCullogh)的推动和诺伯特·威纳(Norbert Wiener)、冯·纽曼(von Neuman)及其他许多人的大力支持下,神经科学、数学、逻辑学、电子学等学科的许多前沿成果进入对话。关于这一主题,我的第一个问题仅想了解事实:您从未有过出席这场或那场演讲会的机会吗?

列维-斯特劳斯：我已不记得梅西演讲会的具体日期以及我未曾出席的原因。但是,20 世纪 40 年代中期,所有这些问题已经沸沸扬扬,人们谈论得很多。

埃纳夫：我的第二个问题是:罗曼·雅各布森和玛格丽特·米德(Margaret Mead)参与了演讲。您是否与他们讨论过这些主题?一般而论,围绕当时的辩论问题而出现的知识界那种兴奋的氛围是否影响了您?

列维-斯特劳斯：我对这种变化或断裂看得不很清楚。《亲缘关系的基础结构》写于 1943 年至 1947 年之间。1944 年发表时我就读了冯·纽曼的《博弈论》(*Theory of Games*)。威纳的《控制论》(*Cybernetics*)、香农(Shannon)和韦弗(Weaver)的《通信数论》(*The*

---

① 英文为:*Stone Age Economics*。——译者注

Mathematical Theory of Communication）也是自它们发表时就阅读了，这两部著作分别发表于1948年和1949年。因为此前人们已经谈论这些事情，所有这些差不多都是同时代的事。我不愿提及一件事，即当时，克罗德·香农与我住在纽约的同一座房屋中，因为我们从来不曾相遇。反之，雅各布森常去贝尔电话公司（Bell Telephone Company），那里调试分析言语声音的机器，这些机器在通信理论中发挥了作用。他把情况告知我。

埃纳夫：您是否同意说，当时围绕这些研究而展开的辩论已经影响了您的《莫斯著作导读》的写作呢？

列维-斯特劳斯：毫无疑问，因为它比它们仅晚几年时间。

埃纳夫：无论如何，有一篇文章，是您1951年用英文发表在《美国人类学家》杂志上的，后来以"言语与社会"为题作为《结构人类学》的第三章，在这篇文章里，您明确参照了诺伯特·威纳，但是却是批评他在是否有可能开发一门言语科学方面的过于腼腆的立场。威纳似乎没有吸取现代语言学的前沿成果；是他太谨慎呢，还是您太盲信呢？

列维-斯特劳斯：在这篇文章的结论部分，我自己强调了我的重构的"初步性和假定性"特征。但是，作为构想内容，我一直保留着它们。完全专注于控制论发现之重要性的威纳，出于自己的考虑，自然希望扫清自己面前的道路，继承了当时已显陈旧的物理科学和自然科学与人文社会科学的对立。请别忘记，其实，10年前的1938年，著名物理学家尼尔斯·博尔（Niels Bohr）已经吁请人们超越这种对立。此后科学史上发生的所有事情都朝着同一方向发展。有些人文科学领域里，少许严格是可能的；而相对于19世纪末的科学主义雄心，硬科学学到了更多的灵活性。我想说明的是，威纳后来改变了态度。

埃纳夫：我们可以说，梅西演讲会和早期控制论的精神出现在1950年前后的转折期，标志便是您的文字中出现了"通信"概念。我们从您与居尔维什（Gurvich）以及与格拉奈（Granai）和奥德里古（Haudricourt）的论辩中看得很清楚，这些作者们似乎一点也没有理解您关于言语与社会关系的论证。在您的著名答复中（收入《结构人类学》第五章），您建议"用通信理论"（第95页）阐释社会，并从下面三个层面开始：不同群体的女性"通信"（交流、沟通）①，关乎亲缘关系的体系；财富与服务的"通信"（交流、置换），与经济规则相关；最后是信息"通信"（交流、沟通），关乎语言规则。您一直同意这一方法吗？

列维-斯特劳斯：那是一个乌托邦，但是，我们可以从中找到某种调节原则，在这一原则的基础上，设计我们的研究工作，并引导我们的思考。

埃纳夫：假如把通信观念应用于亲缘规则，您不觉得互敬思想有可能因此而被消解吗？我们从中失去了馈赠/回赠这样的回应关系，或者失去了您称作的"赠予物的综合价值"，或者"交换行为之蕴涵远大于交换物"（《亲缘关系的基础结构》第69页）的实质。"通信"观念是否太泛、太一致，很难反映馈赠关系那种争斗性，而异族通婚又是馈赠关系最普遍、最制度化的形式。最后，谈论财富"通信"是否会把商品交换与馈赠交换一视同仁呢？您曾在《基础结构》中明确指责过这种混淆。

列维-斯特劳斯：我理解您的担心，担心这些现象的具体风貌、它们在人们意识中的经历方式被疏忽。但是，我们不是要用一种描述代替另一种描述。这是两种言语，根据研究对象，时而使用此言语，时而使用彼言语。有点像光学显微镜原理，转动转换盘，放大的倍数发生变化。如果我们看到的是一个个体的微生物，多少带点善良意愿，其动作可使我们演绎它的情感和心情；经显微镜放大后，我们就只能看到细胞及其结构，一细胞与另一细胞的结构没有差别。

从交换视点过渡到通信视点，抽象层面更高了，前一层面似乎不能通约的不相容性这时就消失了。例如馈赠交换与商品交换的不相容性，您在新作中强烈地突出了这一点。从交换的角度看，或者借用奥古斯特·孔德（Auguste Comte）的言语，从"主观综合"（synthèse subjective）的角度看，确实如此；但是，从通信的角度看，事情就不再是这样了，商品交换与馈赠交换一样，仅代表共同言语中的表达形式。

30多年前，没有任何结构主义色彩的美国大社会学家塔尔科特·帕森斯（Talcott Parsons）在这方面发表过深刻的见解，他建议把

---

① 这里与下边两处译为"交流"、"交往"、"沟通"更通俗易懂。在法语中，"通信"与"交流"等用的是同一个单词。因为作者是用当时刚刚发现不久的通信理论和通信数论来解释人与人之间、社会现象之间、言语与社会之间的关系，故这样译。在外文语境中，这种跳跃很自然，而中文的用语则显得有点词不达意，特此说明。——译者注

货币当作一种言语,视经济交易为一场会话,视货币体系为一种编码。我以为这是对您刚才提到的我的老思想的一种肯定,人们可以用通信理论阐释整个社会生活。

埃纳夫:行,从知识角度讲,这确实非常诱人……我仍然坚信,馈赠世界与商品交换世界触及不同性质的现象类别。在馈赠关系中,当事人通过作为象征的某财物把自己给出去。而在商品交换中,财物本身依据不同的客观评价标准而显示其重要性。马利诺夫斯基(Malinowski)在《阿戈耳英雄》(les *Argonautes*)一书中讲得很清楚,您在谈论婚姻关系或法国南部饭店中的换杯习俗时同样清楚……

列维-斯特劳斯:我们观点相同。我只是想指出,这里不是绝对的对立,而是两个端点,之间分布着各种各样的中间形式。您生活并任教于美国西部。我们就从美国西部选择我们的例子。

对于现在华盛顿州和俄勒冈州的印第安人,呈大象自卫形式的单壳小贝饰,叫做角贝,角贝是他们的珍宝;加利福尼亚州西北部的部族则把角贝作为一种货币积攒,它们在经济交换和其他交易中发挥着头等重要的作用,后者的目的在于提高威望。

人们把这种货币的衡量尺度刻在前臂上,这种货币之外,其他财物转换为支付手段和个人荣光的工具。例如用啄木鸟的红羽毛和毛色稀少的鹿皮做成的首饰。黑曜岩片更珍贵,虽然没有实际用途,然而节日里却大肆炫耀。所有这些财物首先是声望的显示,但仍然有其价值,在最重要的经济交易活动、司法活动或社会活动中,必须与角贝同时出示。

国家元首相互赠送的礼物也是这样。它们属于馈赠世界。共和国总统赠送一个塞夫勒瓷瓶,意味着首先与制作商之间的一次商业交易,即使从诸多礼品中选择这件瓷瓶,说明赠送者也有自己的投入。不仅在我们这里是这样,种族学方面的许多事例证实,把两种现象截然分开的做法可能有些微妙。

埃纳夫:我同意珍贵物品功能的这些交叉和转换;但是,以获利交换为目的与以关乎尊严和声誉、事涉相互承认的公共行为为目的毕竟不是一回事,性质完全发生了变化。让我们过渡到另一类问题吧。由于我们刚才谈到了今后可以称作控制论的英雄时代,涉及其他问题之前,请允许我问您这样一个问题:您是如何使用计算机的?您是否觉得这个工具对广义的知识分子的工作很有帮助,且不说它是否能够处理例如亲缘体系或者口传神话之叙述变化那样的复杂资料?

列维-斯特劳斯：我从来没有摸过计算机，自觉我的生命已经来日很少了，很难再分心去学计算机了。但是，1966年，我在《亲缘关系的基础结构》第二版的序言中，已经预见到不使用计算机就不可能解决复杂亲缘体系提出的种种问题，这一任务超越了我的能力，但是几年后弗朗索瓦丝·埃里捷（Françoise Héritier）出色地完成了它。从那以后，几乎所有的年轻种族学家带着包括数百、有时甚至数千人的重重谱系和婚配网络实际考察归来之后，一般都使用计算机条分缕析这些材料。一些特殊软件为此而设立。

我还风闻用计算机处理神话问题的尝试，例如让计算机产生某神话可能存在或不能存在的不同版本。我不知道这样的意图已经结出具体果实还是处于微弱的意愿状态，年龄迫使我置身圈外，但是，我仍然以极大的好奇心远距离地关注着所有这些举措。

围绕《野性思维》

埃纳夫：只有脑子中意识到"野性思维"与"驯化性思维"相对立，才能理解您的书名。据某些作者说，驯化性思维很准确地开始于新石器时代的植物和动物驯化。为了理解两种思维类型的差异，您提出了下述标准：即面对自然世界参与战略的差异。然而为什么有这种选择呢？它难道不是自然条件本身存在差异的一个后果吗？我们更清楚下述情况，例如肥沃的土耳其丘陵拥有近50种植物和10余种可饲养的动物，而南北美洲和撒哈拉非洲几乎没有任何可驯养的动物，可种植的植物也很少；澳大利亚可驯化动植物之缺少就更明显了。在原初条件问题上难道不应该作一个诚实的决定论者吗？

列维-斯特劳斯：请原谅我的直爽，然而我觉得驯化性思维开始于动植物之驯化的观点很怪诞，更别说"很准确"的提法了。什么样的直线能够把数千年前有时甚至数万年前的驯化与16世纪和17世纪科学思维的到来连接起来呢？植物和动物的驯化出现在世界几个不同的地区，而非每个角落。某些很灿烂的文化，如史前的日本，历史上北美洲的西北海岸，都没有经历这一过程。在这方面，任何其他灿烂文化也不享有优越地位。您轻描淡写的美洲却种植土豆、玉米、木薯、烟叶、豆角、番茄、花生（为简便起见，我缩短了清单）等，我们知道它们后来在世界消费中所占的地位。它在一种野生植物的基础上把几种（人们一直还在争论）没有营养价值的植物杂交后创造了玉米；它找到了把一种有毒生物变成所谓苦木薯的方法,苦木薯成了它的基础食物之一;它对土豆交替冷冻和发酵而掌握了使土豆脱水的方法……让我们把通过航空摄影和考古在玻利维亚、委内瑞拉、亚马逊河口发现的多达数万公顷的人工坡度水域也记入美洲印第安人的功劳簿上,这些人工坡度既能保护植物免受洪水之灾,脚下的潺潺流水又为他们提供了丰富的渔业资源;这种经济体制可解决大密度人群的生存问题,据估计,仅亚马逊地区,当时就有约 800 万人口。

须知动植物的驯化与制陶和织布一样,属于我所谓的野性思维的功业;在我们谈论的那部书中,我提及上述功业,以证明野性思维能够数百年坚持不懈地积极有效地观察,提出假说,再通过不知疲倦地重复实验而证实或者抛弃上述假说;一言以蔽之,它懂得组织并开发感性世界,体现了某种真正的科学精神,即使在具体科学方面,它所侧重的维度与现代科学所选择的维度不同。

埃纳夫:我们只能说您是正确的;把驯化性思维与动植物的驯化联系起来肯定是一种极简单化的做法。反之,以肥沃的土耳其为例,根据已经开始大约 1 万年左右的进程,设想农业革命、城市现象的出现、技术的加快发展和文字的出现之间存在着基本的联系,这种想法不是很成立吗?我们从中看到的不是允许"现代"科学诞生亦即相对于野性思维允许驯化性思维诞生的各种参数都已齐备了吗?

列维-斯特劳斯:最好不要把野性思维与驯化性思维置入进化论的视角,似乎一种思维是逐渐从另一种思维中浮现出来的(像您刚才提到的那种图式,并轻易断言 5 千年-6 千年都处于停滞状态)。我认为对真实的感知存在着两个层次(传统哲学谓之曰首要品质和次要品质),我想阐明的是,囿于次要品质层面的思考也能够(并在若干领域保持这种能力)获得很大成果。因此,我建议为它恢复名誉,不是先于科学思维,而是与初生的科学思维并存的名誉,后者的历史完全是另外一个问题。然而,承认野性思维完整的生存权并不意味着我们否认历史进程中发生过相互感染和混淆的情况。最后,我还想说明,把辩论搅混的,正是"驯化性思维"这一术语本身,它似乎不是一个很完美的用语,容易造成误解,例如我们刚刚讨论过的那种误解。

埃纳夫:不管怎样,我们可以保留这两个用语,构成一个二项式。从这个视点看,野性思维与驯化性思维的关系难道不依然是我们的问题吗?事实上,在我们的日常经验中,尽管对科学知识所知不少,仍然继续像 homo sapiens 的早期部落那样思维(我们像他们一样看日出日落,而非地球围绕太阳运动)。您很英明地指出,野性思维不是另一思维的祖宗;然而,难道不能说它们的共处将一直继续存在于我们自己的现代性之中吗?

列维-斯特劳斯:当然了,在我为封底提要部分撰写的文字中,我说该书的首要目的,乃证实野性思维是人类精神的共同品质,生发于任何人的精神,现代人或古代人,近代人和远祖,都一样。我在书中多次援引来自我们自己文明的事例,这些事例使我们处于与那些貌似离我们很远的习惯平等的地位。在其他著作中,我试图在艺术领域——例如谈论面具和普森(Poussin)的若干画作——和诗歌领域中重新找到思维的普遍机制,在诗歌方面,我曾与雅各布森合作,试图分析波德莱尔一首十四行诗的结构。

埃纳夫:《野性思维》一书的一个重要特征,就是您一再解释,如果无视野性思维的非功利性特点,那么,这种思维并不比现代科学(而这种现代性已经是古代的现代性了!)易于理解。您很明白地解释说,您当时使用的说法后来成了名言,您说:野性世界的东西不仅"好吃",而且"有益于思考"。然而,深受功能主义和功利传统影响的英美人类学传统似乎很难理解您的思想。您与他们的辩论中是否明显感到了这一点呢?

列维-斯特劳斯:肯定有一些抵制和不理解。但是,没有来自学科大师们的。从前与洛伊(Lowie),如今与萨林斯;与英国的埃文斯-普里查德(Evans-Pritchard)、弗思(Firth),尽管道路不同,我们一直相互信任,关系建立在知识分子的善意基础之上。利奇(Leach)的情况稍有不同。他与我有一种英语称作 *love-hate relationship*(爱憎关系)。这种双重性并不妨碍我们相互尊重,我们的关系也很绅士。剩下的就是那些大学生们,他们不读我的书,说我过时和封闭。来自英国和美国同行们的多条信息向我肯定,事情正在起变化。您身居美国,对此比我了解得多。

埃纳夫:是的,事情正在发生某种变化。我最近发现,美国人类学专业的大学生们对您的著作很感兴趣,他们在课堂之外或老师的缄默之余,重新发现了您的著作。他们从中发现的严谨和创新精神对他们激励很大。第二次结构主义也许正在诞生之中。让我们还是回到《野性思维》吧。"知识修补"(*bricolage intellectuel*)概念以其独创性吸引了很多人,也以同样的理由激怒了很多人,他们认为这是人们给予自己的随意赋予任何事情以意义的一种权利。然而您不这么看。您解释说,野性思维捕捉任何材料,把它纳入某种语法的词汇体系,条件是,能够抽取可进入分类设置或其他逻辑活动的有效特征。您不觉得,除了野性思维捕捉它的发现物之外,动机因素远远超过偶然因素吗？或者换言之,它向偶然性投注了很多必然性？

列维-斯特劳斯:然而,在修补活动中,我们取该词现在的本义,动机也是存在的。修补者寻求实现某项计划,为达此目的,正如您所说的,他抓住他所发现的材料。修补的固有特点是,动机必须适应偶然。这个道理如此简单,我担心误解了您的问题。

埃纳夫:我指的是"修补"概念的滥用……只有在这种情况下,简单问题才变得很复杂！当然,您著作的主要意义不在于此。您在该著作中特别证实,野性思维具有某种分别经验物质的奇特能力,我指的是感性世界或被技术改造后的世界的经验物质。我们能否说这种活动是象征性的？有必要把组织世界、让世界条理清楚的思维与赋予世界某种象征价值的思维相区别吗？这个问题大概很微妙也很复杂。因为您1950年时就说过:"任何文化都可以被视为一个种种象征体系的整体,处于这些象征体系前沿的,是言语、婚配规则、经济关系、艺术、科学、宗教。"这是否意味着,言语即是象征性的,像诸如波尼(pawnee)礼仪意义上或caduveo瓷瓶图案意义上或如您在《象征的有效性》一文中所描述的cuna礼仪意义上那样的象征性吗？真的不需要把分类思维与象征思维相区别吗？

列维-斯特劳斯:如果决意把分类思维与象征思维相区别,那么,《野性思维》的整个框架就将坍塌。因为,在这部书中,我恰恰试图展示的是——从某种意义上说,人们可以把这看做是它的生殖细胞——野性思维首先体现出来的分类体系同时又是表意体系,正是这种双重形态构成了野性思维。我一再申明,它并不把观察时刻与阐释时刻相区别;同样,在口语中,人们并不是先观察对话者发出的符号,然后再试图理解它们。这种不可分性属于象征体系的固有特征。全书借助大量例证,皆为了阐发这一论点,其中部分例证借自异域社会,部分来自西方社会,前提是那里还残存着某些领域,野性思维可以自由地得以表达。例如专有名词,赋予动物、花甚至人的名词。有人断言人起名的原因乃是因为缺乏被指意的能力,与此种断言相反,我极力说明,即使在这种极端情况下,当我们赋予一个人名字时,实际上已经把他列入某种可以客观或主观确定的类别:我们用他指意了或通过他而自我表意了。

埃纳夫:您不止一次地同意被人称为"康德信徒"。我不敢肯定它真的适合您。按照康德学说,在认识层面,我们并不接触事物的结构;我们把自己的类别强加给它。而您宣扬完全不同的东西,例如在1972年以《结构主义与生态学》为题的文章里,您强调下述事实,即我们所感知的物质已经提供了组织成立的层面,简言之,正如您此前提醒的那样,没有纯粹的 *etic* 层面;人们一下子就处于 *emic* 层面(用眼睛辨别深色浅色、竖向横向、弯曲笔直等区别性特征即是这样),在这篇文章里,您这样说:"远没有把结构纯粹看做精神活动的产品,我们承认,感官组织已经拥有某种结构活动,一切存在于我们身外之物,如原子、粒子、细胞和生物本身具有相似的特性。"我们无法离康德更远了!……客体一方这种结构活动的哪些地方可以论证方法一方的认知活动呢?

列维-斯特劳斯:我可以回答您说,主体之我与他所观察之世界属于同一本质的产品的思想直接来自康德。我猜想,您可能以为我没有赋予原子、粒子、细胞和生物以本体论真实的地位吧?

但是,我承认,从哲学层面上很容易让我自相矛盾。这种情况并不动摇我的心境,原因有二。首先,哲学联想在我的著作中所占比例很小,我很少重视它们,所以从来不曾考虑严谨地讨论哲学问题。特别是,我把这些矛盾作为人类条件固有矛盾范围的忠实反映而接受。在实际生活中,为了满足他的知识需求,人理应坚信他能够认识世界的某些事物。然而同时,他不应忽视,知识的每次进步都以更大的比例扩大了他的盲区范围,以至于他甚至不知道该知识是否也是一个盲区。智慧的办法即意识到这种矛盾,即在两方面都真诚地行动和思考,而并不自欺欺人漠视它们的不可调和性。在《野性思维》的最后一章讨论萨特(Sartre)的历史观时,我强调,人不能不与历史共存,然而另一方面,也不能无视下述事实,即他天天面对的世界却是一部神话。在《猞猁史》(*Histoire de lynx*)的倒数第二章,我以蒙田(Montaigne)为例,扩大了这一思考范围。所以,您有时看我像笛卡儿的信徒,有时像康德的信徒,我承认,随着阅历的增加,我更像一个怀疑论者。

埃纳夫:这不就是客体已经建立一个组织层面,使双重联结程序得以实现的一个例子嘛;而您非常看重双重联结对于理解例如对于理解音乐的重要性。您确实多次重申,就音乐而言,没有"自然"音(因此您严厉批评所谓具体音乐保持的幻觉),与之相对应,也没有纯粹的形式层面(因此您对12音体系音乐持保留态度)。理解双重联结的必要性几乎就是理解结构主义方法的必要性。能这样理解您的思想吗?

列维-斯特劳斯:正是这样。双重联结的发现起源于语言学,但是可以推及所有的象征体系并向我们揭示，它们何以能够同时既分类又指意。它们分解为许多成分，每个成分不是一个符号，而是一个符号的手段：该手段是一种区分单位，不能随意取代，否则意义就要发生变化，该手段自身可以不具有它与其他单位相联结或相对立时所表达之意义的分摊。这方面，我对40多年前使用的语词不需要做任何改变。

埃纳夫：在1963年的同一期杂志上，保尔·里科尔在他与您的对话中，把您的思想定义为"无超验主题的某种康德主义"。我更建议您（如同我在关于您的著作中那样）把它概括为"没有神圣知性的某种莱布尼茨主义"，您同意吗？

列维-斯特劳斯：我的哲学思想如此模糊，所以我能够两者都接受。但是，在我的个人成长史上，康德与莱布尼茨（Lcibniz）不占有同样的地位。

埃纳夫：促使我怀疑您的康德主义的理由与您思想的一个核心现象相关，正是它更明显地而且很早就把您与莱布尼茨联系起来。您在《忧郁的热带》中写道，一个民族的全部习惯构成种种体系，您还补充说："我坚信，这些体系不是无限的，人类社会在他们的游戏、梦想和疯狂行为中，并非绝对创造，而是限于从可能重构的理想目录中选择某些组合。"在《面具之路》(la Voies des masques)中您发出了近乎同样的断言，您甚至在其他场合像某种门捷列夫表（table de Mendeleïev）一样谈论这些组合的可能性。因此，我们更多面对的是一个莱布尼茨型的能力（possibles，可能性）和共性（compossibles，共同拥有的可能性）范型，而非康德式的分类表，您不这样看吗？

列维-斯特劳斯：在哲学课堂上，我被从康德那里学来的东西深深吸引。真实不可捕捉以及我们通过感性和知性有色眼镜什么真实也捕捉不到的思想使我着迷（我自己就是这样看待事物的）。很晚以后，当我觉得有必要自我建树一套伦理观时，我是怎么做的呢？我刚才已经解释过，并非背离康德主义，而是始终受它的启示，为着个人的应用目的，把纯粹理性与实践理性的二元对立扩而广之。而如果没有重读《判断力批判》，我就不会写出关于艺术的文字。我能够从莱布尼茨那里接受的东西——我很乐意承认这份获益——更多是结构语言学及其先驱们从他那里继承并传授给我的东西（我在其他场合谈过，我从幼儿时即具有的结构主义直觉也许先于结构语言学而与之吻合）。

埃纳夫：自幼儿时起？您增加了我们的好奇心！您指的是什么呢？

列维-斯特劳斯：我应该对曾有一天谈起这些童稚之事而羞愧。请相信我，我绝无炫耀自己早熟的意思，而是承认自幼儿时代起，我的精神活动就有某种偏向，因此，我的思想也许更多地来自承受而非创新。不管怎样，既然您强求我重复往事，事情是这样的：我母亲告诉我，远早于识字之前，当她推着我坐的童车路过 boucher（肉铺）和 boulanger（面包店）的字号前时，我会喊叫说，前边的几个字母意味着猫头鹰叫（bou），因为两个地方的头几个字母都一样。那时候我就寻找不变成分了。

埃纳夫：在《野性思维》的第一章，为了展示思维如何通过选择感性世界之特征而运作，您解释说，艺术作品本身也不例外。在这些文字中，您某种程度上奠定了您的美学基础。相对于此前与乔治·沙博尼耶（Georges Charbonnier）对话中所表达的立场，这些文字构成了新的进展。我们能否这样说，当时您首先怀疑再现类艺术具有某种占为己有的念头，而在《野性思维》中，您更多地看到艺术从范式、材料、使用者三重成分复杂而多变的关系中寻求布局的结构立场？

列维-斯特劳斯：我没有从同一视角观察问题。这些对话的主题是艺术史问题，我们更多涉及的是西方的艺术史。不管对错，在我看来，接近文艺复兴时期，接受者和艺术家皆体现出的艺术生产的个性化和愈来愈忠实模仿自然的双重运动，反映了精英层占有世界并以此为乐的某种意愿。我在《野性思维》中对艺术的思考性质完全不同，它们超越地点和时代，瞄准艺术作品的某些内在特征。

埃纳夫：主导《野性思维》的理论动机是分类动机。不管是自然物种的清单，还是所谓"图腾"事实对它们的调动，不管神话故事或者礼仪的运行中，到处都有分类要求甚至分类乐趣；清楚地看到并展示这一风貌是该著作的重大贡献。您甚至说（我凭记忆引述），世界没有条理，因为它很神圣；它很神圣，因为它井井有条。您始终坚持这一观点吗？您觉得人是会分类的动物吗？

列维-斯特劳斯：我们已经谈过分类问题了。无数学者和哲学家都说，分类是科学思维的原则：科学思维首要并压倒一切的愿望就是用秩序代替混乱。我从次一些的高度证实，这种渴望也是人们错误评判为非科学性思维方式的特点，因为它们为了达到同一目的而以另外的方式分类。这是否意味着可以用会分类来定义人呢？我对此表示怀疑，在我看来，让世界拥有秩序的需要具有更广泛的根本性。人们也许能从动物世界内部发现某些踪迹。

埃纳夫：在分析个体/种类的关系时，您以不同寻常的方式接触这一问题,您证实,对于野性思维而言,个体本身即构成种类的界限,以至于在这些社会中,姓名本身一直或明确或不明确地成为分类名词(在我们的社会中也一样,它们经常在统计行为中表示不同辈分的人群板块,如名为"阿兰"或"卡特琳娜"的人员分布情况)。现代性似乎缩小我们对分类体系的从属性(与图腾现象一样)。因此,当您写道:"一切似乎都说明,在我们的文明中,每个个体皆以自己的个性为图腾:个性是他作为所指这个人的能指"[1],在您看来,这种现象会产生什么样的社会效果呢?

列维-斯特劳斯:我仅想如此展示某些思想方式的共性。至于这种内在用途的图腾主义可能产生的社会效果,它们不是已经存在于我们自身且由来已久吗?我们从主体哲学、责任伦理、民法的根基中以及数辈文学家和思想家激动不已而赋予"自我"无限地位的行为中,都可以看到这种图腾主义的影子。

埃纳夫:您的最后一章是对萨特在《辨证思维批判》(*Critique de la raison dialectique*)中关于"原始"社会主题所持立场的回答,一定程度上否定了这些社会的"历史"存在,祝愿它们为着自己的幸福尽快进入历史。这是20世纪60年代,黑格尔—马克思主义的历史观某种程度上有权逃避批评;历史被理解为大写的历史,被理解为人类的生活和真实。您捍卫原初社会的观点,断言以生产和对自然世界的制服程度决定命运的历史观念不一定就是我们人类社会获得的最佳选择,这在当时是相当孤立的。知识界关于这一主题的意见发生了变化。然而这够了吗?对于"历史的不幸"您一直像30年或40年前那样悲观吗?

列维-斯特劳斯:这里首先有一个规模问题。关于千年之内甚至几个世纪之内将要发生什么事情,我们无法拿出任何意见,而谈论历史的不幸(或幸运)没有意义。您名之曰我的悲观主义是针对更短的时段的,它只能随着我们人类人口膨胀的节奏而增加。因为我年复一年地被这个显而易见的现象所困扰:我出生、接受知识教育和道德教育的年代,世界上有15亿人口,如今有60多亿,明天将达到90亿或100亿。今天的地球已经不是昨天的地球了,我发现自己被放逐到今天这个世界。有人向我解释说,达到一个高峰后,将会发生反向运动。某些人甚至说,从现在起的四五个世纪内,出生率将以同样的速度下降,人类的生存将受到威胁。然而,这样,人们又进入了无权预言的规模。如果仅

---

[1]   克洛德·列维-斯特劳斯:《野性思维》,见前引版本,第284—285页。

局限于当今世界,我发现我们靠吃意识形态老本生活,这些意识形态适用于与当今世界相比尚拥有行动自由的人类社会,如今它们已经失去了自己的基础,仅人口数量一项足以说明,已经成为无限生态种类之毁灭者的人类,正在成长为自己的敌人。我们愈来愈没有能力克服这些矛盾。

埃纳夫:当然,您对"历史"观的批评丝毫也不意味着您对历史学科的抛弃,尤其是经过编年学派(l'école des Annales)革新了方法的历史学科。您甚至每当资料汇集许可时都一再强调历史对于人类学的重要性。如何解释人们众口一词普遍怀疑结构主义反历史这一现象呢?

列维-斯特劳斯:不仅"每当资料汇集许可时"。历史为人类学家提供了内在兴趣,因为它通过时间维度使人类学要求空间提供的多种社会经验更加多样化。

也不仅编年学派,因为它开始抛弃(然后才像理应做的那样纳入其视野)的事件史,对于人类学家也有关键性的作用。在我教学生涯的最后几年,我从欧洲名望家族的联姻政策中,探讨他们的婚配战略、规矩和财产的传递方式、有助于理解所谓"原初"家庭结构和社会结构形式的范例等等,而单纯沉溺于学科资源的人类学家难以在他们的分类中赋予这些形式以一席之地。

您提出这样一个问题:如何解释反历史主义的疑惑呢?我倾向于以为这是由于人文学科共有的急躁和匆忙,人文学科体现为人们的著述研究人们的产品,自以为天生就知道谈论什么,无需对谈论对象进行形式描述,而后者还很有可能不符合它们的期望。反之,在我看来,停下来把对象构建起来是一件必不可少的工作,我是从索绪尔(Saussure)及其继承者那里学的这一方法。即使今天我们已经知道,索绪尔并不像《普通语言学教程》(Cours de linguistique générale)给人以印象那样把语言(langue)与话语(parole)截然对立起来,然而对他而言,话语的研究依然必须建立在对语言预先熟悉的基础上。

埃纳夫:您的倒数第二章的标题是"重新获得的时光"。其喻指是清楚的。尽管如此,普鲁斯特的名字却没有出现。人们猜测,您在分析中赋予他的,正是结构从事件本身中向我们提供"从时间那里夺来的这点永恒"的可能性。重新获得时光的乐趣对您而言不首先就是时光的停滞吗?

列维-斯特劳斯:标题是借鉴的,毫无疑问。我之所以没有把它归功于普鲁斯特,那是因为我的用法无拘无束,只有一小部分与他的意义相符。事实上，赋予倒数第二章的这个标题覆盖了其后直至全书结束的全部内容。它开始了三个层面的探索。

首先，是事实问题。野性思维视世界和社会为封闭体系，历史的曲折不断威胁它们的和谐。当历史事件所产生的混乱危及结构时，它们何以能够保持下来或得以恢复呢？要达到这一目的，野性思维拥有自己的程序。我竭力盘点并描述这些程序。

其次，我考察一些具体现象。在这些现象中，最奇特的风习可能成为我们熟悉的对象，当我们精神松动时，我们有时会从它们之中辨认出我们自己的某些习惯，只不过后者已被纳入另一套轨迹。我们本以为这些风习是密不透风的，生活经验突然复原了它们的独特风味，并使我们进入了它们的内在世界。我举了一些例子。我觉得这种内在体验与普鲁斯特赋予无意识记忆的体验属于同一类型，也许我向他借鉴的潜意识动机由此而来。

最后，作为全书的结尾，我祝愿现代科学仰仗于信息理论恢复这种时光，恢复缪塞（Musset）心目中"天穹行走并呼吸在大地上神祗的子民间"的时光，并不忘向奥古斯特·孔德的天赋表示敬意。因为孔德预言实证时代将重新接纳实物崇拜（他的用语，即我所说的野性思维），他从实物崇拜中看出了方法的统一和理论的统一，两者构成"我们智慧的完全正常的形态"：这是一个长期不被理解的宏伟视野，我试图通过种族学的途径展示它的价值。

（原载史忠义、户思社、叶舒宪主编《国际文学人类学研究》，天津：百花文艺出版社，2006）

对话与独白:巴赫金与雅各布森[①]

(法)兹维坦·托多罗夫

对于任何思考20世纪知识发展史的人,米哈伊尔·巴赫金与罗曼·雅各布森的比较似乎不可或缺。作为实实在在的同时代人(巴赫金生于1895年,年长雅各布森一岁,逝世于1975年,早后者七年),他们的长寿使得他们的命运与世纪的历史联姻。两人都出生于俄罗斯,第一次世界大战期间都学习"文史",巴赫金就读圣-彼得堡,雅各布森求学于莫斯科。两人都著作等身,都矢志于言语和文学;如今,他们的著作用数十种语言发表,在全世界范围内被评述和讨论。他们无疑是人文科学界20世纪最富影响的作者中的两位。尽管如此,他们却并不相似。

在面对不同访谈者的多次对话中,雅各布森晚年回顾自己的学术旅程时,每每明确对于他的两大决定性影响,乍看上去,这两种影响水乳交融在一起可能有点匪夷所思,即先锋派艺术的影响和现象学的影响。这种双重承继聚合为雅各布森思想的同一特征:他对作为事物的言语的兴趣,即使这是一种具有意向性的物质,自身由具有意向(功能)的部分构成。因此,言语没有任何原则困难地成为科学认知的对象就不足为奇了;语言学亦如此,它与其他科学相通,不仅与人文科学相通,也与自然科学相通。

雅各布森经常重复说,在他对言语之钟情的源头,有他对诗的爱,先爱象征主义之诗,再爱未来主义之诗。况且我们知道,当他想分析文

[①] 该论文系托多罗夫2007年10月22日在"全国巴赫金学术研讨会"(于北京师范大学举行)和29日在西安外国语大学的演讲稿。译文修订于2007年11月。

学文本时,虽然并非毫无例外,但更热衷于回到诗歌文本。对他而言,诗占据着文学阶梯的顶峰。而诗歌文本以超脱行为间作用为特征:它面对所有读者,亦即不面对任何具体读者,不等待任何回答;它所引起的反响不是某种"唱和",而是鉴赏和沉思。正因为如此,诗需要更多投入。小说亦是艺术作品,即脱离了日常对话,但再现了这种对话:人物之间、主人公与作者之间的对话。如果这种多重性不存在,就不会有小说,而只有诗。换言之,诗乃独白,日常的言语实践即对话;小说是再现对话场景的独白。

割裂陈述文与其陈述生产之背景的关系,无异于把它与其"此地"和"此时"相分离,亦即与现在时间相分离。这种要求在青年雅各布森的精神里很强烈,他受未来派诗人的影响,偏爱未来胜过现在。他喜欢重复赫列勃尼科夫(Khlebnikov)的公式,后者宣称,创造的祖国在未来,或者玛雅可夫斯基的名言,即诗人的现实主义在于超前;直至晚年,雅各布森相信,"符号以其创造力为自己寻找通向不确定未来的途径",并把它视为诗歌言语的潜在本质。有人指出,在革命年代,这个未来主义口号与意在建立一个完美新世界的革命的志愿精神相契合,这种精神以光明未来的名义允许接受某种灰暗的现在。然而,稍后,当玛雅可夫斯基辞世时,雅各布森在自己最私密的个人文本之一中指出:"我们过多生活于未来,过多指望未来,过于相信未来,我们对自足的现实不再有感觉,我们失去了现在感。"①

现代德国哲学吸引巴赫金的并非搁置人之具体参与的可能性,如像在雅各布森那儿那样,恰恰相反,而是对这种参与的不可缩减性的肯定。在巴赫金学术旅程的起点和终点,都存在着某种二元论,其最一般的术语可以概括为:人性与非人性,主观与客观,时间和空间。物质世界是存在的,服从于超越时间的物理规律,后者属于"理论"认知范畴。但是,人不能浓缩到物质世界,因为某种不可逆转性的时间维度因人而引入:在服从人类一般规律的同时,每个人又是绝对唯一的个体,囿于其生命开始到终结这一时段,遵循某种单向运动。两个世界之间,存在着延续性。

---

① R. Jakobson, K. Pomorska, *Dialogues*, Flammarion, 1980, p. 101 (original russe repris in: *SW*, t. VIII);"O pokolenii rastrativshem svoikh poètov" (1931), *SW*, t. V, 1979; tr. fr. "La génération qui a gaspillé ses poètes", *Questions de poétique*, p. 101.

以任何形式把这种二元论简化为任何统一性都是有害的。因此巴赫金反对主观主义的一元论,即否认有可能客观认识世界的一元论。然而他更激烈地反对另外一种一元论,无视人的存在的独特性和不可逆转性的一元论,亦即现代科学中的理论一元论或实证一元论。科学是合理的,但是有必要警惕科学帝国主义;整个道德领域都不受其魔力约束。道德行为只有由个体承担时才存在;即使最真切的思辨也无法生产它。思辨和认知可能殊途同归,把我们导向善或恶。但是,这亦意味着,在对人的认知过程中,应该考虑到人的独特性,而不仅是那些可能把人与物质世界相比拟的共性。人不可能简化为物,同样,人文科学也不能简化为自然科学。承认这种独特性并不意味着任何蒙昧主义的选择,也不意味着为非理性辩护:言语可以认识,但是不应该以消解其身份为代价。

这里使用的独白和对话两个术语,需要引起某些注意。自然,广义上,任何言语都是对话,即超越个体。任何言语生产皆针对某人,后者可能是若干人、无名者、缺席或者甚至是从说话者分化而出的产物。话语从前人那里来到我们每个人身边;还有,每个陈述文都带有先前陈述文的痕迹和未来陈述文的希望(现在人们有时用"互文性"一语喻此现象)。然而还是有可能把独白与对话相对立,这里自然是狭义上的独白与对话,前者如不等待亦不产生回应的话语,后者如呼唤并通常引发答复的话语。因此,言语的独白理论仅以相关的言语陈述为对象,它并非不了解言语的交际功能,但不以此为问题域。言语的对话理论选择个体间的互动关系为对象,亦关注他们在这种进程中的变化;这时的言语不再是解剖对象,而是整一事件的成分。正是在这种意义上,雅各布森对诗的关注和巴赫金对小说的关注,具有昭示意义。

雅各布森和巴赫金潜心于言语和文学而很少思考政治事件,但是我们不能因此而忽视20世纪这两位俄罗斯思想家生活其中的历史背景。他们对左右他们生活的历史现实做何反应?

十月革命时雅各布森生活在莫斯科,然而紧锣密鼓的公共事件对他似乎只有一个影响:促使他在心旌已久的领域更起劲地探索。1972年,他曾这样描述自己当时的反应:"我们当时这样想:我们生活在一个巨大变革的时代,一个颠覆和躁动的时代;我们应该尽快结束我们的学业、我们的研究，趁着还有这种可能，达到从知识上武装自己的目的。"①这是雅各布森晚年谈论十月革命的全部话语。如果置身事件发生的年代，我们发现，大约1918年，他开始投身周围的热潮之中，他的立场接近先锋派艺术家的立场，他们相信革命在所有领域的统一性。

1920年，雅各布森离开俄罗斯赴捷克斯洛伐克履新：他被聘为苏联红十字会驻布拉格使团的翻译，该使团负责遣返俄罗斯战俘回国；稍后，他完成苏联使馆交给的其他使命，直至20年代末。他经常被捷克人视为共产主义精神的一员鼓动家。事实上，对革命思想的忠诚和对苏联现实的失望使他很痛苦。然而，在公开发表的文字里，他从来不提自己如何且为何决定留在捷克斯洛伐克，即与成为苏维埃联盟的祖国决裂。

他对俄罗斯意识形态和共产主义体制的态度以极其审慎而惊人。雅各布森曾多次论述他的朋友玛雅可夫斯基的诗，玛雅可夫斯基既是未来主义诗人，亦是苏联政权的歌颂者，雅各布森在意识形态争论中很少表示立场：既未颂扬，也未否认共产主义理想。摧残其祖国的清洗和流放，尤其是20世纪30年代的清洗和流放，在他心中激起了1972年的这种令人惊愕不已的曲言法："那里（莫斯科大学）有很多极有天赋的人，他们中的许多人后来失踪了，这是一个动荡的时代。"这些"极有天赋的人"之一值得我们给予少许关注。他是哲学家居斯塔夫·什佩特（Gustav Spet），胡塞尔的俄罗斯弟子，雅各布森告诉我们，他是何等地推崇此人，并且在同一次访谈中肯定说："他与我很亲近。"然而当另一位访谈者问他什佩特后来在清洗中是否失踪时，雅各布森回答说："是这样，但是他不在集中营。他还有许多作品未发表。"②历史命运刚刚承认就再次被岔开，唯有作品引发持久的兴趣。因为什佩特的命运特别悲惨，这种反应就尤其令人震惊：什佩特1935年3月首次被捕，被判处5年流放；然而1937年10月在流放地又再次被捕，1937年11月16日被NKVD（内政人民委员会）的组织枪毙。

留在苏联的形式主义朋友们也受到迫害，即使没有任何人遭遇与什佩特同样悲惨的命运。他们被迫停止关于文学的写作而皈依古典作品的编辑工作（艾亨鲍姆，托马舍夫斯基），或者皈依历史小说（什克洛

---

① "Réponses," *Russie folie poésie*, Seuil, 1986, p. 39.

② "Réponses", op. cit., p. 10, p. 13; "Beseda s profesorom RO. Jakobson", L. Dezë, Debrecen, 1972 (inédit), p. 37.

夫斯基,梯尼亚诺夫)。形式主义运动的终结由纯粹的行政镇压而引起。然而,当雅各布森提起这个年代时,视形式主义者为他们命运的责任人,因为他们可能平起平坐地向马克思主义文学发起战争。"我不喜欢这种思想,即所谓的形式主义与所谓的马克思主义之间的讨论。我没有看到它们之间存在反论,且相信,把这种讨论搞成某种论战是完全无用的,甚至是有害的"。① 雅各布森再次固执地无视这场冲突发生的特殊背景,轻描淡写,似乎这是某种纯粹的思想交锋,是抽象立场的某种碰撞,而非统治者与被统治者的关系。

我重提这些事实并非以此责备他,不仅因为这样的举措有悖历史,还因为我自己不了解每次都有其特殊性的背景的许多材料。事情更多的是从这些生存态度出发,某种行为模式、某种"壁挂图"分离而出,它包含着自身的信息。对雅各布森而言,科学是高贵的,不应受传记因素的干扰。认知和思想处于世外桃源,与个人动机或政治动机无关。行为再次被视为物,而非事件。

1917年,巴赫金也在大学就读,在圣彼得堡大学而非雅各布森所在的莫斯科大学。他对革命事件的最初反应与其学弟没有太大差别:他更关注自己的学业,而非在他周围展开的政治风暴。在50年后接受的一次访谈中,当访谈者问他:"那么您不经常参加群众集会了?"巴赫金回答说:"不,我不参加集会,不,不。我待在家里读书,图书馆有暖气时就去那里。"②他对政治没有兴趣,没有思考这类问题的愿望。还有,他没有雅各布森对未来的那种热情,不指望正在进行中的革命带来任何好处。他回忆说,他不支持二月革命:他认为君主制已经死亡,但是对聚集在克伦斯基(Kérenski)周围的知识分子没有任何信任,相信胜利必然属于以布尔什维克为代表的最极端分子。

革命完成之后,与雅各布森不同,巴赫金没有投身新制度的服务事业,而逃避圣彼得堡的饥荒,先到涅维尔(Nevel),再到韦捷布斯克(Vitebsk),两个外省小城,靠授课和讲座勉强度日。在尚保留痕迹的少有的公开场合之一,我们看到,1918年的巴赫金对历史和宗教的遗忘而担忧。然而,他尤其避免过分陷入日常的纷争世界;闲暇时分,他喜欢在涅维尔周围漫步,置身湖光林荫之间,在朋友尤金娜(Youdina)和蓬皮杨斯基(Poumpianski)的陪伴下,与他们讨论艺术和神学,向他

---

① "Réponses", op. cit., p. 43.

② "Razgovory s Bakhtinym", *Chelovek*, 1, 1994, p. 160.

们讲述康德、柯恩(Cohen)、里克特(Rickert)、卡西雷尔(Cassirer)或他自己的哲学；他们最终把经常光顾的湖泊命名为"道德真实之湖"。①后来，巴赫金回到已经更名为列宁格勒的故都，继续着某种边缘生存状态，没有工作，没有固定地址，寄居在朋友家里，靠残疾补助和家教惨淡度日，他的妻子靠编织玩具贴补家用。

总之，在那些集体热情高涨和社会动荡的年代，巴赫金试图过一种完全私人的、或可称作"非介入的"退隐生活。我们也可以把他谈论当时一位朋友作家康斯坦丁·瓦基诺夫(Constantine Vaguinov)的话用在他身上："这是一个孤独的人，灵魂深处很中立，然而生活却不中立。确切地讲，已经没有分毫的中立之地。"②不是我们的朋友就是我们的敌人，苏联政权从福音书里唯独记住了这个斗争公式。巴赫金与一伙宗教人士打交道，他们在任何官方场合外讨论神学问题；这种交往成为1928年12月24日逮捕他的借口，这个日子对于一个基督徒的影响是深远的。

当巴赫金第一次面对公安陈述时，他用混杂着屈辱和清高的语气这样描述自己的政治信念："无党派。修正的马克思主义者，对苏联政权襟怀坦白。教徒。"他并不否认被指控的事实："我和我的朋友们的这种活动"，在随后的审问中他表明，"表达了知识分子的某些探索和某种忧虑，它们源自我们建立某种新的适应苏联现实的世界观的必要性"。③ 1929年7月，巴赫金被判五年集中营劳改。但是，他的朋友尤金娜和卡甘(Kagan)以巴赫金的疾病(儿时即患骨髓炎)为由，辩解说，远北索罗夫基(Solovki)五年的集中营劳改无异于判处死刑，1930年2月，他们获得了减刑通知：巴赫金可以以流放形式服罪，代替集中营劳改。稍后，他与妻子去了哈萨克斯坦。

但是，与什佩特和许多其他犯人的情况相反，巴赫金此后不再被打扰。这种相对宽大的命运可以从两个方面去解释(不再提病，疾病已经帮过他了：天命的惩罚抵消了人的惩罚)。

---

① Kagan, "O starking bumagakh iz semen-contra archiva", *Dia log, Karnaval, Khronotop*, 1992, 1, p. 80-81; "Razgovory", *op. cit.*, 6, 1994, p. 160.

② *Ibid.*, 4, 1994, p. 181.

③ Ju. P. Medvedev, "Nas bylo mnogo na chelne...", *Dia log, Karnaval, Khronotop*, 1992, 1, p. 97, p. 95.

其一,巴赫金没有丝毫的叛逆者行为,他做一切要求他做的事,一切应做之事,在日常生活中如此,在写作中也一样。他本喜爱康德,但在监狱里,他读黑格尔,在官方眼里,后者是马克思主义的先驱,他对自己的预审法官谦恭有礼。继哈萨克斯坦服罪之后,他在那里担任记账工作,巴赫金获得了萨兰斯克(Saransk)教育学院的一个教师职位。在那里,他毫不犹豫地举办诸如"列宁和斯大林论文艺党性"之类极少引起争议的主题讲座,先是在20世纪30年代末,后又在1950年前后,他也不很坚持要为自己关于拉伯雷的论文增添严谨内容。正如他自己后来在一封信中说的那样:"按照那个时代的精神,我在手稿中加入了许多俗不可耐的东西……呜呼!也有个人崇拜的直接痕迹……"①他论述教育小说的著作已经部分失传,结尾赞颂了社会主义的现实主义。

其二,巴赫金坚持不懈地放弃任何公开露面的机会,他甚至躲避它:这种方略消解了个人嫉恨,对在苏联保存生命显然有益。萨兰斯克是摩尔多瓦(Mordovie)自治共和国灰暗的首府,在他眼里还不够偏远,于是他于1937年放弃了自己的职位,并且躲到萨韦洛沃(Savélovo)一位朋友的乡下房子里,靠亲人的接济苟且生活。战争期间,他在当地的中学教德语。战后,他回到萨兰斯克重新执教,从不寻求升迁机会,甚或予以拒绝。他不寻求成为任何同盟、任何学会的成员。正如后来他向一位崇拜者解释的那样,这是一种选择:"您理解吧,哲学家不应是个人物,因为一旦他成为某人,就开始让哲学符合他的岗位。"②然而,这还是某种智慧的谨慎。巴赫金不记恨他那些不得不假装成优秀斯大林主义者的部分同胞,反之,他与自己移居英国的兄长断绝了关系,后者很晚才皈依布尔什维克主义。

在他的文字中,即使那些并不准备发表的文字中,巴赫金也从不直接抨击当权。然而,他对民间文化(和狂欢文化)的礼赞与铁板一块的官方文化泾渭分明,有可能被视为对教条主义环境的攻击;无论如何,他的拉伯雷之书发表后在苏联就是被这样理解的。巴赫金的整个成年时代都生活在苏联政体下,今天让其读者震惊的,不是反苏情绪,它被

---

① K. Clark, M. Holquist, *Mikhail Bakhtin*, Cambridge, Harvard UP, 1984, p. 260 ; "Pis'ma M. M. Bakhtina", *Literaturnaja uchëba*, 1992, 5-6, p.150.

② Kozhinov, "Kak pishut trudy," *Dia log, Karnaval, Khronotop*, 1992, 1, p. 120.

巧妙或不甚巧妙地掩藏起来，而是这一问题域的完全缺席，包括"支持"和"反对"内容的完全缺席。巴赫金的写作犹如十月革命就没有发生过。公民巴赫金是完全"忠诚的"，思想家是自由之士。这就是巴赫金生存的"壁挂图"，是这个共产国家向个体提供的途径之一的极端体现。

不管历史环境的力量如何，每个人都在选择自己的个人命运。这是否意味着，一如巴赫金发表的首部文本所推举的那样，或者雅各布森的许多崇拜者亦希望的那样，个人旅程和作品释放相同的信息？作品永远都是生活的反映，生活必然是作品内蕴计划的实现？或者一方更对另一方发挥补充作用：如补偿作用、不可或缺的救治作用？这一问题在巴赫金和雅各布森现象中拥有完全的意义，因为他们两人都是言语理论家，而言语是每个人都实践的活动；他们的理论分别以对话研究和独白研究为代表。

在步入公众生活之初，巴赫金与雅各布森一样，都积极体验着"团体"生活。巴赫金参与的第一个团体 1911—1912 年间活动于圣彼得堡，由其兄长主持；该团体取名"奥波亚兹"（Omphalos），即第一的意思，它汇集了一些年轻人，他们以用最严谨的态度陈述惊世骇俗之见并以科学论据或哲学论据演示之为己任。我们知道，后来，一个新的团体以巴赫金为核心先后组成于涅维尔和韦捷布斯克；同样的氛围重新出现在列宁格勒，在那里，巴赫金是若干"沙龙"的座上客，同时保持着与密友梅德维杰夫（Medvedev）、沃洛什诺夫（Volochinov）、蓬皮杨斯基、瓦基诺夫等人的频繁的学术交往。然而，在其后来的生涯中，巴赫金更像一个大孤独者。

最好的对话要求对话者们拥有相似的且可以互换的角色：我说你听，然后你讲我听。这些条件似乎从未完备，使巴赫金有可能实践那种对话，总而言之，与其兄长及朋友卡甘分别（1920）后就不曾具备：巴赫金多居说者之位，其他人则洗耳恭听。他的哲学特长过于压人，而难得真有对话之实：他引导着他的朋友们，而从不跟着他们转。他启发他们写出了专著、论文，或引起他们的思考，他本人受他们的启发则很微弱。即使面对很少听众，巴赫金也像在阶梯教室一样卖力；他对学生的身份不感兴趣。更有甚者，当他在萨兰斯克向数千名学生授课时，或者在工厂向工人们做通俗讲座时，他没有进入任何真正的对话。

受巴赫金启示、由他的朋友沃洛什诺夫和梅德维杰夫发表的著作也没有更多地昭示对话思想，而更多地显示了包括论点、反论和综合等阶段的辩证法(巴赫金对此评价很低)。这些著作共三部,皆按同一修辞范式架构:先把两种差异很大的思想流派相对立(而非让它们对话),然后展示各自的不足。《弗洛伊德主义》(*Le Freudisme*,1927)把"巴甫洛夫式"("à la Pavlov")的唯物主义与弗洛伊德信徒的"唯心主义"相对立;《文学研究的形式方法》(*La méthode formelle en études littéraires*,1928)背靠背地参照社会学批评和形式主义;《马克思主义与言语哲学》(*Marxisme et philosophie du langage*,1929)随意裁决主观主义者(沃斯勒,Vossler)与客观主义者(索绪尔)的冲突。然而每次,作者的言语都高于这场争论(后者实质上更像一场论战):争论双方都错了,作者自己手握真理,没有任何人达到他的高度。巴赫金以自己名义发表的著作也不以特别的对话氛围为特征,我们这里用的是强烈意义上的对话:巴赫金把前辈学者的研究成果诠释为导向自己立场的若干阶梯,然后十分自信地自己阐释陀思妥耶夫斯基或拉伯雷的作品。

巴赫金在1925至1975年间所持观点的一贯性,是他人意见没有怎么影响他的思想的又一标志。在他的研究中,他很少关注自己思想可能产生的效果,亦即不关心它们的发表与否;根本把玩于他自己与他面前的白纸之间。由于同一原因,他的大部分手稿皆未完成:如果这些思想永远都不必传达出去,为什么要发挥它们呢?仅仅记述下来足矣。当他听说自己关于拉伯雷的论著不能发表时,只是耸了耸肩:后来不是他与正统派的支柱莫斯科的编辑们相抗争。柯日诺夫(Kozhinov)几乎违背作者的意愿而获得这部著作的出版权;也是他负责破解并出版巴赫金的其他多种手稿,而作者本人写过它们之后就随手无动于衷地扔在一旁。

巴赫金在日常生活中并不比在书本中更多地寻找对话。他与妻子叶莲娜是一对非常和睦的夫妻(他们1921年结婚,妻子1971年去世;这些年里,只是在他身陷囹圄时他们才分开过;当丈夫或妻子住院时,另一人守在身边);然而,巴赫金因此而可以不需要任何其他人。他不接电话,不喜欢写信;在他的个人关系中,据知情者证实,他总是彬彬有礼和敬而远之。1961年之后,他同意会见柯日诺夫带来的他的新一代崇拜者;可是当他们第一次出现时,他很惊慌:他已经习惯了安静和与世无争的生活;真的需要再改变吗,需要同意扮演某种公众角色吗?他不喝酒(但喝浓茶且烟抽得很多),也不喜欢酒肉朋友们聚在一起天南海北神侃那种虚假的亲密气氛;他不加入作协,害怕其他作家们隔三差五地来到他家以求一醉方休。那个在《拉伯雷》一书中为狂欢和肉欲生活大唱赞歌的人,却是一个残疾人和清心寡欲者;在《陀思妥耶夫斯基》一书中颂扬对话的人,却厌恶与人的接触。

选择这种生活并非源自某种理论立场,它似乎受两种外因的影响:身残(骨髓炎)和社会病(斯大林主义)。前者也许救了他的生命,但却置他于静止和依赖状态;后者一劳永逸地摧毁了一张社会网络。截止被捕前,巴赫金拥有强烈的友情;后来的30年期间,他必须像俄罗斯成语所说的那样,"静若止水,低犹小草",这段时间无助于重建信任和创造性交流。后来就太晚了,巴赫金违心地同意离开他的隐士条件。

雅各布森也从团体开始了自己的公众生活,尤其从他后来成为推动者的团体,即1915年的莫斯科语言学团体。这种交往和共同探讨的形式很适合他,以至于1920年赴布拉格后他又帮助建立了布拉格团体。即使当团体不再存在后,他继续支持合作;许多论文是由雅各布森和另一位作者共同署名的,如与梯尼亚诺夫、博加特廖夫(Bogatyrev)、哈利(Halle)、列维-斯特劳斯和其他许多声名稍逊者。他与特鲁别茨科伊(Troubetzkoy)的合作创立了现代音位学。

有利于这些合作的环境是什么?让我们回到雅各布森的模糊记忆。我们还记得,他的第一个偶像是赫列勃尼科夫。他刚刚结识他,他们的关系还止于形式。然而两人决定在圣彼得堡著名的"流浪狗"文学酒吧一起度过圣西尔韦斯特之夜。"在那里,我真正认识了赫列勃尼科夫:两杯酒下肚,他坦率多了"。这种方法并非仅用在他欣赏的诗人身上:雅各布森对意大利未来主义流派首领马里内蒂(Marinetti)评价不高,"但是我们仍然一起去喝酒"。他亦见证了形式主义的圣-彼得堡核心奥波亚兹的诞生:"这是在勃里克(Brik)家,晚餐吃的薄饼,喝的伏特加酒,我们讨论了以后如何见面和加强研究等事宜。"①

按照雅各布森的回忆,布拉格语言学团体的真正发展应归功于下述事实,即讨论走出了大学校园并延伸到酒吧。"于是我们决定,我当时特别坚持,移师咖啡馆的后厅之一。我们在那里坐下来,有人喝烧酒或咖啡,有人喝啤酒或红酒……这很重要啊!"到纽约之后,雅各布森在高等自由学校任教并在那里碰到了列维-斯特劳斯。"讲座之后,我参加的他的讲座,或者克洛德出席的我的讲座,我们一起去酒吧并继续讨论。那时候我们比现在时间多,也更有精力……我甚至可以历数我们

---

① "Réponses", *op. cit.*, p. 26, p. 27, p. 41.

讨论那些问题的纽约酒吧的名称"。① 所有认识雅各布森的人都可以继续这份名单。然而,他绝不是一个酗酒者,很简单,喝酒强化了他很珍惜的宾客气氛。

雅各布森并不满足于就他兴趣浓烈的问题引发别人的激情;直至晚年,他总能在自己身上发现新的激情。他经常提及两个非同一般的人物尼古拉·特鲁别茨科伊和克洛德·列维-斯特劳斯吸引他的魔力;但是,他的欣赏和仁慈并不止于那些他心中的天才,抑或那些给过他友情的学者。巴赫金的例子恰好很有说服力。两个人从来不曾谋面,但受巴赫金启示而成的梅德维杰夫的书严厉批评了雅各布森。然而巴赫金在俄罗斯的精神上的复活主要应归功于雅各布森。事实上,自1956年首次回莫斯科起,雅各布森就给围在他身边的青年俄罗斯学者们谈论过去年代那些被遗忘的经典著作,巴赫金关于陀思妥耶夫斯基的书是其中之一;后来(直到巴赫金获得新荣耀之前),雅各布森总是不失时机地称颂巴赫金的作品,甚至他给出的形象更像他自己,超过了他的谈论对象,他在1976年这样写道:"按照巴赫金的意见,在言语结构中,所有实质性概念构成一个不可动摇的体系,该体系由不可分割的相互支持的对应组组成。"②

同时,我们还不应忘记,雅各布森并非仅喜欢各方人士(否则他可能就只是一个鼓动者,而非一名学者),他亦十分迷恋客观世界的这个节段——言语,最广义的言语,从音素的区别标记(清辅音/浊辅音)直到长达数千诗句的史诗;言语是我们接触所有人的独特性的媒介之家。雅各布森了解莱布尼茨所说的"学习独特事物的嗜欲",且永不满足地学习,带着极大热情地学习。他善于让身边的人分享这种热情,而这最终改变了他们的全部生命。

"狂热的恋者与严肃的学者……"这两组术语构成波德莱尔《猫》一诗的反论:两组迥异的人群,唯有对猫的共同热情,而被聚集在一起。这是服务于雅各布森最著名的"语法"分析、在西方发表的第一个分析范例的原诗作的第一个诗句,这件事一直使我震惊,因为我们可以把这两个术语恰如其分地用给雅各布森本人:在那些只了解其作品的人眼

---

① "Beseda", *op. cit.*, p. 27; *Archives du XXe s.: entretiens avec R. O. Jakobson*, Paris:ORTF (inédit), p. 29−30.

② "Préface"(1976), in : V. N. Volochinov (M. Bakhitine), *Le marxisme et la philosophie du langage*, Minuit, 1977, p. 8.

里,他可能是一位"严肃的学者";我们这些接近过他的人都深知,他更是或至少同样是一个"狂热的恋者"。这里有悖论,有时甚至隐藏着冲突。如果被情吸引,为何向科学的约束折腰?既是学者,何必徒生出爱的焦虑?难道必须用无尽的博学掩饰欣赏、必须把对世界的激情转化为长篇累牍细致入微的细节分析?这是克服波德莱尔反论的唯一途径吗?无论如何,这是雅各布森的手法。

雅各布森的生活,对话的、交往的、全身心面对他人的生活,幸好补充了他的独白的和物化的言语和文学观。巴赫金的对话理论补偿并照亮了他的生命。米哈伊尔·巴赫金身残而走动困难。罗曼·雅各布森斜视,视觉不周。然而,我们亦可以这样想象:盲视者和身残者汇集了他们的力量,身健者支持目明者,对话的实践者补充它的理论家。但是,为此还应承认,生活的命运也生产意义。

人文主义的昨日与今天①

(法)兹维坦·托多罗夫

今天,人文主义的名声并不太好,呼吁者如果没有直面赤裸的鄙视,亦经常引发一阵恩赐式的笑声。人们有意把它与浮夸但无力的"美好心灵"联系起来,或者与旨在向我们担保人类美德的慈善晚会联系起来。或者以更严肃的口吻,在知识氛围更浓的圈子里,津津乐道地展示,乍看上去十分高贵的人文主义计划,很容易、甚至必然变质,走向其反面:有人以博学的口气总结说,人文主义恰恰就是野蛮。然而上述种种情况真的讲的是人文主义吗?正面描述这种世界观的特征之前,需要对它不是什么、对我们理应视为违反本原的误用达成共识。

应该首先重申,对于人文主义者而言,人不是只需界定为善良、高大、高贵或高尚的生命体。关于人的德性这一问题,可以说,欧洲思想史上存在着对立的两大传统。前者的支持者包括那些最有影响的思想家们,认为人即虚无和衰退,人是自私和恶的。这一传统早期的完整论述之一见于圣·奥古斯丁的原罪理论,它被整个基督教历史所承继,也被世俗思想家们所传播,他们从来都不失时机地告诉我们:"人是人的狼。"持相反意见的第二种传统要玄虚得多(其原因是:人们很难发现它们的证据!),此即原始主义者的传统,是那些肯定"人之初性本善"者的传统,18世纪"野性之善"的理论家们,或20世纪的个性解放运动,都是这一传统的支持者。

然而,人文主义者从上述两种立场中皆找不到自己的影子。一方面,他们并不支持原始主义者的美好想象。蒙田可谓人文主义思潮在

---

① 该论文系托多罗夫2007年10月23日在中国社会科学院外文所的演讲稿。译稿修订于2007年10月底。

法国的肇始人物,只需申明一点,他并不高估人的力量和人性之善。我重读他的箴言之一:"眼见为实之前,我简直不敢相信,竟有如此残忍的灵魂,为了一丝大开杀戒的快意,居然心生恶念,杀戮宰割他人肢体;并非出自敌意和利益,却挖空心思制造罕见惨案和新命案,唯独为了享受有趣场景,观看将死者挣扎中的可怜动作,欣赏他的凄惨呻吟。"我们亦可以把卢梭纳入人文主义传统,卢梭亦知道人之"善"是一种理想建构;真实的人是恶的,其理由如下:"舆论使整个世界对每个人都必不可少,也使他们天生互相敌对,每个人都只能从他人的痛苦中寻找自己的快乐。"

但是另一方面,不管是蒙田还是卢梭,都与奥古斯丁传统划清界限,拒绝把人想象成另一个撒旦,想象成执迷不悟的不可救药者。两人都希望纯粹人的行为领域的存在、在这个领域中不应依赖神的干预这一事实,即说明他们对此没有完全失望。正是为此他们两人都关心儿童的"建设"或教育;也正因此他们才直面自己的读者,思考他们自身的命运变化,于是开创了自画像体裁(《随笔集》)或自传体裁(《忏悔录》)。

如何描述这种既不肯定人之初性本善亦不断言人原初性本恶的人文主义立场呢?人文主义者认为,人首先具有不确定性、潜在性、"可塑性",借用孟德斯鸠的话,人的特征不在于这种或那种品质,而在于获得并失去这些品质的能力;不在于他们的稳定品行,而在于从任何初始确定性——心理的、社会的、某些时候甚至生理的确定性——中脱离出来的可能性。20世纪的人文主义作家们远没有沉迷于人本善或人本高贵的幻想里,而是从人可能向人施加极恶的种种形象出发,如奥斯威辛(Auschwitz)或科里马(Kolyma)那样的恶行,并非偶然,我想到了瓦西里·格罗斯曼(Vassili Grossman)、罗曼·加利(Romain Gary)、普里莫·利维(Primo Levi)等作家。

现在应该转到第二个误解,即误以为人文主义要对帝国主义政治负责,并以19世纪的殖民占领为据,与指控基督教要为16世纪的占领美洲负责有点类似。我们确实发现,19世纪大不列颠和法国所奉行的政策,经常被援引人文主义原则而合法化:人们断言,要把原始民族引向我们这样的高度文明,这些占领是必要的。我们熟知这个有代表意义的故事:保尔·贝尔(Paul Bert)1886年被任命为印度支那的法兰西总督,在一场特别血腥的扩张战争之后,据说他"首先想到的,就是把人权宣言贴在河内街头"。我们应该因此而把这些论据视作现钞一样的铁证吗?殖民扩张的真正动机从来都不是全人类或可以压榨的遥远民族的利益。这里，人文主义论据的出现只说明一件事情：人文主义当时的声望很佳，任何人都希望能用它为自己贴金。

当这些殖民扩张政策的颂扬者们被当时的对手们所逼，被迫解释他们如何把自己的理论与实践相调和时，他们确实承认，即使不愿高声喧哗，自己其实是从民族利益的理论出发的，与人文主义思想绝无关系。面对法国议会某些议员指控其军队残暴时，占领阿尔及利亚的法国元帅比若（Bugeaud）信誓旦旦："先生们，战争不依靠博爱情感。如果我们需要结果，那就应该想到手段……我永远都把法兰西利益看得高于对外国人的某种荒唐的博爱。"在这条道路上，他得到了当时的外交部长托克维尔（Tocqueville）的支持：我不认为，后者在议会作证时说："比若元帅先生的主要功勋是博爱……而我坚信，比若元帅先生为他的国家出了……大力。"40年后，时任法国总理的儒勒·费利（Jules Ferry）也用大约相同的言辞，为他的殖民政策辩护：倘若它没有满足人文主义原则，有什么要紧？因为它很好地服务于法兰西利益。于是他可以驳斥政敌们的论据，断言他们的阔论"不是政治，也不是历史；而是政治形而上学"。他继续说："我怀疑你们能把你们的论点坚持到底，你们的论点建立在劣等种族的平等、自由和独立上。"

如果可能的话，更不能接受的，是要人文主义思想为专制主义恶果负责。苏联领导人有时确实使用某种人文主义修辞，特别是在国际领域；但是，他们更经常地歧视这种思想，指责它软弱，缺乏革命激情。按照他们的方式，他们是有道理的：他们自己的"世界大同主义"不是一种人文主义思想，因为它意味着预先清除所有"敌人"，甚至所有顽固不化的阶级；他们的人民主权要求公开排除个人权利，但是也以较不明显的方式排除人民自己的主权，因为政权交到了党的手中。至于希特勒，据我所知，他从来不曾鼓吹过人文主义。但是当代确有一些历史学家和哲学家，试图从人文主义理论出发，抹杀希特勒的罪行，把著名的"启蒙辩证法"推演到荒诞的地步，鼓噪什么辩证法可能把启蒙思想导向与其起点完全相反的某个终点。我不进入他们的论证过程，在我看来，它是绝对不能接受的。

因此，人文主义是不恰当地受到指责，为其蒙上不属于它自己的污点，如"极端人本主义"的污点，使殖民主义或专制主义等罪行径合法化的污点。但是，它确属真实的东西也受到了批判：这里我们从误解转到真正的冲突。后者犹如人们所谓的"当代反人文主义"现象，该现象可能从马克思、尼采或弗洛伊德等大名鼎鼎的作者们的某些文字中获得启发，但也反映了法国国内勒南（Renan）、泰纳（Taine）或巴雷斯（Barrès）等作家的思想。我们不进入这些争论的细节，仅指出，这里人们指责人文主义的，是从中脱胎而出的人的形象，即能够施加自己意志并对自己行为负责的主体形象。有人指出，这种形象是一种幻想；究其实，人更受超验他的力量的驱使，自己的行为范畴有限；这些力量如必要的经济条件，或生产手段，或文化传统，或者还有言语，或潜意识。主体远非支配者，他被撕扯得粉碎，永远茫然不知所去。他不是自身存在的中心，因此，以人为中心的人文主义难以自圆其说。

这里应该首先申明，针对我们理应称作"人文主义的完整主义"，即要求人完全主宰自己行为的思想，这种批评是很成立的。人们可以按照这种思路阐释笛卡儿的某些著名公式，但亦不能肯定其阐释一定成立，如许诺使我们成为大自然的主人和占有者的思想，或肯定"自由裁决……使我们成为自己的主人，某种方式上使我们成为神"的思想，或者还有另一思想，即灵魂可以"获取对情感的某种绝对权力"。然而，如果我们把目光还是折回法国那些典范地体现人文主义传统的作者们，就会发现，他们远未接受这种"完整主义"。谁不知道蒙田对人的理性思维能力、甚至对"所有造化中最多难最脆弱的"人整体的极端怀疑之情呢？还有卢梭，人们可能以为他在这方面更清高，但却没有另辟思路：人的自由不在于领导自己的行为，而在于认识其他不依赖于他的力量，从旁帮助把握自己的行为方向；卢梭说，人"认可自己接受或拒绝的自由"，既不多，也不少。

我们应该因此而接受另一极端立场、接受 20 世纪六、七十年代西方曾经盛行的那种"反人文主义的完整主义"吗？按照这种主义，人只是非人类力量的玩物；因为不能全部赋予他，那么应该全部拒绝他。这样一种意识形态选择总归不是没有可能，然而它很难与如今大家一致赞赏的政治信条如捍卫人权或捍卫民主相兼容。因为，如果我们视人已死亡、或人尚未出生、或人不是一个真正的主体、他无权要求任何权利时，何以奢谈上述人权？为什么支持民主、建立在集体主体人民主权和个人主体自由基础上的制度，如果我们同时肯定主权、意愿和自由乃空洞言辞呢？

那么或者放弃自身的和谐，然而此举不是同时也放弃了自己知识分子甚至简而言之人的责任吗？与参与不同，参与仅要求为着某种理想而加入战斗行列，责任其实意味着努力使自己的思想和行为合拍；承担自己行为的意识后果或使它们符合自己的思想。在这方面，德国哲学家卡尔·勒维特(Karl Löwith)为我们提供了一个思考案例：第一次世界大战之后，青年时期的他带着对尼采和施彭格勒(Spengler)、对斯特凡·乔治(Stefan George)和贡道尔夫(Gundolf)的崇敬之情成长起来，20 世纪 30 年代，他从自己处于防御的身体状态(他是犹太人)发现，何谓从前欣赏的哲学思想的政治延伸。对"危险地生活着"的崇拜，他写道，可以"通过许多迂回但又直接地从尼采导引到戈培尔(Goebbels)的豪言壮语"。勒维特于是有勇气从自己的政治经验中作出哲学总结，并且缩小已经发现的不和谐。我们不应遵循他的榜样吗？在它们一边，民主行为和人文主义思想也是相互支持的。

　　也许到了把对人文主义的批评搁置一旁而直接拷问这种世界观之定义的时候了。正如其名称已经指出的那样，它以人为中心并因而赋予人某种特别的作用。究竟是什么作用呢？首先是自己行为(或部分行为)源头的作用，拥有完成它们与否的自由，即能够根据自己意愿行动的作用。其次作为这些行为终极目的的作用，它们既不瞄准超越人的单位(如神、善、正义)，也不瞄准低于人的单位(快乐、金钱、权力)。最后描画这些作用之施动者的活动空间的作用，即全体人的空间，只是他们的空间。

　　与其他更古老的世界观一样，人文主义亦肯定共同价值的存在，只是它不到人们已经习以为常的领域去发现这些价值，到某种外在于人们的超验境地，即根据不同情况，或者到神的王国，或者到宇宙的结构本身。现在是人本身根据他们自己的意愿来确定他们的价值。但是，该意愿自身则受到约束并包含在一定的限度内，后者来自人类的身份，而这种身份使某些价值比其他价值更合理。主体的自律性即是这样的价值，因为我们知道，人拥有对自己的意识，这使他与其他物种相区别，也使他永远不会与自己完全吻合，正是从这个意义上，我们说他的自由是不可转让的。为他者的目的性也是一个合理价值，因为人天生建构不全，他需要别人才能成为自己。对自己的意识源自他人的在场：我也跟踪着你看的东西。人们的相互依赖不仅仅是为了繁衍生息，与其他物种一样，还为了成为有意识和会说话的生物；他们发现，自己需要别人以达到自我完成，别人的幸福带来他们自己的幸福。最后，人类全体成员的同等尊严是又一重要价值，因为我们以同一生物身份参与，它使我们与其他种类相区别。这些共同价值不纯粹是人类意愿的产品，它们符合我们的身份；它们因此而以显著的力量确立，一般的约定俗成不拥有这样的力量。人文主义价值不是创造的，而是发现的。

人文主义理论以上述三大成分的必然共现为特征。然而它们的联结并非永远顺畅。单独的自律性，个人的或集体的自律性，可能导致某种骄傲态度，导致某种帝国政治；既然法律之源泉在我，为何禁止我压迫其他人呢？答复是，因为自律性不赋予我损害邻居的权利和降服并剥削其他民族的权利。纯粹的人文目的和世界大同的要求，如此限制了自律性的范围，它们二者却并不因此而混淆。一者主导集体生活：同为公民，一是社会的所有成员相类似，他们之间的关系由基于平等原则的正义制约。另一原则主导人的存在状态：作为个人，同一伙人绝不可以互相简约，这里重要的是他们的区别，而非平等；他们之间滋育起来的关系要求偏爱、友谊、爱。

我们从人文主义伟大代表人物那里发现的正是上述三大要求，如从法国的蒙田和卢梭那里。前者把人与动物相区别，指出动物盲目地服从它们的属性法则，而人可以挣脱他们的条件，而"根据判断和自由意志"行动。卢梭也看到了人的独特性，即人通过某种"自由权"帮助自己的行为选择；而在社会内部，他尊重普遍意愿，即他所参与的整体的自律性，后者"教他按照自己判断的准则行事"。蒙田把友谊视为人类活动的顶峰，因为它既无目的亦无理由，"因为这是他，因为这是我"，因为你是其中的终极目的。卢梭通过朱丽之口补充说："人过于高贵，不会甘愿只做别人的工具。"最后，蒙田肯定："我尊重所有我的同胞们，也像拥抱一个法国人一样拥抱波兰人，把这种民族联系置于世界大同和人类一体之下"，而卢梭则竭力捍卫"所有人的共同友爱"，竭力推动某种"所有民族共同的"宗教的探索，"所有人共同的普遍准则"的探索。

基于上述三重价值要求，人文主义与其他现代世界观相区别。我们似应特别强调两种对立，它们阐明了人文主义理论的两种补充特征。

一方面，人文主义与似应称作狭义的个人主义相对立，后者确实肯定个人的自主权利，但是不为人类存在必然的共同性保留任何特殊位置。个人主义视野的终极价值是我的张扬，我独立于任何外部限制，这与自律性是迥然不同的，自律性服从共同法则，当然是我参与建构的共同法则。人文主义不把主体生活视为终极目的（它不是生机论），更遑论他的快乐（它更不是享乐主义）；为了他人的幸福而牺牲自己有其位置。该选择的理由是，从人文主义的观点出发，人的社会维度是不能取消的。"不能为他人做丝毫奉献的人，也不懂得经营自己的生活"，蒙田这样写道；人需要"维系自己的心灵"，卢梭补充说。

另一方面，人文主义反对所谓的唯科学主义，该理论认为，人既然是完全可知的,我们就可以随意改造他,就像获得更高产的小麦品种一样;而社会的理想即源自这种认识。这里的对立涉及个人的位置和作用:唯科学主义不考虑个人,更喜欢把集体自律性(团体、社会、国家,按照专家们的指示,自由选择它们的目的)作为集体目的(渴望人民的光明未来,或至少渴望实现某种适合所有人的计划)。须知,在人文主义视野里,个人不能缩减为任何抽象,即使是抽象为人类。只有我们不忘记人类是由所有人一个一个构成时,"人类"的理想才可以接受。如果为了人类的幸福而牺牲个人,那便离开了人文主义家庭。人文主义之反对个人主义和唯科学主义,从人类是由社会上的个体和道德上的公民所构成这一事实而得到解释。

　　因此,民主制度与人文主义思想有着亲缘关系,正如君主制度与保守思想、专制制度与乌托邦式的唯科学主义、或者无政府主义与个人主义相关联一样。人文主义不具体确定某种政治;多重选择,甚至相互矛盾的选择,可以与人文主义原则相通融(例如"自由派"与"共和派"的区分:集体自律性可以与个人自律性相对立)。但是,接受其价值引导着统治者的选择和被统治者的态度。平等原则自民主体制的创立即发挥作用,今日依然;然而它并非唯一的政治价值。在这种被动的最低限度的人文主义基础上,又发展出某种积极的、更雄心勃勃的人文主义。把个性化的人作为我们制度建设、政治和经济决策的目标,可能引发某种平静的革命。相信个人的社会建构性要求重新确定社会的目标。看重我的自律性并不仅仅意味着保证其选举权,使他能选择自己的领导者,还意味着与敏感的守旧思想作斗争。国家及其制度有其自身的逻辑,它促使它们强化并自我强化,直到把它们变为某种目标;抵制上述倾向的责任落在了每个公民头上,因为国家及其制度应该为每个公民服务。反之,屈服于社会或经济"法则"所谓的命定性,违反人文主义原则。

　　这些就是人文主义理论的粗线条,它在当今世界的位置如何呢?首先,人文主义原则在世界不同区域的成就不平衡。我们可以这样看,即欧洲和北美的许多国家今天所生活的制度与源自上述原则的最低要求相吻合:主权掌握在人民手中,人民通过普选方式表达自己的意愿,个人在私人范围内有自由行动权,最后,法律面前,人人平等。严重扭曲这些原则的事件改变不了见证:永远可以申斥这些扭曲现象并同它们作斗争,恰恰以这些原则的名义。反之,在世界上其他许多国家,政治制度未受益于人文主义思想,即使是最低限度的人文思想;因此,后者在这些地方具有燃眉的现实性。

这是否因此而意味着人文主义理论不再有任何东西可以带给欧洲和美洲的社会思想呢？诚然，人文主义不是某种乌托邦，且从未许诺把我们引向某种人间天堂。它的大思想家们细心地告诫我们不要怀抱奢望。蒙田写道："善与恶……与我们的生命共存"，而卢梭亦说："善与恶同源。"善与恶之所以与我们的生命共存，那是因为它们都源自人的自由，源自任何时候我们都可以从多条途径中作出选择的可能性。它们的共同源泉是我们的社会性和我们的不完善性，我们需要他人以保证我们的存在情感；这种需要可以从关爱他人及使他人幸福中获得满足，或者从压迫他们及凌辱他们中获得满足。明白了善与恶的此种不可分割性，人文主义者放弃了一揽子终极解决人类困境的思想：人们只有从人类中"解放"出来，才能从自身的恶中解放出来；幻想任何一种政治制度或任何更先进的技术一劳永逸地解决他们的苦难问题，都是徒劳无益的。因此，试图从人文主义中推演出专制主义，正如人们有时跃跃欲试的那样，也是违反学理的：一者是乌托邦思想，一者不是。

但是，并非因为人文主义不是一种乌托邦它就没有什么可教给我们的，即使是在西方的自由民主体制内。在我们的国家，压在人们头上的危险可以描述为下列两种类型：或者手段试图成为目的；或者目的改变为手段。我略作解释：在第一种情况下，与个人主义观念相契合，个人其实把实现目标的手段当成了目标：如他的发家致富、快乐甚或个人的张扬，忘记了社会之外的个人不是完整的个人，只有对他人幸福也作出贡献，个人才能真正自我完善的道理。在第二种情况下，这次更多的是与唯科学主义的意识相契合，个性的人们被压缩到只是手段或工具的地步：他们应该采纳这种或那种行为，并非像专制主义规划中那样，改造为某种提高后的人类，而是为了适合国家的逻辑，适应经济的需要或这样那样建制的效力。只需观察一下我们最不可缺少的建制如医院、学校、法庭等，就足以发现，本应服务于人的建制，可以反过来把人压缩进工具角色。

因此，积极人文主义的意义即向如今威胁人的这两种对应的危险作斗争，并坚持我们公共行为的唯一合理目的是由一个一个的人构成的。在这方面，人文主义理想与爱有着深厚的亲缘关系，这里的爱不是希望获得某种缺失的爱，而是面对他者存在感到莫大享受意义上的爱。且莫弄错，人文主义的信息没有嘱咐我们："像爱自己一样爱你遇到的下一个人"，"你们要互相关爱"，因为我们有理由怀疑这些建议的有效性；不管人们遗憾与否，爱是脱离意志的。该信息更试图组成一种行为范式和一种调节原则;这里,爱不再是一种命令,它现在言说着人类条件的真相。

　　人文主义事业永远不会停止。它拒绝人间天堂的梦想,后者试图建立的是终极秩序。它从人的现实的不完善中观照他,且不幻想事物的这种状态可以改变;它接受蒙田的思想,即他们的花园将永远是不完美的。它深知,自律的希望与志愿奴役他人的乐趣相悖;变他人为我的行为目的所体验的快乐被把他人改造为满足我的工具的需要所遮蔽和阻挠;普遍尊重很容易让位于"亲者"近而"疏者"远的行为。西斯福的石块永不停息地滚落,或者恰好是它旁边的另一石块;然而西斯福的命运不是厄运,仅说明人类条件既无终极也无完美境界。或者更在于,如炼丹程序那样,把相对转化为绝对,用最脆弱的材质锻造固体材料。

　　人文主义思想远非一门科学或一种教条,它提供一种实践的选择,一种赌博。它说,人都是自由的;最好者和最坏者都可能走出自由状态。我们宁愿为他们有能力按照自己意愿行动、有能力纯粹地爱且平等相待而非相反情况而打赌。人可以超越自己,这是人的特性。"应该赌一赌。这并非出于自愿;您已经上了'贼'船",17 世纪的帕斯卡尔这样写道。不赌等于反向赌博;那样,我们就什么也得不到了。但是,与帕斯卡尔不同,人文主义者不要求对神的信仰;他们满足于激励认识并呼唤意愿。在这方面,他们以基督教人文主义者为榜样,后者已经拒绝屈服。16 世纪初始,伊拉斯谟(Erasme)即呼唤道:"人有何用,如果上帝像陶工在泥土中那样替人行动?"伊拉斯谟认为,任何人来到世间都不是无根据无"最终理由"的,人是不完全确定的,因此而拥有自由,伊拉斯谟视人的存在为某种证据,证明上帝并非乐于赐给人类以恩惠,而是让他们通过自身事业的方式寻求拯救。如果一切都预先玩过了,人有何用? 今日的人文主义者不一定相信最终理由,但以为接受赌博的逻辑是有用的。确实,与帕斯卡尔不同,他们不向赌博者许诺"万寿无疆和永久幸福",只许诺脆弱的短暂的快乐。

　　上帝、天公、大自然不欠我们任何东西。人类幸福永远处于延缓状态。相对于任何其他王国,我们仍然可以偏爱人的不完美的花园,并非作为权宜之计,而是因为它让我们生活在真实之中。

恶的记忆，善的向往[①]

(法)兹维坦·托多罗夫

今天我想触及的主题是个人或民族的过去经历可能或应该在现在所占据的位置。我用以昭示这个问题的材料，由于实际情况的原因，是我最熟悉的材料，即20世纪的欧洲史。我从这个材料整体中，更特别选取其中最惨痛的事件，因为这些事件也是个人或集体记忆提到最多以期从中找到对现在行为之论证的事件。众所周知，这些事件就是两次世界大战及其数千万受害者，还有专制政治体制，后者先体现为俄罗斯的体制形式，继之以意大利的法西斯主义和德国的纳粹主义，最后再以东欧体制的形式出现。这些体制产生了历史上罕见的一系列恐怖行为：关押着数百万囚徒的集中营、酷刑、灭绝所谓的劣等人种等。

一般而言，回顾过去试图服务于哪些目的呢？首先，回顾过去对肯定回顾相关事实者的身份是必要的，不管是个人身份还是团体身份。当然，两者的界定也依赖他们现在的意愿和他们对未来的设想；但是，他们不能缺了第一项即回顾。须知，如果没有身份的认同感，我们就感到自己的存在本身受到威胁且已经瘫痪。这种身份诉求是完全合乎情理的：个人需要知道他是谁并属于何团体。如果我们获得对过去真情的某种突兀的揭示，它迫使我们彻底地重新阐释以往我们对亲近者和自己所持有的形象时，那就不是我们存在的孤立的某一节段发生了变异，而是我们的身份本身。对记忆的非故意性伤害的后果并非较轻。我们中谁没见过突患阿尔茨海默疾病的患者：失去了大部分记忆之后，他也迷失了自己的身份。

[①] 该论文系托多罗夫2007年10月24日和27日分别在北京大学和复旦大学演讲时的演讲稿。译文修订于2007年10月。

对这种身份需求没有任何可指责的,即使动态和多元地而非单一和僵化地思考身份问题更恰当一些。然而人和团体生活在其他人群和其他团体之中,因之,仅仅肯定每人都有生存权是不够的;尚需看看这种自我捍卫对他人的生存有何影响。强化个人和团体身份的行为可能对他们有用,但是它们自身并不拥有道德价值,只有那些对他者产生利益的行为才有道德价值。身份政治与异化道德不能混为一谈。

现在让我们来考察考察我们可以称之为"恶的记忆"的作用。我首先说明,构成过去的事实是以叙事的形式呈现给我们的,而这些叙事一般都采用类似的形式。

对一个道德上并非中性的行为的叙述可以向着善的方向或恶的方向;它至少涉及两个对立的人物,施动者和承受者。这可以使我们从任何与价值相关的历史叙事中,区分出四种主要角色:我可能是其行为的乐善好施者或受益者,亦可能是作恶者或其受害者。乍看上去,这些角色仅有两个具有明确的价值标记:乐善好施者和作恶者,而另两个角色受益者和受害者因为被动而保持中性形态。其实,后两个角色因其与前两个角色的关系而注入了道德价值:一行为受益者的处境自然要比行为施动者的荣耀逊色得多,因为它标志着我们的无力时刻;一件恶行的受害者显然比其责任者更受尊重。我们知道历史建构的两大类型:歌颂我方胜利的英雄叙事和报告他们苦难的遇难叙事。

我们甚感奇怪的是在这里看到了受害者与人人敬仰的英雄相并列的形象。受害者有何惬意之处?丝毫没有,毋庸置疑。然而,如果说没有任何人愿意成为受害者,反之,却有许多人希望以前曾是、以后不再是受害者:他们渴望受害者的地位。私生活不乏这类情景:一家庭成员争获受害者角色,因为由此他就可以把远不值得羡慕的危害者角色归诸身边的其他人。曾经是受害者赋予您申诉、抗争和索求的权利;除非与您断绝一切关系,其他人不得不回应您的要求。保留受害者角色比接受对所受伤害(假设伤害是真实的)的修好更有利:与短暂的满足不同,您保留着长期的优势,其他人对您的关注和承认得到了保证。

对个人真切的道理,对团体就更如此了。如果我们能很有说服力地确认,某团体是过去非正义行为的受害者,此举为它现在开拓了一条用之不竭的信用路线。既然社会不仅承认个人,亦承认团体拥有某些权利,那么就应该尽量利用它们;过去的伤害愈大,现在的权利愈大。与其通过斗争而获得某项优势,仅仅因为过去属于不利的团体,就可以通过行政决定而获得上述优势。

因此，这些角色中的两个对主体有利，即施善者英雄和无辜的受害者，而另两个对主体不利，它们是作恶者和被动的受益者。当回顾我们团体的过去时，如果我们把正面形象的身份赋予它，就等于我们把好的角色归诸自己而直接获益；如果我们同时把其他人置于英雄行为无力的受益者角色或为害者角色，我们同样获益。这种既有理又有趣的描述显然对描述者并不产生任何道德利益。

众所周知，历史是胜利者撰写的，因为写史权是胜利赋予您的特权之一。在刚刚结束的这个世纪里，人们经常要求取代胜利者历史或至少在其旁边，也有受害者、被臣服者、失败者的历史出现。从严谨的史学意义上讲，这个要求比合理性更高，因为它要求我们了解以前不知道的过去的所有维度。然而，从伦理层面上，争取受害者角色不能赋予我们任何补充性功绩。

我们在道德阶梯上能够上进的唯一机遇在于承认并与自身的恶作斗争。如今，如果某人公开宣称站在正义一边，他像本应做的那样谴责恶者，为弱者哀痛并欣赏强者，他没有为自己的价值增加任何东西：赋予别人种种道义价值从来就不是一种道义行为。英雄的功德、受害者的光环，并不真正落在欣赏者的头上，不管后者希望获得什么：欣赏一个举世公认的英雄的行为没有任何英雄气。恰恰相反，好的意识抵消了好的行为。享受我们的英雄父辈的声誉或同情我们的受害者父辈的苦难，对于个人来说，是正常的甚至可称许的；然而一旦这些情感在公开场合表达时起，它们即带上了某种补充意义：服务于我们的利益，而非我们的道德教育。如果某人坚持从道义上援引过去的正义者、作恶者和受害者以服务于自己的团体，他可以要求其成员的欣赏，却不能要求对自己意识的赞美。

对过去的公开回顾如果质疑我们自己的责任，或者向我们显示，我们（或者那些我们认同的人）并非永远体现善和力量时，对我们才有教育意义。引述所谓"自己人"是恶的制造者或他人英雄功绩的被动受益者的事实，视这些他者为受害者或施善者，如今不能给个人带来任何直接收益；但是，只有以这种方式，他才有可能对其集体性身份进行批评检视。现在，他把他人的幸福和自己的完善置于个人利益之上，并因此而进入了某种道德行为。回顾过去的篇章，在这些篇章中，我们的团体既非纯粹的英雄，亦非纯粹的受害者，对于这些历史叙事的作者而言，此举的道德价值更高。如果某主体对过去的回顾就是把自己置于某种美好的角色，他不可能有道德收益，反之，如果该回顾使他意识到自己团体的弱点和迷失时,他才可能有道德上的收益。道德是无私的或非利害的。

我们可以通过引述现代史上的一个章节来昭示上述轮廓:对广岛和长崎投放原子弹这一情节以及 1995 年在华盛顿史密森学院展出广岛轰炸机伊诺拉·盖伊号所引发的争议。根据历史是从美国人或日本人的视野出发而陈述,它被介绍和价值化的方式截然不同,而任何人都没有伪造不存在的事实,也未篡改原始资料,原始资料的选择和组合足矣。在原子弹爆炸五十周年的纪念活动中,上述分歧达到了顶点。向广岛投放原子弹的飞机伊诺拉·盖伊号应该出现在一次展览的中心,该展览同时准备介绍事件的复杂过程。然而,受老战士和其他爱国团体的压力——他们很快被议会选出的代表所替换,展览计划被取消,因为被认定伤害记忆:这件事不再把美国人定格在英雄和善行者、日本军国主义战胜者的位置上,反以为他们是一场并非完全有理有据的大屠杀的责任者。

美国方面,人们喜欢讲述"一个英雄的或胜利的故事,其中原子弹标志着对好战的、狂热的、野蛮之敌的最后一击"(J. 道尔)。反之,日本方面的主导意识是"一种受害化叙事",其中"原子弹成了某种特别苦难的象征,类似于犹太人的燔祭"。广岛博物馆甚至把日本完全装扮成单纯受害者的角色,丝毫没有提及日本政府发动和继续战争的责任问题,亦未涉及战俘或被奴役民族饱受日本方面的非人待遇。每一方都选择有利于自己的视角:不管我们入座英雄或受害者行列,进入结束第二次世界大战的飞行员或承受原子弹灭顶之灾的被动人民的角色,我们始终属于"无辜者"和"善良者"一边。

当我们从个人的私人领域进入公共空间,就会发现,政治行为反而受所谓的"善的向往"公式的威胁。事实上,"善的向往"远比"恶的尝试"流行得多,奇怪的是,也因此而更危险。只需检视一下世界上任何部分的历史就会昭然若揭:善之渴望的受害者比恶之尝试的受害者更多。这种向往发现自己是善的化身,并试图把它强加于别人,不仅在私人生活中如此,在公共领域亦如此。

置"敌人"于死地的契克分子(le tchékiste)或党卫军以为有益于善且行为理性。正如罗尼·布劳曼(Rony Brauman)所说,他行动时"没有受渴望恶的某种黑暗心理所煎熬,而是受某种责任感、某种完全忠实法律和等级的心理所驱使"。恶的始作俑者永远自视为并被他的支持者视为善的斗士。即使我们眼中纯粹恶的化身希特勒,也从来不曾打出恶的旗号。通向地狱的魔道上,堆砌着善的动机。在个人心理动机这种视野里,我们的"世纪病"并不新鲜,亦无任何独特性;而支撑它的专制主义的政治结构和唯科学主义精神才是新东西,是造成同样的初始心绪却导致巨大灾难性后果的责任者。对于那些恶行有责任或无责任的个人,他们并不属于不同的人种,而是前者一任自己的人性感萎缩,后者没有。

如果对善的向往如此轻易地就异化为恶行,那么我们应该呼吁何种行为准则呢?还是最好放弃任何准则,任何时候都以寻求最大乐趣为是呢?这里,我想援引20世纪一位苏联大作家瓦西里·格罗斯曼(Vassly Grossman)所选择的道路。他本人承受了世纪之恶的皮肉之苦:1941年德国进犯俄罗斯之初,战斗部队之后是机动单位敢死队。敢死队的任务就是消灭全部犹太民族。在贝尔迪切夫城1941年8月被枪杀的两万名犹太人中,就有格罗斯曼的母亲。战争期间,格罗斯曼是战地记者。对德战争胜利后,深刻的分析使他得出这样的结论,即自己的统帅并不比希特勒好多少。为了更好地理解这一发现的后果,他写了小说《生活与命运》(Vie et destin),赞美简朴的仁慈,赞美我们刻意使他人获得幸福的举动。

仁慈实践与善的理论是对立的。后者全都具有一个不可克服的缺点:把抽象而非个人置于价值的顶端。这样,作恶者并非为了恶而作恶,他们永远以为在追求善;很简单,在追求善的征途上,他们让别人遭受了苦难。这是小说人物伊科尼克夫在《生活与命运》中最生活化地阐述的道理,他是德国集中营的一名囚徒,写了一篇关于这个问题的小论文。"即使埃罗德(Hérode)也不为恶而抛洒热血"。如果忘记了个人,忘记他们本应是善的受益者,那么,善的追求就与恶的实践相混淆。人类的苦难更经常来自对善的追求,超过了对恶的追求。"善的晨曦升起之地,儿童和老人遭殃,血流成河"。这个规律既适用于古老宗教,也适合那些现代拯救理论。因此,最好放弃任何铲除恶而让善统治地球的一揽子计划。

让我们回到我们的起点。某些过去事件在现在仍然被保持着生动图景。然而,如何区分习惯与滥用、好用与恶用呢?这里我想维护的观点如下:没有任何其他限制时,对过去的记忆本身,不好也不坏。人们希望从中获得的教益可能被抵消甚至误入歧途。以何种方式呢?为了我们自身的利益而使用过去,也以我们模糊回忆的方式本身,它们永远游历在两个互为补充的暗礁之间：神圣化或把记忆彻底地孤立起来，和庸俗化，或者肆意地把现在等同于过去。

神圣化原则上是一种割裂、旁置、禁止摸碰（有时甚至是借助某个语词，特别是某个通用词如"屠杀"或"专制"而禁止摸碰：极端苦难应该保持为禁区）。然而，并非因为过去事件独特，且每个事件都有其特殊意义，才不能把它们与其他事件联系起来，恰恰相反。独特性不能把一事件与其他事件相分离，而应联系起来。这些关系越多，事件才愈显示其独特性。上帝被神圣化了，然而它是绝对的和普现的，而非独特的，如同占据唯一时间和空间的某事件一样。

但是，仅仅警惕神圣化的后果还是不够的；相反的程序庸俗化同样危险，在庸俗化的过程中，现在事件失去了它们的全部独特性，被比拟为过去事件。于是，20世纪一件如此极端的恶行轻而易举地演变为修辞武器；然而，每次发生这种现象时，我们都放弃了与其实质的任何关联，且更严重的是，我们有可能完全迷失这些新事件的意义。

当"法西斯"一词被简单地用作"坏蛋"一词的同义词时，奥斯威辛的所有教训都失去了。特别是希特勒其人，通常被和任何佐料搭配在一起，这已是司空见惯的事，而对犹太人的大屠杀事件一般公认是史无前例的。1956年，西方政府已经发现了希特勒的新体现，即纳赛尔，他厚颜无耻地把苏伊士运河国有化。此后，已故独裁者的化身层出不穷。美国政府喜欢这样称谓它的对手们以获得国际社会的无条件支持：萨达姆是新的希特勒，米洛塞维奇是另一个希特勒。被指控者也以其人之道还治其人之身，在西方公众那里取得的成效自然较少。

在公众生活中，回忆过去本身不能为自己论证。为了真正对我们有用，如同个人的模糊回忆一样，它要求某种改造工作程序。改造即从个别情况过渡到某种一般格言、正义准则、政治理念、道德规则等，后者本身成立，而非因为源自我们珍爱的一段记忆。史实的独特性不影响从中所得教训的普适性。对过去的回忆如果能换得正义的到来即对我们有用，我这里说的是远远超过法庭范围的最广义的正义，这亦意味着，个性应该服从抽象概念。刑法正义本身从个性侵犯的普遍化中诞生，并因此而体现为普遍法律，后者由匿名法官执行、由完全不了解侵犯者和被侵犯者个人情况的数名陪审员落实。正义就要付出这样的代价，正义不能由承受侵犯者执行并非偶然：我们不妨这样说，正是去个人化才能换得法律的来临。

我想引述一个人的命运以昭示上述论点，在我看来，她与过去的回忆有着某种典范关系，她就是热尔梅娜·蒂利咏（Germaine Tillion）。她的命运相当奇特。继20世纪30年代在阿尔及利亚开始种族学家生涯之后，她1940年即参加了反对德军占领的抵抗运动。两年后被捕，在监狱里度过了一年，然后被押送德国设在拉旺斯布律克（Ravensbrück）的女犯集中营。在那里，她又度过了漫长的两年，并不幸看到与她一同被捕的母亲死于集中营。她离开集中营时坚信，老囚犯们既有权也有责任利用他们的经历和声望向恶的种种新花样宣战，这些新花样肯定与老式恶行不同，但如出一辙。渴望正义并不因此而意味着自视为肩负着向他人进行道德说教的使命。热衷此道的人喻示着他本人没有任何可以自责之处；然而，"最坏的人群莫过于自视完美的人群"。基于这个理由，热尔梅娜·蒂利咏一劳永逸地决定，不进行道德和政治说教；她也不喜欢轮番签署种种诉状或呼吁。

热尔梅娜·蒂利咏所渴望的正义最终归结为一种理念，即个人不可缩减的价值理念。即使出于认识的需要不得不根据出身、阶级、职业、信仰等区分人，但当作出判断时，我们理应从人不简化为任何种类的原则出发。热尔梅娜·蒂利咏从拉旺斯布律克集中营获释后发现了这个要求，她在那里痛苦地感受着每次苦难和死亡的差异以及它们进入统计表时的一致性。然而这种不争的统一性不仅适用于死，也关乎生；因此，热尔梅娜·蒂利咏把有关人的所有其他区分都置于脑后，唯独重视一点：当事者是否可信。还在被关押时，她就说过，"我们已经体会到，人的价值与某种类别毫无关系。重要的是能够信赖某人，我称之曰可靠性"。

从集中营学到这个伦理准则后，热尔梅娜·蒂利咏此后把它应用于任何场合。因此她不参加任何政党和意识形态，仅信守关注个人超过他们的政治或民族属性的理念。"我不能不这样想，即祖国、政党、神圣事业不是永恒的。真正永恒（或近乎永恒）的，是人类可怜的受难之躯"。

刚刚走出拉旺斯布律克集中营，热尔梅娜·蒂利咏便频频访问监狱，尽管抵抗战士们已经不再佝偻其中了。1950年，当另一位老囚犯达维德·鲁塞（David Rousset）组织反对集中营制度的国际委员会以反对一直运行的集中营、特别是共产体制的集中营时，她支持他并参与了1951年在布鲁塞尔召集的国际评审团会议。在委员会范围内，是她去阿尔及利亚调查法国监狱和集中营的酷刑情况。热尔梅娜·蒂利咏以前在阿尔及利亚的奥雷斯(Aurès)地区领导她的种族学工作。1954年,当她决定以完全不同的方式再次献身阿尔及利亚时,其动机不再仅仅因为过去的种族学家事业,还包括了集中营囚犯的经历。在鲁塞的心目中,正如老囚犯更具调查运行中的集中营的资历,集中营的那些老卑贱者有权对被殖民者的悲惨生活发表意见。

在自己介入阿尔及利亚的整个活动中(而非仅仅调查监狱酷刑的过程中),热尔梅娜·蒂利咏牢记她的抵抗战士和集中营囚犯的双重经历。阿尔及利亚战士被作为"恐怖分子"判处死刑并执行之所以使她痛彻心扉,那是因为人类博物馆网络她的老同事中有10人于1942年2月被执行枪决,尽管她使尽了浑身解数试图挽救他们的生命也无济于事(这些努力的唯一效果就是也失去了她本人)。我们可以想象得出,把抵抗运动的光荣史诗与阿尔及利亚独立分子的"恐怖主义"活动相提并论,当时引起了多么大的不解甚至愤怒。

因此,仅仅回忆是不够的,还要看回忆服务于什么宗旨。对过去失败的回忆可能滋生爱国主义,而对胜利的回忆则滋生和平主义;两者也可能导致新的战争。不忘苦难不一定都是好事:"耻辱不容易忘掉,且永远有可能转化为暴力或背叛",热尔梅娜·蒂利咏这样写道。我们知道,许多法国人相继经历了第二次世界大战和阿尔及利亚战争。1945年,许多抵抗运动的老战士加入了法国军队;1953年的印度支那战争中,1954年的阿尔及利亚战争中,他们重新站在了各个师团的前列。他们好像继续着保卫祖国的同一战斗,准备着为胜利而献出一切。他们服从记忆中的某种职责:祖国不能再次受辱,这次他们将是最勇敢的战士。为着一场自以为正确的战争,老抵抗战士们成了一队队伞兵首领,屠杀、施暴、焚烧敌人的田野。

从同一最初事件抵抗运动出发,热尔梅娜·蒂利咏从中吸取了完全不同的另一教训,即抵抗战士们转化为驱逐"费拉加"的队伍①:她爱个人胜过了集体口号。由于这一原因,在这两个历史时刻,她的反应并不一致。1940年,热尔梅娜·蒂利咏不曾犹豫过一天甚至片刻,立即投入抵抗运动:她说,那是"一伙完全不能接受的敌人"。1957年,面对阿尔及利亚的居民,这些阿拉伯或柏柏尔"黑腿子"和伊斯兰教徒,她深感"无法诅咒他们或辱骂其中任何一类",因为她既理解前者也理解后

---

① "费拉加",阿拉伯语,原意是"拦路强盗",法国殖民主义者用来诬称突尼斯和阿尔及利亚反抗殖民统治的武装部队。——译者注

者,与他们心灵相通,同情所有可能遭受苦难的人。与"完全不能接受的敌人"不同,她现在看到的,正如她描写阿尔及利亚战争的著作的书名所说,乃"附加之敌"。

也正基于此,在阿尔及利亚战争期间,她拒绝接受通常那些建议者的意见,选择应该救护的对象,而是一味保护和救助:"我毫不犹豫地救助我能够救助的所有人,持各种意见的阿尔及利亚人和法国人。"法国军队以保卫祖国的名义杀戮,阿尔及利亚战士以自由和独立的名义杀人;并非因此,双方死伤的就不是活生生的个人。

这一原则甚至用于过去曾经威胁过他人生命如今被司法机关所追踪的人:一定要懂得"把罪恶与犯罪者相区别",对罪恶行径毫不留情,而对犯罪之人手下留情。我们不可能真正原谅永久摧毁一条生命的恶行,生命是不可复生的,但是我们可以对犯罪之人甚至给予怜悯。

热尔梅娜·蒂利咏向我们开创了回忆的一种珍贵用法。一方面,她避免把过去神圣化,即把她熟悉的事件辉煌地孤立起来,视其他地方发生或此后发生的其他事件均不能与其相比拟,把任何将该事件与世界其他地方相关联的做法一概看做亵渎行为。对过去的呼唤在于服务,而非为过去而培植过去。然而另一方面,她亦避免步入庸俗化的泥潭;事件并不重复,我们不能简单地把过去的态度照搬到现在,而不问应该永远引领我们前进的大的原则,如正义和同情原则。

对于每个人而言,肯定自己的身份都是正当的。我们不必为相对于陌生者而偏爱亲人而脸红。如果您的慈母或爱子曾经遭受暴行而遇难,这些记忆比陌生人之死带给您更多的痛苦,而您也付诸更多努力以保持强烈的记忆。然而,从自身痛苦或亲人痛苦过渡到他人痛苦,品位和功绩自然更高。

纪念活动是我们社会愈来愈常见的一种礼仪实践,如果局限于肯定过去他人的负面形象或自己本身的正面形象时,它对人民的教育作用不仅收效甚微,且向我们提供廉价的良好感觉,从而帮助转移我们对当务之急的注意力。第一次世界大战的翌日,"此事永不再发生"的一再重复丝毫没有阻止二次大战的来临。如今,人们一再刻意地向我们重复过去一些人的苦难和另一些人的抵抗,也许使我们保持了对二战人物希特勒和贝当的警惕性,但也帮助我们忽视了当前的危险,因为后者不威胁同一伙人,也不以同样的形式出现。于是,过去只是向现在展示,而没有发挥引入现实的作用,变成了不行动的借口。美国记者菲力普·古尔维奇(Philip Gourevitch)在其关于卢旺达大屠杀的书中叙述说,1994年春,他去华盛顿出席白宫新闻发布会。新闻发言人尽在兜圈子,因为美国政府已经决定不介入卢旺达。由于距离近的偶然缘故,古尔维奇有一天来到死难者纪念馆门前,那里"此事永不再发生"、"永远记住"、"永远不忘"的徽章不计其数。然而,这类记忆的呼唤一点也没有击退同一时刻正在发生的屠杀事件。它这种方式甚至有所助长。

今天,人们喜欢说,记忆拥有不受时效约束的权利,人人都应成为记忆的勇士。应该知道,当我们听到这些反对遗忘或支持记忆权利的呼声时,大部分时间里,它们都不是吁请我们去做记忆恢复、历史事实的确立和阐释工作(在一个民主国家,无人能阻止任何人去继续这类工作),而更多出于维护事实之选择的目的,通过选择保证其人物维持英雄、受害者或道德家的角色,反对可能赋予他们其他不很令人满意的角色的任何其他选择。基于这一理由,我们要避免"掉进记忆权利的陷阱",更多地关注记忆工作。

不想让过去重演,仅靠背诵过去是不够的。谁人不知美国哲学家乔治·桑泰亚纳(George Santayana)的疲劳公式呢?这一公式宣称,忘记过去的人命中注定要重复历史。这种总体概括形式的箴言或者是错误的或者没有意义。与自然范畴一样,历史本身并无意义,并不独自传授任何价值;意义和价值源自拷问和评判它们的人。同一事实可能接受相反的阐释,并为相互抨击的政策提供论证服务。过去既可以帮助我们建构个人身份或集体身份,亦可以帮助我们形成我们的种种价值、理想和准则,只要我们接受这一前提,即这些价值、理想和准则接受理性和讨论的检验,而非强加于人。

记忆的良好使用即服务于一种正确的事业,而非重现历史。

全球化的若干问题[①]

(法)埃克托尔·吉扬·罗莫

人们常常断言,全球化既是北方国家,也是南方国家经济发展和社会发展中所有负面倾向的罪魁祸首。本文反对上述观点,并致力于三个目标。

当亚洲经济遭受最严厉的金融全面失控的冲击时,约翰·肯尼思·加尔布雷思[②]在一次新闻访谈中宣称,全球化不是一个严格的概念。这位独特的美国经济学家着重指出,美国人发明这一概念的目的,在于使他们的境外投资受到尊重并促进问题多多的资本国际间流动。这种论调与皮埃尔·布尔迪厄[③]的言论无甚差别。后者以为,全球化构成一种"强势言语",成为反对福利国家的强大观念。本文的宗旨与此相同,重在:

(1)帮助解构支撑全球化意识的若干"神话"。

(2)分析全球化对北方国家及南方国家就业和收入再分配的影响。

(3)找寻当代世界经济若干痼疾的真正原因。

---

① 原载法国《经济与社会》杂志 F 系列,N° 37,2000 年 9 月,第 133—160 页。作者系巴黎第八大学经济及管理系副教授。

② 转引自何塞·路易斯·菲奥菲、玛尔塔·斯金纳·德·洛伦索和何塞·卡瓦略·德·诺罗纳著《全球化:不幸与神话》,里约热内卢国立大学出版社,1998。

③ P.布尔迪厄(1998)《隔离火》、《行动的随意理由》,巴黎,1998,第 39 页。

经济世界、国际经济和世界经济

首先应该参照布罗代尔的论述①,区分世界经济与经济世界两个经常容易产生混淆的概念。世界经济即世界经济的全局,亦即西斯蒙迪在《政治经济学新原则》中指出的全球市场。布罗代尔首倡的"经济世界"概念,则仅指世界任意份额的经济,只要后者"自成一体",形成一个经济整体②。

在布罗代尔看来,经济世界是一种三维现实:一个变化缓慢的地理区域,一个经济世界的范围与另一经济世界相接。

经济世界以一个主导城市为中心。过去,这种城市通常都是国家型的城市,如今则是经济首都。尽管同一经济世界可以长时期存在两个中心,其中之一终将被取而代之。

经济世界区分为等级不同的区域。首先是围绕中心城市建立起来的中枢区域;其次是环中枢区域的中等区域;最后是依附前者的外围区域。

1380年前后,欧洲和地中海及其以远东为目标的前沿阵地构成一个经济世界,中心是威尼斯。随着美洲的发现,欧洲逐渐兼并大西洋及其岛屿和沿海地带,并进而出击美洲大陆内部。该经济世界加强了与当时尚自成一体的经济世界如印度、中国和东南亚岛屿等的联系。同时,欧洲内部的重心北移。于是,我们发现,1500年前后,突然出现了由威尼斯向安特卫普大规模转移的现象,1590—1610年又回师地中海的热亚那。以后形势发生变化,重心北迁至阿姆斯特丹。阿姆斯特丹作为欧洲区域的经济中心相对稳定了近两个世纪之久。1780年与1815年间的新变化使伦敦受到了青睐,直到1929年,西方经济世界的中心才向纽约偏移。

对布罗代尔来说,1750年前的中心是国家型城市。就此而论,18

---

① F.布罗代尔:《15—18世纪的物质文明、经济与资本主义》,巴黎,A.科兰出版社,1979,3卷本。亦可参阅他的综合性论著《资本主义的强势》,巴黎,弗拉马里翁版,1985。

② 系指与其他区域保持着某种模糊关系的地理区域,这些关系的取消不会明显影响该地区的经济活力。

世纪末统治经济世界的阿姆斯特丹是最后一个国家型城市①。新的经济中心伦敦不是国家型城市,而是不列颠岛屿的首都,这一地位赋予它以民族市场的不可抵御的力量。民族市场即国民经济,国民经济乃"由国家根据物质生活之必然及革新,把政治空间改造成和谐统一的经济空间,其活动可以整体上面向同一方向"②。换言之,国民经济是建立在国家结构的政治空间之上的和谐经济空间。

国民经济领域可以从四个方面加以鉴定:货币、市场、生产要素的流动和一整套制度规范与社会共识③。

为了能够比较并度量一个民族所完成的不同工作,要有共同的评价尺度。这正是货币的功能之一。关于这一点,贝尔纳·斯密特曾经昭示,如果没有尺度的概念,就无法谈论生产的进度。因此,货币在国民经济领域一体化中发挥着根本性的作用,货币与国家之不可分割的情况绝非偶然。中央银行通过商业银行保障货币的供应④。

国民经济的第二要素是市场,即"一系列自主决策的商号、商业中心,由交换的网络联系在一起,并使所有的价格和数量互相依存"⑤。从这个意义上说,国民经济是在形成市场规模的地域空间上发展起来的。在上述空间之内,调节机制引导市场所提供财富的价格趋于一致。如果我们把运费和其他差价扣除在外,民族市场上的价格确实接近一致。

国民经济的第三个层面是指遏制生产要素流通的杠杆机制的存在。这具体包括商品流通及服务的税收杠杆(特殊税收或从价税)和非税收杠杆(规范、限额)等。它还包括对资本流动的监控以及对劳动力自由流动的限制。除了这些政策和行政杠杆之外,还有影响劳动成果自由流动的语言或文化杠杆。关于这一主题,有必要指出,新古典学派

---

① ② "各省联盟的背后,仅有一个政府的影子。唯独阿姆斯特丹作为从安的列斯海远至日本海岸的全世界的光辉灯塔,实实在在地发挥着主导作用"。摘自 F.布罗代尔《资本主义的强势》一书,第 99、103 页。

③ G.凯巴吉扬《世界经济》,巴黎,瑟伊出版社,1994,第 14—24 页。同时参阅作者的文章《经济分析与全球化:六场辩论综述》,见巴黎 1998 年 6 月 GEMDEV 学报第 26 期的"全球化的交叉审视"专栏。

④ M.比耶和 G.德塔纳、德·贝尼斯:《国际经济关系》,巴黎,达洛版,1987,第 18—19 页。

⑤ F.佩鲁文:《世界市场?》,见《20 世纪之经济》,格勒诺布尔,PUG,1991,第 308 页。

视国民经济为能在民族内部流动（地理方面或行业方面）、然而缺乏向境外流动能力的要素板块。

国民经济领域的第四个层面调控与政策相关，特别是与经济政策相关。这方面可以通过制度形式和社会共识（协约）形式而引入大量的干预机制（货币、税收、社会等方面）。

一旦澄清了决定国民经济的四大标准，我们就可以说，国民经济意味着把世界经济分割为国家，并按照国家—民族的形式来组织社会活动，国家的现象创立了民族而非相反的情况①。

在这种情况之下，拥有一种中心货币的若干民族、内部市场、边境制定并确立了社会和经济方面的一些规则等，就成为在16世纪末、17世纪初出现，直到20世纪才得以巩固的国际经济的基础。国际经济是一般经济学研究的有效课题。一般经济学研究与企业、个人接受同类理性的制约成为单一经济单位的民族之间的关系②。

反之，谈论世界经济便意味着对上述分析类型的质疑。政治疆界不再与地理疆界相吻合，市场亦超出了民族的范畴③。世界化（或全球化）的要求与国际间的运动性质相决裂，因为前者意味着国际经济作为布罗代尔意义上的经济世界的组织原则身份的消失。国际化与世界化是两类不同的现象：前者要求增进国民经济的开放程度，后者则是一体化的问题，意味着对支撑着国民经济的部分或全部要素的质疑。

按照G.凯巴吉扬的思路，我们可以肯定，在全球范围内，"一体化的世界经济"的纯粹范式还不存在，因为那将意味着鉴定国民经济领域的四大层面不复存在。在那种经济形势下，货币和市场一体化、生产要素的流动、规则的和谐以及政策的聚合都将达到惊人的程度，以至国民经济的消失，国民经济仅仅作为统计学的分割概念虽还存在，但已无甚实质性的经济意义④。

因此，一体化的全球经济纯粹范式是一个抽象的概念，在此范式当中，国际经济的特征将归于消失。全球化的世界经济服从其自身的逻辑，这种逻辑与独立的民族实体之间的经济关系逻辑不可同日而语。

---

① 见前引G.凯巴吉扬的《世界经济》，巴黎，瑟伊出版社，1994，第22页。
② P.R.克鲁格曼与M.奥博斯特菲尔德合著：《国民经济》，美国，哈珀-柯林斯出版社，1994。
③ J.M.西罗安：《世界经济》，巴黎，A.科兰版，1994，第7页。
④ G.凯巴吉扬：《经济分析与全球化：六场辩论综述》，第67页。

跨国公司将脱离它们的地方色彩，资本流向将摆脱民族的好恶，国家亦将失去对其货币的控制权。

在现实当中，"国际的"逻辑和"全球的"逻辑相互共存①。显而易见，所有交流形式的发展都将促进全球化的进程，然而，"人民"和"民族"一刻也不停止即便是虚幻地捍卫经济主权的努力②。因此，经济世界实际上居于国际经济范式与全球经济范式之间。

全球化概念的起源与发展

全球化一词20世纪80年代初出现于盎格鲁-萨克逊世界。在这一时期，英美知识分子和新闻工作者开始谈论全球化。更准确地说，全球化一词诞生于以跨国公司为题材的文学作品里。随后，这一术语被用来指政治界限的开放和旨在促进全球经济活动进展的自由贸易现象。随着时间的推移，全球化一词后来则代表多重现象。罗贝尔·布瓦耶区分了其中的四层含义③。

第一层含义源自泰奥多尔·莱维特。他在1983年6月出版的《哈佛商报》上的一篇文章(《谈市场全球化》)里界定了这一现象。莱维特以为，全球化只是涉及国际贸易，特别是跨国公司的全球化管理以及它们在世界各地建立工厂并销售自己的产品的能力问题。根据上述定义，全球化意味着市场的融合，意味着跨国企业可以在全球任何地方以同一方式销售自己的产品。

第二层含义是凯尼什·奥玛的定义(《三权力量》，1990)。在他看来，全球化的参照对象既不是企业对市场的占领，也非实施完全一体化的全球战略和管理形式，而是引入一种总体目光，使出口企业走向企业行为的全球化，并完全控制整个创造过程，包括研究与开发、工程、生产、市场、财务与服务。

全球化的第三层含义脱离跨国企业的管理范围进入了国际体系的

---

① 有些学者走得更远，谈论区域、民族和超民族的互相渗透轮廓。如R.布瓦耶的文章《文字与现实》，见《神话之外的全球化》，巴黎，新发现出版社，1997，第64页。

② J.M.西罗安：《世界经济》，巴黎，A.科兰版，1994，第8页。

③ R.布瓦耶的文章《文字与现实》，见《神话之外的全球化》，巴黎，新发现出版社，1997，第15页。

运作层面。这一宏观经济层面强调跨国企业向有利于自身利益的方向重新界定国际体系规则的努力。这种观点的捍卫者指出,跨国公司控制世界生产份额的增加,使国家在其战略面前显得软弱无力。在这种状况之下,全球化代表着最具国际色彩的企业引导国家—民族规则向有利于自身的方向转化的进程。

第四层含义强调愈来愈走向全球化的经济(部分是由于跨国企业的引导)的存在所提出的问题以及建立在民族基础之上的国家管理问题。以往的国际经济进程取决于民族国家。然而,当代涌现的全球化经济趋势可能使国民经济趋于消失并融化于直接的国际运行体系之中。这样,民族国家的存在与愈来愈全球化的经济体系发生了矛盾。

上述定义远非一致,它们凸现了当下全球化趋势的诸多不同层面。把握这一现象的基本特征是我们面临的任务。

经济全球化的趋势

资本国际化的进程可以从三个方面加以考察:外贸、境外直接投资(IED)以及资本的国际流向。

外贸是最古老的国际化形式。在这种情况下,出口国的生产旨在满足进口国的需要。如果是互补型经济,比较优势是通过外贸获得互利的原因。反之,如果是处于同一发展水平的相似型经济,保障互利行业或产品内部贸易走向高潮的条件是商品的多样化以及规模经济或系列经济带来的低成本[1]。

概而言之,现行体制最有意义的成分如下:

围绕三角形的三点(西欧、北美和东亚)形成最活跃贸易区的趋势日渐明显。以互补型财富为基础的发展水平不等的国家之间纵向的国际劳动分工为以替代型财富为基础的发展水平相同的国家之间的横向劳动分工留下了空间。因此,世界贸易的三分之二发生在北方国家[2]。

世界贸易的"极化"趋势不断得到增强,而被排除在三极"区域化"之外的所有国家的边缘化趋势随之增加。以第一产业的生产为特色的非洲国家和一大部分拉美国家面临着可能造成进一步贫困的基础产品生产的困扰,因为在竞争加剧的背景之下,基础产品的世界需求增长缓

---

[1] G.拉费:《解读世界化》,巴黎,经济出版社,1977,第38页。
[2] Ph.于贡:《国际政治经济与全球化》,巴黎,经济出版社,1997,第45页。

慢。相反,若干拉美、东南亚,特别是亚太国家却出现了经济腾飞。近30年来,这些国家在世界贸易中的份额增长很快:

世界贸易的一大部分(三分之一)是由跨国公司的活动所完成的,另一大部分(三分之一)是由子公司与母公司的内部贸易来完成的①。

高附加值产品的世界贸易和服务行业(金融公司、保险公司、不动产和大型批发公司等)的增长趋势加快。

每个贸易主体的竞争力决定赢家与输家的国际竞争格局最终将取代所有贸易伙伴都获取相对利益的互赢格局②。

国际化的第二种形式是把资本直接投向国外。这样,一国的企业通过创立或购买公司而转变成了跨国公司。亨利·布尔古纳认为③,与单纯的商品贸易和服务贸易相比,境外直接投资至少有四个特征:

1. IED不像简单的外贸(进出口)那样具有直接结算(现金结算)或分期付款(商业信用证)性质,不是一种即时的行为。

2. IED必然导致国际性的规模,决定在国外创建企业必然导致若干年内生产、贸易和利润返回等流动行为。

3. IED包含的产权转让亦即经济能力的转让是简单进出口所无法比拟的。

4. 最后,IED的企业决策中包含着明显的战略成分。不仅企业的视野更为重要,而且促使企业作出决策的因素也更加多元化。

促成境外直接投资的原因有如下几个④:

由于本国原材料匮乏,无法满足生产的特别是第一产业的需要;

由于保护性关税壁垒(第二产业尤为严重),或由于第三产业的产品和服务性质,在目的国无法满足企业的销售期望;

……

---

① ph.于贡:《国际政治经济与全球化》,巴黎,经济出版社,1997,第44页。

② 自里卡多的相对利益理论以来,人们一再重复的一般论据是,国际贸易有利于所有参与贸易的国家,而与这些国家的大小及生产和社会结构无关。反之,自由贸易的反对者如F.谢奈等人则认为这种游戏不新增任何利润,有赢家必有输家。见F.谢奈著《资本的世界化》,巴黎,西罗斯出版社,1994,第115页。

③ H.布尔吉纳:《国际金融》,巴黎,法国大学出版社,1992,第115页。

④ G.拉费:《解读世界化》,巴黎,经济出版社,1977,第39—41页。

最新出现的国际化现象以网络企业为代表①。与其建立结构严谨、等级分明、受母公司严格控制的体系之内的子公司，不如与接受国特别是工业开始起飞的国家的合作伙伴建立合同关系。这样就出现了合同，出现了转包、免费、许可证转让等方面的错综复杂的网络。这种网络一定程度上抹杀了一公司与其他企业的准确界限，变后者为网络的构成部分，网络中的主导企业发号施令，一个企业群体因合同而围绕主导企业运转（贝内东描画了该现象的经典类型）。在这种条件下，其目的当在于最大限度地把"终端"（即阿尔弗雷德所谓的外部利益）纳入到网络运行当中。

集中管理、以规模生产为宗旨的大企业被全球范围的广大网络所取代。企业按照全球化的战略，愈来愈倾向于发展与竞争对手们的合作关系，共同开发，共同生产，共同经销，以抵消其他企业之间的联姻。这些竞争型联姻形成一张企业的网络，该网络的企业因建立了共同的战略而互相支持②。这样，一大部分价值和财富的生产就是按照不同成分的价格以及（或）必要技术的实际情况由世界分担而完成的（以企业间联合形式网络体系的形式）。

现在，让我们来简要地回顾一下 IED 的发展经过吧。19 世纪末，英国的直接投资占统治地位。第二次世界大战后直至 20 世纪 70 年代中期，美国则发挥着主导作用。随后，日本和欧洲向美国的支配地位发起了挑战。在欧洲大陆，法国和德国开始与荷兰特别是英国分享资本输出大国的称号。然而，最令人震惊的现象却是截至 20 世纪 90 年代末三极国家交叉投资的压倒比重。确实，近 60％的日本投资流向美国和欧盟。而欧盟资本流量的 70％左右投向美国和欧洲自由贸易协作区。60％以上的美国资本流量以欧盟和日本为对象。如果考察一下境外直接投资的累计额度，结果也大致相同：世界总量的四分之三强位于工业化国家③。从某种意义上说，90 年代里，除了少数国家特别是少数亚洲国家受到境外投资的惠顾，欠发达国家基本上被置于边缘地位。

---

① J. L. 穆奇埃里：《跨国企业与世界化》，巴黎，瑟伊出版社，1998，第 3 章和前引谢奈《资本的世界化》，第 4 章。

② 例如汽车工业中雷诺与尼桑的联姻，微机行业中苹果公司、IBM 公司和摩托罗拉公司联合生产 PC 机信息处理系统的现象。

③ Y. 克鲁泽、L. 阿布德尔玛尔基、D. 杜富尔、R. 桑德尔托：《国际经济的重大问题》，巴黎，纳唐出版社，1997，第 125—126 页。

跨国公司发现上述少数国家的优秀劳动力价格低廉、基础设施合格且社会制度稳定,于是,纺织、制鞋、玩具甚至电子和信息工业大量的组装或制造活动脱离了本土。

这样,由于外贸和境外直接投资,实际的经济活动愈来愈国际化,或者如布尔吉纳所说,愈来愈世界化①。但是,不管经济一体化的实际进程多么快,都将永远落后于资本一体化。

我们不妨通过若干数字来论证这一现象②。1980 至 1993 年间,OCDE 国家的 PNB 翻了 2.5 倍,国际贸易值翻了 3.4 倍,主要市场的资金量翻了 77 倍,而货币交易量则翻了 15 倍。交易市场的日交易额高达 1200 亿美元,比商品的实际交易额高出约 50 倍。另外,七大国的股票和债券交易额 1985 年占 PNB 的 35%,1995 年则上升到 140%。这种发展趋势导致了货币储备的国际化,例如,英国退休金总量的 30% 是外国证券。

国际金融一体化趋势的加速主要基于两大原因:国家放任资本市场,技术上的飞速发展(金融管理和电讯传输技术的发展),使信息的及时传播有可能实现,且价格低廉。下面更详细地分析一下这两点。

直至 20 世纪 80 年代初,金融流通的调控基础是国家。反之,如今,外国操作者可以随意进入国家的基础层面。一家跨国企业可以试图从投资或借贷中获得最好的利率,可以从一种货币过渡到另一种货币,一种证券过渡到另一种证券,或从一个市场跳跃到另一个市场。这便是各国决定在金融领域实行强自由政策而形成的王国。

金融管理和电讯传输技术方面的进步把各个市场联结在一起,使它们达到了及时运行的程度。由于并不改变货币性质的电子货币的出现③,国际金融体系赢得了自身的活力。尽管实物一体化的进程很大,但是永远落后于资本的一体化。诚然,海运或航运的速度不断提高,但是远不足以与资本的流通速度相媲美,后者在世界范围内的传输速度几乎等于光速。

---

① H. 布尔吉纳:《道德经济》,巴黎,阿尔莱阿出版社,1998,第 49 页。
② Ph. 于贡:《国际政治经济与全球化》,巴黎,经济出版社,1997,第 53—54 页。
③ 电子货币(所有使资本交易不必依赖纸张的信息技术、电磁技术、电子技术和电传技术)是一种新的书写货币流通的工具,而不是一种新的货币形式;许多人经常天真地把它理解为一种新的货币形式。见 M. 贝齐亚德著《货币》,巴黎,马松出版社,1986,第 29 页。

因此，我们不得不接受阿尔多·费雷尔的意见。他曾指出，如果说信息技术为资本市场的一体化打开了方便之门，那么造成一体化趋势增强的决定性因素则是"活期存款及全球金融转账的普遍而又彻底的失控状态"①。正如阿尔多·费雷尔所正确强调的那样，请别忘记，在这一切现象当中，国际货币基金组织恰恰是促进欠发达国家资金失控的工具。

既非新颖亦非不可一世的全球化现象

如果说全球化这一术语仅仅用来表示开放性世界贸易体系贸易的增加把许多国家联结一起的增长进程以及国际投资（包括实物投资和资本投资）的进程，那么，它既无任何特殊之处，亦无任何非议之处。上述进程确实已经出现了一个多世纪之久，虽然其间几受深刻的经济危机和战争的中断。然而，这一领域的国际贸易在近期的增长数据却被常常用来支撑世界经济已经改变性质的论点。最极端的全球化观念称国民经济已经融入世界市场，市场的力量取消了通过民族国家实施有效公共管理的任何可能性，使国际条约或超越民族的机制变得毫无用处。这样，流行的做法就是建议人们采纳有利于市场的政策，即按照统治阶级利益运转的政策，如华盛顿协约的新自由主义政策②。例如，把以前使用的与贸易和不断增长的投资相关的指数用来论证在完全超越民族的世界经济领域推行新自由主义政策的正确性。

然而，近年来面世的许多著述使我们有可能从经验角度检验全球化的进程，这一进程并不像某些人常常断然肯定的那么具有排山倒海之势③。

至少自20世纪60年代末以来，OCDE国家的技术行为比例和范

---

① A.费雷尔：《全球化的虚幻事实》，布宜诺斯艾利斯，经济文化基金版，1997，第19、30、31页。
② H.吉扬·罗莫：《新自由主义的反革命实质》，墨西哥，ERA，1997。
③ R.韦德：《全球化及其范围：关于民族经济已经死亡的炒作夸大之词》，见《民族特性与全球资本主义》，联署作者为苏珊娜·伯杰和罗纳德·多尔，伊撒卡和伦敦，科内尔大学出版社，1996；P.赫斯特：《全球化的神话已经实现？》，见《全球化：不幸与神话》，联署作者为若泽·路易·菲奥里、玛尔塔·斯金纳·德·卢朗索和若泽·卡尔瓦罗·德·诺罗拉拉，里约热内卢国立大学；A.费雷尔的著作《全球化的虚幻事实》，1998。

式方面都存在着差异,说明"技术及其行为能力的民族体系"依然很牢固,并决定着大部分民族企业的活动①。

——世界资本市场远未达到一体化的程度,原因之一,即极少有企业拥有很大的世界声誉,能够成为不涉足家庭投资市场的上市公司②。实际上,资本既未达到完全的流动程度,也未达到完全可替换的程度。虽然资本金流动的规则已被打破,技术进步亦提高了指令传输的速度,但是,制约资金流畅的许多障碍依然存在,如佣金、货币兑换的损失、交易税以及有关规定等。这些都阻碍彻底替换和彻底的资本一体化的实现③。

这些事实已经对当前全球化进程的程度大打折扣。我们还可以举出其他事例,说明全球化并不像某些人宣称的那样新颖。诚然,第二次世界大战结束时,甚至1960年前后,民族经济还相对比较封闭。但是,随后,我们即发现了很重要的开放进程,尽管这种开放程度尚不足以与1870—1913年间主导世界的形势相比拟。这方面,我们可以重温下述事实:

——1870至1913年间,国际贸易的增长率是3.9%,超过了当时仅为2.5%的世界生产的增长率。1913年工业化国家的出口率达到PIB的12.9%,1938年降为6.2%,1992年回升到14.3%④。

——1870—1913时期以资本的高强度流动为特征。在以金本位体系保证汇率稳定的环境下,自由调节范围大大促进了资本的国际流动。当时的强国英国把储蓄的大约一半投资到国外。法国、德国和美国也都有大量的资本出口。英国的海外投资相当于它的PIB的150%,法国相当其PIB的115%,德国为140%,美国约为110%。这

---

① ② R.韦德:《全球化及其范围:关于民族经济已经死亡的炒作夸大之词》,1996,第86、70、78—86、73—76页。

③ 关于这一点,热拉尔·贝杜诺提供了一个想象中的完全一体化的资本市场典型。这位法兰西银行的职员以为,"全球化,即太平洋一个小国发行某种短期债券,是由驻扎在瑞典的一家阿尔及利亚投资银行以巴西里亚尔币种的形式代为发售的,售给日本和希腊的投资商,随后,在整个债券存在期间,形成二级市场"。见J.莱昂纳尔主编的《资本的国际运动》,巴黎,经济出版社,1997,第91页。

④ P.贝罗克:《全球化:神话与现实》,见《国家与市场》,联署作者为罗贝尔·博耶和达尼埃尔·德拉克,伦敦与纽约,Routledge版,1996,第179页。

些资本的一大部分用于修建铁路,加快了当时的经济增长速度①。

——1913年,跨国企业的投资总额占世界生产总量的比例为9%,与目前的比例没有太大差别②。

——1870—1913年间劳动市场的国际一体化程度高于现在。那时曾经出现过大规模的移民潮,17.5百万欧洲人离开家乡移居"新国家"(澳大利亚、加拿大、新西兰和美国);同样,大量的中国人和印度人定居于缅甸、锡兰、马来西亚、印度尼西亚、新加坡和泰国③。

为了强调上述情况,A.费雷尔重温了曾经深刻动摇世界秩序的一系列事件,如15世纪末新大陆的发现、16—18世纪糖的生产与贩卖黑奴、蒸汽机用于航海以及电讯领域的革命(电报、海底电缆、无线电报等),后者实现了世界范围内的实时通讯④。

鉴于本章介绍的显而易见的事实,可以肯定,全球化的进程不像人们宣称的那样排山倒海、那样新颖。这并不等于说,20世纪80年代开始的以推广新自由政策为特征的全球化的新阶段,对北方和南方国家都未产生严重的影响。

全球化对北方国家就业和再分配的影响

30多年以来,国际上专业化的变化速度不断增加,动摇了相对价值理论。正如亨利·布尔吉纳所说⑤,塞缪尔森旨在向经济系学生论证相对价值理论正确性时所列举的律师与秘书的著名例子,提出了很多问题。如果秘书经过努力能够继续法学学业有可能对其律师老板的独家地位构成威胁时又会怎样呢?世界经济中恰恰就发生了这种现象,借用皮埃尔-诺埃尔·吉罗的语言,出现了一些"工资低廉而技术能力很强的国家"⑥。

建立在廉价劳动力基础上的东南亚出口经济的冲击可上溯到20世纪60年代,尤其是当时的劳动密集型加工工业。亚洲工业化的首次浪潮开始局限于"四条龙"(香港、新加坡、台湾和韩国),20世纪80年

---

① ③ A.麦迪逊:《1820—1992年间的世界经济》,OCDE,巴黎,1997,第64—65页。

② ④ A.费雷尔:《全球化的虚幻事实》,1997,第37、33—35、45页。

⑤ 《道德经济》,1998,第90—91、93—95页。

⑥ P.-N.吉罗:《不平等的世界》,巴黎,伽利玛出版社,1996,第245、11页。

代向其他亚洲国家扩展(马来西亚、印度尼西亚和泰国)。其他国家也逐渐加入了被称作"小龙"的国家,如菲律宾,在工业化的比赛中,后者不甘心居于人后。最后,中国和印度投入世界工业化的竞争,使工业化的浪潮遍及整个亚洲。然而,低工资与高技术能力的结合并非亚洲独家所有。某些拉美国家(主要如巴西和墨西哥)和东欧国家也有类似优势,使它们成为加工工业产品市场潜在的可怕对手。

第三世界的工业(转型期经济的工业亦如此)如今已包括大部分工业门类:轻工业、汽车工业、造船业、飞机组装、军工等。尽管第三世界继续发挥着原材料生产国的重要作用,当今世界经济已经不可能像第二次世界大战以前那样,其劳动分工建立在加工工业为一方、初级生产为另一方的基础上。

在这种背景下,我们理解工业化国家无力面对低工资、高技术能量国家竞争的担忧。他们担心这种竞争引发工资的下降和/或失业的上升,担心加重第一世界国家已经出现的贫穷和排斥现象。人们对低工资高技术国家竞争能力之冲击的理解有两种。首先,担心从这些国家进口商品导致竞争触及行业非技术工岗位的减少;其次,担心企业脱离本土向低工资高水平投资环境优惠的国家转移。

但是,请莫忘记一个不可回避的会计公式(储蓄-投资=出口-进口),一个资金不足引进资本的国家,其商品及服务的进口量必然超过出口量。换言之,引进资本的低发展国家不可能同时又是强有力的贸易竞争者,因为它们与工业化国家的总体结算更易于处于逆差状态。如果工业化国家不愿拿出出口增加的部分利润补偿岗位减少的受害者,这是这些国家的内部问题,而非第三世界不正当竞争的后果。

发达国家商店陈列着大量来自低工资高技术国家的产品,这是世界化最明显的迹象[①]。这一现象引发了许多虚伪的声明和激烈的争论,如被炒得沸沸扬扬的所谓"正在堕落的社会"("dumping social")之说(当我们失去市场之时却突然发现童工的存在)。争论的中心,乃是因为统计数据说明,欧洲的失业人数正在增加,而同时期南方国家的加工工业产品出口也在增加(最近,东欧国家亦加入此行列)。然而,人们很快得出这样的结论,即发达国家因受贫穷国家竞争而遭连累的劳动者比例很小,仅占劳动力总量的 2%-3%。在法国,最悲观的估计为

---

① A. 布朗代:《面对世界化的法国》,巴黎,新发现出版社,1998,第 48 页。

累计失去 30 万工作岗位①。且莫说计算方式的一系列技术性缺陷：H. 布尔吉纳②正确地指出，这些研究的主要缺陷是没有考虑南方国家之竞争对北方国家劳动量使用方面的间接影响。确实，统计人员没有考虑低工资高技术国家之潜在威胁对最受冲击之行业的现代化的激励因素。最受冲击行业（纺织、制鞋、电子）的企业正在加快企业改造，目的在于降低生产成本，迎接低工资国家的挑战。

然而，布尔吉纳教授以为，低工资国家的贸易不仅影响就业，还影响收入的再分配，增加了不平等现象，尤其是拉大了工薪族的收入差距。这里也存在着评价方面的问题，如区别贸易作用与技术进步作用的困难。但是，有一点是肯定的，即随着国际贸易的增长，收入的差别也在拉大。有专家指出，近 20 年来，美国 10% 最幸运的工薪族与 10% 最惨的工薪族的收入差距几乎翻了一番，该国 17% 的全日制劳工生活在官方的贫困线之下③。美国和第三世界都存在着拥有一份工作、或至少拥有半份工作却居无定所之人。尽管美国（英国也一样）不平等的责任可以归诸其他因素，如移民、最低工资标准的降低、工会弱小的制约能力，当然还有技术进步等，有识之士愈来愈承认国际贸易的间接作用。他们以为，企业竞争的加剧使它们对价格包括工资差别更敏感。换言之，更强的敏感性加大了老板们用工需求的弹性，减少了工薪族讨价还价的余地。

我们上文已经说过，真实经济活动的世界化不仅通过贸易，还通过"迁移风"。迁移风使工业活动或服务活动脱离民族本土，从而使生产或加工地点与消费地点相分离。企业当然愿意选择劳动力低廉的地方生产，选择市场需求旺盛的地方销售产品。那么，就要瞄准那些工资低技术水准高而又接近发达国家庞大市场的国家。例如墨西哥，长期以来，那里的加工工业就很发达。同样，日本的跨国公司把其加工工业的很大一部分迁移到泰国和菲律宾。欧洲的德国把其工业基地向东欧扩展，融所谓的经济转型期国家于劳动力低廉的世界化经济之中。

伴随着劳动力低廉、技术能量大的国家的出口工业的发展，发达国家的许多企业倒闭。轻工业首当其冲；随后，20 世纪 80 年代初，发达

---

① D. 科昂(1997)：《世界之财富与民族之贫穷》，巴黎，弗拉马里翁版，第 64 页。

② 《道德经济》，1998，第 90—91、93—95 页。

③ P.-N. 吉罗：《不平等的世界》，巴黎，伽利玛出版社，1996，第 245、11 页。

国家的所有经济领域都受到了冲击：重工业和高科技工业进行重组,汽车工业向东欧和第三世界迁移,钢铁企业纷纷关门等。

近年来,迁移风不再局限于工业领域,向服务行业的蔓延趋势加快。确实,信息革命和电讯革命促使某些服务活动向第三世界和东欧转移,那里的劳动力不仅工资低廉而且技术水平很高。例如,大型企业完全可以借助于信息网络和电子邮件,把自己的财会中心迁移到低发展国家,那里的高水准会计和计算机从业人员月薪还不到100美金。这方面,瑞士航空公司的例子已经广为人知：1993年,瑞航把其财会体系迁至印度,减少了瑞士本土数百个报酬丰厚的岗位。菲律宾日薪仅2-3个美元的办公室工作人员借助电子邮件同样能够完成数据处理和文本处理的任务。须知工业国家70%的劳动者在服务领域工作,那么上述现象对工资和就业的破坏性冲击可想而知①。

这样,工业领域和服务领域的迁移风一方面造成许多失业现象,一方面造成工作岗位向低工资国家的转移。问题在于搞清楚向低工资高技术能量国家的出口是否补偿了因迁移风而失去的工作岗位,这类出口是由于新企业的到来改善了这些国家的形势的结果。例如中国和南韩的情况,法国向它们出口诸如高速火车或空中客车而获得的工作岗位有可能补偿因电子工业或其他工业企业的迁移而失去的工作岗位。显然,在这种情况下,失去的工作主要是低技术性工作,而获得的工作岗位则是高水平的(工程师、高级技师等),可能对就业带来破坏性效果。H.布尔吉纳正确地指出了这一点："如果说出口产品技术含量愈来愈高,而背井离乡型产品(或受进口竞争的产品)是劳动密集型产品(或资源型产品),世界化对就业方面的长期的明显影响却并未得到充分的论述。谁也不能担保下述情况的发生,即国际贸易的牺牲者中拥有愈来愈多的人,他们的技术水平和文化水平都很低,难以再融入生产活动中去。"②这样,生产程序以及贸易的全球化就成了一台向发达国家制造被排斥人群的机器。

---

① M.乔绪多弗斯基：《贫穷的世界化》,蒙特利尔,经济社会出版社,1998,第84、21、78-80页。
② H.布尔吉纳：《专横的市场》,巴黎,经济出版社,1995,第104页。

全球化对南方国家就业和再分配的影响

近20年来,大部分南方国家都被迫接受了F.M.I.和世界银行提出的结构调整政策。大部分调整方案的出笼皆出于外债的压力,方案的基本目标即对外来商品和服务开放边境。F.M.I和世界银行主张南方国家的经济从内向型经济过渡到以发展加工出口产业为主的外向型经济。这些调整政策除了造成严重的社会后果(即使伴之以社会保障网络)外,难以确立和谐的发展方式①。其实,即使我们认可在国际贸易中完全取代北方国家地位的荒诞空想,第三世界国家的出口可能是有限的。既然潜在市场的空间不足以激活南方国家的经济(也不足以激活自20世纪90年代初以来采用了同样模式的东欧国家的经济),那么出口优先的全球口号导致了南方国家与东欧国家的普遍竞争。其结果即形成了一种长期压力:压低工资,以免失去竞争优势;于是,贫穷便成了这种社会背景的一种动力(国家愈贫穷,劳动力的价值愈低)②。于是,竞争的目的就与国内市场的经济增长相背离。

这并非与全球化相关的唯一问题。其实,1992年,当人们为签署墨西哥与美国自由贸易协定而紧锣密鼓地准备时,美国总统候选人罗斯·佩罗就警告人们注意墨西哥产品对美国市场的潜在危险。他的意见是,面对南方国家的竞争,美国产品将失去竞争力,它将把美国企业家拖入某种两难之地:或关门或向墨西哥的生产条件看齐。大家都知道,佩罗的预见是错的,事情恰恰朝着相反的方向发展。墨西哥自80年代中期开始并由自由贸易协定进一步强化的贸易开放政策导致了进口的大幅增长,进口大大高于出口,造成巨额贸易逆差,并进而引发了墨西哥比索的大幅贬值和1994年的金融危机。众所周知,危机前,墨西哥比索保持着虚假的高值。尽管面对墨西哥劳工低工资现象的惊呼声此起彼伏,"强势"比索可以使美国产品入侵墨西哥领土。危机后,比索回归"弱势",墨西哥才有可能获得贸易盈余,以期偿还债务③。一般

---

① M.于松:《资本之灾难,对新自由主义政策的批评》,巴黎,西罗斯出版社,1996,第104—112页。

② M.乔绪多弗斯基:《贫穷的世界化》,蒙特利尔,经济社会出版社,1998,第84、21、78—80页。

③ H.吉扬·罗莫:《新自由主义的反革命性质》,1997,第5章。

而论,只要不同发展水平的经济区域直接碰撞,就会毁灭一批企业。发达国家的形势与贫穷国家相距太远,后者的失业率(公开的或隐性的)更高,社会保障(教育、医疗保险、退休)更弱,环境保护的规范性更差。这样,作为全球化基本要素的贸易开放必然引发无竞争力行业的失业现象。第三世界领土(包括愈来愈采纳第三世界政策的转型期国家)与第一世界领土的直接竞争不会导致发展水平的接近。恰恰相反,以代替进口为方向的工业化模式不保护的一大批工业企业从地图上消失了。在那些收入差距很大且历史悠久的国家,世界化的内在要素外向型经济的增长加剧了不平等现象,青睐有可能积极融入世界市场的竞争能力强的部门,扼杀难以抵挡开放进程的无竞争能力的门类。

另外,第三世界得以成功生存下来的出口工业通常对生产国的经济发展贡献甚微①。其原因是,富裕国家攫取了第三世界直接生产者生产收入的一大部分。第三世界的产品以极低的价格进口到富裕国家,OCDE国家从第三世界进口的产品即如此微价。一旦这些进口产品进入富裕国家的批发线或零售渠道,它们的价格即令人瞠目结舌般地上涨,通常高于进口支付价的10倍以上。于是,在富裕国家的服务领域,不曾发生任何物质生产活动,相应的附加值被人为地创造出来。这种附加值当然加在了富裕国家的PIB上。我们不难看出,虽然物质生产活动发生在第三世界国家,PIB最大的增长部分却记录在进口国家的名下。这等于说,贫穷国家劳动密集型出口产业的大部分收益落在了富裕国家的中间商和批发商手中,进一步加大了北方与南方的差别。

全球化并非罪魁祸首

让我们把全球化对实际经济部门的有害影响搁置一旁,粗略回顾一下40年来金融领域的情况吧。20世纪60年代,资本由一国向另一国的流动受民族国家的严格控制,因此很有限。这意味着,除了一些特殊情况,一个国家的储蓄应该投资在同一国家。那时,民族国家在货币政策方面拥有很大的自主权,保持固定的比价体系,但仍可以调节汇率。在布雷顿森林国际货币体系内,民族国家有权执行某种扩张性的

---

① M.乔绪多弗斯基:《贫穷的世界化》,蒙特利尔,经济社会出版社,1998,第84、21、78—80页。

货币政策,使自己的通胀率高于其他国家的通胀率,而不必立即使自己的货币贬值。然而,一段时间以后,国家之间的货币政策发生了差异,表现在汇率的调整方面。例如,那时,通胀是经济政策的一种手段。20世纪70年代起,80年代更突出一些,北、南方国家都逐渐扫清了国家之间资本流通的障碍,于是储蓄开始在世界范围内流通。此举立即产生了影响,尤其影响了汇率的变化。当全世界的投资团体有能力在世界范围内调动大量储备金时,汇率即由交易市场按日确定,不再可能保持固定汇率。政府把本国货币的浮动限定在一定范围内的唯一手段,即不要在同一时间内执行与其他国家政府彻底不同的货币政策。与以前相比,它意味着失去了很大的自由。今后,面对国际金融资本,各国政府,特别是低发展国家的政府,采取举措的机遇大大减少。国家政权受金融投资商(投机集团)投机打击的风险大大增加,它们有可能拥有大量资金,有能力引发严重的货币贬值甚至引发严重的金融危机。1992年欧洲货币体系发生危机时,英国、意大利和西班牙的经济因大量资本被抽走而近乎窒息的例子,是金融力量的有力证明。墨西哥的金融危机(1994)或者泰国及其邻国的金融危机(1997)都可以得出相同的结论。这样,一体化的毫无节制的金融市场真正充当了各国政府经济政策的裁判官。正如阿尔多·费雷尔所说,后者"应该以与新自由标准相一致的政策满足市场的期望"①。学者们正是从这个意义上谈论经济政策的可靠性的,言外之意是,政府如果不想看到大量资本流失或利息惊人地攀升的话,就不得不臣服于市场,接受其操纵,或至少要让市场放心。这样,金融市场就发挥着真正的专制作用(布尔吉纳的名言"专横的市场"),使政府完全丧失了经济政策的独立性,并蕴涵着民主制度的各种风险。

但是,当我们并不怀疑投机集团改变股市行情、掏空中央银行外汇储备并最终搞乱国民经济的能量时,且莫忘记,开放贸易和资本市场的决定是民族国家在国际组织的压力下作出的。应该永远有这样的清醒认识,即市场规律不可能通过经济的自发游戏而建立。全球化依赖在世界范围内发挥作用的专断性干预组织如F.M.I.和世界银行,它们回应着巨大的经济利益和金融利益。全球化不是一个自发现象,不是技术进步和经济发展的必然结果,它是追求具体目标的新自由主义经济政策的硕果。不管是发达国家还是低发展国家,正是这些国家的政

---

① A.费雷尔:《全球化的虚幻事实》,1997,第37、33—35、45页。

府和议会决定扫清阻碍国际间商品流通和资本流通的障碍以期激发新的经济活力的。在国际组织的导演下,发达国家和低发展国家的政府通过签署协议修改法律而逐渐营造了一种有时出乎他们预料的形势,为大部分民众带来了严重后果。任何情况下,都别忘记,真正的罪魁祸首不是全球化,而是新自由主义的经济政策。

(原载梁展编选《全球化话语》,上海三联书店,2002年)

欧洲的多元文化主义现状与欧洲一体化式的多元文化主义[①]

(法)里瓦·卡斯多利亚诺

译者按:"多元文化主义"是近年来谈论得较多的一个话题,尤其是必须面对多种文化的工业社会;主张通过承认政策尊重、保持和发展文化差异的人与捍卫政体统一的人为此也进行了激烈的争论。卡斯多利亚诺此文介绍了多元文化主义一词的诞生经过、它所包含的实质内容、欧洲各国以及欧盟的多元文化主义现状。欧洲各国由于政治和文化传统的不同,由于地区和语言的差异,在多元文化主义的实践方面有着很大的差别,但是作者以为它们在"应用多元文化主义方面"逐渐趋同,以为对多种文化的管理应该扩大到欧盟范围,并可构成欧洲身份的基石。我国是一个多民族的国家,自1949年的新政治协商会议起,新中国即一贯倡导民族团结,主张民族平等和民族之间的相互尊重。我国学者更多的是从跨文化研究和文化建设的角度去理解多元文化主义这一社会、政治和文化现象的。

迈克·沃尔泽(Michael Walzer)提醒大家,自从"多元文化主义"这一术语进入公共辩论以来,人们对它的理解和运用可谓仁者见仁,智

[①] 原载法国 *Politique étrangère* 杂志,2000,31:163-178。作者系法国国家科研中心国际问题学习及研究中心研究员。

者见智①。确实,社会科学领域的术语的使用情况很少如此多义化。不仅多元文化主义的观念穿越西方民主国家并超出这一范畴,即使是在单一民族文化的背景里,人们对它的界定和理解也是众说纷纭。

显然,这一术语易于引起混淆。人们可以把它界定为任何工业社会所固有的文化的多样性形态。当众多独特的表达方式伴随文化的多样性而蔓延于公共领域,从而对民族的统一性和完整性提出质疑时,这类事实使多元文化主义问题进入了意识形态范畴。不管何种态度,接受、批评或抛弃多元文化主义,后者作为必然引起政治体制和政治规范之变化的历史性观念而确立于西方自由民主国家。

多元文化主义是建立在承认差异或者说建立在如今称之为身份政治(identity politics)基础之上的一种政治选择,具体体现为鼓励独特文化,并保证独特文化在政治方面拥有同样的代表性。因此,多元文化主义首先是以民族国家为参照系的,民族国家原则上趋向于领土、语言和文化的统一。多元文化主义被视为从实践和意识形态角度对如何管理工业社会的多种文化、如何把它们纳入政治共同体这一问题的一种回答。

自20世纪80年代以来,捍卫政治机构承认独特文化之原则成了社会科学各种学科最热门的话题之一②。对于某些学者而言,多元文化主义意味着尊重文化身份,意味着权利和机遇均等,多元文化主义是民主政治的基石;反之,另外一些人则认为多元文化主义无异于"部落制",威胁着至今由国家体制所保证的民族的完整和统一。一些人认为多元文化主义有利于阻碍民族主义的死灰复燃,另外一些人则相反,断言多元文化主义是民族主义情感和语言的根源。

争论尤其引起那些捍卫自由观、尊重个人自由、反对团队精神压制个人自由以及建立在社会公正土壤之上的"多元"社会之共和观的人们

---

① 《人们心目中的多元文化主义》,记里瓦·卡斯多利亚诺(Riva Kastoryano)、洛朗·布韦(Laurent Bouvet)和克里斯托夫·亚弗雷罗(Christophe Jaffrelot)与迈克尔·沃尔泽的对话,见《国际论坛》(Critique internationale),N° 3, 1999,第55—63页。

② 参阅艾米·古特曼(Amy Gutman)主编的《认同政治》(The Politics of Recohnition)一书中围绕查尔斯·泰勒(Charles Taylor)而展开的争论文章,普林斯顿,普林斯顿大学出版社,1992,第一版。

的内部对立①。总而言之,多元文化主义的分析对一方面与个性相对立、另一方面又对界定国民参与政治的共同空间持反对态度的民族国家所代表的普遍意识这一根本问题提出质疑。这样就把文化多样性的纯粹的人类学分析变成了多元主义的意识观,其中社会被视作文化价值冲突的场所,而文化价值又演变为政治领域的个人利益,社会不再是追求集体利益的场所,于是就把政治生活变成了多数民族与少数民族或多数派与少数派争夺代表权的对立空间②。

一些人认为多元文化主义涉及所谓的种族群体之间的关系,与这种论据相反,热烈的争论场面显示它更多地参与了关于民族整体的分析和民族身份的界定。确实,这些争论显示了社会现实与民族国家之建设意识的联系(或这类联系的缺失),引导民族国家重新界定它的容纳原则、总体原则和公民原则,简言之,重新自我界定。更有甚者,作为观念和政治实践,多元文化主义处于移民群体或少数民族与国家相互关系的核心,导致双方为各自的身份和位置而谈判③。从这种意义上说,多元文化主义尤其可以成为某种理论,供民族国家找到超国家的共同组织与民族机构之间的新平衡。欧洲建构方面即提出了这一问题:最初因为构成欧洲共同体的民族国家数量多且身份各异而形成的多元文化主义现象,可以作为某种欧洲身份的建设性理论而进行分析④。

围绕术语的争论

有必要把多元文化主义这一术语的使用及其实践放到具体的背景

---

① 亦可参阅简・雷兹(Jan Raz)的文章《多元文化主义,一种自由观》,见《争鸣》(*Dissent*),1994年冬季号,第67—79页。

② 必须谨慎使用少数民族的概念,因为欧洲范围的少数民族相当于一个民族。关于这一主题,参阅居伊・埃尔梅(Guy Hermet)关于少数民族诞生情况的历史分析:《欧洲民族和民族主义史》(*Histoire des nations et du nationalisme*),巴黎,瑟伊出版社,1996。

③ 里瓦・卡斯多利亚诺:《法国、德国及其移民:关于身份的谈判》(*La France, l'Allemagne et leurs immigrés. Négocier l'identité*),巴黎,阿尔芒・科兰出版社,1996。

④ 里瓦・卡斯多利亚诺:《欧洲拥有何种身份?多元文化主义面临考验》(*Quelle identité pour l'Europe? Le multiculturalisme à l'épreuve*),巴黎,政治科学出版社,1998。

环境中去考察①。多元文化主义的观念诞生于加拿大,伴随着某种政治目的,查尔斯·泰勒把这种政治叫做"认同政治",并界定为"一体化前景中对文化多样性的民主权利的捍卫"②。他从加拿大的《权利和自由宪章》所规定并正式承认为加拿大国家基本特征的多元文化主义中找到了政治上的合法性③。

自20世纪60年代起,出于对"承认少数民族之需要"的回答,多元文化主义一词在北美应运而生。多元文化主义根植于民权运动,随着1965年起"肯定行动"(*affirmative action*)措施的逐步落实而正式形成。法国人最初根据社会学家纳坦·格拉泽尔(Nathan Glazer)的阐释,把其译为"积极的区别",所谓"肯定行动"的措施包括缩小种族之间的不平等和其他不平等现象,旨在修复从前的政治体制尤其是奴隶制度和种族隔离制度所留下的恶果。截至那时,被米尔顿·戈登(Milton Gordon)明确界定为美国民族的理论。④ "文化上的多元主义"的内容80年代演变为伴有义务教育纲领和政治上正确(*politically correct*)之语言的多元文化主义,并引起高校、政治生活以及新闻媒体上支持"区别政策"一派与首先考虑到社会联系的人们的激烈争论。双方都在考虑多元文化主义可能对美国之民族统一产生的后果。一方认为,多元文化主义把社会分割为许多微型社会,把民族分割为许多小民族;它是种族冲突的根源,用阿瑟·施莱辛格(Arthur Schlesinger)的话说,是"美国分裂的起源",因此与美国民族的立国之本"从差异中求同"(*E Pluribus Unum*)的原则是矛盾的。反之,另一方则认为多元文化主义及其实践是美国社会对那些被排斥在同化政策之外的人们的一种开放,多元文化主义这一反常现象是同化政策的失败,特别是同化黑人的

---

① 参阅简·雷兹的文章《多元文化主义,一种自由观》、让·勒卡(Jean Leca)的文章《民主面临多元主义的考验》("La démocratie à l'épreuve du pluralisme"),见《法兰西政治学杂志》(*Revue française de science politique*),卷46,N° 2,1996,第225—279页。

② 查尔斯·泰勒:《多元文化主义与认同政治》(*Multiculturalism and the Politics of Recognition*),普林斯顿,普林斯顿大学出版社,1992。

③ 菲力普·雷斯尼克:《英语加拿大之反思》(*Thinking English Canada*),多伦多,1994(主要参阅第7章)。

④ 米尔顿·戈登:《美国生活中的同化现象,种族的作用,宗教及民族起源》(*Assimilation in American Life. The Role of Race. Religion and National Origins*),纽约,牛津大学出版社,1964。

政策的失败①。

情况的不同引导加拿大哲学家威尔·凯米加(Will Kymicka)区分了两类国家,他把由语言及领土都相对确定的民族实体构成的国家叫做多民族国家,而把由移民运动产生的多种族群体共存的国家称之为多种族国家②。尽管加拿大的例子同时相当于两种类型,而美国黑人的情况也不能局限为典型的移民模式,这种区分仍然提供了根据国家结构有区别地思考多元文化主义这一问题的范例。

其实,欧洲的多元文化主义也因国家结构之不同以及承认地区和语言特殊性方面的政策不同而呈现出多种形态。旧大陆的某些国家如意大利和西班牙,通过创立拥有政权的地区,把多元主义制度化,其他国家如比利时和瑞士③,则把国家建立在多元语言的基础之上,其中的语言和领土共同体拥有自己的政体。而法国、德国、英国、荷兰等国家的多元文化主义现象则与美国相仿,与20世纪60年代移民运动中同一民族或同一宗教信仰(或两者兼而有之)的人民自发形成的所谓共同体组织形式相关,也与要求承认他们在公共范畴中的独特性相关。

总而言之,背景不同,参照系不同,运作方式亦不同。如果说在加拿大,多元文化主义是针对领土和语言上的"少数民族",在美国,它则与同化政策中被排斥在外的民族相关,具体地说,即与黑人相关联。然而,对种族团体之平等性的关注还是把这一术语扩大到妇女、同性恋者以及任何对平等型民主构成威胁的集体身上。在西欧,多元文化主义这一术语的使用标志着从短期经济移民行为向20世纪60年代之移民的永久居留的过渡,特别是那些来自伊斯兰教国家的移民,他们被认为与西方文化的距离最远,对世俗社会的普遍价值的威胁最大,因为世俗社会反对建立在教会基础之上的特殊的组织形式,因此便提出了从制度上承认他们并给他们以代表权的问题。

事实上一定程度的相似之处导致相同概念的使用;而这些相同概

---

① 参阅纳坦·格拉泽尔的新作《现在,我们大家都是多元文化主义者》(*We Are All Multiculturalists Now*),剑桥,坎布里奇,哈佛大学出版社,1997。

② 威尔·凯米加:《多元文化条件下的公民资格》(*Multicultural Citizenship*),纽约,牛津大学出版社,1995(主要参阅第2章,"多元文化主义的政策")。

③ 关于瑞士的情况,参阅 U. 温迪实(Uli Windisch)的著作,特别是在"走向欧洲多元文化主义"研讨会上宣读的论文"语言疆界"("Les frontières linguistiques"),巴黎,CERI,FNSP,1994年3月。

念使用于不同的民族背景时,则要求对它们予以重新界定;因为概念的行旅很困难。它们背上了意识,肩负着政治传统和文化传统、国家的形成史以及构成这些国家的民族的形成史而步履蹒跚地从一国走向另一国。关于多元文化主义的暧昧的修辞就说明了这一点,它虽然有时也发现或意识到任何社会都可能出现的文化、宗教和语言方面的差异性和多样性,但是它同时又是捍卫民族国家和政治共同体之普遍性的言语的基石,似乎只有后者才具有合法性。于是,法国知识界的辩论中,多元文化主义被视为一种"幽灵"①,一种表示美国式少数民族"聚居区"的意识形态,而美国式的环境又被认为是法国式环境的相反典型。在德国,作为多元文化主义之结果的"少数民族种族自治"的倡议受到了批判②。

自20世纪80年代以来,新闻媒体和政治阶层不顾上述反映事实,把法国社会誉为"多种族社会"、"多文化社会"、"多元社会"和"多元文化社会"等。同一时期的德国,"多元文化主义"这一术语以同样的速度迅速传播。法兰克福市政府甚至设立了"多元文化事务局",局长由副市长达尼埃尔·科恩-本迪特(Daniel Cohn-Bendit)兼任,科恩-本迪特受卢梭《社会契约论》的启发,宣扬"多元文化民主"的思想③。然而,不管是在法国还是在德国,这一术语的使用都记录了来自多种国度、具有多种宗教信仰的人民共处于同一社会这一事实并作为表达这一社会现象的战略用语。在法国,出于民主社会的考虑,而权利的平等理应主导民主社会,这类言语的宗旨就在于使公众舆论接受多种族是现代社会的固有现象的思想。德国亦如此,这类言语是反对党的战士们和发言人用来提醒公众舆论和政治阶层的一种方式,让他们意识到"外国人来德国的目的即居住",意识到德国其实是一个移民国家,因此也是一个多元文化的社会。

---

① 见《精神》(*Esprit*)杂志,1995年6月号。
② 弗兰克-奥拉夫·拉德克(Frank-Olaf Radtke):"德国的多元文化主义"、"走向欧洲多元文化主义"研讨会上的论文,巴黎,CERI,FNSP,1994年3月。
③ 达尼埃尔·科恩-本迪特1992年写成的一部著作阐述了他的雄心和目的。参阅科恩-本迪特和托马斯·施米特(Thomas Schmid)合著的《巴比伦国家,多元文化主义民主的大胆尝试》(*Heimat Babylon. Das Wagnis der Multikulturellen Demokratie*),汉堡,霍夫曼与坎普出版社,1992。

英国的同类记录已经引发了关于"种族关系"("*race relations*")①的理论建树,这些理论建树构成 20 世纪 80 年代多元文化主义这一理论和实践的基础。它的使用从法国人谓之曰盎格鲁－撒克逊范式中得到了确立,所谓盎格鲁－撒克逊范式主要是指美国人赋予"少数人种"以权利的事实,这种权利在英国也已合法化,英美都以"种族"言语标志分界线,特别是美国。如今,据哈里·古尔本(Harry Goulbourne)所说,"多元文化主义的英国"这一概念意味着"承认由不同肤色的人群所构成的公民的存在并欢呼文化的多样性"②。来自印度半岛各国的信奉伊斯兰教的人民动员起来要求获得政府机制的承认一事又为英国的多元文化主义增加了宗教信仰的层面③,正如法国和德国一样,伊斯兰问题显然位于关于承认的争论的中心,其实,荷兰和比利时亦如此。

　　这样,欧洲国家关于多元文化主义的言语就相互接近起来,尽管大家赋予该词的定义不尽相同。在法国,它的含义是把差异纳入国家政体的结构,并老生常谈式地重复共和政治传统,后者仅承认个人是国家的对话者,反对任何种族团体形式。在英国,它提出了"少数种族和少数宗教"的代表性和平等问题;据弗兰克-奥拉夫·拉德克所说,德国的多元文化主义言语表现为"对外政策"(l'Ausländerpolitik)的一种交替,因此标志着社会描述规约的变化以及国家在移民问题上的政治实践的变化④。总之,使用这类言语导致了同化与承认之间的矛盾,导致了一体化与催生、接受或抛弃,特别是论证多元文化主义的政治行为之间的矛盾。

多元文化主义的实践:争论与悖论

　　承认政策意味着追求一视同仁的效果,这种做法使欧洲国家在某

---

①　约翰·雷克斯(John Rex):《社会学理论中的种族关系》(*Race Relations in Sociological Theory*),伦敦,Routledge 出版社,1983。

②　哈里·古尔本:《1945 年以来的英国种族关系》(*Race Relations in Britain Since* 1945),伦敦,麦克米伦出版社,1998,第 25 页。

③　参阅塔里克·莫多(Tariq Modood)在"从比较前景看多元文化主义和争取承认的斗争"("Multiculturalism and Struggle for Recognition in Comparative Perspective")研讨会上宣读的论文,哈佛大学,1999 年 3 月。

④　弗兰克-奥拉夫·拉德克:"德国的多元文化主义","走向欧洲多元文化主义"研讨会上的论文,巴黎,CERI,FNSP,1994 年 3 月。

种应用多元文化主义方面趋同。它意味着今后要把神圣国家扩大到一个新领域,即身份领域,并落实种种社会政策,以"保证"移民或少数民族(根据具体情况)"融入"总的社会之中。因此,民主国家走上了确定政策时要考虑文化差异的道路,例如教学大纲的编制(双语教学)、建立市级联合会或委员会等。

在美国,多元文化主义在教育领域受到的争议最多。社会团体和公民之间相互尊重的原则要求重写历史,并对文明的起源从种族方面作出新的解释[①]。在欧洲,张扬根基的做法是成立民族协会。法国的"差别权"自1981年起,随着外国人协会法的开放,如虎添翼,赋予突出身份的组织以合法权利,而不管它们主要是从社会方面、文化方面、世俗方面还是宗教方面界定自己的性质。在英国,种族平等委员会(Commission for Racial Equality)1976年颁布了"种族关系行为法"(le Race Relations Act)。主要目的在于与种族主义斗争,消除种族歧视,保证机遇平等,并因此而建立不同"种族群体"之间的良好关系[②]。从此后,英国社会以多元文化主义社会自诩,并伴之以相应的教育纲领(斯旺(Swann)报告:《人人享受教育》(Education for All)),目的在于突出共同价值,并保证社会的和谐[③]。20世纪80年代的荷兰也制定了少数民族政策,旨在"推行多元文化主义,推动种族群体的解放",提

[①] 《非洲文明的起源》(The Origins of African Civilization)一书提供的例子最著名,该书宣称古埃及文明属于黑人文明,所有人种都是黑色人种的后代,包括西方文明,因为西方文明起源于埃及文明。类似的论点充斥着1987年发表的另一部著作《黑色的雅典娜:古典文明的非亚根源》(Black Athena: The Afroasiatic Roots of Classical Civilization)。标题已经明显表达了美国黑人有意表示他们的人种优越感和种族自豪感。

[②] 约翰·克劳利(John Crowley):《大英王国的移民问题、"种族关系"和少数民族之动员,面对复杂社会问题的民主政治》(Immigration, relations raciales et mobilisations minoritaires au Royaume-Uni. La démocratie face à la complexité sociale),政治学博士论文,指导教师为让·勒卡,巴黎,1994年。

[③] 哈里·古尔本:"英国的多元文化主义与共同选择"("British Multi-culturalism and the Communal Option"),为"走向欧洲多元文化主义"研讨会上宣读的论文,巴黎,CERI,FNSP,1994年3月。

高它们政治上的代表性①。

执行这些措施最初产生了一系列恶果,说明在追求平等的过程中突出文化和身份、强调差异的政策事与愿违。这些悖论现象最终属于民主制度之悖论。如何选择或联结个人权利和集体权利呢?如何既推行建立在个人和人权基础之上的普遍意识又执行针对不同人种区别对待的政策呢?如何把差异与平等相结合呢②?

所有这些问题和方法突出了承认政策的颇受争议的后果:把社会分割为自成体系的若干团体、面对政治共同体的不同程度的认同对公民感提出了挑战、国家实行差异政策的结果导致了政治活动家的"客户主义"并对个人的自由选择提出了质疑③。更有甚者,作为政治选择,多元文化主义有助于从更广泛的角度界定民族实体之代表性特征最陌生的"人民"或把目标对准他们,这样便突出了双方的特性④。

然而,关于多元文化主义的思考远没有提出解决上述社会现实问题的方法,仅限于哲学和政治伦理学方面的正名,而自由主义者和社团主义者围绕社会公正和公民权、容纳和参与的界定和实践而争论不已。多元文化主义加社团主义不仅没有超越身份的区别追求个人与公民的平等,追求公民对国家事务的平等参与,反之,却把承认身份的差异作为公正社会之标志,把代表权作为一个种族团体通过属于某种文化协会或其他组织融入并参与民族整体的一种手段。

例如20世纪80年代的法国所制定的关于移民的社会融入措施,大部分建立在国家帮助多种多样的异域文化组织起来,帮助移民原来身份的确立。联邦德国首先从种族和民族属性上考察一个外国人,它所制订的融入计划旨在把他们纳入作为利益团体之合的德意志这个实体。于是,在这两个国家,旨在消灭因文化差异而产生的社会不公现象

---

① 汉·恩特津格(Han Entzinger):《"少数民族"的荷兰范式有前途吗?》(Y a-t-il un avenir pour le modèle néerlandais des "minorités ethniques"),《国际移民问题欧洲杂志》(Revue européenne des migrations internationales),卷10,N° 1,1994,第73—95页。

② 关于这一问题,参阅琼·W. 斯科特(Joan W. Scott):《平等之谜》("The Conundrum of Equality"),载社会科学学院学报,普林斯顿,1999年3月,第2期。

③ 亚历山德拉·阿龙德(Alexandra Alund)、卡尔·希尔鲁普(Karl Schierup):《多元文化主义的悖论现象》(Paradoxes of Multiculturalism),奥尔德肖特,艾夫伯里出版社,1991。

④ 里瓦·卡斯多利亚诺:《法国、德国及其移民:关于身份的谈判》,1996。

的政策，却把原有身份作为政治行动的唯一的合法基础而凸现出来。按照这种要求，预先组织起种族文化和宗教组织，反倒成了日后获得国家对其独特性的承认以及与国家谈判这些独特性的必要策略。以协会组织形式表达身份并把身份问题政治化的可能性导致一部分移民发展政治参与的工具并要求承认他们在与国家打交道中成立的"社团组织"。

处于长期相互影响的夹缝之中，国家从此不得不一再重申民族的基本价值？国家永远是这些基本的民族价值的保护者——并与表示了身份方面的其他认同倾向和其他惬意倾向的移民们谈判上述基本价值。然而，这样反而引导国家更加坚定地确定了移民组成社团争取承认所依据的身份内容，须知居住国的合法居留权是有种种限制的，于是马格里布人民便把伊斯兰作为他们团结一致、对付法国社会之世俗性的标志，而土耳其移民则以少数民族自居，应对德国的民族观念。

国家和与身份政策相关的人群之间的相互影响必然产生一定的社会现实。曾经发展差异和平等言语并且实践了"多元文化主义"政策的民主社会面对着愈来愈集体性的参与形式和个人介入形式，不管是一种文化、种族和宗教社团或一种"临时社团"——借用让·勒卡的说法[①]——内部，还是民族整体内部。今后的问题便是如何通过承认某种族组织为国家宪法范围内的合法组织而保证"被排斥在同化之外的人群"参与国家事务；如何建立社团组织与国家机制之间的新的平衡。

于是，多元文化主义超越了自由主义与参与形式的社团主义的争论，提出了国家合法性范围内的机制中的代表性问题。这种显示着"机制认同"的方法论意味着国家对不同的文化社团的政治上的认同，而不同的文化社团对民族整体的政治认同，两者之间不发生矛盾。其主要精神即界定体现公民政治参与的空间。

迈向欧洲一体化式的多元文化主义

确定政治参与的共同空间确实处于建设政治欧洲问题的核心。尽管许多情况类似，尽管欧盟成员国政治上的凝聚力很强，以"民族范

---

① 让·勒卡：《论马斯特里赫特条约之后所谓的民族主义抬头现象》("Après Maastricht sur la prétendue résurgence du nationalisme")，载《见证》(Témoin)杂志，N° 1，第29—38页。

式",尤其是人民、民族和国家关系中或者少数民族与多数民族关系中——它们在不同的欧洲国家中的含义不同——的"民族范式"所表示的民族情感为支柱的言语的分化愈来愈明显。上述民族参照系的建立揭示了欧盟建设中政治方案的矛盾性和暧昧性。它首先强调了民族特殊性的主导地位,但是,也突出了在超越民族的政治空间里——超民族的政治空间强化相互影响——重新界定这些特殊性的必要性。

显然,统一的欧洲建立之初,即属于事实上的多元主义:语言和文化不同,民族和区域相异,多数民族和少数民族的情况不同,国家机制也不同,每个民族的建制都承受着浓厚的文化和政治传统的影响。欧盟的政治方案不能无视这种多元性以及这种多元性所蕴涵的民族文化方面的差异。

然而,对于新的政治空间的关注也意味着对新的社会范式之建构的关注。多元范式自然建立在因不同民族文化和/或以民族自居的少数民族文化在建立共同的欧洲文化过程中的贡献而重新界定的原则的基础之上。关注的内容包括个人或社团的参与范式和代表性,包括所有复杂而又多元的集体身份的表达方式。此外,还包括居住在欧洲的"非欧洲裔外国人"。即使移民政策和融入政策属于民族国家的内政,因移民行为而形成、属性和参与空间贴有居住国以外的其他标签的种种人群,都从正在建设中的形态尚不明朗的新的政治空间中获得支持,以推动所谓的"原籍"集体身份的形成,不管这种身份带有宗教色彩还是民族色彩。民族身份的削弱,甚至因共同政治方案的实施而造成的民族身份的折扣,造成正在寻求新的参照系的欧洲空间里追求"少数民族"身份之代表性的某种动员态势。

问题在于弄清"多元文化主义"是否真的就是民族国家内部分裂的基础吗?它难道不能也是欧洲一统身份的渊源吗?这里的欧洲身份是指由阐明文化交流和政治交流的司法机关产生的身份、围绕不同民族团体和非民族团体之间的正式的和非正式的交际网络而形成的身份。这就等于从总体上提出了欧洲公民性的问题,提出了超民族、超国家的机制在确定和建立欧洲公民观和欧洲身份观的过程中的介入问题,以期最终跨越司法定义,形成欧洲大一统的政治文化①。

提出联盟范围内的多元文化主义恰恰意味着关注欧洲政治共同体

---

① 里瓦·卡斯多利亚诺:《欧洲拥有何种身份?多元文化主义面临考验》,1998。

是否出现、构成这一新政体的所有民族、所有以其历史传统和价值而立于欧洲国家之林的成员国的共同的政治文化是否形成，简言之，用约翰·罗尔斯(John Rawls)的话说，意味着关注共同身份是否已经确立。那么欧盟的主要任务从此可以确定为通过建立统一的共同空间，在普遍民主的范围内，管理多种多样的政治文化；这里的共同空间一方面是指产生欧洲政治权力和欧洲公民权的空间，同时也是共同参与相互认同的空间，即欧洲公民的共同空间，这种公民权将是欧洲身份和代表集体利益的空间的真正动力。

关于公民权、国籍、欧洲身份的许多讨论伴随着大一统市场向单一政治空间的逐渐过渡，它们强调欧洲政治实体形成过程中身份参照方面的多元性。让-马克·费里(Jean-Marc Ferry)建议以"后民族"范式表示欧洲政治实体之建设对"民族主义原则"的超越[1]。J.哈贝马斯(Jürgen Habermas)则论述了"宪法意义上的爱国主义"观念，以突出民族公民权导致的隶属感与其超越民族国家范围的司法运用之间的分离。在他看来，公民权"应该参照加入某种组织的范式设计，该组织保证司法地位，使个人超出国家的范围"。

同样，隶属和政治介入的记录说明，在欧洲范围内，公民权的实践显示了利益、隶属和倾向的多样性，脱离了纯粹的民族身份的观念。然而同时，作为向其公民和居民之利益要求和身份要求开放的空间，欧洲也激发了一种超越民族的参与方式，这种方式保证他们相对于领土确定的国家体系能够获得某种独立性。正是从这一逻辑出发，居留在欧洲某一国的移民群众才投入某种跨民族的行动，以加强他们的要求声势，要求在欧洲范围内获得平等的权利和一视同仁的待遇，并为他们反对种族主义的斗争助威。这种介入行为表明了参与建立超越民族身份的欧洲身份的愿望。

---

[1] 让-马克·费里：《后民族提法的可靠性》(La pertinence du post-national)，见雅克·勒诺布勒(Jacques Lenoble)和尼科尔·德旺德尔(Nicole Dewandre)主编的《世纪末的欧洲：身份与民主》(*L'Europe au soir du siècle : identité et démocratie*)，巴黎，《精神》杂志出版社，1992，第39—59页。

正是在这里,出现了欧洲建设方面的反常现象之一①。诚然,跨民族的网络是绕过国家政策的一种手段。它们在某些方面帮助了超越民族国家范畴的"跨民族社团"的形成。然而事实上,今后它们成了与权力机构谈判在民族范围内获得承认的必不可少的组织。加强跨民族之间的合作总之旨在从外部影响国家。这一发现在移民群众那里就显得更为明显:跨越边境的联合网络结构的宗旨在于加强他们在欧洲层面上的代表性,但是它的实用目的则是在民族层面获得平等权利并消除任何形式的种族歧视。

这样,正如网络结构和活动家们的政治介入所展示的那样,尽管利益与具体的国家和民族紧密地联系在一起,但是,共同的欧洲空间似乎是在国家与民族之外勾勒的。然而,政权和相互影响主要是在各个国家与欧盟的互相切入部分发挥作用的,而无共同的欧洲政治空间时总体利益则体现在民族层面。这就导致我们把国家看做欧洲建设的结构性力量。

关于统一欧洲的思考之一恰好以超越本位主义的国家范式以及如何联结构成欧洲统一空间的各个不同的司法空间、文化空间和政治空间为内容。这就意味着在产生新的文化和法律规范时,国家的利益要予以考虑,国家的原则和主权要得到保护,国家的身份要有代表,总而言之,一个多元社会范式,其宪法建立在承认文化差异、建立共同的欧洲政治文化的经过调整的原则基础之上。那么就要考虑把多元化的民族文化与确立欧洲身份所必须的政治上的统一性结合起来的具体方法。新的民主形式无疑在考虑之列:尚塔尔·穆夫(Chantal Mouffe)提出一种考虑到这种有关政治现实之多元文化观,试图找到联结普遍性和个性的新形式的"多元民主制度"(démcratie plurielle)②。

---

① 里瓦·卡斯多利亚诺:《跨民族参与与公民性,欧洲联盟的移民》("Participation transnationale et la citoyenneté. Les immigrés dans l'Union européenne"),见《文化与冲突》(Culture et conflits),N° 28,1997 年冬季号,第59—75页;还可参阅克里斯蒂安·勒凯纳(Christian Lequesne):《自主性与依赖性之间的欧洲联盟》("La Commission européenne entre autonomie et dépendance"),载《法国政治科学杂志》(Revue française de science politique),卷 46,N° 3,1996,第 389—408 页。

② 尚塔尔·穆夫:《现代与后现代之间的民主:论多元民主》("La démocratie entre modernité et post-modernité : pour une démocratie plurielle"),载《莫斯杂志》(Revue du MAUSS),N° 8,1990 年第二季度号,第 14—30 页。

然而，欧盟内部大家都能接受的政治文化的形成活力却只能在不同民族传统的碰撞运动中得到发挥。其实在民族范围内，愈来愈代表着独特身份并以社团组织形式出现的移民群众之间的日益增长的联系——但是用哈贝马斯的话说，这些联系体现了他们参与和加入环境文化的某种"政治和文化方面的适应"愿望——导致国家参与关于身份问题的种种谈判，后者质疑这些或那些政治传统以期获得新的历史性妥协。同样，在欧洲范围内，难道"多元文化主义"不能作为导致新妥协的某种新调整的起点吗？作为考虑到欧洲文化政治和法律多样化之现实的政治统一的基础，多元文化主义能够使我们超越成员国之间、成员国与布鲁塞尔之间的紧张局势和力量关系——如同联邦制之欧洲的想法所设想的那样——并在尊重宪法多样性和身份多样性的基础上达到政治上的统一吗①？同时，与建立在领土完整、政治完整和人民资源基础之上的联邦制的情况相反，要确立共同的宪法，多元文化主义的思想则借鉴相反的道路，即从多样化到政治统一，从中寻求恢复文化、政治和领土间的新的平衡，并从长远角度寻求活动家们对考虑到不同政治传统的新政体的认同。

无论如何，作为公民活动、介入和参与的空间，作为兼有地方属性和民族属性甚至种族属性和宗教属性色彩的空间，欧洲为个人的身份选择提供了一个新的对象，即以欧洲为参照对象。作为众多身份谈判的基础，多元文化主义难道不能回答人们的隶属倾向问题、阻挠人们从建立民族国家范式的传统角度、而从构成欧盟的多种身份共处的角度思考欧洲联盟问题吗？

（译文原载《国际理论空间》，清华大学出版社，2003年7月）

---

① 关于欧洲宪法体系的讨论，参阅《政治学研究》（*Political Studies*）特刊号，卷 XLIV，1996；亦可参阅莫利斯·克鲁瓦萨（Maurice Croisat）和让-路易·凯尔莫纳（Jean-Louis Quermonne）的合著：《欧洲与联邦制：论跨政府联邦制的出现》（*L'Europe et le fédéralisme : contribution à l'émergence d'un fédéralisme intergouvernemental*），巴黎，蒙克雷蒂安出版社，1996（1999年第二版）。

确定的世界的时代结束了①

——互动人类学跨文化研究十年旅程之方法论的理性总结及建议

(法)阿兰·李比雄

"天上人间所拥有的财富远胜于哲学家的梦幻"

"啊!你在这里?"
  尽管我们都不是。我还是我,
  但我知道我自己已经成了另一个人?
而他只是一张还在形成的脸;但语言已足够
  强迫他们承认曾经相识。
  因此,按照一般的风尚,
双方既然素昧平生也就不可能产生误会,
  我们在这千载难逢,没有以前也没有以后的
  交叉时刻和谐地漫步在行人道上作一次死亡的巡逻。
我说:"我感到的惊异是那么轻松安适,
  然而轻松正是惊异的原因。所以说,
  我也许并不理解,也许不复记忆。"
他却说:"我的思想和原则已被你遗忘,
  我不想再一次详细申述。
  这些东西已经满足了它们的需要:由它们去吧。"
你自己的也是这样,祈求别人宽恕它们吧,

---

① 作者李比雄,法国科学院院士,美国科学院院士,法兰西研究院地质地理系主任、教授。该文系1999年李比雄教授为中法互动人类学研究十周年写的总结和展望。译文当年完成,修订于2007年11月。

> 就像我祈求你宽恕善与恶一样。上季的果子
> 已经吃过,喂饱了的野兽也一定会把空桶踢开。
> 因为去年的话属于去年的语言
> 而来年的话还在等待另一种语调。
> 但是,对于来自异域没有得到抚慰的灵魂,
> 在两个已变得非常相像的世界之间
> 现在道路已畅通无阻,
> 所以当我把我的躯体
> 委弃在遥远的岸边以后
> 我在我从未想到会重访的街巷
> 找到了我从未想说的话。
> 既然我们关心的是说话,而说话又驱使我们
> 去纯洁部族的方言……

(艾略特:《四个四重奏》,汤永宽译,上海译文出版社,1994,126—127)

汤一介教授和乐黛云教授给我以莫大荣誉,嘱我对欧洲文化与非欧洲文化之间开展互动人类学研究的十年跨文化旅程给予总结。十年前,中国方面的王宾、乐黛云和汤一介教授,欧洲方面的阿兰·雷伊、U.埃科和安托万·当尚、卡尔梅洛·利松·托洛萨纳等人,我们通过创立《跨文化》杂志和欧中无墙大学网络,步履蹒跚地发展了互动人类学。我试着自由借鉴文前引用的T.S.艾略特的这首诗,完成他们交给我的任务。

"跨文化旅程"这个看似无足轻重的术语的法语词源可以使我们预先比较准确地描绘出我们的创举的精神实质。《罗贝尔》辞典告诉我们,在中世纪的法典中,这个词表示封建领主们相互允许对方在自己的封地范围内自由走动。

我们知道,或者说我们应该知道,在西方,自亚里士多德在《尼各马可斯伦理学》的分析中说明互惠原则是任何真正意义上的人与人之间的关系的首要条件起,这一原则即意味着手段与财富的公平分配和真正平衡。考察一下希腊思想中占有广泛词汇场和语义场的这一中心术语及其思想随着科技文明高潮的到来,主要自文艺复兴时代起,逐渐消失的经过和原因,并非毫无意义。我以为互惠原则消失的原因有两个:其一是西方科学方法青睐解剖型分析范式的关键性选择,解剖型分析范式扼杀知识并使知识凝固化;其二是西方人占领行为中固有的侵犯

性特征,他们的全球占领计划不仅包括物质领域,同样包括对异域社会文化的掌握和同化,排除他人的任何意见,排除任何互惠性。后者是对前者的解释。

十二年前的1987年,一些欧洲、非洲和中国研究人员认为,如今,由于世界化进程和交际方面的长足发展,互动人类学的条件已经具备,创立了跨文化的校际研究网络。该网络的目标是:挖掘不同文明相互了解的渠道,重视非欧洲文化观察家们考察我们的视线,试图澄清并避免不同文化间的误解,在最有利的相互观察的条件下,激发发现他者的最良好的聚会环境。

自1988年起,随着中国的发展和开放,受欧盟的支持,一项研究计划使广州中山大学的若干研究人员参与了对意大利社会的人类学调查。这项以实地考察为基础的研究课题举办了十余场国际研讨会,获得了一系列报告,发表了一系列论文。尤其是1993年6月,跨文化机构组织了以"追求普遍性过程中的误解"为题的巡回研讨会,1个月内,中欧研究人员从广东到北京,中经丝绸之路,探讨各自文化在对方文明中的体现(参阅《独角兽与龙》,北京大学出版社,1996)。

这种方法不仅意味着一些研究人员定期进行实地考察,还决定使用互联网保证交流的继续,有选择地形成国际范围内空间和时间上和谐相处的几个研究团体。从这种跨文化的前景出发,欧中无墙大学旨在建立一种灵活的思考和讨论机制,能够对全球化和不同文化范式碰撞背景下提出的主要问题作出反映,为这些问题的解决提出面对未来创造之新环境和新形式的战略性意见,以加强中欧关系的发展。

1. 人类学认识的全球性与不平等的目光问题

"啊!你在这里?"
　　尽管我们都不是。我还是我,
　　但我知道我自己已经成了另一个人——
而他只是一张还在形成的脸;
　　……
双方既然素昧平生也就不可能产生误会,
　　我们在这千载难逢,没有以前也没有以后的
　　交叉时刻……　　　　　　　　T. S. 艾略特

这种方法论的核心是：一方面透视欧洲文化历史背景中形成的西方人类学认识的方法和范式，一方面透视其他非欧洲主要文化场如非洲、亚洲等文化场所使用的方式和范式，力求开放双方的观念场，逐渐建立新的跨文化的人类学认识场。无疑，不管是从科学认识的角度，还是从人的关系的角度、建立国际关系之战略角度，这一问题都有很大的难度，也引起了很大的争议。

今天，我尝试着展示这一问题在欧洲的现状，因此，我是从认识角度、从欧洲的认识现状角度来谈论这一问题的。

莱布尼茨与世界的边缘

三个世纪前的1692年，莱布尼茨发表了《来自中国的最新消息》（*Novissima Sinica*）一书。在该书的前言里，莱布尼茨写道："如今，欧洲颓废到了如此强烈的程度，已经到了请中国人向我们派遣他们的道学家以传授新道德的刻不容缓的时候了，就像我们向他们派遣传教士揭示基督教之秘密那样。"莱布尼茨这一深刻的认识三个世纪前已经规定了跨文化机构今天试图建立的方法论，大概需要等待300年时间等到欧洲和西方普遍进入今天的混乱状态，我们才能发现莱布尼茨建议的现实性。然而，更重要的是，需要等到我们意识到下述现象，用保尔·瓦莱里的话说，即"确定的世界的时代开始了"这一现象。

世界边缘的发现（即瓦莱里的"确定的世界"），亦即我们的世界观念边缘的发现。截至今天，只要世界上还有一"块"未开垦的处女地，对人类学而言，只要世界上还有一处"隔离群"，我们就有施展我们的批评精神的对象，就有检验我们的世界观念是否完美的材料。

然而，当我们到达世界边缘的那一天，这里的边缘不是陌生世界开始的边缘，当我们环绕地球一圈，浏览了人类生存条件之各种状态、把各种状态简约为一种状态、对世界之旅进行清点时，我们西方人重新回到了虚空状态，回到了伟大举措的纯工具时代：不知疲倦的测量人员和几何学家，对我们自己在精神游戏和语言游戏实践中千锤百炼的普遍性参照系和测量尺寸笃信不疑，于是把它们统统应用于人类条件的其他状态，自以为验证了我们的普遍性。只要还存在一点未知数，只要还有一个空间没有了解，随着我们的永不满足的占有欲望，我们就怀着这样的侥幸心理，即该未知数、该空间在再次肯定我们的知识、我们的认知方式、我们的科学之卓越的同时，还将证实这种科学、这种捕捉和测定材料的尺度、这种捕捉和测定人类本身的尺度的无穷的普遍性特征。

然而,当清点结果出来之后,当我们重新面对我们自己时,或者更准确地说,当我们面对我们自身之投影或变种时——按照我们的语言游戏规则,按照我们的重量和数量尺度被分类、切割和修剪之变种——我们突然陷入了惊恐和烦恼之中。人的多样性难道仅此而已吗?人类并非多种多样,我们所理解的它的普遍性,原来可以简化为同类动作和同样尺度之单一形式的重复。

"确定的世界的时代开始了"对于人类学而言,难道就是一个重复的时代吗?

不旋转的地球

埃德蒙德·胡塞尔以"地球不动说"为题的几页思考文字中,展示了一个奇怪的现象:地球自转和运动现象的发现远没有引起我们对自己世界观及人类生存观的质疑,其后果似乎是仅仅增加了我们对世界看法的静止性。例如,尽管发生了哥白尼革命,我们的西方社会似乎与人类历史上所有社会类型一样无能为力或有过之而无不及,难以从故土观念中解脱出来,我们总以为世界从我们的目光所及之处开始,而终结于我们之目光消失的远方。科学的所有结论进一步论证了这种观念的静止性和普遍性,强化了西方人自以为人类知识之源的意识。

发现世界边缘的同时,完成了环绕地球旅行的西方人也发现了其知识场的边缘。从此后,我们在科学技术方面支配世界的成就感——用维特根斯坦的话说,即拉紧了"投放在现实世界之上"的网络、拉紧了科学知识之"标准"网络的成就感——反而使西方文化观察人类条件不同形态的目光变得更凝固、完全静止起来。

当西方思考人类生存形态的观念进入这种死胡同时,难道我们不能设想另一种目光时代的来临吗?西方观察家之目光的突然缺失和虚空正好为其他世界观、为其他知识世界在国际舞台上留下了自由空间;如同人的精神通常仅使用大脑中很小一部分神经元资源,因而拥有巨大的使用潜能一样,我们完全可以大大扩展思想场和知识场的范围。

跨文化尝试正是基于这种设想,即在西方文化之核心氛围中成长了数个世纪之后的人类学以及我们有关世界及自身的一切知识,如今已经站在新时代的起跑线上,新时代应该深刻更新关于现实世界的思维方式和阐释方式。人类学应该向时至今日欧洲一直以阐释为己任的非欧洲文化的其他认知方式开放。于是,我们应该准备好迎接新的范式,迎接描绘明日之世界的新的社会范式和新的知识范式,重新认识世界。

重新认识世界:全球化进程中的西方

为了重新认识世界,我们大概应该首先反向认识正在发生的全球化进程与其得以诞生的发源地西方范式的因果关系。

然而,这可能吗?从原则上讲,人们有可能把本身即属于全球化现象的东西与其因素如市场、传媒和通讯技术之后果相提并论吗?如果说全球化即是由市场引起,即是市场,像商务一样,那么这样的认同就没有意义,因为埃米尔·本弗尼斯特在《欧洲机制之词汇》中提醒我们,它在任何语言中都没有名称:"商务是一个没有名称的职业……这里,我们看到了所有国家的一个共同的大现象,而最初的术语已经揭示了这一点:事业事务没有名称,人们无法从正面界定它";本弗尼斯特说明,如今普遍使用的英语单词 business 即表示这种意义,正如欧洲语言起源时希腊语的 askolia 或拉丁语的 negotium,表示无任何闲暇时间,这种贬义术语"忙碌"没有提供任何有关行为之性质的信息。

不管表面现象如何,在全球化进程中,西方既扮演了积极角色,它是世界市场的发明者和始作俑者;又是被动的,承受市场的破坏性后果和非文化后果。它不得不面对来自世界各地、由传媒推波助澜、大肆侵占世界市场之中性空间的文化产品、文明产品之高潮和廉价推销场面。它们首先且大量地来自北美熔炉。然而北美化三十年后世界又将是什么模样呢?

人类学的未来

> 我说:"我感到的惊异是那么轻松安适,
> 　　然而轻松正是惊异的原因。所以说,
> 　　我也许并不理解,也许不复记忆?"

进行全球扩张、环绕全球旅行之后陷入自己所发动的全球化进程中的西方,于是面对着重新认识世界的形势,这种新形势改变了认识人类的条件。面对这种新形势,我们不妨看看人类学的位置。它能够反映上述变化吗?这种已经开始的"确定的世界的时代"除了重复还能有其他作为吗?

在其他文章中,我曾强调过下述感觉:参观一家人种博物馆既强烈

地突出了人类学特有的详细切割人类形态的解剖特征,又给人以悲伤和烦闷的感觉,这种伴随着人类学行为的浪漫主义的怀旧感非常强烈。

克洛德·列维-斯特劳斯1952年就任法兰西研究院教授时的第一课正好以"人种学的未来"为题。列维-斯特劳斯发现人种学的领地、这些人种和文化"隔离群"正在消失("确定的世界的时代开始了"),但是,他否认通过扭转人类学方法之方向而更新研究领地的可能性,所谓扭转方向是指让具有欧洲文化背景的研究人员研究我们的西方社会。列维-斯特劳斯说,他们对于西方社会的感觉太深,难以达到我们对非欧洲文明"人种群体"的那种距离、那种不带感情色彩的程度,而远距离是人类学研究的必要条件(《忧郁的热带》)。

五十年后,如同对于以前不曾意识到的某种布局的意识或顿悟,针对列维-斯特劳斯之《忧郁的热带》的答案浮出了历史的水平面,它来自容纳欧非亚三角构造所有文明整体之"大地构造实验"的新力学观念及其战略意义。自此,我们不妨说,归根结底,还是认识他者过程中双向旅程的自由性和维特根斯坦提出的多种语言游戏这一双重问题,亦即全球化进程提出的多种精神游戏和多种世界观范式问题。

形成于西方历史文化背景之下、从自然科学的客观性范式和实验科学的双重基础上发展起来的人类学——这里的实验当然是指源自人类学家个人环境和处境、受制于人类学家所属历史文化背景之制约、根据简单的光学规律受制于属于他本人视角之制约的实验——

——能否接受并容纳既定范畴之外的其他阐释现实和认识人类的范式?

——能否接受人类学认识中的双向安排,接受源自主体间关系基础之上的认识场?

——能否接受双向布局前提下的多种阐释范式?

这些问题意味着承认"人种学家们所研究的社会"、特别是那些口语传统社会,拥有批评分析的能力,而这种能力并非必然源自人文科学之方法论已经认可的同类范式、同类语言游戏和同类思维游戏。

忠实于西方科学范式的列维-斯特劳斯扩大了该范式的应用范畴,挖掘非西方文化范式的"无文字社会",承认某种"原始思维"的独特性,并说明这些神秘思维的范式构成认知现实的一种方式,神秘思想长于与音乐的共鸣,提供了捕捉神秘世界之普遍性的可能。这种通过神秘思想之结构研究捕捉"共相"的方法,这种通过音乐类文学建构反映共时层面并论证分析工作之严谨的近似超验型的"理想",碰到了他为自己确立的方法论的局限性,就远距离考察的原则而言,他与研究对象的巨大的文化差异允许他把后者作为认知对象。

但是,列维-斯特劳斯突出共时研究、捕捉神秘思想之共相的方法论中包含着某种双重矛盾,后者亦构成了它的开放区域:

——该方法论承认与理解世界的贯时和线性形式相关联的分析方法的局限性,贯时和线性形式无疑依赖于我们的字母文字的原则,但是方法论没有对字母文字在人类学认知过程中的科学范式地位提出质疑;

——它同时承认"原始思维"的能力,后来他相继把这种能力定义为"原始社会"、"无历史社会"、"无文字社会",最后是惊人的同义重复"人种学家所研究的社会"所拥有的从共时层面捕捉和表现现实多样性的能力;

——但是涉及神秘思想的批评能力和批评功能的地位时,该方法论处于某种暧昧状态,处于他赋予上述社会之"原始思维"状态;

——它最终清楚地表明,在科学方法的彼岸,它的宗旨,就是要通过文学层面和音乐类型的形式,通过艺术目的而达到某种普遍性,他认为这种普遍性的原则存在于神秘思想的共时理解能力,并把他所分析的范式纳入神秘思想。

然而,正如他似乎不曾考察伴随"原始思想"生产条件之内在批评程序的偶然性和重要性一样,他事实上也从方法论中排除了理应考虑对方针对他本人之目光的主体间关系,而他者本人即内含着他特有的知识和范式,掌握着它们的普遍性的原则。

批评思想是否存在着共相呢?它们如何表现、以何种形式表现于不同的文化背景中呢?这些共相形式是否也像神话共相一样经历过结构性变化呢?列维-斯特劳斯曾经揭示过神秘思想的结构性变化。后来 J. 古迪投入了口语传统社会批评能力之评价的修订程序,然而,他的修订很有限,只要考察一下这些社会中思辨性争论的实践——如西非农村社团经常发生的那种思辨性争论实践——或口头故事作家诗歌创作程序中的批评实践,就会得出丰富得多的修订结论。

只有承认人类学家所分析之文化范式的主体和载体具有像意识主体一样发挥批评功能的能力,即他针对这些文化范式、针对该范式的主角他本人、针对以他们为主题而与外部观察家建立的关系发表批评意见的能力,真正有助于昭示共相的认知场才能建立,而共相构成人类学研究首要动力的普遍性层面。

P. 格尔兹指出,列维-斯特劳斯正是通过神话时代的修辞学完成经过和诗歌完成经过,最成功地展示了这种社会类型,他把音乐作品之形式上的理想范式特别强加给庞大的神话时代的整体,至少以这种方式,竭力使我们理解具有神话时代共时特征的形式结构。这种探讨语言、诗歌、神话和哲学共相的努力之前,其他人也曾有过其他尝试,如西方诗歌探讨共相概念的比较风格学分析;西方社会对东方社会的开放意识,如歌德与爱克曼关于中国诗歌的著名对话等。

于是,提出了普遍性与差异性之关系的巨大的实质性问题。人类学以研究上述差异性为己任。正是出于对人类学内在逻辑的这一要求的严谨理解,我们才试图把下述问题付诸实践,让它接受考验,按照维特根斯坦的意见,我们可以一劳永逸地把这个问题确定为:"属于一个与我们之语言习惯没有任何关联的社会的观察家们可能对我们的社会和文化得出什么样的印象呢?"非欧洲文化会以什么样的目光看待我们的文化呢?它们与我们的差异不仅存在于考察内容方面,也存在于观察方式方面、存在于认知方式本身吗?它们对异域目光聚会、也许属于不同的认知方式的聚会会有什么样的批评思考能力呢?

我们难道不怀疑一个新世界正准备着喷薄而出吗?明天的世界将会拥有哪些范式呢?我们难道不能反瓦莱里之道而行之,断言今天"确定的世界的时代"已经结束了?

步入再认识的道路之日,我们却应该对人类条件中最持久、主导不同世界观范式关系之"句法"的规律倍加关注,西方最好的人类学家之一拉封丹曾经阐明过这条规律,即"最强者的理由永远是最好的理由"。

最强者的理由是人类学的理由吗?

马里人类学家穆萨·索按照"第三世界研究人员看法国人种学"的计划在梅多克地区进行了实地考察,考察结束时,他得出了下述结论,即交替人类学或互动人类学的最大困难是主导西方社会与非西方社会、欧洲研究人员与第三世界研究人员之间关系的不平等的力量对比。他举例说明,与人们的成见相反,靠近撒哈拉沙漠的西非地区,实实在在地存在着一种批评目光的传统,这是一种针对"白人"和欧洲社会的

"人类学"目光,但却是投放在殖民主义占领者身上的一种"悄悄的目光",甚至是"偷偷的目光"(见1988年鲁汶版《认知与互动性》中穆萨·索的文章)。只要不平等的关系延续多长时间,这种状况就很可能伴随多长时间。

无疑,长期以来,欧洲和西方自以为独自主导着科学领域和认识领域,就像它们主导着世界事务那样。然而,如今,不管前进的道路上曾经出现过多少曲折,亚洲大陆经济和政治强势的到来,中国和印度步入世界主要强国行列的事实,对欧洲和西方的霸权地位提出了挑战,也动摇了它们的安全感。既然人们尊重亚洲国家的事业能量和技术能量,那么也就更加意识到它们的存在以及它们的文化差异,同时又把它们的成就解释为对西方文明范式的皈依。这些异域文化背景明天不会像过去那样产生不同于我们的新的知识范式和社会范式吗?它们又会对全球化进程产生什么样的影响呢?

因此,我们很有可能位于一场革命的前夕,这场革命很有可能揭示西方人截至今日一直陌生的非西方文化的潜在价值。难道我们不能设想在西方文化核心成长了数个世纪的人类学以及我们关于世界和我们自身的广义的全部知识如今正处于一个新的时代的边缘,该时代即将深刻地更新关于现实的思维方式和阐释方式吗?当然,我们应该做好充分准备,迎接描绘明日之世界的新的社会范式和知识范式。

然而,如果一个多元社会里,多种多样的人类学认知方式与多种多样的世界观相适应,那么最后的参照点在何处?赖以评价和测量这种多样性的工具是什么呢?

有必要区分这一问题中的两个分析层面:

——第一层面即检验多种多样的语言游戏背后,人类条件之鉴定标准中的人类学认知的批评原则是否呈现同等程度的多样性;

——分析的第二层面适用于批评程序的逻辑术语和一定文化把这种程序中的逻辑应用于自身批评的"反射"能力,反射的内容可以是构成该程序之活动阶段的"句法"或"精神游戏"的规则,或者是奠定程序基础,供给并论证"句法"活动的伦理方面、哲学方面和宗教方面的参照系。

分析的第一阶段不仅提出了他者的发现和表现中该批评程序的应用问题,而且提出了双方表现内容会合中、双方相互影响中以及因此而产生的与他者交际空间中的新形势下该批评程序的应用问题。正是这一根本问题有可能构成第一分析层面与第二分析层面的纽带,以建立评估多样性的"测定工具"和最终参照点。

为了回答上述问题，或者至少使它们成为可能，并有可能付诸实践，两个条件似乎是必不可少的。第一个条件即探寻尺度之尺度，探寻有助于建立关系体系之间的智慧型关系和敏感型关系的和谐状态。然而，这种和谐状态的前提是某种内在状态，我们可以根据文化参照的不同，把这种内在状态叫做虚空状态（根据东方神秘传统的说法）或放松状态（亦可叫做寂静状态），然而，我们也可以以另一种方式来理解这种内在状态，如笛卡儿的哲学怀疑论，维特根斯坦曾经把笛卡儿的哲学怀疑论用于语言哲学，我们也可以像他一样，把哲学怀疑论用于人类学，提出人类学怀疑论，即视任何人类学方法都不适用于互动方法心目中的现实，或者对后者而言，都是错误的方法。

人类学的认知范式：待客礼仪

存在着一种表达互动人类学之基本时刻的文化范式和生存范式——两个层面上的范式——即待客礼仪，我熟悉待客礼仪的西非版本。待客礼仪特有的非洲文化形式直至它的形式架构，都构成最纯粹、最彻底的共相之一。也许它是很少一种一定意义上与孔子的著名教诲"乐求同，礼求异"唱反调的礼仪。待客礼仪可以作为互动认知基本结构的一种普遍形象。它从我们的社会生活中部分消失或逐渐消失的事实都证明了跨文化机构的设想之一，即共相也可能消失或被人们遗忘。

我在其他地方曾经把西方分析的术语用于这一范式。这里复述几个要点如下：

——使两个人处于两极对立布局，其中接待者即主人处于主动地位和表面上的强势地位，被接待者处于被动地位和表面上的弱势地位。

——相互称呼恢复了两个人之间名义、身份上的平衡。

——除了重复客人和小组成员姓名外，排除任何形式的个性化信息言语，也排除了任何敌视或对立情绪的可能性和威胁；在非个性化的普遍适用的礼仪言语的氛围中，这是一段清醒而又紧张观察对方外表和仪态的时刻。通过言辞的重复，通过形体节奏和动作节奏，逐渐占有普遍范式以及普遍范式所赋予的人类特征并使它们个性化，于是签订协约，于是需要签订协约。

相互承认，自觉自愿地进入这种状态，唯独进入人类条件普遍性的这种状态，暂时放弃试图置对方于自己独特条件之约束的任何意图。然而，相应获得用目光浏览和辨认对方外表的权利，接受礼仪约束的外在形式和位置。于是,简单观察下便有可能出现误会,双方关注人类普遍条件之副现象的智慧都可能重视上述误会;因为人类条件未能赋予他们共同的"光源",没有共同的光源,误会也就无从谈起。

按照对这种礼仪范式的诗意般的理解,我们能够如何把它应用于人类学研究的时空中呢?当然不可能把人类学的盛会或研讨会变成某种礼仪……但是,我们的庆祝仪式上,我们的学院派聚会体制中,也许人类学的聚会有过之而无不及,那些神圣文字、礼拜仪式、口头辩论、禁忌和"判处死刑"等,难道不是某种礼仪吗?在认识领域的非神圣化礼仪中,我们一向青睐与待客礼仪南辕北辙的侵犯性原则,它们也许属于西方的认知形式。

但是,首要问题不在这儿。首要问题与待客礼仪的性质相关:待客礼仪是日常家居生活中的礼仪,每时每刻都要"呼之即来",适应环境、适应接待突然造访的需要。那是由一个家庭、一个村庄、一个氏族文化所调节的认知场中的突然造访。因此待客礼仪昭示了所有人共有的首要特征即应急能力,人只要有家庭,即他属于一个团体的合法权利得到承认,就有可能实践并组织待客礼仪,与人类学不同,组织会面的"阵地",以面对陌生人的造访。

那么为了获得在对方领土上相互"旅行"的权利,我们应该在心目中认识或再认识"会面领土"的现在含义或应该具有的含义,认识或再认识我们从自己文化遗产中继承来的含义。这里,我将再次引用 T. S. 艾略特的诗句,引入一段插曲,打开一扇窗户,以便在思考的这一阶段,借助艾略特关于认识他者和认识自我的诗句的光明,考察一下走近知识的问题。

> "啊!你在这里?"
> 尽管我们都不是。我还是我,
> 但我知道我自己已经成了另一个人——
> 而他只是一张还在形成的脸;
> ……
> 双方既然素昧平生也就不可能产生误会,
> 我们在这千载难逢,没有以前也没有以后的
> 交叉时刻……

知识的聚会区位于每个人所接受的民族遗产的边缘,是一个纯粹

的相异性区域,在这个区域里,他者随时可以倏忽而至,来到每个人的身边。请允许我回顾欧洲文化遗产中互动认知途径上的某些迹象,这些迹象是首批比照透视尝试的成果。

2. 边界、遗产和认知

围绕中国文化(东亚文化)和欧洲文化中边界和遗产概念的若干语义场之比照意见

他却说:"我的思想和原则已被你遗忘,
　　我不想再一次详细申述。
　　这些东西已经满足了它们的需要:由它们去吧。"
你自己的也是这样,祈求别人宽恕它们吧,
　　就像我祈求你宽恕善与恶一样。上季的果子
　　已经吃过,喂饱了的野兽也一定会把空桶踢开。
因为去年的话属于去年的语言
　　而来年的话还在等待另一种语调。

我们的遗产

当全世界学术界以不同的欢聚方式共同庆祝孔子诞辰 2550 周年和耶稣诞辰 2000 周年、欧中两大文化区竭力承认从两大"圣人"那里所获得的文化遗产之际,我试图对确定印欧语系中遗产概念的若干关键观念进行思考,并将遗产概念与中国文化类似语义场中可能出现的同一概念相比照。

我以为有必要就遗产问题进行思考,在我看来,遗产问题是跨文化辩论的核心问题,我们这次研讨会按照跨文化机构所钟爱的方法,就主导中欧文化之语义场的关键术语和观念进行思考,力图反映跨文化争辩的实际情况。

为了达到这一目的,我们应该思考与这一问题相关的语义渊源,一方面是"给"与"拿"概念的语义渊源,另一方面是"按照法律分配"概念的语义渊源,遗产问题通过古希腊语"nem"的词源与上述语义渊源相关联。关于这一问题,本弗尼斯特在《欧洲机制的词汇》一书中提出了颇有启发意义的分析。

埃米尔·本弗尼斯特说明，印欧语系的史前时期，"给"与"拿"概念联系在一起；他举出许多例子作为论证，如现代英语中"to take to"（拿来为了给予）短语中的意义衍变。但是，这种根据句法结构可以衍变和引申为相反意义的可能性并不应该导致人们把任何一组词义随便聚拢在一起，因此他警告我们不要重蹈前人的覆辙，硬把拉丁语 emo（买）与哥特语 niman（继承者）生拉硬扯在一起，它们没有任何词源联系。

反之，本弗尼斯特继语言学家 E. 拉洛什之后再次证实，希腊语的 νεμω 与哥特语的 nim 属于同一语义族，不管是形态方面，还是语义方面，它们都是从词源 nem 演变而来。作者的这一结论是在考察了印欧语系多种语言中一系列以上述词源为基础而构成的词汇之后得出的，如哥特语的 *nihman*，它的原意为"拿"，但是加上动词前缀 and 或 ga 之后，意义则发生变化，如 *an-ge-nehm* 的意义为"接受、怀孕、迎接"；又如 *arbinumja* = 继承者，或希腊语的 ορφο-ορφανοσ，意为"孤儿"，καερονομοσ 为"遗产接受者"，而 καερονομεl 则是"继承者"的意思。第二个术语与 νεμο 和 νομοσ 相关，E. 拉洛什的研究澄清了它们的词源 νεμ（E. 拉洛什：《古希腊语的词源 nem》）。

本弗尼斯特从这一词源的"非常丰富"的众多意思中分离出"根据惯例和法律分配"的意思："因此，被按照习惯权利而分配的草地叫做 *nomos*。"因此 νεμω 在希腊语中被定义为"合法分配"及"通过分配而合法获得"。随后，本弗尼斯特主要关注该词源在印欧语系文化中的延伸和衍生情况。至于我们，我们在追随本氏分析的同时，建议同时考察拉洛什之研究显示出的第一意义的另一延伸情况，须知本弗尼斯特对拉洛什的研究是很重视的。

如果说本弗尼斯特从词源 nem 的巨大的语义场里提取了"合法分配"、"按照惯例分配"这一在派生意义中占有重要地位的概念，拉洛什则证实词源 nem 原本拥有两个主要意义，两个主要意义都可从荷马史诗中找到见证。两个主要意义如下：

1."吃草，放牧"，但是亦包含"极目远眺、瞭望"的意思；

2."分配，清点"，两个意思联系在一起，如《奥德赛》中库克洛佩斯（Cyclopes）一节，他被尤里西斯弄瞎了眼睛，当他走出洞穴时，便清点即将去放牧的羊群。

后来，两大语义家族分道扬镳，一组围绕 νομοσ 的主要意义"计数"、"科学"、"知识"发展，另一组围绕 voμoσ 的本义"放牧"、"辽阔的地域"发展，例如，亚里士多德在描写一位农牧神的活动时，就写到了"大片大片绿地（nomos）"的情景。内含的法律概念可能是阐明两大语义家族联系的两个关键概念之一，即知识与法律，两者都来自游牧者管理羊群的活动并以它为条件，两者在这种比较暧昧的活动中相联系，之所以暧昧，是因为它既意味着计算艺术，意味着数字科学，也意味着瞭望和沉思知识。

本弗尼斯特从词源 nem 丰富的语义中仅提取了"合法分配"一个层面，没有考虑第一语义家族中的"放牧"和"眺望"意义，也没有考察第二语义家族中的"计算"、"建立科学知识"的意义；但是，我以为从跨文化角度研究遗产概念时，词源 nem 丰富而又复杂的语义内涵很有意义。在我看来，"瞭望广阔空间"的原则是认知的构成原则之一，与"计算能力"同样重要，而且发生在计算之前，经过计算再行分配，这一原则通过继承而延续下来。关注、沉思和瞭望遗产就像瞭望您的草地一样，然后合法地进行分配。"法律－voμoσ"不仅意味着财产的传递原则，也意味着包含在瞭望功能中的"亲缘传承"原则。

于是，研究遗产作为西方社会及其文化延续功能的双重层面和双重性质就是一件很有意义的事情。

其一以字母文字为载体，它是西方"财富"内部的基本的传承工具和媒介，该层面导致我们突出经济功能，突出遗产的数学和计算层面，关注计数、清点和分配，清点和分配存在着内在的联系，先有清单然后才能分配。

第二层面与采纳和推广字母文字以前的传统相关联，这个层面并不逊色，不仅通过由古希腊接纳而来的"游牧"传统的面世，更通过从基督教福音文本中继承而来、突出瞭望凝视功能而达到认知并进而鉴定遗产的遗产概念的词义，与西方文化遗产中更神圣的色彩联系起来。

关于欧洲文化遗产逐渐突出遗产概念的线性意义、言语意义、贯时意义和数字意义的设想——肯定包括数字意义，但是这种数字应该通过演算而明确——我们理应通过一个家族经历遗产时期之暧昧而又矛盾的态度的人类学考察而得到证实。为了继承和延续财富的结构和平衡，一个家族人物的死亡不仅动摇该财富的结构和平衡，还围绕遗产而动摇家族本身的结构和平衡。

一个家庭里父亲的死亡根据他有一个直接继承人，例如独子情况下遗产直接归儿子，或如今已经消失的长子权，或者由旁系亲属继承遗产等不同情况,而产生不同的反响。第一种情况时,遗产继承的完整性得到保证。至少在传统的农村社会,人们等待儿子执行与父亲同样的管理财产的规则,建立同样的秩序。第二种情况则完全相反。

父亲财产移归旁系亲属的做法结束了他在世时所维持的财产不可分割的局面:突然,家族成员或他的继承人们不得不清点登记,对财产进行分割。

谁有过继承遗产的亲身经历,或者耳闻目睹如今司空见惯的弟兄姐妹们共同继承遗产的场面,就会对纠缠继承人们的狂躁情绪作出见证;根据法律对遗产进行分割的工作就会变成一桩"事件",紧张的清点结算之后,几小时内,最多几天内,完整的财产宣告解体。

希腊语词源 nemo 的日尔曼语形式是 niman,niman 的第一意义,即先于"合法分配"概念之前的意义,是"接受",而非人们广泛接受的词源意义"拿"。它以与建立待客行为中的词义相同的方式,建立了涵盖商业交易以外"贷"和"借"的词义,彻底区分交易程序与付款程序。交易行为及其价值构成并建立了交易活动,而非付款、捕捉、拿等行为。

在我看来,每个人生命中一定时刻都可能经历的这种形势,阐明了本弗尼斯特所分析的词源概念的两面性和双重意义,还阐明了本弗尼斯特的分析区别之前拉洛什的文献类研究中所指出的更广泛、更深刻的区别。

在谈到这一问题时,我不仅提到了拉洛什和本弗尼斯特所关注的印欧语系传统中的希腊渊源,还提到了基督教传统以及基督教传统的渊源福音书文本和圣经文本,因为它们亦构成我们的欧洲文化遗产的一个重要部分。

如今,关于这一主题,一种突出文字之"民主"作用的公开词义的司空见惯的思想占主导地位。问题是不能否定导致西方社会"民主"结构之社会范式和认知范式的发生和发展中基督教文化的明显作用,不能否定今日西方社会科学技术和经济领域之认知范式的选择中基督教文化所发挥的决定性功能。

但是,如果我们想全面地衡量这一遗产的丰富性,我以为重温基督教传统的另一潮流是很重要的。这一潮流即"分子"功能,它比数和分析理由更多地建立了西方社会的民主范式和经济范式原则,阐明了神秘与圣泽,它们本质上正是基督徒从基督那里接受的遗产,以及基督徒关于基督的知识,他向基督保证把这些知识传递下去。圣马蒂厄的文本提到了最高"遗产"时刻,即复活节那天,每个基督徒庆祝他心目中的"圣父的秘密"的时刻:"至于那天那时(死亡时刻),没有人知道,即使天上的天使们也不知道,唯独圣父一人清楚。"这里提出的问题确实是时间问题,但是它又超越单一的时间范畴,大家都知道,自奥古斯丁起,它决定着与认知行为的关系,决定着与知识性质的关系。所谓"圣父的秘密"既是时间末日的秘密,也是改造和实现遗产的秘密。

选自教会圣师著作研究传统的另一文本,即圣-让·克里索斯托姆之《圣礼》中伴随信徒庆贺进入神秘境界和掌握冥思知识的文本里有这样的句子:"噢,上帝的儿子,请允许我参加您的圣宴吧。我不会把您的秘密告诉您的敌人;我不会像犹大那样亲吻您,但是,我会像他那样认出您……天主,请记住把我带进您的王国。"由此可以看出,对秘密的了解和捍卫、对秘密的忠实是进入天国接受遗产的先决条件。

东正教教义的这部基本文本深深地渗入了东欧人民的感觉之中。它以礼拜诗学的神秘语言表达了秘密与遗产、知识与秘密概念之间的内在的对等性。

另一位教会神甫奥里热纳在评论圣马蒂厄的文本时,阐明了根据每个人之"经济"状况传授"密义"的不平等的秘传方式:"对于普通人,他则简而化之,简要介绍密义,对于那些希望更深刻理解密义并有此能力的人,那些充满睿智无愧于上帝之逻各斯的真相便秘传给他们。"

显然,接触知识亦存在着某种"经济"状况,因为知识即是遗产,这是一种神秘经济,一种隐秘的知识经济,按照常规知识语言是无法进入并理解这种知识经济的。

埃马纽埃尔·勒维纳斯的全部著作皆受犹太教法典的启示,对圣经遗产进行哲学思考,竭力证明对圣书的接触、对圣书遗产的接触,实际上是一条面对绝对他者、面对不可知者的道路,这条道路也奠定了我们对自我的认识。我们每天通过与他者、与难以了解的最近的他人的接触逐渐获得绝对异者的秘密。它意味着内在的凝视结构,意味着把陌生人置于自己的心目中,没有内在的虚空、退隐,没有在西方哲学范畴内笛卡儿教导我们接触知识时所必须拥有的哲学怀疑和自我缺席的心理准备,就不可能了解陌生者。埃德蒙德·胡塞尔正是接过了"沉思者自我"方法论上的这种怀疑态度,才在进入《笛卡儿式冥思》第五章节之初,抓住了这种相异性。这难道不是带领我们进入互动人类学的首要原则吗?这一原则具体为:"现在,我闭上双目,我堵上双耳,我转移我的全部注意力；既然我不可能做到这一点，那么我就把……作为错误和不恰当的看法而放弃。"

重新发现相异者的基本秘密，让它进入自己的心灵，保留异者，并向他敞开心扉，你就能发现秘密的意义和功能。

从文化上这样界定，遗产即秘密，我们不可能硬性夺之，而只能接受，就像大部分非"民主化"西方传统中接受礼物那样，接受者必须具有相应的功绩或禀赋。拉封丹的寓言故事《农夫和他的孩子们》就说明了这种道理，皮埃尔·亨利·普雷洛指出，拉封丹的寓言非常清楚地展现了欧洲社会的遗产程序。遗产的秘密既不能这样，也不能出售：

> 一个富裕农民，预感自己即将死亡
> 把孩子们召到床边，悄悄告诉他们
> "千万不能出卖房产和田地"，他对他们说，
> "那是父母留给你们的遗产，
> 里边埋藏着珠宝"

遗产等于隐藏的秘密，只有聚精会神地围绕相关地点，在相关地点上围绕相关场，在该场上进行深刻地挖掘和探索，才能找到遗产；遗产起初是按照长子长女原则，后来按照神圣的子系传承方式传递和继承的。而文化遗产确立过程中的长期的宗教传统（城市、教堂、神坛）及传承为此做了充分的准备和论证，埃米尔·本弗尼斯特在《欧洲机制的词汇》一书中也阐明了宗教传统的确立和传承经过。
……
拉封丹的故事像圣经故事一样简明，可以像读《新约》的寓言故事一样去读。遗产所代表的财富不能用数字去衡量；父亲的秘密，父亲以遗产名义一代一代传下去的秘密既是智慧秘密，也是劳动秘密，前者属于冥思品德，后者属于能动品德，它们改造着财富，并为财富增添色彩。

3. 互动认知战略：迈向人类学认知方式的重组

> 但是，对于来自异域没有得到抚慰的灵魂，
>   在两个已变得非常相像的世界之间
>   现在道路已畅通无阻，

> 我找到了我从未想说的话……
> 既然我们关心的是说话,而说话又驱使我们
> 去纯洁部族的方言……

拉封丹的例子证明了存在于西方社会的一种传统。在西方社会中,遗产的双重功能一直延续下来,拉洛什和本弗尼斯特都对此进行了分析。寓言作家所阐明的功能中还是留下了缺口,许多世纪以来,自此"希腊奇迹"以来,我们的社会逐渐把选择的重心转向了数字功能,尤其是自文艺复兴以来,西方人自然而然地使它的文化带上了侵犯性。欧洲国家观察现实的一套方法被系统化,其中对世界范围的清点行为源自一种占领精神,"占"和"拿"的思想战胜了"接受"思想,以至于西方遗产继承过程中的第一意义逐渐从人们的意识场和实践中消失。与此同时,通过文字、通过记录和合法登记、通过财富的清点和几何记录方式的另一种传承原则渐渐得到确认,并进而占了上风。

字母文字这种线性的、排除共时的贯时推论原则——一致性原则使上述原则也反映在哲学领域——以及欧洲文化的侵略精神使它们选择了几乎单纯突出数字功能的道路,而第一功能即凝视功能或诗学功能虽然不是思维原则的独占性功能,但也是思维原则的结构性功能,变理性思维为"诗性思维",对于知识之构成的重要性毫不逊色。这种使认知行为一种功能膨胀而使另一种功能相应萎缩的做法大概可以解释西方文明的方向和技术及经济特征。它们可能构成某种障碍,形成理解知识复杂性和当代信息复杂性的某种困难。

相反,本质上属于共时多义的象形文字的遗产,难道不会使中国在信息革命导致信息与知识同时堆积且愈来愈复杂的时局中,通过"诗性思维"和凝视思维而掌握现实与人的复杂性并处于十分优越的地位吗?而"诗性思维"和凝视思维正是象形文字遗产的基本内容。

西方思想选择字母文字的做法使它远离了字母文字普及之前的原始渊源和原型范式,我们以为,这正是西方思维逐渐而又彻底地与口语传统占主导地位之文化相隔膜的原因,也是它们之间的根本区别。

这一区别提出了源于欧洲(起源于希腊人和腓尼基人,但是似乎也以接受印度文化的三功能意识为标志,见《跨文化对话》,1998,A. 当尚的文章),最终以采纳字母文字为标志和方向(及其对科学和音乐领域的影响,我个人以为西方音乐自文艺复兴时期发展起来的交响音乐正是对贯时线性选择的反向矫正和补偿)的西方认知范式,与如今还在实

践之中的若干大的口语传统文化场之认知范式,以及没有选择字母文字方式,而是选择了书画文字或象形文字的文化传统——这里显然主要是指中国和具有独特天赋的日本——的认知范式之间的冲突和比较问题。全球化、知识与信息的流通、不同认知范式的交汇要求我们必须对它们做一比较。这一形势与哈哈镜的变形艺术颇为相似。因光学缺陷而造成的变形通过互相观照和相互矫正而最终恢复第一语义场的正确图像。

非洲、中国、欧洲与变形游戏布局

莱布尼茨在《神正论》一书中阐明了17世纪时兴的一种室内光学游戏即哈哈镜变形游戏,这一游戏可以成为认知过程的图示。变形镜之一使物体部分变形,变形镜之二纠正了前者的变形部分,却以新的曲线引起新的变形,新变形传给第三个或一系列变形镜。游戏的宗旨在于逐渐矫正并恢复物体的正确图像。要害在于准确估价光学曲线以及它们的变形效果,在于把握准确的比例和各个变形镜之间的准确距离。

人类学家所观察的物体、人或社会的图像也因观察人员的视角、参照体系和分析范式中的个人色彩或"有色眼镜"而发生变形。

如果我们在互动人类学的布局中,能够准确领会和借鉴哈哈镜的游戏原理,借用他人的目光,让许多目光相互观照、相互矫正,就能够纠正认知过程中的变形现象。那么,问题的关键在于建立各种目光之间的正确布局。

这种比喻可以为互动人类学制订一套行动计划,也可以用来描述我们的行动的两个阶段的情况。

第一阶段即落实"第三世界研究人员法国人种学计划"阶段,系统回答和提出挑战性问题,通过反比例纠正而建立反向的对应方法,使观察家与观察对象互异其位。

第二阶段自1987年跨文化研究机构成立时起,竭力让多种文化进行面对面的对话。

我曾经说过,我们有意使跨文化机构具有挑战性。因为,系统展示与西方人在非洲的人类学考察方法相对应的方法在欧洲实地考察的结果,是很重要的。非洲学者的反应是,建议采取一种不同的横向联合的方法,跨文化机构采纳了这一建议,自1987年中国参加时起,形成一种三角关系,尽量使欧洲和非欧洲的研究人员面对面切磋、讨论,开展互动人类学的实地考察。

也许只有这样，我们才重新确立了与古希腊思想范式相接近的人类学认知方式，我们西方人逐渐远离了合理的古希腊思想。是我们自己逐渐否定了互动原则本身，自文艺复兴时期起，随着科技文明高潮的到来，这一原则逐渐从西方人类学的思想和实践中消失。

中国之所以如此热烈地欢迎跨文化机构的建议，难道不是因为她拥有高超的变形艺术，长期寻求合作者之间的正确而又和谐的布局吗？

我们不妨这样设想，中国之所以能够如此，大概是因为她拥有文字艺术和工具的决定性的首要范式，即使文字出现以前，也拥有象形共时的文化范式，使她能够囊括不同符号层次错综复杂的关系并诗一样地反映它们，及至反映它们的矛盾；象形共时的思维方式和语言游戏方式共同培育了人们关注潜在问题和细微区别的精神。难道不是这样吗？

中国文字是一个巨大的范式（无边无垠），犹如一个开放的几乎取之不竭的概念—意象、抽象—具体意义库，能够包容各种层面的各种物质，包括表面上互相矛盾的物质与西方哲学有着彻底的区别。西方哲学虽然不乏多义性，但是它的线性思维方式、突出对现实的单向的线性的表现，在多重时空层面的复杂情况下，排除共时表现方式，而中国文字的象形思维却可以表现多重时空层面共处的复杂情况。

中国文字可以表现现实之全部层面的能力随着信息革命的到来，突然赋予它借助因特网实现多重信息的用武之地。只有它，能够像莱布尼茨想象的那样，涵盖全部现实场并像《易经》那样提供从各种不同渠道普遍表现现实的方式吗？

中国人通过学习多义性，通过学习文字，难道不会掌握多重信息源泉的细微表现吗（一个不恰当的假设：21世纪唯一的语言载体是英语，而唯一的文字载体是中文吗？至于我们，我们青睐这一建议中的第二部分，认为第一部分不可能成为现实：随着符号处理领域的科技进步，人们有可能实现一种语言到另一语言之间的同声传译，那么几十年后，有可能完全放弃英语的中介作用）？在人类学的认知领域里，我们有必要像弗朗索瓦·于连在哲学领域那样（尽管于连的分析并非直接以中国文字为对象，而是首先对中国思想本身的分类进行了思考），耐心鉴定因东西方目光、面孔和声音之会合而可能出现的互动认知中的新类型。

我们在上文中对互动人类学的方法论进行了仓促的理性思考。我们的思考从下述原则开始,即主体间性原则和互动原则、"博学－愚昧"原则和哲学怀疑原则、待客原则、变形原则、寻求正确布局的和谐和对位原则、诗性思维原则、设想诗性人种学诗性人类学等,就不能不对由黑非洲、欧洲和中国构成的人类学认知的三角布局以及这一布局中三种人类学认知范式的比较进行思考:

——欧洲的线性分析和贯时分析范式基本上符合实验科学的方法和原则。

——西非口语传统的文化范式建立在三个原则的基础上,三个原则是:掌握口语性关系、包容通过目光和面部表情表达思想的非语言类言语和主体间关系;待客关系的实践以及其中的互动性;通过认识现实的原始范式与现实范式的对比,在共时捕捉现实的基础上保持某种批评精神。

——中国范式中,下述行为协调发展:待客关系和互动关系的实践;掌握某种口语性关系、包容通过目光和面部表情表达思想的非语言类言语、突出面部表情;根据象形文字形成的习惯和原则从共时捕捉现实;与排除共时的西方字母的线性范式不同,象形文字是一个开放的表现概念－意象、抽象意义－具体意义的范式,能够包容各种物质层面,包括表面上相互矛盾的物质层面。

今天,只有三种范式的结合、只有把建立在线性文字分析和描述品质基础上的西方人类学的积累与建立在共时捕捉现实突出口语性的非洲范式和以象形文字之共时捕捉现实为特征的中国范式结合起来,才有可能为人类学开辟全新的前景。

它们的结合使建立在互动基础和诗性思维原则基础之上的人类学认知成为可能,为世纪初马克斯·韦伯曾经诊断过的幻灭的世纪带来重显魅力的希望。然而,为达到这一目的的一个条件似乎任何情况下实现起来都颇困难,对于西方人而言尤其如此。那就是在待客立场以及由此引发的对待人种差异和文化差异采取人类学怀疑态度时坚持共属人类条件的唯一的基本原则、放弃西方社会范式和西方认知范式的困难性,西方社会范式和认知范式常常显得很顽固,经常凌驾于第一原则之上。因为科学和技术渐渐占据了人类学认知场的几乎全部空间而不曾受到置疑,因此放弃上述成见就显得尤为困难。